張大可
韓兆琦 等 注譯

新譯資治通鑑

(三十四)

唐紀六十四—七十

三民書局 印行

國家圖書館出版品預行編目資料

新譯資治通鑑(三十四) / 張大可,韓兆琦等注譯.——初版一刷.——臺北市: 三民, 2017
冊; 公分.——(古籍今注新譯叢書)
ISBN 978-957-14-6253-0 (平裝)
1. 資治通鑑 2. 注釋

610.23 105022866

© 新譯資治通鑑(三十四)

注譯者 張大可 韓兆琦等
責任編輯 陳榮華
美術設計 李唯綸
發行人 劉振強
著作財產權人 三民書局股份有限公司
發行所 三民書局股份有限公司
地址 臺北市復興北路386號
電話 (02)25006600
郵撥帳號 0009998-5
門市部 (復北店) 臺北市復興北路386號
(重南店) 臺北市重慶南路一段61號
出版日期 初版一刷 2017年1月
編號 S 034360
行政院新聞局登記證局版臺業字第〇二〇〇號

ISBN 978-957-14-6253-0 (平裝)

http://www.sanmin.com.tw 三民網路書店
※本書如有缺頁、破損或裝訂錯誤,請寄回本公司更換。

新譯資治通鑑 目次

第三十四冊

卷第二百四十八

唐紀六十四

起閼逢困敦（甲子　西元八四四年）閏月，盡屠維大荒落（己巳　西元八四九年），凡五年有奇。

【題解】本卷記事起西元八四四年閏七月，迄西元八四九年，凡五年又六個月。當唐武宗會昌四年至唐宣宗大中三年。即本卷又是記載兩朝皇帝交替之間的史事。前兩年多的時段，是會昌初中興政治的延續，政治上有兩大成就。一是全面徹底的平定了澤潞的割據之亂，二是唐武宗滅佛。唐武宗與李德裕，可稱為有唐一代的明君賢相，又魚水相投，設若假以時間，有唐中興有望。可惜武宗好神仙，服食金丹，年三十三中毒死亡。李德裕仇視牛黨，加之有功驕恣而四面樹敵，也斷了前程。會昌政治伴隨武宗之死而終結，宣宗即位，立即斥逐李德裕。白敏中是李德裕提拔的宰相，他沒有效法西漢曹參的蕭規曹隨，維護唐室難得一現的大好局面，而是投宣宗之好，對李德裕恩將仇報，一貶再貶，置李德裕於死地。會昌之政也被全盤推翻，佞佛之風再熾，世風與政治迅速衰敗，從此，唐王朝一蹶不振。

武宗至道昭肅孝皇帝下

會昌四年（甲子　西元八四四年）

閏月壬戌❶，以中書侍郎、同平章事李紳同平章事，充淮南節度使。

李德裕奏：「鎮州奏事官高迪密陳❷意見二事：其一，以為『賊中好為偷兵術❸，潛抽諸處兵聚於一處，官軍多就迫逐❹，以致失利。經一兩月，又偷兵詣它處。官軍須知此情，自非來攻城柵，慎勿與戰。彼淹留不過三日，須散歸舊屯，如此數四❺空歸，自然喪氣。官軍密遣諜者詗其抽兵之處，乘虛襲之，無不捷矣。』其二，『鎮、魏屯兵雖多，終不能分賊勢，何則？下營❻不離故處，每三兩月一深入，燒掠而去。賊但固守城柵，城外百姓，賊亦不惜。宜令進營據其要害，以漸逼之。若止如今日，賊中殊❼不以為懼。』望詔諸將各使知之。」

劉稹腹心將高文端降，言賊中乏食，令婦人挼❽穗舂之以給軍。德裕訪文端破賊之策，文端以為：「官軍今直攻澤州，恐多殺士卒，城未易得。澤州兵約萬五千人，賊常分兵太半❾，潛伏山谷，伺官軍攻城疲弊，則四集❿救之，官軍必失利。今請令陳許軍過乾河⓫立寨，自寨城連延築為夾城⓬，環繞澤州，日遣大軍布陳於外以扞⓭救兵。賊見圍城將合，必出大戰，待其敗北，然後乘勢可取。」德裕奏請詔示王宰。

文端又言：「固鎮寨⓮四崖懸絕，勢不可攻。然寨中無水，皆飲澗水，在寨東南[1]約一里許。宜令王逢進兵逼之，絕其水道，不過三日，賊必棄寨遁去，官軍即可追躡。前十五里至青龍寨⓯，亦四崖懸絕，水在寨外，可以前法取也。其東十五里則沁州城⓰。」德裕奏請詔示王逢。

文端又言：「都頭王釗將萬兵戍洺州，劉稹既族薛茂卿，又誅邢洺救援兵馬使談朝義兄弟三人，釗自是疑懼。稹遣使召之，釗不肯入，士卒皆譁譟，釗必不為稹用。但釗及士卒家屬皆在潞州，又士卒恐已[2]降為官軍所殺，招之必不肯來。惟有諭意於釗，使引兵入潞州取稹，事成之日，許除別道⓱節度使，仍厚有賜與，庶幾⓲肯從。」德裕奏請詔何弘敬潛遣人諭以此意。

【章旨】以上為第一段，寫澤潞叛軍戰術被官軍破解，大將投降，面臨滅亡。

【注釋】❶壬戌　閏七月十一日。❷密陳　祕密陳述。❸偷兵術　指偷著調整部署。❹就迫逐　意謂被逼迫，被驅趕。❺數四　三、四次；多次。❻下營　紮營。❼殊　甚；很。❽挼　揉搓。❾太半　大半。❿四集　四面集中。⓫乾河　河名，在今山西翼城南，西北流入澮水。⓬夾城　指連接營寨的交通甬道牆，為雙層牆，中有通道。城，城牆。⓭扞　抵禦。⓮固鎮寨　寨名，在今河北武安西。胡注：「《九域志》：磁州武安縣有固鎮鎮。」⓯青龍寨　寨名，在今河北臨城。⓰沁州城　即沁源縣城，為沁州治所。在今山西沁源。⓱別道　澤潞以外的其他方鎮。⓲庶幾　或許。

【校記】[1]南　原無此字。據章鈺校，十二行本、乙十一行本、孔天胤本皆有此字，張敦仁《通鑑刊本識誤》同，今據補。

②已 原作「巳」，顯係誤字。據文義，當作「已」或「己」，今校改作「巳」。

【語　譯】武宗至道昭肅孝皇帝下

會昌四年（甲子　西元八四四年）

閏七月十一日壬戌，任命中書侍郎、同平章事李紳同平章事，充任淮南節度使。

李德裕上奏說：「鎮州奏事官高迪祕密陳告兩條建議：第一條是認為『叛賊喜歡偷著調整部署，暗中把各處的兵員抽調到一個地方，官軍多被逼迫，被驅趕，以致官軍失敗。過一兩個月，又偷著抽調兵員到另一個地方。官軍應該瞭解這一情況，如果不是來進攻城柵，就千萬不要與他們交戰。他們滯留不過三天，需要回到舊的駐地，如果這樣多次空手回去，自然就會灰心喪氣。官軍祕密派遣間諜偵察他們抽調兵員的地方，乘虛襲擊他們，沒有不打勝仗的。』第二條是『鎮、魏兩節度使屯駐的兵員雖然多，終究不能分散賊軍的力量，為什麼呢？官軍紮營不能離開原來的老地方，每隔兩三個月才深入叛賊境內一次，燒殺搶掠一番就回營了。叛賊只是固守城柵，城外的老百姓，他們也不顧惜。應當命令把營地向前推進，佔據叛賊的要害地方，用以逐漸逼近叛賊。要是只像現在這個樣子，叛賊一點也不感到懼怕。』希望詔令諸將，使他們都瞭解這些情況。」

劉稹的心腹將領高文端投降，說叛賊糧食缺乏，叫婦人去搓穀穗舂去穀供給軍隊。李德裕向高文端詢問破賊的計策，高文端認為：「官軍現在直接進攻澤州，恐怕死傷很多士兵，城池不容易得到。澤州約有兵員一萬五千人，叛賊常常分出一大半兵員，潛伏在山谷中，窺伺官軍攻城疲弊了，就從四面八方來援救守城之人，這樣官軍一定失利。現在請命令陳許軍渡過乾河建立營寨，從寨城起環繞澤州，連接築成夾城，每天派遣大軍在外面布下軍陣，用來抵禦從山谷而來的叛賊救兵。叛賊看到圍城的官軍即將合圍，一定會出城大戰，等到他們敗逃時，然後乘勝就可奪取該城。」李德裕奏請下詔告訴王宰這個策略。

高文端又說：「固鎮寨四周是懸崖絕壁，從形勢上看是不能進攻的。然而寨中沒有水源，都飲用山澗水，山澗在寨子東南面約一里遠的地方。應當叫王逢進兵逼近山澗，斷絕叛賊的水源，不過三天，叛賊一定棄寨逃走，官軍即可追擊他們。向前十五里路到達青龍寨，也是四面懸崖絕壁，水源在寨子外面，可以用上面的辦法奪取那個寨子。它的東面十五里就是沁州城。」李德裕奏請把這個情況下詔告訴王逢。

高文端又說：「都頭王釗帶領一萬軍隊戍守洺州，劉稹已經把薛茂卿滅族，又殺了邢洺救援兵馬使談朝義兄弟三人，王釗從此疑慮憂懼；劉稹派使者召喚他，王釗不肯去見他，士卒們都喧鬧起來，王釗必定不為劉稹賣力。但是王釗和士卒們的家屬都在潞州，另外士卒們害怕投降後被官軍殺害，要招降他們一定不肯前來。只有向王釗暗示，讓他帶兵進入潞州殺死劉稹，事情成功時，答應任命他為別道節度使，還有優厚的賞賜，或許他會答應的。」李德裕奏請下詔給何弘敬，暗中派人把這個意思告知王釗。

劉稹年少懦弱，押牙王協、宅內兵馬使李士貴用事，專聚貨財，府庫充溢，而將士有功無賞，由是人心離怨❶。劉從諫妻裴氏，冕❷之支孫也，憂稹將敗，其弟問典兵在山東，欲召之，使掌軍政。士貴恐問至奪己權，且泄其奸狀，乃曰：「山東之事仰成於五舅❸，若召之，是無三州❹也。」乃止。

王協薦王釗為洺州都知兵馬使。釗得眾心，而多不遵使府約束。同列高元武、安玉言其有貳心，稹召之，釗辭以「到洺州未立少功❺，實所慚恨，乞留數月，然後詣府。」許之。

王協請稅商人❻，每州遣軍將一人主之。名為稅商，實籍編戶家貲❼，至於什器❽無所遺，皆估❾為絹匹，十分取其二，率❿高其估。民竭浮財⓫及糗糧輸之，不能充，皆恟恟不安。

軍將劉溪尤貪殘，劉從諫棄不用。溪厚賂王協，協以邢州富商最多，命溪主之。裴問所將兵號「夜飛」，多富商子弟，溪至，悉拘其父兄。軍士訴於問，問為之請，溪不許，以不遜語答之。問怒，密與麾下謀殺溪歸國⓬，并告刺史崔嘏⓭，嘏從之。丙子⓮，嘏、問閉城，斬城中大將四人，請降於王元逵。時高元武在党山⓯，聞之，亦降。

先是，使府賜洺州軍士布，人一端，尋有帖以折冬賜。會稅商軍將至洺州，王釗因人不安，謂軍士曰：「留後⓰年少，政非己出。今倉庫充實，足支十年，豈可不少散之以慰勞苦之士！使帖不可用也。」乃擅開倉庫，給士卒人絹一匹，穀十二石，士卒大喜，釗遂閉城請降於何弘敬。安玉在磁州聞二州降，亦降於弘敬。堯山都知兵馬使魏元談等降於王元逵，元逵以其久不下，皆殺之。

八月辛卯⓱，鎮、魏奏邢、洺、磁三州降，宰相入賀。李德裕曰：「昭義根本盡在山東，三州降，則上黨不日有變矣。」上曰：「郭誼必梟⓲劉稹以自贖。」德裕曰：「誠如聖料。」上曰：「於今所宜先處者何事？」德裕請以給事中[1]盧弘止⑲[2]為三州留後，曰：「萬一鎮、魏請占三州，朝廷難於可否。」上從之。

詔山南東道兼昭義節度使盧鈞乘驛⑳赴鎮。

【章　旨】以上為第二段，寫邢、洺、磁三州降，澤潞喪失山東三州屏障，大門洞開。

【注　釋】❶離怨　離散、怨恨。❷裴冕　裴冕，肅宗、代宗兩朝宰相。傳見《舊唐書》卷一百十三、《新唐書》卷一百四十。❸五舅　裴問排行第五，故稱。❹三州　指昭義所轄山東邢、洺、磁三州。❺少功　小功。❻稅商人　向商人徵稅。❼籍編戶家貲　登記百姓家產。編戶，即編戶之民；百姓。❽什器　家常所用雜物。❾估　估價。❿率　大抵；一般。⓫浮財　指能流通的錢財等動產。⓬歸國　謂歸附朝廷。⓭崔嘏　字乾錫，歷官邢州刺史、中書舍人。李德裕貶潮州司馬，嘏草擬制書，坐不盡言其罪，貶端州刺史。傳見《新唐書》卷一百八十。⓮丙子　閏七月二十五日。⓯高元武在党山　據《舊唐書・武宗紀》：「王元逵奏邢州刺史裴問、別將高元武以城降。」與《資治通鑑》異。党山，胡注：「恐當作『堯山』。」⓰留後　指劉稹。⓱辛卯　八月十一日。⓲梟　斬首懸於木上示眾。此處為斬殺之意。⓳盧弘止　字子強，大曆十才子盧綸第三子。歷官給事中、工部、戶部侍郎，官終宣武節度使。傳見《舊唐書》卷一百六十三、《新唐書》卷一百七十七。⑳乘驛　乘用驛站車馬。

【校　記】[1]給事中　原無此三字。據章鈺校，十二行本、乙十一行本、孔天胤本皆有此三字，張敦仁《通鑑刊本識誤》、張瑛《通鑑校勘記》同，今據補。[2]盧弘止　據章鈺校，孔天胤本作「盧弘正」，下同。按，兩《唐書》或作「盧弘正」，或作「盧弘止」。疑「正」字是。

【語　譯】劉稹年少懦弱，押牙王協、宅內兵馬使李士貴執政，專門聚斂財貨，府庫裝滿了錢財，而將士有功也沒有賞賜，因此人心離散抱怨。劉從諫的妻子裴氏，是裴冕的支系孫女，憂慮劉稹即將失敗，她的弟弟裴問在山東掌兵，就想召弟弟前來，讓他執掌軍政大權。李士貴擔心裴問到達後奪了自己的權力，並且暴露自己所做的壞事，於是說：「山東三州的軍政大事全仰仗五舅，要是召來他，這等於是沒有山東三州了。」這才作罷。

王協推薦王釗為洺州都知兵馬使。王釗很得軍心，卻多半不遵守節度使府的約束。同王釗共事的高元武、安玉說王釗有二心，劉稹召他去潞州，王釗藉口說：「到洺州未立微功，實在慚愧遺憾，請求留幾個月，然後前往節度使府。」劉稹答應了。

王協請求向商人徵稅，每州派一名軍將主持這件事。名義上是向商人徵稅，實際上是登記百姓的家產，以至於什物器具都不遺漏，全估價為絹匹，十分中取其二分，一般估的價值都比原物價值高。民眾把浮財和乾糧全部拿出來納稅，還不夠數，都紛擾不安。

軍將劉溪特別貪婪殘暴，劉從諫不任用他。劉溪用厚禮賄賂王協，王協認為邢州富商最多，就要劉溪主持邢州徵稅之事。裴問所帶領的兵士號「夜飛」，多半是富商的子弟，劉溪到達後，把他們的父兄全都抓起來。軍士向裴問訴說，裴問為他們向劉溪請求放人，劉溪不答應，還用不客氣的話回答裴問。裴問大怒，祕密與部下謀劃殺掉劉溪歸附朝廷，並告訴刺史崔嘏，崔嘏也同意了。閏七月二十五日丙子，崔嘏、裴問關閉城門，斬城中大將四人，向王元逵請求投降。當時高元武在党山，聽到了這個消息，也投降了。

此前，節度使府送給洺州士兵布，每人一端，不久有文告說以此當做冬季的賞賜。適逢徵收商稅的軍將到洺州，王釗乘人心不安，對軍士們說：「留後年紀輕，政令不是他本人作出的。現在倉庫裡財物充盈，足可用十年，怎能不稍稍拿出一些來以慰勞辛苦的將士呢！節度使府發的文告不能照辦。」於是擅自打開倉庫，分給士卒每人絹一匹，穀十二石，士卒很高興，王釗於是關閉城門向何弘敬請求投降。安玉在磁州聽說邢州、洺州都投降了，也向何弘敬投降。堯山都知兵馬使魏元談等投降王元逵，王元逵因他們很久不降服，都把他們殺掉了。

八月十一日辛卯，鎮、魏兩節度使上奏說邢、洺、磁三州都投降了，宰相入朝向武宗道賀。李德裕說：「昭義的基本力量都在太行山以東，邢、洺、磁三州投降了，那麼上黨不久定會發生變亂。」武宗說：「郭誼一定會殺了劉稹用來為自己贖罪。」李德裕說：「確實會和聖上所預料的一樣。」武宗說：「現在應當首先處理的是什麼事呢？」李德裕請求任命給事中盧弘止為三州留後，他說：「萬一鎮、魏二鎮請求佔有三州，朝廷很難表示同意還是不同意。」武宗聽從了。下詔讓山南東道兼昭義節度使盧鈞乘驛站車馬赴昭義鎮上任。

潞人聞三州降，大懼。郭誼、王協謀殺劉稹以自贖。稹再從兄中軍使❶匡周兼押牙，誼患之，言於稹曰：「十三郎❷在牙院❸，諸將皆莫敢言事，恐為十三郎所疑而獲罪，以此失山東。今誠得十三郎不入，則諸將始敢盡言，采於眾人，必獲長策。」稹召匡周諭之，使稱疾不入。匡周怒曰：「我在院中，故諸將不敢有異圖。我出院，家必滅矣！」稹固請之。匡周不得已，彈指❹而出。

誼令稹所親董可武說稹曰：「山東之叛，事由五舅，城中人人誰敢相保！留後今欲何如？」稹曰：「今城中尚有五萬人，且當閉門堅守耳。」可武曰：「非良策也。留後不若束身歸朝，如張元益❺，不失作刺史。且以郭誼為留後，俟得節之日，徐奉太夫人❻及室家金帛歸之東都，不亦善乎？」稹曰：「誼安肯如是？」可武曰：「可武已與之重誓，必不負也。」乃引誼入。稹與之密約既定，乃白其母。母曰：「歸朝誠為佳事，但恨已晚。吾有弟不能保，安能保郭誼！汝自圖之！」稹乃素服出門，以母命署誼都知兵馬使。王協已戒❼諸將列於外廳，誼拜謝稹已，出見諸將，稹治裝❽於內廳。李士貴聞之，帥後院兵數千攻誼。誼叱之曰：「何不自取賞物，乃欲與李士貴同死乎！」軍士乃退，共殺士貴。誼易置將吏，部署軍士，一夕俱定。

明日，使董可武入謁稹曰：「請議公事。」稹曰：「何不言之！」可武曰：「恐驚太夫人。」乃引稹步出牙門，至北宅❾，置酒作樂。酒酣，乃言：「今日之事欲全太尉❿一家，須留後自圖去就，則朝廷必垂矜閔。」稹曰：「如所言，稹之心也。」可武遂前執其手，崔玄度自後斬之，因收稹宗族，匡周以下至襁褓中子皆殺之。又殺劉從諫父子所厚善者張谷、陳揚庭、李仲京⓫、郭台、王羽、韓茂章、茂實、王渥、賈庠等凡十二家，并其子姪甥壻無遺。仲京，訓之兄。台，行餘之子。羽，涯之從孫。茂章、茂實，約之子。渥，璠之子。庠，餗之子也。甘露之亂⓬，仲京等亡歸從諫，從諫撫養之。凡軍中有小嫌⓭者，誼日有所誅，流血成泥。乃函稹首，遣使奉表及書，降於王宰。首過澤州，劉公直舉營慟哭，亦降於宰。

【章　旨】以上為第三段，寫澤潞大將郭誼、王協賣主求榮，殺劉稹投降。

【注　釋】❶中軍使　官名，統領中軍事務。中軍，節度使直屬的精銳親軍。❷十三郎　劉匡周排行十三，故稱。❸牙院　押牙辦公處所。❹彈指　彈擊手指，表示憤怒。❺如張元益　元益之父張璠為義武節度使。璠死，軍中欲立元益，朝廷不准，任命為代州刺史，元益遂離義成。事見本書卷二百四十六唐文宗開成五年。❻太夫人　對劉稹之母裴氏的尊稱。❼戒　命令。❽治裝　整理行裝。❾北宅　昭義節度使別宅，在使宅之北，故稱北宅。❿太尉　即劉悟。悟死，贈太尉。⓫李仲京　李訓之兄，官至監察御史。事附《新唐書》卷二百十四〈劉稹傳〉。⓬甘露之亂　西元八三五年，李訓、鄭注以看甘露為名，謀殺宦官，事敗被誅，史稱甘露之變。事見本書卷二百四十五文宗太和九年。⓭嫌　仇怨。

【語　譯】潞州人得知山東三州投降了，大為恐懼。郭誼、王協謀劃殺掉劉稹來為自己贖罪。劉稹的堂兄中軍使劉匡周兼任押牙，郭誼擔憂他，便對劉稹說：「十三郎在押牙辦公處，諸將都不敢向你發表意見，擔心被十三郎所懷疑而得罪，因此喪失了山東三州。現在要是讓十三郎不入押牙辦公處，那麼諸將才敢盡情發表意見，在眾人中採納好建議，一定會得到好計策。」劉稹召來劉匡周告訴他這一意見，要他藉口有病不到押牙辦公處。劉匡周發怒說：「我在押牙辦公處，所以諸將才不敢有異圖。我離開押牙辦公處，家族一定要被消滅了！」劉稹堅持請他退出。劉匡周不得已，忿忿地彈擊手指作響，離開了節度使府。

郭誼叫劉稹的親信董可武勸劉稹說：「山東三州背叛，這事是由五舅引起的，城中每一個人誰敢擔保他不是壞人！留後今後想怎麼辦？」劉稹說：「現在城裡還有五萬人，暫且閉門堅守而已。」董可武說：「這不是好辦法。留後不如約束自己歸附朝廷，如同張元益一樣，不失去做節度使的機會。暫時讓郭誼擔任留後，等他得到了節度使旌節以後，再慢慢奉送太夫人和家室及金銀絹帛回到東都去，不是很好嗎？」劉稹說：「郭誼怎麼會願意這樣做呢？」董可武說：「可武已經和他鄭重立了誓言，一定不會違背的。」於是把郭誼帶了進來。劉稹與郭誼把密約商量確定以後，便告訴他母親。他母親說：「歸附朝廷誠然是一件好事，但是遺憾的是已經晚了。我的弟弟都不能保證他無貳心，哪裡能夠保證郭誼！你自己去籌劃吧！」劉稹就穿著素色衣服出門，用母親的名義任命郭誼為都知兵馬使。王協已經命令諸將排列在外廳，郭誼拜謝劉稹完畢，出外會見諸將，劉稹在內廳整理行裝。李士貴聽到這件事，率領後院的數千名士兵進攻郭誼。郭誼斥責他們說：「為什麼自己不去獲取賞賜的財物，難道想和李士貴一同去死嗎！」軍士於是退走，一起把李士貴殺了。郭誼調換將吏，部署軍士，一個晚上全都安定了。

第二天，郭誼派董可武入見劉稹說：「請去討論公事。」劉稹說：「何不就在這裡說！」董可武說：「擔心驚嚇了太夫人。」於是帶領劉稹步行出牙門，到達北宅，置酒奏樂。正當喝得痛快，董可武說：「今天要做的事是想保全太尉一家，須要留後自己去找一個安身的地方，那麼朝廷一定會憐憫愛惜的。」劉稹說：「像你那麼說，正是我的心願。」董可武就向前握住他的手，崔玄度從後面殺了他，隨即收捕劉稹的宗族，從劉匡周以下到尚在襁褓中的幼兒全都殺死。又殺了和劉從諫父子關係深厚的張谷、陳揚庭、李仲京、郭台、王羽、韓茂章、韓茂實、王渥、賈庠等共十二家，以及他們的子姪甥婿等一個也不遺漏。李仲京，是李訓的哥哥。郭台，是郭行餘的兒子。王羽，是王涯的姪孫。韓茂章、韓茂實，是韓約的兒子。王渥，是王璠的兒子。賈庠，是賈餗的兒子。甘露之變以後，李仲京等人逃到劉從諫那裡，劉從諫撫慰收養了他們。凡是軍隊稍有仇怨的人，郭誼每天殺掉一些，血流成泥。於是把劉稹的頭盛好，派使者拿著章表和書信，向王宰投降了。劉稹首級經過澤州時，劉公直全營士兵痛哭，也投降了王宰。

乙未❶，宰以狀聞。丙申❷，宰相入賀。李德裕奏：「今不須復置邢、洺、磁留後，但遣盧弘止宣慰三州及成德、魏博兩道。」上曰：「郭誼宜如何處之？」德裕對[1]曰：「劉稹騃❸孺子耳，阻兵❹拒命，皆誼為之謀主。及勢孤力屈，又賣稹以求賞。此而不誅，何以懲惡！宜及諸軍在境，并誼等誅之！」上曰：「朕意亦以為然。」乃詔石雄將七千人入潞州，以應謠言❺。杜悰以饋運不給，謂誼等可赦。上熟視不應。德裕曰：「今春澤潞未平，太原復擾，自非聖斷堅定，二寇何由可平！外議以為若在先朝，赦之久矣。」上曰：「卿不知文宗心地❻不與卿合，安能議乎！」罷盧鈞山南東道，專為昭義節度使。

戊戌❼，劉稹傳首至京師。詔：「昭義五州給復❽一年，軍行所過州縣免今年秋稅。昭義自劉從諫以來，橫增賦斂，悉從蠲免。所籍土團❾，並縱遣❿歸農。諸道將士有功者，等級加賞⓫。」

郭誼既殺劉稹，日望旌節，既久不聞問⓬，乃曰：「必移他鎮。」於是閱鞍馬，治行裝。及聞石雄將至，懼失色⓭。雄至，誼等參賀畢，敕使張仲清曰：「郭都知⓮告身來日當至，諸高班⓯告身在此，晚牙來受之。」乃以河中兵⓰環毬場。晚牙⓱，誼等至，唱名⓲引入，凡諸將桀黠⓳拒官軍者，悉執送京師。加何弘敬同平章事。丁未⓴，詔發劉從諫尸㉑，暴㉒於潞州市三日，石雄取其尸置毬場斬剉㉓之。

戊申㉔，加李德裕太尉、趙國公。德裕固辭。上曰：「恨無官賞卿耳！卿若不應得，朕必不與卿。」

初，李德裕以「韓全義㉕以來，將帥出征屢敗，其弊有三：一者，詔令下軍前者[2]，日有三四，宰相多不預聞。二者，監軍各以意見指揮軍事，將帥不得專進退㉖。三者，每軍各有宦者為監使，悉選軍中驍勇數百為牙隊，其在陳戰鬭者皆怯弱之士。每戰監使自有信旗㉗，乘高立馬，以牙隊㉘自衛，視軍勢小卻㉙，輒引旗先走㉚，陳㉛從而潰。」德裕乃與樞密使楊欽義、劉行深議，約敕㉜監軍不得預軍政，每兵千人聽監使取十人自衛，有功隨例霑賞㉝。二樞密皆以為然，白上行之。自禦回鶻至澤潞罷兵，皆守此制，自非㉞中書進詔意㉟，更無它詔自中㊱出者。號令既簡，將帥得以施其謀略，故所向有功。

自用兵以來，河北三鎮每遣使者至京師，李德裕常面諭之曰：「河朔兵力雖彊，不能自立，須藉朝廷官爵威命㊲以安軍情。歸語汝使，與其使大將邀宣慰敕使以求官爵，何如自奮忠義，立功立事，結知㊳明主，使恩出朝廷，不亦榮乎！且以耳目所及者言之，李載義在幽州，為國家盡忠平滄景㊴，及為軍中所逐，不失作節度使㊵，後鎮太原㊶，位至宰相㊷。楊志誠遣大將遮敕使馬求官，及為軍中所逐，朝廷竟不赦其罪㊸。此二人禍福足以觀矣。」德裕復以其言白上。上曰：「要當如此明告之。」由是三鎮不敢有異志。

【章　旨】以上為第四段，寫李德裕調度有方，策略得當，軍事政治雙管齊下，為討平澤潞立了首功。

【注　釋】❶乙未　八月十五日。❷丙申　八月十六日。❸騃　愚；呆。❹阻兵　擁兵。❺謠言　即潞州市男子磬折所唱：「石雄七千人至矣。」事見本書卷二百四十七唐武宗會昌三年。❻心地　存心。❼戊戌　八月十八日。❽給復　免徵賦役。❾所籍土團　登記入冊的本地團兵。❿縱遣　釋放遣散。⓫等級加賞　按等次級別予以獎賞。⓬不聞問　聽不到朝廷的消息。⓭懼失色　驚恐而改變面色。⓮郭都知　即郭誼，時為都知兵馬使。⓯諸高班　謂諸將。高班，位次高的官員。⓰河中兵　石雄率領的進入潞州的軍隊。⓱晚牙　即晚衙。方鎮及州縣長官一日早晚兩次坐衙治事，傍晚一次稱晚衙。⓲唱名　高聲呼名。⓳桀黠　桀驁狡猾。⓴丁未　八月二十七日。㉑發劉從諫尸　掘開劉從諫的墳墓取屍。發，掘。㉒暴　同「曝」。暴露。㉓斬剉　刀斬銼磨，此指戮屍。剉，「銼」的異體字。㉔戊申　八月二十八日。㉕韓全義　官至夏綏銀宥節度使。貞元十四年（西元七九八年）淮西吳少誠叛，韓全義率十七鎮之師討伐。全義不懂戰略，號令全由監軍做主，遂敗於溵水。傳見《舊唐書》卷一百六十二、《新唐書》卷一百四十一。㉖專進退　獨自掌控軍隊進退。㉗信旗　信號旗，用以指揮軍隊進退。㉘牙隊　護衛親兵，是從眾軍中精挑的勇敢之士。㉙小卻　稍有退卻。㉚引旗先走　帶著旗子先跑。㉛陳　同「陣」。㉜約敕　告誡約束。㉝霑賞　分得賞賜。㉞自非　如果不是。㉟中書進詔意　中書省進奏的為皇帝草擬的詔書。㊱中　指禁中。㊲威命　威嚴的命令，指朝廷詔命。㊳結知　結交而使瞭解。㊴平滄景　唐文宗太和元年（西元八二七年）李同捷據滄景叛，盧龍節度使李載義等奉命討伐，三年叛平。㊵不失作節度使　太和五年李載義為其兵馬使楊志誠所逐，朝廷任命為山南西道節度使。㊶後鎮太原　太和七年李載義調任河東節度使。㊷位至宰相　太和三年以平滄景功，加李載義同平章事。載義事見本書卷二百四十四至二百四十六。㊸不赦其罪　楊志誠逐李載義，任盧龍節度使。太和八年亦為部下所逐，因曾私製天子袞服，流放嶺南，途中誅死。事見本書卷二百四十四至二百四十五。

【校　記】①對　原無此字。據章鈺校，十二行本、乙十一行本、孔天胤本皆有此字，張敦仁《通鑑刊本識誤》同，今據補。②者　原無此字。據章鈺校，十二行本、乙十一行本、孔天胤本皆有此字，張敦仁《通鑑刊本識誤》同，今據補。

【語　譯】八月十五日乙未，王宰上奏郭誼投降等事。十六日丙申，宰相入朝向武宗祝賀。李德裕上奏說：「現在不需要再設置邢、洺、磁留後，只派遣盧弘止宣慰三州和成德、魏博兩個道。」武宗說：「郭誼應當如何處置？」李德裕回答說：「劉稹不過是一個痴呆小子而已，擁兵抗拒朝命，都是郭誼充當主謀。等到勢孤力竭，又出賣劉稹來求得獎賞。這種人不殺掉，如何懲戒惡人！應當趁各路軍隊還在潞州境內，把郭誼等人一起殺掉！」武宗說：「朕的意思也認為要這麼辦。」於是下詔讓石雄帶領七千人進入潞州，以應和謠言。杜悰認為糧餉運輸跟不上，說郭誼等人可以赦免。武宗長時間看著他不作回答。李德裕說：「今年春天澤潞沒有平定，太原又發生變亂，如果不是聖上決斷堅定，二處寇賊怎麼能平定呢！外面有議論說，如果發生在前朝，早就赦免他們了。」武宗說：「你不瞭解文宗心地與你不合，哪裡能這樣議論！」免去盧鈞山南東道的職務，專門擔任昭義節度使。

八月十八日戊戌，劉稹的首級傳送到了京師。武宗下詔：「昭義所轄的五個州免徵一年賦役，軍隊所經過的州縣免除今年的秋稅。昭義地方從劉從諫以來隨意增加的賦稅，一概都免除。所有登記在冊的當地團兵，都全部遣散回鄉務農。各道立了功的將士，按等級給予獎賞。」

郭誼殺了劉稹以後，每天都在盼望任命為節度使的旌節，已經好久沒有聽到消息，就說：「一定是調到其他鎮去。」於是檢視鞍馬，準備行裝。等到聽說石雄即將到來，大驚失色。石雄到達，郭誼等參見拜賀完了，敕使張仲清說：「郭都知的授官文書改日就會到，各位高班的授官文書就在這裡，晚上衙門集會時會收到。」於是派河中鎮的軍隊環繞毬場。傍晚坐衙治事時，郭誼等到來，喊著名字把人帶進去，凡是桀驁狡猾抗拒官軍的將領，都抓捕送往京師。加給何弘敬同平章事的官銜。八月二十七日丁未，下詔發掘出劉從諫的屍體，在潞州市場曝屍三天，石雄取來劉從諫的屍體放在毬場中剁碎了。

八月二十八日戊申，加給李德裕太尉、趙國公官爵。李德裕堅決推辭。武宗說：「遺憾的是沒有官職獎賞卿了！卿要是不應該獲得，朕一定不會給卿的。」

當初，李德裕認為：「自韓全義以來，將帥出征時屢次失敗，其中有三個方面的弊病：第一，向軍隊下發的詔令，一天有三、四道，宰相多半不參與其中。第二，監軍各人根據自己的意見指揮軍事，將帥不能獨自掌控軍隊進退。第三，每軍各有由宦官擔任監使，他們都在軍隊中挑選幾百名驍勇的軍士為牙隊，而留在陣地上作戰的人都是膽小懦弱的士兵。每次戰鬥監使自己拿著信旗，乘馬站在高處，由牙隊保衛著自己，看到軍隊稍有後退，就打著信旗先跑了，軍陣隨著也就潰散了。」李德裕於是和樞密使楊欽義、劉行深商議，告誡並約束監軍不得干預軍事行動，在每一千個士兵中聽任監使選取十人為衛士，有功勞時按規定分得獎賞。兩位樞密使都認為應該這樣辦，便報告武宗推行。從抵禦回鶻開始到澤潞打仗結束，都執行了這個制度，如果不是中書省進呈的為皇上草擬的詔書，就沒有其他詔書從宮中發出。號令簡要以後，將帥就能夠施展他們的謀略，所以指向哪裡，都能取得成功。

自從用兵作戰以來，河北三鎮每次派使者到達京師，李德裕常常當面曉諭他們說：「河朔地方兵力雖然強大，但不能獨立自主，必須依靠朝廷官爵詔命來安定軍心。回去告訴你們的節度使，與其派遣大將請求宣慰敕使以求官爵，何不自己振奮忠義之心，建立功業，為明主所瞭解，使授官爵的恩惠由朝廷發出，不是很光榮嗎！就從耳目所見所聞來說，李載義在幽州，為國家盡忠平定滄景之亂，等到被軍隊趕走時，仍舊擔任了節度使官職，後來鎮守太原，官至宰相。楊志誠派遣大將攔著敕使的馬求官，等到被軍隊士兵趕走後，朝廷終究沒有赦免他的罪行。從這兩個人的禍福情況就足以得到啟示了。」李德裕又將這些話向武宗說了。武宗說：「應當這樣明白地告訴他們。」從此，河北三鎮就不敢有反叛的想法了。

九月，詔以澤州隸河陽節度。

丁巳❶，盧鈞入潞州。鈞素寬厚愛人，劉稹未平，鈞已領昭義節度，襄州士卒❷在行營❸者，與潞人戰，常對陳揚鈞之美。及赴鎮❹，入天井關，昭義散卒歸之者，鈞皆厚撫之，人情大洽，昭義遂安。

劉稹將郭誼、王協、劉公直、安全慶、李道德、李佐堯、劉武德、董可武等至京師，皆斬之。

臣光曰：「董重質之在淮西❺，郭誼之在昭義，吳元濟、劉稹，如木偶人在伎兒❻之手耳。彼二人者[1]，始則勸人為亂，終則賣主規利❼，其死固有餘罪。然憲宗用之於前，武宗誅之於後，臣愚以為皆失之。何則？賞姦，非義也；殺降，非信也。失義與信，何以為國！昔漢光武待王郎、劉盆子止於不死，知其非力竭則不降故也。樊崇、徐宣、王元、牛邯之徒，豈非助亂之人乎？而光武不[2]殺❽。蓋以既受其降，則不可復誅故也。若既赦而復逃亡叛亂，則其死固無辭矣！如誼等免死流之遠方，沒齒不還，可矣，殺之，非也。」

【章旨】以上為第五段，寫賣主求榮的澤潞叛將被斬，司馬光評論認為朝廷處置失宜，賞奸、殺降喪失信義。

【注釋】❶丁巳 九月初七日。❷襄州士卒 即盧鈞屬下士兵。盧原為山南東道節度使，轄襄、鈞、房、復等州。❸行營 調行軍打仗的營壘。❹赴鎮 到昭義鎮上任。❺董重質之在淮西 董重質原淮西大將，為吳元濟反叛出謀劃策。後吳元濟要歸順朝廷，被董阻止。在李愬入蔡州擒元濟前夕，董投降。事見本書卷二百三十九至二百四十唐憲宗元和九年至十二年。❻伎兒 雜技演員。❼規利 圖利。❽光武不殺 指東漢開國皇帝光武帝劉秀不殺王郎、劉盆子、樊崇、徐宣、王元、牛邯等敵對首領。新莽末，天下紛亂，王郎詐稱漢成帝子劉子輿，稱帝於邯鄲；劉盆子被赤眉軍奉為皇帝；樊崇、徐宣皆赤眉軍首領；

王元、牛邯均西州割據者隗囂的部將。上述諸人先後被漢光武帝打敗而投降，光武帝受降而不殺。

【校　記】①者　原無此字。據章鈺校，十二行本、乙十一行本皆有此字，張敦仁《通鑑刊本識誤》同，今據補。②不　據章鈺校，十二行本、乙十一行本皆作「弗」。

【語　譯】九月，下詔把澤州劃歸河陽節度使管轄。

九月初七日丁巳，盧鈞進入潞州。盧鈞向來寬厚愛護士眾，劉稹還沒有平定時，盧鈞已經兼任昭義節度使。襄州帶來的士卒在行營的人，與潞州兵交戰時，常常在陣地上宣揚盧鈞的美德。等到去昭義鎮上任，通過天井關，昭義軍流散士卒歸附盧鈞的，盧鈞對他們都厚加撫慰，人心大為歡洽，於是昭義安定下來。

劉稹的將領郭誼、王協、劉公直、安全慶、李道德、李佐堯、劉武德、董可武等押到京師，全都斬首。

臣司馬光說：「董重質在淮西、郭誼在昭義的時候，吳元濟、劉稹就像木偶人在雜技演員手中一樣罷了。這兩個人，開始時勸說主人作亂，最後便賣主謀利，他們的死本來是死有餘辜。然而憲宗任用他們在前，武宗誅殺他們在後，臣的愚見認為這兩種做法都是失誤的。為什麼呢？獎賞奸人，不是義；殺害降者，不是信。失去了義和信，用什麼治理國家！從前漢光武帝對待王郎、劉盆子，只是管應不殺他們，這是由於瞭解他們不是在勢窮力盡的時候是不會投降的緣故。樊崇、徐宣、王元、牛邯那班人，難道不是幫助作亂的人嗎？但是漢光武帝不殺他們。那是認為既然接受了他們投降，就不應當又殺他們的緣故。要是已經赦免而又逃亡叛亂，那麼處死他們就沒有話可說了！像郭誼等人不殺他們而流放到邊遠的地方去，到老死都不許回鄉，就可以了，殺死他們，是不對的。」

王羽、賈庠等已為誼所殺，李德裕復下詔稱「逆賊王涯、賈餗等已就昭義誅其子孫」，宣告中外，識者非之❶。劉從諫妻裴氏亦賜死。又令昭義降將李丕、高文端、王釗等疏昭義將士與劉稹同惡者，悉誅之，死者甚眾。盧鈞疑其枉濫❷，奏請寬之，不從。

昭義屬城有嘗無禮於王元逵者，元逵推求❸得二十餘人，斬之。餘眾懼，復閉城自守。戊辰❹，李德裕等奏：「寇孽既平，盡為國家城鎮，豈可令元逵窮兵❺攻討！望遣中使賜城內將士敕，招安之。仍詔元逵引兵歸鎮，并詔盧鈞自遣使安撫。」從之。

乙亥❻，李德裕等請上尊號，且言：「自古帝王，成大功必告天地。又，宣懿太后❼祔廟❽，陛下未嘗親謁。」上瞿然❾曰：「郊廟之禮，誠宜亟行。至於徽❿稱，非所敢當！」凡五上表，乃許之。

李德裕奏：「據幽州奏事官言：詗知回鶻上下離心，可汗欲之安西，其部落言親戚皆在唐，不如歸唐。又與室韋已相失⓫，計其不日來降，或自相殘滅。望遣識事⓬中使賜仲武詔，諭以鎮、魏已平昭義，惟回鶻未滅，仲武猶帶北面招討使，宜早思立功。」

李德裕怨太子太傅・東都留守牛僧孺、湖州刺史李宗閔，言於上曰：「劉從諫據上黨十年，太和中入朝。僧孺、宗閔執政，不留之，加宰相縱去⓭，以成今日之患，竭天下力乃能取之，皆二人之罪也。」德裕又使人於潞州求僧孺、宗閔與從諫交通書疏⑭，無所得，乃令孔目官鄭慶言從諫每得僧孺、宗閔書疏，皆自焚毀。詔追慶下御史臺按問⑮，中丞李回、知雜⑯鄭亞以為信然。河南少尹呂述與德裕書，言稹破報至⑰，僧孺出聲歎恨。德裕奏述書，上大怒，以僧孺為太子少保、分司，宗閔為漳州⑱刺史。戊子⑲，再貶僧孺汀州刺史，宗閔漳州長史。

○上幸鄠校獵。

十一月，復貶牛僧孺循州長史，李①宗閔長流⑳封州㉑。

十二月，以忠武節度使王宰為河東節度使，河中節度使石雄為河陽節度使。

○上幸雲陽校獵。

【章旨】以上為第六段，寫李德裕報復舊恨，一貶再貶牛僧孺、李宗閔。此牛李黨爭第五回合。

【注釋】❶識者非之　王、賈的子孫投靠昭義，並非叛逆，遭到族滅已屬不幸；李德裕又彰明其罪，更屬過分，故受到有識之士的非難。❷枉濫　指濫施刑獄而使許多人蒙冤。枉，冤枉。❸推求　追查。❹戊辰　九月十八日。❺窮兵　竭盡兵力。❻乙亥　九月二十五日。❼宣懿太后　穆宗妃韋氏乃唐武宗生母，被追諡為宣懿太后。❽祔廟　將死者神主附於祖廟，以受祭祀。宣懿太后祔太廟穆宗之室。❾瞿然　驚愕的樣子。❿徽　美。⓫相失　互相失和，即相惡。⓬識事　懂得事理。⓭加宰相縱去　唐文宗太和六年（西元八三二年）昭義節度使劉從諫入朝。七年加從諫同平章事，遣歸鎮。⓮書疏　書信；信札。⓯追慶下御史臺按問　把鄭慶交付御史臺追究審訊。⓰知雜　御史臺有侍御史六人，以久任此官者一人知雜事。⓱稹破報至　謂劉稹滅亡的捷報送至東都。⓲漳州　州名，治所龍溪，在今福建漳州。⓳戊子　九月辛亥朔，無戊子。戊子，十月初九日。

⑳長流　流放到遠方。㉑封州　州名，州治封川縣，在今廣東封開。

【校記】①李　原無此字。據章鈺校，十二行本、乙十一行本皆有此字，今據補。

【語譯】王羽、賈庠等人已經被郭誼殺了，李德裕又通過武宗下詔說「逆賊王涯、賈餗等人的子孫投靠在昭義的也已被誅殺」，宣告中外，有識見的人責怪李德裕這樣做。劉從諫的妻子裴氏也被處死。又叫昭義降將李丕、高文端、王釗等人陳述昭義將士中和劉稹一起幹壞事的人，都被殺掉了，死亡的人很多。盧鈞懷疑其中有不該殺的冤枉人，上奏請求寬宥，武宗不同意。

昭義所屬城市中有曾對王元逵不禮貌的人，王元逵追查出二十多人，把他們殺了。其他的人感到恐懼，又關閉城門自我守衛。九月十八日戊辰，李德裕等上奏說：「賊寇已經平定了，都是國家的城鎮，怎麼能讓王元逵竭盡兵力去攻討它！希望派遣中使賜給城內將士敕令，招撫安定他們。並詔令王元逵帶領軍隊回到本鎮去，同時詔令盧鈞派遣使者安撫人心。」武宗聽從了。

九月二十五日乙亥，李德裕等請求給武宗上尊號，並且說：「自古以來的帝王，成就大功業時一定祭告天地。另外，宣懿太后神主入祖廟祭祀，陛下未曾親自去拜謁。」武宗驚愕地說：「到祖廟去祭祀的典禮，實在應當趕快舉行。至於美稱，不是我敢於接受的！」共上了五次奏表，武宗才同意接受。

李德裕上奏說：「據幽州奏事官說：探聽到回鶻上下離心，可汗想前往安西，他的部落中有人說，親戚都在唐朝，不如歸附唐朝。同時他們與室韋已經失和，估計他們不久會前來投降，或者內部自相殘殺。希望派遣懂得事理的中使賜給張仲武詔書，告訴他鎮州、魏博兩節度使已平定了昭義叛亂，只有回鶻沒有消滅，仲武還帶著北面招討使的官銜，應當早些考慮建立功業。」

李德裕怨恨太子太傅・東都留守牛僧孺、湖州刺史李宗閔，對武宗說：「劉從諫佔據上黨十年，太和年間回到了京城。當時是牛僧孺、李宗閔擔任宰相，沒有把劉從諫留下來，加給他宰相官銜，放他回去了，以致造成今天這樣的禍亂，竭盡了全國的力量才戰勝了敵人，這都是牛、李二人的罪過。」李德裕又派人在潞州尋找牛僧孺、李宗閔和劉從諫交往的書信，沒有得到什麼，就要孔目官鄭慶說劉從諫每次收到牛僧孺、李宗閔書信，都自己燒毀了。下詔把鄭慶交給御史臺追究審訊，御史中丞李回、知雜鄭亞認為真有那麼回事。河南少尹呂述給李德裕寫信，說是劉稹失敗的消息傳來時，牛僧孺出聲歎恨。李德裕把呂述的信奏上武宗，武宗大怒，以牛僧孺為太子少保、分司東都，李宗閔為漳州刺史。戊子日，再貶牛僧孺為汀州刺史，李宗閔為漳州長史。○武宗到鄠縣狩獵。

十一月，又貶牛僧孺為循州長史，李宗閔流放遠地封州。

十二月，任命忠武節度使王宰為河東節度使，河中節度使石雄為河陽節度使。○武宗到雲陽狩獵。

五年（乙丑　西元八四五年）

春，正月己酉朔❶，羣臣上尊號曰仁聖文武章天成功神德明道大孝皇帝，尊號始無「道」字，中旨❷令加之。庚戌❸，上謁太廟。辛亥❹，祀昊天❺上帝，赦天下。○築望仙臺於南郊。

庚申❻，義安太后❼王氏崩。

以祕書監盧弘宣❽為義武節度使。弘宣性寬厚而難犯，為政簡易，其下便之。河北之法，軍中偶語❾者斬。弘宣至，除其法。詔賜粟三十萬斛，在飛狐❿西，計運致之費踰於粟價，弘宣遣吏守之。會春旱，弘宣命軍民隨意自往取之。粟皆入境，約秋稔⓫償之。時成德、魏博皆饑，獨易定之境無害。

淮南節度使李紳按江都[12]令吳湘盜用程糧錢[13]，強娶所部百姓顏悅女，估其資裝[14]為贓，罪當死。湘，武陵[15]之兄子也，李德裕素惡武陵。議者多言其冤，諫官請覆按[16]。詔遣監察御史崔元藻[17]、李稠覆之。還言：「湘盜程糧錢有實。顏悅本衢州[18]人，嘗為青州牙推，妻亦士族，與前獄異。」德裕以為無與奪[19]，二月，貶元藻端州司戶，稠汀州司戶。不復更推[20]，亦不付法司詳斷，即如紳奏，處湘死。諫議大夫柳仲郢、敬晦[21]皆上疏爭之，不納。稠，晉江人。晦，昕之弟也。

李德裕以柳仲郢為京兆尹，素與牛僧孺善，謝德裕曰：「不意太尉恩獎及此，仰報厚德，敢不如奇章公門館[22]！」德裕不以為嫌[23]。

夏，四月壬寅[24]，以陝虢觀察使李拭為冊黠戛斯可汗使。

五月壬戌[25]，葬恭僖皇后于光陵柏城之外[26]。

門下侍郎、同平章事杜悰罷為右僕射，中書侍郎、同平章事崔鉉罷為戶部尚書。乙丑[27]，以戶部侍郎李回為中書侍郎、同平章事，判戶部如故。

祠部奏括[28]天下寺四千六百，蘭若[29]四萬，僧尼二十六萬五百。

詔冊黠戛斯可汗為宗英雄武誠明可汗。

秋，七月丙午朔㉚，日有食之。

上惡僧尼耗蠹㉛天下，欲去之，道士趙歸真等復勸之。乃先毀山野招提㉜、蘭若。至是[1]，敕上都㉝、東都兩街㉞各留二寺，每寺留僧三十人；天下節度、觀察使治所及同、華、商㉟、汝州各留一寺，分為三等㊱：上等留僧二十人，中等留十人，下等五人，餘僧及尼并大秦穆護㊲、祆僧㊳皆勒歸俗。寺非應留者，立期令所在毀撤，仍遣御史分道督之。財貨田產並沒官，寺材以葺公廨㊴驛舍，銅像、鍾磬以鑄錢。

以山南東道節度使鄭肅檢校右僕射、同平章事。

詔發昭義騎兵五百、步兵千五百戍振武，節度使盧鈞出至裴村㊵餞之。潞卒素驕，憚於遠戍，乘醉，回旗入城，閉門大譟，鈞奔潞城㊶以避之。監軍王惟直自出曉諭，亂兵擊之，傷，旬日而卒。李德裕奏：「請詔河東節度使王宰以步騎一千守石會關，三千自儀州路據武安㊷，以斷邢、洺之路。又令河陽節度使石雄引兵守澤州，河中節度使韋恭甫發步騎千人戍晉州。如此，賊必無能為㊸。」皆從之。

八月，李德裕等奏：「東都九廟㊹神主㊺二十六，今貯於太微宮㊻小屋，請以廢寺材復修太廟。」

壬午㊼，詔陳釋教㊽之弊，宣告中外。凡天下所毀寺四千六百餘區㊾，歸俗僧尼二十六萬五百人，大秦穆護、祆僧二千餘人，毀招提、蘭若四萬餘區。收良田數千萬頃，奴婢十五萬人。所留僧皆隸主客㊿，不隸祠部。百官奉表稱賀。尋又詔東都止留僧二十人，諸道留二十人者減其半，留十人者減三人，留五人者更不留(51)。

五臺(52)僧多亡奔幽州。李德裕召進奏官謂曰：「汝趣白本使，五臺僧為將必不如幽州將，為卒必不如幽州卒，何為虛取容納之名，染於人口(53)！獨不見近日劉從諫招聚無算(54)閒人，竟有何益！」張仲武乃封二刀付居庸關(55)，曰：「有游僧入境則斬之。」

主客郎中韋博(56)以為事不宜太過。李德裕惡之，出為靈武節度副使。

【章　旨】以上為第七段，寫唐武宗滅佛。

【注　釋】❶己酉朔　正月初一日。❷中旨　直接由宮中發出的皇帝旨意。❸庚戌　正月初二日。❹辛亥　正月初三日。❺昊天　即天。昊，大。❻庚申　正月十二日。❼義安太后　即唐穆宗恭僖皇后，生唐敬宗。唐文宗即位之初，以敬宗年號稱之為寶曆太后；太和五年（西元八三一年）又以其所居義安殿稱之為義安太后。傳見《舊唐書》卷五十二、《新唐書》卷七十七。❽盧弘宣　字子章，歷任給事中、劍南東川、義武等節度使。傳見《新唐書》卷一百九十七。❾偶語　相對私語。❿飛狐縣名，縣治在今河北淶源。⓫秋稔　秋天穀物成熟。⓬江都　縣名，縣治在今江蘇揚州。⓭程糧錢　官吏公出，計里程給糧，糧重不便長途攜帶，折算成錢，叫程糧錢。近似今日的旅差費。⓮資裝　資財衣物。⓯武陵　吳武陵，信州（今江西上饒）人，歷任太學博士、韶州刺史。傳見《新唐書》卷二百三。⓰覆按　再次審查；重新查驗。⓱崔元藻　歷任監察御史、武功令等。事附《新唐書》卷一百八十一〈李紳傳〉。⓲衢州　州名，治所信安，在今浙江衢州。⓳無與奪　無決斷，即模稜兩可。⓴不復更推　不再重新推究案情。㉑敬晦　字日彰，河中河東（今山西永濟）人，唐武宗時任諫議大夫，唐宣宗時任御史中丞、刑部侍郎、兗州節度使。傳見《新唐書》卷一百七十七。㉒敢不如奇章公門館　意思是怎敢不像對待牛僧孺那樣來對待您呢。奇章公是僧孺先祖牛弘的封號，人們亦用來稱僧孺。㉓嫌　猜忌。㉔壬寅　四月二十六日。㉕壬戌　五月十六日。㉖柏城之外　恭僖皇后原是唐穆宗妃子，故不合葬，而陪葬於光陵柏城之外。柏城，皇帝陵園種柏樹，周圍築牆，稱作柏城。㉗乙丑　五月十九日。㉘括　總括。㉙蘭若　私人所建之寺廟稱蘭若或招提。㉚丙午朔　七月初一日。㉛耗蠹　耗損。㉜招提　四方之僧稱招提僧，四方僧之住處稱招提僧房，一般用作寺院別稱。㉝上都　唐朝稱長安為上都。㉞兩街　左街和右街。㉟商　州名，治所上洛，在今陝西商縣。㊱分為三等　謂寺廟分為三等。上等寺廟所在地有：鎮州、魏博、淮南、西川、山南東道、荊南、嶺南、汴宋、幽州、東川、鄂岳、浙西、浙東、宣歙、湖南、江西、河南府；中等有：山南西道、河東、鄭滑、陳許、潞磁、鄆曹、徐泗、鳳翔、兗海、淄青、滄齊、易定、福建、同華州；下等有：桂管、邕管、黔中、安南、汝、金、商州、容管。㊲大秦穆護　羅馬帝國拜火教傳教士。㊳祆僧　祆教僧人。祆教即拜火教，流行於古波斯及中亞一帶，認為世界有善惡二道。把火作為善與光明的象徵來崇拜，故稱拜火教。南北朝時傳入中國，稱祆教。㊴公廨　官署。㊵裴村　地名，位於上黨城西，在今山西長治西。㊶潞城　縣名，縣治在今山西潞城。㊷武安　縣名，縣治在今河北武安。㊸必無能為　謂潞州四境皆分兵把守（王宰守北、東，石雄守南，韋恭甫守西），亂兵無法逃奔他鎮，一定不會有什麼作為。㊹東都九廟　太廟原只立於京城，唐中宗神龍元年（西元七〇五年）又立太廟於東都，從此東西二都皆有廟。唐高祖武德元年（西元六一八年）始立四廟，唐太宗時立六廟，唐睿宗時立七廟，至玄宗開元十年（西元七二二年）定為九廟。㊺神主　已故帝、后之牌位。㊻太微宮　即老君廟。唐高宗乾封元年（西元六六六年）追尊老子為太上玄元皇帝。唐玄宗開元二十九年命兩京諸州各置玄元皇帝廟，天寶二年改稱西京玄元廟為太微宮。㊼壬午　八月初七日。㊽釋教　即佛教。佛祖姓釋迦，故佛教亦稱釋教。㊾區處所。㊿主客　官署名，為禮部所屬第四司，掌藩國朝聘之事，其正、副長官為主客郎中、員外郎。釋教出自天竺國，故隸屬主客。(51)更不留　改為不留一僧。(52)五臺　山名，在今山西五臺。(53)染於人口　讓人們口出罵語。染，沾汙。(54)無算　無數。筭，同「算」。㊺居庸關 關名，即今北京市昌平西北居庸關。㊻韋博 字大業，京兆萬年（今陝西西安）人，歷官諫議大夫、京兆尹、平盧、昭義等節度使。傳見《新唐書》卷一百七十七。

【校 記】①至是 原無此二字。據章鈺校，十二行本、乙十一行本、孔天胤本皆有此二字，張敦仁《通鑑刊本識誤》同，今據補。

【語 譯】五年（乙丑 西元八四五年）

春，正月初一日己酉，群臣給武宗獻上尊號稱仁聖文武章天成功神德明道大孝皇帝，尊號中原來沒有「道」字，宮中有旨意加上的。初二日庚戌，武宗拜謁太廟。初三日辛亥，祭祀昊天上帝，大赦天下。〇在京城南郊修築望仙臺。

正月十二日庚申，義安太后王氏去世。

任命祕書監盧弘宣為義武節度使。盧弘宣性情寬厚，不可欺陵，處理政事簡單易行，他的下屬感到很方便。河北地區法律規定，軍中聚眾私語處斬。盧弘宣到來，廢除了這條法規。朝廷詔令賜該道粟三十萬斛，糧食在飛狐西邊，計算起來運到本鎮的費用超過了粟的價錢，盧弘宣就派官吏看守著。遇上春旱，盧弘宣命令軍民自己隨意前去取用。粟米全都運回本道，規定秋天穀物成熟後歸還政府。當時成德、魏博兩鎮都鬧饑荒，只有易定鎮沒有受到損害。

淮南節度使李紳查到江都縣令吳湘盜竊了官員差旅費，強迫迎娶轄區內百姓顏悅的女兒為妻，估計他的資財衣裝是贓物，罪當處死。吳湘是吳武陵哥哥的兒子，李德裕向來就仇恨吳武陵。議論的人多半說吳湘冤枉，諫官請求重新查驗。朝廷下詔派監察御史崔元藻、李稠二人來複查這個案子。他們回朝說：「吳湘盜用官員差旅費是實有其事。顏悅本來是衢州人，曾擔任過青州牙推，妻子也出身士族，這些與以前的獄詞不同。」李德裕認為他們模稜兩可，二月，貶謫崔元藻為端州司戶，李稠為汀州司戶。對吳湘也不再推究案情，也不交給有關司法部門詳加處理，就按照李紳上奏的意見，把吳湘處死。諫議大夫柳仲郢、敬晦都上疏爭辯這個案子，沒有採納。李稱，是晉江人。敬晦，是敬昕的弟弟。

李德裕任命柳仲郢為京兆尹，柳仲郢向來和牛僧孺友善，他向李德裕致謝說：「想不到太尉恩獎我到這個樣子，為了報答您的大德，怎敢不像對待牛僧孺那樣來對待您！」李德裕並不嫌忌他說這種話。

夏，四月二十六日壬寅，任命陝虢觀察使李拭為冊封黠戛斯可汗使。

五月十六日壬戌，在光陵柏城的外邊安葬了恭僖皇后。

門下侍郎、同平章事杜悰免職，擔任右僕射，中書侍郎、同平章事崔鉉免職，擔任戶部尚書。五月十九日乙丑，任命戶部侍郎李回為中書侍郎、同平章事，仍兼任戶部職務。

祠部奏報說總計全國有佛寺四千六百座，蘭若四萬座，僧尼二十六萬五百人。

詔令冊封黠戛斯可汗為宗英雄武誠明可汗。

秋，七月初一日丙午，發生日蝕。

武宗憎惡和尚、尼姑耗損國家財物，想除掉他們，道士趙歸真等人又勸說武宗這樣做。於是先毀掉山野的招提、蘭若。到這時，敕令上都、東都兩街各留兩所寺院，每寺留下三十名僧人；全國節度使、觀察使治所以及同、華、商、汝等州各留一所寺院，寺又分三等：上等寺留僧二十人，中等寺留十人，下等寺留五人，其餘的和尚、尼姑以及大秦國傳教士、祆教僧眾等都勒令還俗。不應保留的寺廟，規定日期限令該地拆毀，還要派遣御史分別到各道去監督執行。財貨田產都由官府沒收，寺廟建築材料用來修繕官舍和驛站房屋，銅像、鐘磬用來鑄造錢幣。

任命山南東道節度使鄭肅為檢校右僕射、同平章事。

朝廷下詔令徵調昭義鎮騎兵五百名、步兵一千五百名戍守振武鎮，節度使盧鈞出城到裴村去為他們餞行。潞州士卒向來驕橫，畏懼到邊遠地方去戍守，乘著酒醉，打著旗子回到城內，關上城門大鬧，盧鈞跑往潞城縣躲避。監軍王惟直親自出面告誡他們，亂兵攻打他，負了傷，十人就死了。李德裕上奏說：「請詔令河東節度使王宰派步兵騎兵一千人守石會關，派三千人從儀州路出發去據守武安縣，以截斷邢、洺二州到潞州的道路。另外命令河陽節度使石雄帶兵駐守澤州，河中節度使韋恭甫調發步兵騎兵一千人戍守晉州。這樣，叛賊一定不能有什麼作為。」武宗都聽從了。

八月，李德裕等奏言：「東都九廟神主二十六，現在存放在太微宮的小屋內，請求用廢棄寺院的建築材料重修太廟。」

八月初七日壬午，下詔陳述釋教的各種弊端，宣告中外。全國共拆毀寺廟四千六百多處，還俗的僧尼有二十六萬五百人，大秦傳教士、祆教僧人二千多人，毀掉招提、蘭若四萬多處。國家沒收良田數千萬頃，奴婢十五萬人。所留下的僧侶都隸屬主客郎中管理，不隸屬祠部。百官都上表稱賀。不久，又詔令東都只留僧侶二十人，各道原規定留二十人的減少一半，留十人的減少三人，留五人的改為不留一人。

五臺山的僧侶多數逃往幽州。李德裕叫來幽州進奏官，對他說：「你趕快告訴本鎮節度使，五臺山和尚當將領一定不如幽州的將領，當兵卒一定比不上幽州的兵卒，為什麼空要一個收容他們的名聲，讓人們口出罵語！難道看不見近期劉從諫招募無數閒雜人員，最終有什麼好處！」張仲武於是封好了兩把刀交給居庸關的守將，說道：「有遊僧入境，就殺了他。」

主客郎中韋博認為毀佛的事不宜作得太過分。李德裕厭惡他，調出為靈武節度副使。

昭義亂兵奉都將李文矩為帥，文矩不從，亂兵亦不敢害。文矩稍以禍福諭之，亂兵漸聽命，乃遣人謝盧鈞於潞城。鈞還入上黨，復遣之戍振武。行一驛❶，乃潛選兵追之。明日，及於太平驛❷，盡殺之。具以狀聞，且請罷河東、河陽兵❸在境上者，從之。

九月，詔修東都太廟。

李德裕請置備邊庫，令戶部歲入錢帛十二萬緡匹，度支鹽鐵歲入錢帛十二萬緡匹，明年減其三之一，凡諸道所進助軍財貨皆入焉，以度支郎中判之。

王才人❹寵冠後庭，上欲立以為后。李德裕以才人寒族，且無子，恐不厭❺天下之望，乃止。

上餌方士金丹，性加躁急，喜怒不常。冬，十月，上問李德裕以外事，對曰：「陛下威斷不測，外人頗驚懼。曏者寇逆暴橫，固宜以威制之。今天下既平，願陛下以寬理之。但使得罪者無怨，為善者不驚，則為寬矣。」

以衡山❻道士劉玄靜為銀青光祿大夫❼、崇玄館學士❽，賜號廣成先生，為之治崇玄館，置吏鑄印。玄靜固辭，乞還山，許之。

李德裕秉政日久，好徇愛憎，人多怨之。自杜悰、崔鉉罷相，宦官左右言其太專，上亦不悅。給事中韋弘質上疏，言宰相權重，不應更領三司錢穀。德裕奏稱：「制置職業❾，人主之柄。弘質受人教導，所謂賤人❿圖柄臣⓫，非所宜言。」十二月，弘質坐貶官，由是眾怒愈甚。

上自秋冬以來，覺有疾，而道士以為換骨。上祕其事，外人但怪上希復遊獵，宰相奏事者亦不敢久留。詔罷來年正日朝會⑫。

吐蕃論恐熱復糾合諸部擊尚婢婢，婢婢遣厖結藏將兵五千拒之。恐熱大敗，與數十騎遁去。婢婢傳檄⑬河、湟，數⑭恐熱殘虐之罪曰：「汝輩本唐人，吐蕃無主，則相與⑮歸唐，毋為恐熱所獵如狐兔也。」於是諸部從恐熱者稍稍引去⑯。

是歲，天下戶四百九十五萬五千一百五十一。

朝廷雖為党項置使⑰，党項侵盜不已，攻陷邠、寧⑱、鹽州界城堡，屯叱利寨。宰相請遣使宣慰。上決意討之。

【章旨】以上為第八段，寫李德裕驕恣樹敵，唐武宗求仙服食金丹。

【注釋】❶一驛　唐制，凡三十里置驛，故一驛為三十里。❷太平驛　驛站名，位於上黨之北，在今山西襄垣西南。❸河東河陽兵　即王宰、石雄為堵截昭義亂卒所率之兵。❹才人　妃嬪名，唐玄宗以後內官分為四等：妃、六儀、美人、才人。❺厭　滿足；符合。❻衡山　山名，在今湖南衡山縣西。❼光祿大夫　官名，無職事散官，加銀章青綬者，稱銀青光祿大夫。❽崇玄館學士　宗教官員，在崇玄館內教授玄學生。❾制置職業　安排官職和工作。❿賤人　地位低下的人。⓫柄臣　指執政大臣。⓬正旦朝會　正月初一皇帝接受群臣朝賀。⓭傳檄　傳送公文。檄，一種用以徵召、曉諭或聲討的文書。⓮數　列舉。⓯相與　共同；一起。⓰稍稍引去　漸漸離去。⓱為党項置使　武宗派侍御史為安撫党項使，分三部招撫党項：崔彥曾安撫邠、寧、延三州；李鄠安撫鹽、夏、長澤等州；鄭賀安撫靈武、麟、勝等州。⓲邠寧　皆州名。邠州治所新平，在今陝西彬縣。寧州治所定安，在今甘肅寧縣。

【語譯】昭義軍的亂兵擁戴都將李文矩為統帥，李文矩不答應，亂兵也不敢殺害他。李文矩逐漸用利害關係開導他們，亂兵慢慢聽從命令了，於是派人到潞城向盧鈞謝罪。盧鈞回到上黨城，還是派遣那些人去守衛振武。他們走了一個驛站的路程，就暗地選派一支軍隊追趕他們。第二天，在太平驛追上了，把他們全部殺掉。盧鈞把詳細情況報告朝廷，並且請求撤去在境上的河東、河陽駐軍，武宗聽從了。

九月，下詔修建東都太廟。

李德裕請求設置備邊庫，命令戶部每年存入錢十二萬緡，帛十二萬匹，度支和鹽鐵二處每年存入錢十二萬緡，帛十二萬匹，第二年減少三分之一，凡是各道所進奉的助軍財貨都存放庫中，用度支郎中兼管。

王才人在後宮中最受寵倖，武宗想把她立為皇后。李德裕認為王才人出身寒門，又沒有兒子，擔心不符合天下人的願望，於是作罷。

武宗服食了方士的金丹，性情更加暴躁，喜怒無常。冬，十月，武宗向李德裕詢問外面的事情，李德裕回答說：「陛下裁決事務威嚴果斷，不可預測，外面的人們很驚恐。過去逆賊橫暴，固然應當用威力制裁他們。現在國家已經安定，希望陛下用寬緩的辦法來治理。只要讓獲罪的人沒有怨言，做善事的人不驚恐，就是寬緩之政了。」

以衡山道士劉玄靜為銀青光祿大夫、崇玄館學士，賜號稱廣成先生，並為他修建崇玄館，設置屬吏，鑄造印璽。劉玄靜堅決拒絕，請求回山，武宗答應了。

李德裕掌握政權的時間長了，喜歡憑愛憎辦事，很多人怨恨他。自從杜悰、崔鉉免去宰相職位以後，武宗身邊的宦官近侍說李德裕太專權了，武宗也不喜歡李德裕。給事中韋弘質上疏，說宰相的權力過重，不應該再兼管三司錢穀之事。李德裕上奏稱：「安排官職和工作，是皇上的權力。韋弘質受他人的教唆和誘導，所謂低賤的人算計掌權的大臣，這不是他應該說的話。」十二月，韋弘質因而被貶官，從此人們更加怨恨李德裕。

武宗從秋冬以來，感覺有病，而道士認為是換骨。武宗把這件事保密，外面的人只是奇怪武宗很少外出遊獵，宰相奏事時也不敢停留太久。詔令取消來年正月初一的朝會。

吐蕃論恐熱又糾合諸部進攻尚婢婢，尚婢婢派遣厖結藏帶領士兵五千人抵抗他。論恐熱大敗，和數十騎逃走了。尚婢婢向河、湟發檄文，列舉論恐熱殘虐的罪行，並說：「你們這些人本是唐朝人，現今吐蕃沒有君主，就應當一起歸附唐朝，不要像狐狸、兔子一樣被論恐熱所獵取。」於是跟隨論恐熱的各部落漸漸離去。

這一年，全國戶口四百九十五萬五千一百五十一戶。

朝廷雖然為了招撫党項設置了使節，但是党項還是侵掠不止，攻陷了邠、寧、鹽州邊界的城堡，屯駐在叱利寨。宰相請求派遣使者宣撫慰問。武宗決意討伐他們。

六年（丙寅　西元八四六年）

春，二月庚辰❶，以夏州節度使米暨為東北道招討党項使。

上疾久未平，以為漢火德，改「洛」為「雒」❷；唐土德，不可以王氣勝君名，三月，下詔改名炎❸。

上自正月乙卯❹不視朝，宰相請見，不許。中外憂懼。

初，憲宗納李錡❺妾鄭氏，生光王怡。怡幼時，宮中皆以為不慧❻。太和❼以後，益自韜匿❽，羣居遊處，未嘗發言。文宗幸十六宅宴集，好誘其言以為戲笑，號曰光叔[1]。上性豪邁，尤所不禮。及上疾篤，旬日不能言。諸宦官密於禁中定策，辛酉❾，下詔稱：「皇子沖幼，須選賢德，光王怡可立為皇太叔，更名忱，應[10]軍國政事令權句當。」太叔見百官，哀戚滿容，裁決庶務，咸當於理，人始知有隱德焉。

甲子[11]，上崩。以李德裕攝冢宰。丁卯[12]，宣宗即位。宣宗素惡李德裕之專，即位之日，德裕奉冊。既罷，謂左右曰：「適[13]近我者非太尉邪？每顧我，使我毛髮洒淅[14]。」夏，四月辛未朔[15]，上始聽政。○尊母鄭氏為皇太后。

壬申[16]，以門下侍郎、同平章事[2]李德裕同平章事，充荊南節度使。德裕秉權日久，位重有功，眾不謂其遽罷，聞之莫不驚駭。甲戌[17]，貶工部尚書、判鹽鐵轉運使薛元賞為忠州[18]刺史，弟京兆少尹、權知府事元龜為崖州司戶，皆德裕之黨也。○杖殺道士趙歸真等數人，流羅浮山人軒轅集于嶺南。

五月乙巳[19]，赦天下。上京[20]兩街先聽留[21]兩寺外，更各增置八寺，僧、尼依前隸功德使[22]，不隸主客，所度僧、尼仍令祠部給牒[23]。○以翰林學士、兵部侍郎白敏中同平章事。

辛酉[24]，立皇子溫為鄆王，渼為雍王，涇為雅王，滋為夔王，沂為慶王。

六月，禮儀使[25]奏「請復代宗神主[26]於太廟，以敬宗、文宗、武宗同為一代，於廟東增置兩室，為九代十一室。」從之。

秋，七月壬寅㉗，淮南節度使李紳薨。

回鶻烏介可汗之眾稍稍降散及凍餒㉘死，所餘不及三千人。國相逸隱啜殺烏介於金山㉙，立其弟特勒遏捻為可汗。

八月壬申㉚，葬至道昭肅孝皇帝于端陵㉛，廟號武宗。

初，武宗疾困，顧王才人曰：「我死，汝當如何？」對曰：「願從陛下於九泉！」武宗以巾授之。武宗崩，才人即縊㉜。上聞而矜之，贈貴妃，葬於端陵柏城之內。

以循州司馬牛僧孺為衡州長史，封州流人李宗閔為郴州司馬，恩州司馬崔珙為安州長史，潮州刺史楊嗣復為江州刺史，昭州刺史李珏為郴州刺史。僧孺等五相皆武宗所貶逐，至是，同日北遷。宗閔未離封州而卒。

九月，以荊南節度使李德裕為東都留守，解平章事。以中書侍郎、同平章事鄭肅同平章事，充荊南節度使。以兵部侍郎、判度支盧商㉝為中書侍郎、同平章事。商，翰㉞之族孫也。

【章旨】以上為第九段，寫唐武宗死，宣宗立，李德裕遭貶。李黨失勢，武宗所逐牛黨同日量移。牛李黨爭至此結束，此為第六回合。自憲宗元和三年（西元八〇八年）至此武宗會昌六年（西元八四六年），兩黨爭鬥，凡四十年。

【注　釋】❶庚辰　二月初九日。❷改洛為雒　漢光武帝改洛陽為雒陽。按照五德相勝說，水勝火，「洛」旁從水，西漢火德，故改。❸唐土德四句　唐以土德王天下，即所謂王氣；唐武宗名瀍，瀍旁從水，土勝水，即所謂以王氣勝君名，故唐武宗久病不癒。今改名炎，炎從火，按五行相生說，火生土，用作君主之名可生王氣。❹乙卯　正月十三日。❺李錡　唐宗室。唐德宗時官至潤州刺史、鎮海軍節度使。唐憲宗時，被召入朝為尚書左僕射。錡無意入京師，遂起兵，謀據江東，為屬下所擒，腰斬於長安。傳見《舊唐書》卷一百十二、《新唐書》卷二百二十四上。❻慧　聰明。❼太和　唐文宗第一個年號（西元八二七—八三五年）。❽韜匿　隱晦不外露。❾辛酉　三月二十日。❿應　一切。⓫甲子　三月二十三日。⓬丁卯　三月二十六日。⓭適　剛才。⓮洒淅　寒慄；發抖。⓯辛未朔　四月初一日。⓰壬申　四月初二日。⓱甲戌　四月初四日。⓲忠州　州名，治所臨江，在今重慶市忠縣。⓳乙巳　五月初五日。⓴上京　首都。㉑聽留　允許保留。㉒功德使　官名，貞元四年（西元七八八年）置左、右街功德使、東都功德使、修功德使，管理僧尼。會昌二年（西元八四二年）劃歸主客管理，現又隸屬於功德使。㉓牒　即度牒，官府所發之僧尼出家憑證。憑度牒可免賦稅、徭役。㉔辛酉　五月二十一日。㉕禮儀使　官名，朝廷舉行大禮，以大臣掌其事，稱禮儀使。㉖復代宗神主　唐自開元起，定太廟為九室，立九位神主。此後皇帝去世，神主祔廟，則遷出前代一位神主。按「有功者不遷，親盡者則毀」（《新唐書·禮樂志一》）的原則，太祖、高祖、太宗不遷，其他以親盡為序。開成五年（西元八四〇年）文宗祔廟，代宗神主遷於別室，今請復還於太廟。㉗壬寅　七月初三日。㉘餒　飢餓。㉙金山　山名，即今阿爾泰山，位於新疆與俄羅斯和蒙古邊界。㉚壬申　八月初三日。㉛端陵　唐武宗陵，在今陝西三原東北。㉜縊　吊死。㉝盧商　（西元七八一—八五九年）字為臣，范陽（今北京市）人，唐武宗時官至東川節度使。唐宣宗即位任宰相，後出為武昌軍節度使。傳見《舊唐書》卷一百七十六、《新唐書》卷一百八十二。㉞翰　盧翰，唐德宗朝宰相。

【校　記】①號曰光叔　原無此四字。據章鈺校，十二行本、乙十一行本、孔天胤本皆有此四字，張敦仁《通鑑刊本識誤》、張瑛《通鑑校勘記》同，今據補。②同平章事　原作「同平章政事」。據章鈺校，十二行本、乙十一行本皆無「政」字，今據刪。

【語　譯】六年（丙寅　西元八四六年）

春，二月初九日庚辰，任命夏州節度使米暨為東北道招討党項使。

武宗的病久未平復，認為漢朝是火德，不使水剋火，就改「洛陽」為「雒陽」；唐朝是土德，不可讓王氣勝君名，三月，下詔改名為「炎」。

武宗從正月十三日乙卯不上朝視事，宰相請求接見，不答應。朝廷內外憂懼。

當初，憲宗把李錡的妾鄭氏收入宮中，生下光王李怡。李怡幼時，宮中的人都認為他不聰明。從太和年間以後，更加深藏不露，和大家一起居處遊玩，沒有講過什麼話。文宗臨幸十六宅參加宴會，喜歡引誘光王發言來取樂，稱他為光叔。武宗性情豪邁，更是對光王不講禮節。等到武宗病重時，十天不能說話了。那些宦官祕密在禁中定下計謀，三月二十日辛酉，下詔說：「皇子年幼，需要選擇賢德的人為繼承者，光王李怡可立為皇太叔，改名李忱，國家的一切軍政大事都交給他暫時辦理。」太叔接見百官時，滿臉悲戚，處理眾多的政務，都合乎事理，人們才知道他過去隱藏了自己的才德。

三月二十三日甲子，武宗去世。由李德裕攝代冢宰。二十六日丁卯，宣宗即皇帝位。宣宗向來討厭李德裕的專權，即位的那天，李德裕送上冊命文書。禮儀結束以後，宣宗對身邊的人說：「剛剛在我旁邊的人不是李太尉嗎？他每次看我時，使我毛髮寒慄。」夏，四月初一日辛未，宣宗開始處理政事。○宣宗尊崇生母鄭氏為皇太后。

四月初二日壬申，改任門下侍郎、同平章事李德裕同平章事，充任荊南節度使。李德裕掌權時間長久，地位貴重而有功勞，大家不認為他會突然被罷去宰相，聽到這消息沒有人不感到驚異。初四日甲戌，貶謫工部尚書、判鹽鐵轉運使薛元賞為忠州刺史，他的弟弟京兆少尹、權知府事薛元龜為崖州司戶，他們都是李德裕的同黨。○用杖打死道士趙歸真等數人，把羅浮山人軒轅集流放到嶺南。

五月初五日乙巳，大赦天下。上京兩街除以前允許保留的兩寺以外，再允許各街增置八寺，僧、尼依據舊制隸屬功德使，不隸屬主客，所剃度的僧、尼仍令祠部發給度牒。○任命翰林學士、兵部侍郎白敏中同平章事。

五月二十一日辛酉，立皇子李溫為鄆王，李渼為雍王，李涇為雅王，李滋為夔王，李沂為慶王。

六月，禮儀使上奏「請求在太廟恢復代宗神主，因為敬宗、文宗、武宗同為一代，在太廟東邊增加兩間房屋，成為九代十一室。」宣宗聽從了。

秋，七月初三日壬寅，淮南節度使李紳去世。

回鶻烏介可汗的部眾，漸漸地投降散失，以及凍餓而死，剩下來的不到三千人。國相逸隱啜在金山殺了烏介，立他的弟弟特勒遏捻為可汗。

八月初三日壬申，葬至道昭肅孝皇帝於端陵，廟號武宗。

當初，武宗病重時，看著王才人說：「我死了以後，你打算怎麼辦？」王才人回答說：「願意隨從陛下於九泉！」武宗把一條帛巾給了她。武宗死了後，王才人立刻自縊而死。宣宗聽到後很憐憫她，贈為貴妃，埋葬在端陵柏城裡面。

任命循州司馬牛僧孺為衡州長史，流放到封州的李宗閔為郴州司馬，恩州司馬崔珙為安州長史，潮州刺史楊嗣復為江州刺史，昭州刺史李珏為郴州刺史。牛僧孺等五位宰相都是被武宗貶逐的，到這時，同一天向北遷轉。李宗閔沒有離開封州就死了。

九月，任命荊南節度使李德裕為東都留守，解除平章事官銜。任命中書侍郎、同平章事鄭肅同平章事，充任荊南節度使。任命兵部侍郎、判度支盧商為中書侍郎、同平章事。盧商，是盧翰的族孫。

冊黠戛斯可汗使者以國喪未行。或以為僻遠小國，不足與之抗衡，回鶻未平，不應遽有建置❶。詔百官集議，事遂寢。

蠻寇安南，經略使裴元裕帥鄰道兵討之。

以右常侍李景讓為浙西觀察使。

初，景讓母鄭氏，性嚴明，早寡，家貧，居於東都。諸子皆幼，母自教之。宅後古牆因雨隤陷❷，得錢盈船，奴婢喜，走告母。母往，焚香祝之曰：「吾聞無勞而獲，身之災也。天必以先君餘慶❸，矜其貧而賜之，則願諸孤他日學問有成，乃其志也，此不敢取！」遽命掩而築之。三子景讓、景溫❹、景莊，皆舉進士及第。景讓官[1]達❺，髮已斑白，小有過，不免捶楚❻。

景讓在浙西，有左都押牙忤景讓意，景讓杖之而斃。軍中憤怒，將為變。母聞之，景讓方視事，母出坐聽事，立景讓於庭而責之曰：「天子付汝以方面❼，國家刑法，豈得以為汝喜怒之資，妄殺無罪之人乎！萬一致一方不寧，豈惟上負朝廷，使垂年❽之母銜羞入地，何以見汝之先人乎！」命左右褫❾其衣坐之，將撻其背。將佐皆為之請，拜且泣，久乃釋之，軍中由是遂安。

景莊老於場屋❿，每被黜，母輒撻景讓，然景讓終不肯屬主司⓫，曰：「朝廷取士自有公道，豈敢效人求關節乎！」久之，宰相謂主司曰：「李景莊今歲不可不收，可憐彼翁每歲受撻。」由是始及第。

冬，十月，禮院⓬奏禘祭⓭祝文⓮於穆、敬、文、武四室，但稱「嗣皇帝臣某昭告⓯」，從之。

甲申⓰，上受三洞法籙⓱於衡山道士劉玄靜。

十二月戊辰朔⓲，日有食之。

【章　旨】以上為第十段，寫李景讓母鄭氏教子有方，臨難不驚。

【注　釋】❶建置　指冊命黠戛斯可汗。❷隤陷　倒塌陷落。❸餘慶　遺澤，即可延及後人的恩澤。❹景溫　字德己，歷任諫議大夫、福建觀察使、尚書右丞等官。傳附《舊唐書》卷一百八十七下、《新唐書》卷一百七十七〈李景讓傳〉。❺達　顯貴。❻捶楚　打板子。❼方面　指一方軍政事務。❽垂年　老年。❾褫　剝去。❿老於場屋　謂屢試不中。場屋，貢院；科場。⓫主司　主考官。⓬禮院　官署名，屬太常寺，掌制定禮儀。⓭禘祭　祭名，五年一次的宗廟大祭。⓮祝文　祭祀時的祝禱文辭。⓯嗣皇帝臣某昭告　宣宗是穆宗之弟，敬、文、武三宗之叔，故稱「臣某昭告」，而不用「再拜言」的格式。⓰甲申　十月十六日。⓱三洞法籙　書名，道教的祕籍。⓲戊辰朔　十二月初一日。

【校　記】①官　據章鈺校，十二行本、乙十一行本、孔天胤本皆作「宦」。

【語　譯】冊封黠戛斯可汗的使者因為國喪而未能成行。有人認為僻遠地方的小國，不值得和它平起平坐，回鶻尚未平定，不應當馬上就對它冊封。下詔要百官討論，這件事便擱置下來。

蠻人侵犯安南，經略使裴元裕率領鄰道兵討伐他們。

任命右常侍李景讓為浙西觀察使。

當初，李景讓的母親鄭氏，性格嚴厲精明，早年守寡，家境清貧，住在東都。幾個兒子年紀都小，母親親自教育他們。住宅後面的老牆因為下雨倒塌，從裡面得到了一船錢，奴婢們很高興，跑去告訴李景讓的母親。她到發現錢的地方，燒香禱告說：「我聽說不勞而獲，足自身的災害。上天一定因為先君的遺澤，憐憫他後人的貧窮而賞賜他，那麼希望幾個孤兒將來學問取得成就，這就是他的志向，這些錢不敢取用！」急忙命令把錢掩蓋起來在上面築上牆。他的三個兒子景讓、景溫、景莊，都考上了進士。李景讓的官位顯貴，雖然頭髮已經斑白，有小過錯，也免不了挨母親的板子。

李景讓任浙西觀察使時，有左都押牙違背了李景讓的想法，李景讓用棍杖把他打死了。軍中憤怒，將要發動變亂。李景讓的母親聽到了這件事，李景讓正在處理政事，他的母親出來坐在廳堂，讓李景讓站在庭中，責備他說：「天子把一方交給你治理，國家的刑法，怎能成為你表達喜怒的工具，亂殺無罪的人呢！萬一引起一方不安，哪裡只是對上辜負了朝廷，也會使年老的我帶著羞慚死去，拿什麼去見你的祖先啊！」命令身邊的人剝去李景讓的上衣，坐在那裡，將要鞭打他的脊背。將佐們都為李景讓求情，一面下拜一面哭，很久，才放過李景讓，軍中由此就安定下來了。

李景莊屢試不中，每一次考試失敗，母親就鞭打李景讓，然而李景讓始終不肯向主考官求情，說道：「朝廷取士自有公正的標準，哪裡敢仿效別人求助疏通關節呢！」過了很久，宰相對主考官說：「李景莊今年不可不錄取了，可憐他的哥哥每年都要受到鞭打。」由此才考取了進士。

冬，十月，禮院上奏說，在禘祭的祝文中，對於穆、敬、文、武四個廟室，只稱「嗣皇帝臣某昭告」，宣宗聽從了。

十月十六日甲申，宣宗在衡山道士劉玄靜那裡接受了《三洞法籙》。

十二月初一日戊辰，發生日蝕。

宣宗❶元聖至明成武獻文睿智章仁神聰懿道大孝皇帝上

大中元年（丁卯　西元八四七年）

春，正月甲寅❷，上祀圜丘，赦天下，改元。

二月庚午❸[1]，加盧龍節度使張仲武同平章事，賞其屢[2]破回鶻也。

癸未❹，上以旱故，減膳徹❺樂，出宮女，縱鷹隼❻，止營繕❼，命中書侍郎、同平章事盧商與御史中丞封敖❽疏理京城繫囚❾。大理卿馬植奏稱：「盧商等務行寬宥，凡抵極法❿者[3]，一切免死。彼官典犯贓及故殺人⓫，平日大赦所不免，今因疏理而原⓬之，使貪吏無所懲畏，死者銜冤無告，恐非所以消旱災、致和氣也。昔周饑克殷而年豐，衛旱討邢而雨降⓭。是則誅罪戮姦，式⓮合天意，雪冤決滯⓯，乃副聖心也，乞再加裁定。」詔兩省五品以上議❿之。

初，李德裕執政，引白敏中為翰林學士。及武宗崩，德裕失勢，敏中乘上下之怒⓱，竭力排之，使其黨李咸訟德裕罪，德裕由是自東都留守以太子少保、分司。

左諫議大夫張鷺等上言：「陛下以旱理繫囚，慮有冤滯。今所原死罪，無冤可雪，恐凶險僥倖之徒常思水旱為災，宜如馬植所奏。」詔從之，皆論如法。以植為刑部侍郎，充鹽鐵轉運使。

植素以文學政事有名於時，李德裕不之重。及白敏中秉政，凡德裕所薄者，皆不次用之⓲。以盧商為武昌節度使，以刑部尚書、判度支崔元式為門下侍郎，翰林學士、戶部侍郎韋琮為中書侍郎，並同平章事。

閏月[19]，敕：「應會昌五年所廢寺，有僧能營葺者，聽自居之，有司毋得禁止。」是時君、相務反會昌之政[20]，故僧、尼之弊皆復其舊。

己酉[21]，積慶太后[22]蕭氏崩。

五月，幽州節度使張仲武大破諸奚。

吐蕃論恐熱乘武宗之喪，誘党項及回鶻餘眾寇河西[23]。詔河東節度使王宰將代北諸軍[24]擊之。宰以沙陀朱邪赤心為前鋒，自麟州[25]濟河，與恐熱戰於鹽州，破走之。

六月，以鴻臚卿李業為冊黠戛斯英武誠明可汗使。

上請白敏中曰：「朕昔從憲宗之喪，道遇風雨，百官、六宮四散避去，惟山陵使長而多髯，攀靈駕不去，誰也？」對曰：「令狐楚。」上曰：「有子乎？」對曰：「長子緒[26]今為隨州刺史。」上曰：「堪為相乎？」對曰：「緒少病風痹[27]。次子綯[28]，前湖州[29]刺史，有才器[30]。」上即擢為考功郎中[31]、知制誥。綯入謝，上問以元和故事。綯條對甚悉，上悅，遂有大用之意。

秋，八月丙申[32]，以門下侍郎、同平章事李回同平章事，充西川節度使。○

葬貞獻皇后于光陵之側。

上敦睦㉝兄弟，作雍和殿於十六宅，數臨幸，置酒作樂，擊毬盡歡。諸王有疾，常親至臥內㉞存問，憂形於色。

突厥㉟掠漕米㊱及行商，振武節度使史憲忠㊲擊破之。

九月丁卯㊳，以金吾大將軍鄭光為平盧節度使。光㊴，潤州人，太后之弟也。

乙酉㊵，前永寧㊶尉㊷吳汝納㊸訟其弟湘罪不至死，「李紳與李德裕相表裏，欺罔武宗，枉殺臣弟㊹，乞召江州司戶崔元藻等對辨。」丁亥㊺，敕御史臺鞫實㊻以聞。冬，十二月庚戌㊼，御史臺奏，據崔元藻所列吳湘冤狀，如吳汝納之言。戊午㊽，貶太子少保、分司李德裕為潮州司馬。

吏部奏，會昌四年所減州縣官內復增三百八十三員。

【章旨】以上為第十一段，寫白敏中為相，恩將仇報，一再貶逐李德裕，盡翻會昌的善政，佞佛之風又熾。

【注釋】❶宣宗　名怡，即位改名忱，唐憲宗第十二子，唐代第十七位皇帝，西元八四七－八五九年在位。諡為「聖武獻文孝皇帝」，唐懿宗咸通十三年追諡為「元聖至明成武獻文睿智章仁神聰懿道大孝皇帝」。❷甲寅　正月十七日。❸庚午　二月初四日。❹癸未　二月十七日。❺徹　同「撤」。撤除。❻縱鷹隼　放掉鷹鷂，以示不再打獵。❼止營繕　停止修建宮室。❽封敖　官至戶部尚書。傳見《舊唐書》卷一百六十八、《新唐書》卷一百七十七。❾疏理京城繫囚　清理京師的在押囚犯。

⑩抵極法　觸犯極刑，即犯死罪。抵，觸犯。⑪官典犯贓及故殺人　唐律，官吏貪汙受賄以及故意殺人，遇大赦亦不免罪。官典，國家典制；國家法令。⑫原　原宥；赦罪。⑬昔周饑二句　紂暴虐，周武王出兵伐紂，春秋時邢國侵犯衛國，衛出兵討邢，都是有道伐無道，故能解除天災而有豐年。詳見《左傳》僖公十九年。衛、邢，皆春秋國名。⑭式　乃。⑮決滯　審結積案。⑯兩省五品以上議　指中書省自中書舍人、門下省自給事中以上的官員，皆參決平獄。⑰上下之怒　指唐宣宗和大臣對李德裕專權的不滿。⑱不次用之　不按通常次序，即破格任用官員。⑲閏月　本年閏三月。⑳務反會昌之政　對會昌年間的政務措施，必反其道而行之。㉑己酉　四月十五日。㉒積慶太后　即唐穆宗貞獻皇后，唐文宗之母。原居大內，唐武宗時徙居積慶宮，故又稱積慶太后。㉓河西　地區名，指今陝北黃河西岸地區。㉔代北諸軍　指在代州以北的羌、渾、契苾、沙陀等蕃兵。㉕麟州　州名，治所新秦，在今陝西神木北。㉖緒　令狐緒，令狐楚的長子，歷任隨、壽、汝三州刺史。傳見《舊唐書》卷一百七十二、《新唐書》卷一百七十二。㉗風痺　手足麻木症。㉘綯　令狐綯，字子直，大中四年（西元八五〇年）為相，輔政十年。唐懿宗時為河中、宣武、淮南等節度使。唐僖宗時任鳳翔節度使。與令狐緒同傳。㉙湖州　州名，治所烏程，在今浙江吳興。㉚才器　才能與器度。㉛考功郎中　官名，考功為禮部第四司，掌考核官吏優劣、功過，正、副長官為考功郎中、員外郎。㉜丙申　八月初三日。㉝敦睦　親厚和睦。㉞臥內　寢室。㉟突厥　突厥消亡已久，此突厥當是歸附唐室活動在邊地的殘餘部落。㊱漕米　官府漕運之米。㊲史憲忠　字元貞，魏博節度使史憲誠之弟。歷任涇原、朔方、振武等節度使。傳見《新唐書》卷一百四十八。㊳丁卯　九月初五日。㊴光　鄭光，宣宗母孝明皇太后之弟。官終右羽林統軍兼太子太保。傳見《新唐書》卷二百六。㊵乙酉　九月二十三日。㊶永寧　縣名，縣治在今河南洛寧北。㊷尉　縣尉，官名，掌一縣治安。㊸吳汝納　故韶州刺史吳武陵之姪，官至左拾遺。傳見《舊唐書》卷一百七十三。㊹枉殺臣弟　淮南節度使李紳按問江都令吳湘盜用程糧錢，判死刑。李德裕不顧官員反對，亦不交付司法機構詳加審斷而處死吳湘。事見本書卷二百四十八唐武宗會昌五年。㊺丁亥　九月二十五日。㊻鞫實　審問實情。㊼庚戌　十二月十九日。㊽戊午　十二月二十七日。

【校　記】①庚午　原無此二字。據章鈺校，十二行本、乙十一行本皆有此二字，張敦仁《通鑑刊本識誤》、張瑛《通鑑校勘記》同，今據補。②屢　原無此字。據章鈺校，十二行本、乙十一行本、孔天胤本皆有此字，張敦仁《通鑑刊本識誤》同，今據補。③者　原無此字。據章鈺校，十二行本、乙十一行本、孔天胤本皆有此字，張敦仁《通鑑刊本識誤》同，今據補。

【語　譯】宣宗元聖至明成武獻文睿智章仁神聰懿道大孝皇帝上

大中元年（丁卯 西元八四七年）

春，正月十七日甲寅，宣宗祭天，大赦天下，改年號為大中。

二月初四日庚午，加任盧龍節度使張仲武同平章事，獎賞他多次打敗回鶻的功勞。

二月十七日癸未，宣宗由於發生旱災的緣故，減省膳食，撤去音樂，放出部分宮女，釋放獵獸的老鷹，停止修建宮室，又命令中書侍郎、同平章事盧商與御史中丞封敖清理京城關押的囚犯。大理卿馬植上奏說：「盧商等人盡力執行寬大的政策，凡是犯了死罪的，一概都免死。國家法令規定犯貪汙和故意殺人罪的，平常大赦時都不能赦免，現在藉著清理刑事案件原宥了他們，使得貪贓的官吏也不怕懲罰了，含冤死去的人無處申告，這恐怕不是用來消除旱災、達到祥和氣氛的好辦法。從前周王朝鬧饑荒，攻下殷朝後年成也好了，衛國大旱，討平邢國後竟下了大雨。這麼看來，誅殺有罪，處死奸人，是合乎天意的，洗雪冤杆審結積案，是符合聖上的心意，請求再進行一次審愼的決定。」詔令中書、門下兩省五品以上的官員討論這件事。

當初，李德裕掌權，引薦白敏中為翰林學士。等到武宗去世，李德裕失勢，白敏中藉著朝廷上下對李德裕的惱怒，竭盡全力排斥他，叫李德裕的同黨李咸揭發李德裕的罪惡，李德裕因此從東都留守降職為太子少保、分司東都。

左諫議大夫張鷺等進言：「陛下出於旱災清理關押的囚徒，擔心有冤枉未雪的人。現在所寬恕的犯死罪的人，沒有什麼冤枉需要昭雪，恐怕那些兇險而心懷僥倖的人，常常會盼望發生水旱災害，應該照馬植奏請那樣為好。」宣宗下詔採納了這一建議，都按法律論處了罪犯。任命馬植為刑部侍郎，充任鹽鐵轉運使。

馬植向來由於文學政事而在當時很著名，李德裕不重視他，等到白敏中執政，凡是李德裕輕視的人，都破格擢用他們。任命盧商為武昌節度使，任命刑部尚書、判度支崔元式為門下侍郎，翰林學士、戶部侍郎韋琮為中書侍郎，兩人都授同平章事官銜。

閏三月，宣宗下敕令：「凡是會昌五年所廢棄的佛寺，有僧人能修繕的，聽任他自己居住，有關部門不得禁止。」當時宣宗和宰相一心對會昌年間的政事反其道而行之，所以僧、尼的弊病又都照老樣子恢復了。

四月十五日己酉，積慶太后蕭氏去世。

五月，幽州節度使張仲武大敗諸奚。

吐蕃論恐熱趁著武宗去世，引誘党項和回鶻殘餘的部眾侵犯河西。朝廷下詔河東節度使王宰率領代北各部軍隊進擊他們，王宰任命沙陀朱邪赤心為前鋒，從麟州渡過黃河，與論恐熱戰於鹽州，打敗並趕走了論恐熱。

六月，任命鴻臚卿李業為冊封黠戛斯英武誠明可汗使。

宣宗詢問白敏中說：「朕從前跟隨憲宗的送喪行列，路上遭遇風雨，百官和六宮人員都四散躲避風雨去了，只有高個子多鬍子的山陵使，攀附著靈駕沒有離開，他是誰？」白敏中回答說：「令狐楚。」宣宗說：「他有兒子嗎？」回答說：「長子令狐緒，現在是隨州刺史。」宣宗說：「能任宰相嗎？」回答說：「令狐緒小時得了風痹病。次子令狐綯，以前擔任湖州刺史，有才能和器度。」宣宗立即提拔令狐綯為考功郎中、知制誥。令狐綯入朝謝恩，宣宗問他元和年間的舊事。令狐綯一條一條回答得很詳細，宣宗很高興，於是有重用他的意思。

秋，八月初三日丙申，任命門下侍郎、同平章事李回同平章事，充任西川節度使。〇把貞獻皇后安葬在光陵的旁邊。

宣宗對兄弟們很親厚和睦，在十六宅建雍和殿，多次親臨，設酒宴，奏音樂，擊毬，極盡歡娛。諸王有病，常常親自到臥室去慰問，表現出很擔憂的樣子。

突厥搶掠漕米和行商，振武節度使史憲忠打敗了突厥。

九月初五日丁卯，任命金吾大將軍鄭光為平盧節度使。鄭光，潤州人，是鄭太后的弟弟。

九月二十三日乙酉，前永寧尉吳汝納申訴他的弟弟吳湘所犯的不是死罪，「李紳和李德裕內外勾結，欺騙瞞過了武宗，冤枉殺了臣的弟弟，請求召集江州司戶崔元藻等人當面辨明其冤。」二十五日丁亥，敕令御史臺審查實情報告朝廷。冬，十二月十九日庚戌，御史臺回奏，根據崔元藻所列舉的吳湘冤狀，同吳汝納說的一樣。二十七日戊午，貶太子少保、分司李德裕為潮州司馬。

吏部上奏，會昌四年所減州縣官的數目內再增三百八十三員。

二年（戊辰　西元八四八年）

正月甲子❶，羣臣上尊號曰聖敬文思和武光孝皇帝，赦天下。

初，李德裕執政，有薦丁柔立❷清直可任諫官者，德裕不能用。上即位，柔立為右補闕。德裕貶潮州，柔立上疏訟其冤。丙寅❸，坐阿附❹貶南陽❺尉。

西川節度使李回、桂管觀察使鄭亞坐前不能直吳湘冤❻，乙酉❼，回左遷❽湖南觀察使，亞貶循州刺史，李紳追奪三任告身❾。中書舍人崔嘏坐草李德裕制不盡言其罪，己丑❿，貶端州刺史。

回鶻遏捻可汗⓫仰給於奚王石舍朗，及張仲武大破奚眾，回鶻無所得食，日益耗散。至是，所存貴人[1]以下不滿五百人，依於室韋。使者入賀正⓬，過幽州，張仲武使歸取遏捻等。遏捻聞之，夜與妻葛祿、子特勒毒斯等九騎西走，餘眾追之不及，相與大哭。室韋分回鶻餘眾為七，七姓⓭共分之。居三日，黠戛斯遣其相阿播帥諸胡兵號七萬來取回鶻，大破室韋，悉收回鶻餘眾歸磧北⓮。猶有數帳潛竄山林，鈔盜諸胡。其別部厖勒，先在安西，亦自稱可汗，居甘州⑮，總磧西諸城，種落微弱，時入獻見⑯。

二月庚子⑰，以知制誥令狐綯為翰林學士。上嘗以太宗所撰金鏡⑱[2]授綯，使讀之，「至亂未嘗不任不肖，至治未嘗不任忠賢」，上止之曰：「凡求致太平，當以此言為首。」又書貞觀政要⑲於屏風，每正色拱手而讀之。上欲知百官名數，令狐綯曰：「六品已下，官卑數多，皆吏部注擬⑳。五品以上，則政府制授㉑，各有籍，命曰具員。」上命宰相作具員御覽五卷，上之，常置於案上。

立皇子澤為濮王。上欲作五王院於大明宮㉒，以處皇子之幼者，召術士㉓柴嶽明使相其地㉔。嶽明對曰：「臣庶之家，遷徙不常，故有自陽宅㉕入陰宅，陰宅入陽宅。刑克㉖禍福，師有其說。今陛下深拱法宮㉗，萬神擁衛，陰陽書本不言帝王家。」上善其言，賜束帛遣之。

夏，五月己未朔㉘，日有食之。

門下侍郎、同平章事崔元式罷為戶部尚書。以兵部侍郎・判度支・戶部周墀、刑部侍郎・鹽鐵轉運使馬植并同平章事。

初，墀為義成節度使，辟韋澳㉙為判官。及為相，謂澳曰：「力小任重，何以相助？」澳曰：「願相公無權。」墀愕然，不知所謂。澳曰：「官賞刑罰，與天下共其可否，勿以己之愛憎喜怒移之，天下自理，何權之有！」墀深然之。澳，貫之之子也。

己卯㉚，太皇太后郭氏㉛崩于興慶宮。

六月，禮院檢討官㉜王皥貶句容㉝令。

初，憲宗之崩，上疑郭太后預其謀。又，鄭太后本郭太后侍兒，有宿怨㉞，故上即位，待郭太后禮殊薄㉟。郭太后意怏怏㊱，一日，登勤政樓，欲自隕㊲。上聞之，大怒。是夕，崩，外人頗有異論。

上以鄭太后故，不欲以郭后祔憲宗，有司請葬景陵外園。皥奏宜合葬景陵，神主配憲宗室。奏入，上大怒。白敏中召皥詰之，皥曰：「太皇太后，汾陽王㊳之孫，憲宗在東宮為正妃，逮事順宗為婦㊴。憲宗厭代㊵之夕，事出曖昧㊶。太皇太后母天下㊷，歷五朝㊸，豈得以曖昧之事遽廢正嫡㊹之禮乎！」敏中怒甚，皥辭氣愈厲。諸相會食㊺，周墀立於敏中之門以俟之。敏中使謝曰：「方為一書生所苦，公第㊻【3】先行。」墀入，至敏中廳問其事，見皥爭辨方急。墀舉手加顙㊼，歎皥孤直㊽。明日，皥坐貶官。

秋，九月甲子㊾，再貶潮州司馬李德裕為崖州司戶，湖南觀察使李回為賀州㊿刺史。

前鳳翔節度使石雄詣政府51自陳黑山、烏嶺之功52，求一鎮以終老。執政以雄李德裕所薦，曰：「嚮日之功，朝廷以蒲、孟、岐三鎮53酬之，足矣。」除左神武統軍[4]。雄怏怏而薨。

【章旨】以上為第十二段，寫唐宣宗思治，卻又不分是非功過打擊前朝功臣。

【注釋】❶甲子　正月初三日。❷丁柔立　官終南陽尉。傳見《新唐書》卷一百八十。❸丙寅　正月初五日。❹阿附　阿諛依附。❺南陽　縣名，縣治在今河南南陽。❻不能直吳湘冤　不能公正處置吳湘冤案。❼乙酉　正月二十四日。❽左遷　降職。❾追奪三任告身　即削去生前三項官職。三任是：檢校右僕射、平章事、淮南節度使。告身，委任冊書。❿己丑　正月二十八日。⓫遏捻可汗　人名，烏介可汗之弟。會昌三年（西元八四三年）烏介被唐軍擊潰，往依黑車子室韋，為其相逸隱啜所殺。其餘眾立遏捻為可汗，其食用皆依賴奚王石舍朗供給。⓬使者入賀正　回鶻使者入唐朝賀元旦。正，元正；元旦。⓭七姓　室韋有嶺西部、山北部、駱丹部、黃頭部、如者部、婆萵部、訥北部，凡七姓。⓮磧北　即漠北，指蒙古高原大沙漠以北。⓯甘州　州名，治所張掖，在今甘肅張掖。⓰獻見　進獻貢品，謁見朝廷。⓱庚子　二月初十日。⓲金鏡　書名，唐太宗李世民著。⓳貞觀政要　書名，唐吳兢撰。⓴注擬　註冊姓名履歷，考詢而擬定官職。㉑制授　唐制，授三品以下、五品以上官稱制授。即以其名上中書、門下兩省審核，然後下制授官。㉒大明宮　宮殿名，又稱東內。內有含元、宣政、紫宸三殿。宣政殿左右為中書、門下二省。自唐高宗後，皇帝常居東內。㉓術士　方術之士，講陰陽災異占卜星相的人。㉔相其地　觀察地勢，看風水好壞。㉕陽宅　風水先生以墓地為陰宅，以住宅為陽宅。㉖刑克　指星相家的三刑相勝和五行相剋。三刑相勝謂巳酉丑刑申酉戌，則巳刑申，酉刑酉，丑刑戌；寅午戌刑巳午未，則寅刑巳，午刑午，戌刑未；申子辰刑寅卯辰，則申刑寅，子刑卯，辰刑辰；亥卯未刑亥子丑，則亥刑亥，卯刑子，未刑丑。五行相剋謂金剋木，木剋土，土剋水，水剋火，火剋金。㉗深拱法宮　深居宮室。法宮，帝王的正殿、正室。㉘己未朔　五月初一日。㉙韋澳　字子斐，唐憲宗宰相韋貫之之子。歷任兵部侍郎、京兆尹、河陽節度使等。傳見《舊唐書》卷一百五十八、《新唐書》卷一百六十九。㉚己卯　五月二十一日。㉛太皇太后郭氏　即唐憲宗懿安皇后，唐穆宗之母，郭子儀之孫，代宗長女昇平公主之女。傳見《舊唐書》卷五十二、《新唐書》卷七十七。㉜檢討官　官名，掌修撰。唐於集賢殿書院、禮院設置。㉝句容　縣名，縣治在今江蘇句容。㉞宿怨　舊怨。㉟禮殊薄　禮儀特別薄，意謂不為禮。㊱怏怏　不快樂、鬱悶的樣子。㊲自隕　跳樓自殺。㊳汾陽王　即郭子儀，曾封為汾陽王。㊴婦　兒媳。㊵厭代　帝王去世。㊶曖昧　模糊不清。㊷母天下　為天下之母。㊸五朝　即穆、敬、文、武、宣宗。㊹正嫡　正室；嫡妻。㊺會食　聚餐；集體用餐。㊻第　但；只。㊼舉手加顙　表示敬重的一種動作。顙，額。㊽孤直　孤高耿直。㊾甲子　九月初八日。㊿賀州　州名，治所臨賀，在今廣西賀縣東南。51政府　指宰相處理政務的政事堂。52黑山烏嶺之功　黑山指破回鶻，烏嶺指平劉從諫。事並見上卷武宗會昌三年。53蒲孟岐三鎮　即河中、河陽、鳳翔三節度使。河中治所蒲州，河陽治所孟州，鳳翔治所岐州，故簡稱蒲、孟、岐三鎮。

【校　記】①人　據章鈺校，十二行本、乙十一行本皆作「臣」。②金鏡　據章鈺校，孔天胤本下有「錄」字，張敦仁《通鑑刊本識誤》同。③第　原作「弟」。胡三省注云：「弟，與『第』同。」據章鈺校，孔天胤本作「第」，今從改。④左神武統軍　「神」字原作「龍」。據章鈺校，十二行本、乙十一行本皆作「神」，今據改。按，《新唐書》卷一百七十一〈石雄傳〉載雄「拜神武統軍」，與十二行本合。

【語　譯】二年（戊辰　西元八四八年）

正月初三日甲子，群臣給宣宗獻上尊號稱聖敬文思和武光孝皇帝，大赦天下。

當初，李德裕掌朝廷大權，有人推薦丁柔立清廉正直，可以擔任諫官，李德裕沒有採納。宣宗即位後，丁柔立為右補闕。李德裕被貶到潮州，丁柔立上疏申訴李德裕的冤屈。正月初五日丙寅，丁柔立犯了阿附罪貶為南陽縣尉。

西川節度使李回、桂管觀察使鄭亞都因為以前不能正確處理吳湘冤案，正月二十四日乙酉，李回降職為湖南觀察使，鄭亞貶為循州刺史，李紳被追奪三任告身。中書舍人崔嘏因起草關於李德裕的制書時沒有全部言明他的罪惡，二十八日己丑，貶為端州刺史。

回鶻遏捻可汗依靠奚王石舍朗供給；當張仲武大破奚族部眾以後，回鶻無處得到食物，人口日益減少離散。到這時，殘留的人從貴人以下還不到五百人，依附於室韋。回鶻使者來朝廷祝賀正旦，經過幽州，張仲武叫使者回去把遏捻等人抓起來。遏捻聽到這個消息，連夜與妻葛祿、子特勒毒斯等九騎向西逃走，餘下的部眾沒有追上，一起大哭。室韋把回鶻餘下的人分為七部分，由七姓分別管轄。過了三天，黠戛斯派遣他的宰相阿播帶領諸胡兵號稱七萬來進攻回鶻，大敗室韋，把回鶻餘眾全部抓獲回到漠北。還有幾個帳的回鶻人悄悄逃到山林，搶掠胡人的財物。他們另一部分叫厖勒的，原先住在安西，也自稱可汗，遷居甘州，總領漠西各城的回鶻人，部落很弱小，不時到朝廷來進貢謁見。

二月初十日庚子，任命知制誥令狐綯為翰林學士。宣宗曾把太宗所撰寫的《金鏡》交給令狐綯，叫他誦讀，當讀到「最亂的政治沒有不信任無德無才的，最好的政治沒有不信任忠誠賢能的」，宣宗叫他停住，說道：「凡是想達到天下太平，應當把這兩句話放在最前頭。」又把《貞觀政要》書寫在屏風上，每每面色嚴肅恭敬拱手誦讀它。宣宗想知道百官的姓名、人數，令狐綯說：「六品以下，官職卑微，人數眾多，都由吏部記名任命。五品以上，是由朝廷任命，各人都有簿籍，稱之為具員。」宣宗於是叫宰相作《具員御覽》五卷呈交上來，常常擺在書案上。

立皇子李澤為濮王。宣宗想在大明宮內修建五王宅院，用來安置年幼皇子，叫來風水術士柴嶽明，讓他觀察選擇地址。柴嶽明回答說：「平民百姓的家庭，常常遷移不定，所以有從建住宅的地方遷到修墳墓的地方，從修墳墓的地方遷到建住宅的地方的。地支相刑、五行相剋因而帶來不同的禍福，先師是有這方面理論的。現在陛下深居正殿，有萬神護衛，陰陽家的書籍原本不涉及帝王家。」宣宗認為柴嶽明的話講得好，賞賜他五匹綢帛打發他走了。

夏，五月初一日己未，發生了日蝕。

門下侍郎、同平章事崔元式免職，擔任戶部尚書。任命兵部侍郎、判度支、戶部周墀，刑部侍郎、鹽鐵轉運使馬植並同平章事。

當初，周墀為義成節度使，聘請韋澳為判官。等到擔任宰相，對韋澳說：「我能力小責任重，你用什麼來幫助我？」韋澳回答說：「希望相公不要使用權力。」周墀很驚愕，不知道所說的是什麼意思。韋澳說：「獎賞與處罰，與全國民眾意見一致，不要憑著自己的愛憎喜怒而有所改變，天下自然就治好了，何必要使用權力呢！」周墀深深地感到韋澳的話說得對。韋澳，是韋貫之的兒子。

五月二十一日己卯，太皇太后郭氏在興慶宮去世。

六月，禮院檢討官王皥被貶為句容縣令。

當初，憲宗死，宣宗懷疑郭太后參與了謀劃。還有，鄭太后本來是郭太后的侍兒，她們之間過去就有怨隙，所以宣宗即位以後，對待郭太后的禮儀特別薄。郭太后怏怏不樂，有一天，登上勤政樓，想跳樓自殺。宣宗聽到這個消息，大怒。當天晚上，郭太后去世，外面的人頗有不同的議論。

宣宗因為鄭太后的緣故，不想讓郭太后和憲宗合葬在一起，有關部門請求葬在景陵的外園。王皥上奏說應當合葬在景陵，神主配享憲宗室。奏疏呈上後，宣宗大怒。白敏中叫來王皥責問，王皥說：「太皇太后是汾陽王郭子儀的孫女，憲宗為太子時她是正妃，作為媳婦侍奉過順宗。憲宗去世的那個晚上，到底出了什麼事也弄不清楚。太皇太后作為國母，經歷了穆宗、敬宗、文宗、武宗和宣宗五朝，怎麼能因不明不白的事就匆忙廢除對待正嫡的禮儀呢！」白敏中極為忿怒，而王皥說話的語氣也更加嚴厲。宰相們聚餐，周墀站在白敏中的門口等待他。白敏中叫人辭謝他說：「剛才被一個書生氣得太厲害，公先走好了。」周墀進去後，到白敏中辦公的地方詢問是什麼事，看見王皥正在急切的爭辯著。周墀舉手放到額頭上，讚歎王皥忠直。第二天，王皥因此被貶官。

秋，九月初八日甲子，又貶謫潮州司馬李德裕為崖州司戶，湖南觀察使李回為賀州刺史。

前鳳翔節度使石雄到宰相政事堂親自陳述在黑山、烏嶺的戰功，要求做個節度使一直到死。宰相們認為石雄是李德裕推薦的人，對石雄說：「過去建立的功勞，朝廷任命你擔任了蒲、孟、岐三鎮的節度使來酬答你，已經足夠了。」於是任命石雄為左神武統軍。石雄怏怏不樂，死去了。

十一月庚午❶，萬壽公主適❷起居郎鄭顥❸。顥，絪❹之孫，登進士第，為校書郎、右拾遺內供奉，以文雅著稱。公主，上之愛女，故選顥尚之。有司循舊制，請用銀裝車，上曰：「吾欲以儉約化天下，當自親者始。」令依外命婦❺以銅裝車。詔公主執婦禮，皆如臣庶之法。戒以毋得輕夫族，毋得預時事❻。又申以手詔曰：「苟違吾戒，必有太平❼、安樂❽之禍！」顥弟顗，嘗得危疾，上遣使視之，還，問：「公主何在？」曰：「在慈恩寺❾觀戲場。」上怒，歎曰：「我怪士大夫家不欲與我家為昏，良有以也❿！」亟命召公主入宮，立之階下，不之視⓫。公主懼，涕泣謝罪。上責之曰：「豈有小郎⓬病，不往省視，乃觀戲乎！」遣歸鄭氏。由是終上之世，貴戚皆兢兢守禮法，如山東衣冠之族⓭。

壬午⓮，葬懿安皇后於景陵之側。〇以中書侍郎、同平章事韋琮為太子賓客、分司。

十二月，鳳翔節度使崔珙奏破吐蕃，克清水⓯。清水先隸秦州⓰，詔以本州未復，權隸鳳翔。

上見憲宗朝公卿子孫，多擢用之。刑部員外郎杜勝⑰次對，上問其家世，對曰：「臣父黃裳⑱，首請憲宗監國。」即除給事中。翰林學士裴諗⑲，度之子也，上幸翰林，面除承旨⑳。

吐蕃論恐熱遣其將莽羅急藏將兵二萬略地西鄙㉑，尚婢婢遣其將拓跋懷光擊之於南谷㉒，大破之，急藏降。

【章旨】以上為第十三段，寫唐宣宗嚴教公主守禮。

【注釋】❶庚午　十一月十四日。❷適　出嫁。❸鄭顥　尚宣宗女萬壽公主。歷任給事中、禮刑吏三部侍郎、河南尹。傳見《舊唐書》卷一百五十九、《新唐書》卷一百六十五。❹絪　鄭絪（西元七五一—八二九年），字文明，鄭州滎陽（今河南滎陽）人，憲宗朝宰相。與鄭顥同傳。❺外命婦　宮外有封號的婦女。❻毋得預時事　不得參與政事。❼太平　即太平公主，唐高宗女，武則天所生。參與李隆基（玄宗）發動的宮廷政變，誅韋后及安樂公主，擁立唐睿宗。唐玄宗即位後，又欲廢玄宗，謀洩，被賜死。傳見《舊唐書》卷一百八十三、《新唐書》卷八十三。❽安樂　即安樂公主，中宗女，韋后所生。中宗神龍時開府置官屬，權傾天下，後為李隆基所殺。傳見《新唐書》卷八十三。❾慈恩寺　寺名，寺內建有大雁塔，在今陝西西安南郊。❿良有以也　的確有原因。⓫不之視　不看她。⓬小郎　俗稱夫之弟為小郎。⓭衣冠之族　即世族。⓮壬午　十一月二十六日。⓯清水　縣名，縣治在今甘肅清水縣西。⓰秦州　州名，治所成紀，在今甘肅秦安西北。⓱杜勝　字斌卿，歷任給事中、戶部侍郎、判度支、天平節度使。傳見《舊唐書》卷一百四十七、《新唐書》卷一百六十九。⓲黃裳　杜黃裳（西元七三七—八〇八年），字遵素，京兆萬年（今陝西西安）人，唐憲宗元和初宰相。與子杜勝同傳。⓳裴諗　名相裴度之子，官至刑部侍郎，封河東郡公。傳見《舊唐書》卷一百七十、《新唐書》卷一百七十三。⓴面除承旨　唐宣宗當面宣布加封裴諗為承旨官，以示恩寵。承旨，官名，翰林學士承旨的簡稱。翰林學士中資深德重者一人為承旨，為獨承密命之意，貞元後，學士承旨多出任宰相。㉑西鄙　唐西部邊邑，這裡指隴右道的渭州一帶。㉒南谷　地名，在今甘肅渭源西。

【語譯】十一月十四日庚午，萬壽公主嫁給起居郎鄭顥。鄭顥是鄭絪的孫子，進士及第，為校書郎、右拾遺內供奉，以文雅聞名。公主是宣宗的愛女，所以選擇了鄭顥把公主嫁給他。有關部門按照舊規定，請求用銀裝飾的車輛，宣宗說：「我想用勤儉簡約教化天下，應當從我最親近的人開始做起。」命令依照外面有爵命的婦人一樣用銅裝飾的車子。又詔令公主執行婦人的禮儀時，都要依照一般臣民的法規。告誡她不得輕視丈夫家族中的人，不得參與政事。又用手詔申誡道：「假若違犯了我的告誡，一定會有太平公主、安樂公主那樣的災禍！」鄭顥的弟弟鄭顗曾得了重病，宣宗派人去看望他，使者返回，宣宗問：「公主在哪裡？」回答說：「在慈恩寺看戲。」宣宗大怒，歎息說：「我奇怪士大夫不願與我家結為婚姻，實在是有原因的啊！」立即命令召喚公主入宮，讓她站在臺階下，不看她一眼，公主害怕，流著眼淚認罪。宣宗責備她說：「哪裡有小郎病了，不去看望，竟去看戲啊！」隨即派人送回鄭家。由此，在宣宗在世時，貴戚們都謹慎遵守禮法，和山東衣冠之族一個樣。

十一月二十六日壬午，把懿安皇后葬在景陵的旁邊。〇任命中書侍郎、同平章事韋琮為太子賓客、分司東都。

十二月，鳳翔節度使崔珙上奏打敗了吐蕃，攻下了清水縣。清水縣原來屬於秦州，詔令說由於秦州還未收復，清水暫時歸鳳翔府管轄。

宣宗見到憲宗朝公卿的子孫，大多提拔任用他們。刑部員外郎杜勝是次對官，宣宗詢問他的家世，杜勝回答說：「臣父黃裳，首先提出請憲宗監理國事。」立即任命他為給事中。翰林學士裴諗是裴度的兒子，宣宗幸臨翰林院，當面授予裴諗為翰林學士承旨。

吐蕃論恐熱派他的將領莽羅急藏率領士兵二萬人在西部邊境攻城略地，尚婢婢派他的將領拓跋懷光在南谷攻打敵兵，把他們打得大敗，莽羅急藏投降。

三年（己巳　西元八四九年）

春，正月，上與宰相論元和❶循吏❷孰為第一，周墀曰：「臣嘗守土江西❸，聞觀察使韋丹❹功德被於八州❺，沒四十年，老稚歌思，如丹尚存。」乙亥❻，詔史館修撰杜牧撰丹遺愛碑以紀之，仍擢其子河陽觀察判官宙❼為御史。

二月，吐蕃論恐熱軍于河州，尚婢婢軍于河源軍❽。婢婢諸將欲擊恐熱，婢婢曰：「不可。我軍驟勝而輕敵，彼窮困而致死，戰必不利。」諸將不從。婢婢知其必敗，據河橋以待之。諸將果敗，婢婢收餘眾，焚橋，歸鄯州。

吐蕃秦、原、安樂❾三州及石門等七關❿來降。以太僕卿陸耽為宣諭使⓫，詔涇原、靈武、鳳翔、邠寧、振武皆出兵應接⓬。

河東節度使王宰入朝，以貨結權①倖，求以使相領宣武。刑部尚書、同平章事周墀上疏論之，宰遂還鎮。駙馬都尉韋讓求為京兆尹，墀言京兆尹非才望不可為，讓議竟寢。墀又諫上開邊⓭，由是忤旨。夏，四月，以墀為東川節度使。以御史大夫崔鉉為中書侍郎、同平章事，兵部侍郎、判戶部魏扶同平章事。

癸巳⓮，盧龍奏節度使張仲武薨，軍中立其子節度押牙直方⓯。

翰林學士鄭顥言於上曰：「周墀以直言入相，亦以直言罷相。」上深感悟。

甲午⑯，墀入謝，加檢校右僕射。

戊戌⑰，以張直方為盧龍留後。

五月，徐州軍亂，逐節度使李廓⑱。廓，程之子也，在鎮不治，右補闕鄭魯上言其狀，且曰：「臣恐新麥未登，徐師必亂，速命良帥，救此一方。」上未之省。徐州果亂，上思魯言，擢為起居舍人。

以義成節度使盧弘止為武寧節度使。武寧士卒素驕，有銀刀都⑲尤甚，屢逐主帥。弘止至鎮，都虞候胡慶方復謀作亂。弘止誅之，撫循⑳其餘，訓以忠義，軍府由是獲安。

六月戊申㉑，以張直方為盧龍節度使。

涇原節度使康季榮取原州及石門、驛藏、木峽、制勝、六磐、石峽六關。秋，七月丁巳㉒，靈武節度使朱叔明取長樂州㉓。甲子㉔，邠寧節度使張君緒取蕭關㉕。甲戌㉖，鳳翔節度使李玭取秦州。詔邠寧節度權移軍於寧州，以應接河西。

八月乙酉㉗，改長樂州為威州。

河、隴老幼千餘人詣闕。己丑㉘，上御延喜門㉙樓見之，歡呼舞躍，解胡服，襲㉚冠帶，觀者皆呼萬歲。詔「募百姓墾[2]闢三州、七關土田，五年不租稅㉛；自今京城罪人應配流者皆配十處㉜；四道㉝將吏能於鎮戍之地為[3]營田者，官給牛及種糧。溫池㉞鹽利可贍邊陲，委度支制置。其三州、七關鎮戍之卒，皆倍給衣糧，仍二年一代。道路建置堡柵，有商旅往來販易㉟及戍卒子弟通傳家信，關鎮毋得留難。其山南、劍南邊境有沒蕃州縣，亦令量力收復。」

冬，十月，改備邊庫為延資庫。○西川節度使杜悰奏取維州。

閏十一月丁酉㊱，宰相以克復河、湟請上尊號。上曰：「憲宗常有志復河、湟㊲，以中原方用兵㊳，未遂而崩，今乃克成先志耳。其議加順、憲二廟尊謚，以昭功烈。」

盧龍節度使張直方暴忍，喜遊獵。軍中將作亂，直方知之，託言出獵，遂舉族逃歸京師，軍中推牙將周綝為留後。直方至京師，拜金吾大將軍。

甲戌㊴，追上順宗謚曰至德弘道大聖大安孝皇帝，憲宗謚曰昭文章武大聖至神孝皇帝，仍改題神主㊵。

己未㊶，崖州司戶李德裕卒。○山南西道節度使鄭涯奏取扶州㊷。

【章旨】以上為第十四段，寫唐室敗吐蕃，收復河、湟部分地區。

【注釋】❶元和　唐憲宗年號（西元八〇六－八二〇年）。❷循吏　奉法守職的官吏。❸江西　江南西道的簡稱。❹韋丹　字文明，京兆萬年人，官至江南西道觀察使。在任上興修水利，灌溉農田，教民蓋瓦房等，很有政績。傳見《新唐書》卷一百九十七。❺八州　即江南西道所轄洪、江、鄂、岳、虔、吉、袁、撫八州。❻乙亥　正月二十日。❼宙　韋宙，官終嶺南節度使。與父韋丹同傳。❽河源軍　軍鎮名，治所鄯城，在今青海西寧。❾原安樂　皆州名。原州治所高平，在今寧夏固原。安樂州治所在今寧夏同心東北。❿七關　原州界內有石門、驛藏、制勝、石峽、木靖、木峽、六磐七關，在今寧夏同心以南，固原和隆德以西，甘肅涇川縣以北。⓫宣諭使　官名，朝廷派遣的宣示皇帝旨意的專使。⓬出兵應接　謂以武力接應三州七關來降，防備吐蕃來戰。⓭開邊　胡注謂經略河西。⓮癸巳　四月初九日。⓯直方　張直方，盧龍節度使張仲武之子。父死，襲節度使，後任金吾大將軍。僖宗時，黃巢入長安，直方欲劫黃巢，被告發，族滅。傳見《舊唐書》卷一百八十、《新唐書》卷二百十二。⓰甲午　四月初十日。⓱戊戌　四月十四日。⓲李廓　官至武寧節度使，以詩知名於當時。傳見《舊唐書》卷一百六十七、《新唐書》卷一百三十一。⓳都　唐代軍隊的一種稱號。⓴撫循　安撫。㉑戊申　六月二十六日。㉒丁巳　七月初六日。㉓長樂州　胡注：「『長樂』當作『安樂』。」㉔甲子　七月十三日。㉕蕭關　關名，在今寧夏固原東南。㉖甲戌　七月二十三日。㉗乙酉　八月初四日。㉘己丑　八月初八日。㉙延喜門　門名，在皇城東北角。㉚襲　穿戴。㉛不租稅　不交納租稅。㉜十處　謂秦、原、安樂三州及石門等七關。㉝四道　即涇原、邠寧、靈武、鳳翔。㉞溫池　縣名，縣治在今寧夏鹽池縣西南。㉟販易　買賣交易。㊱丁酉　閏十一月十七日。㊲有志復河湟　安史之亂，河、湟地區淪陷於吐蕃，憲宗志欲恢復。詳見本書卷二百三十八元和五年。㊳中原方用兵　指唐憲宗先後討伐成德，平定淮西、淄青，無力顧及河、湟之事。㊴甲戌　閏十一月辛巳朔，無甲戌，佐以《舊唐書》、《唐會要》，追謚之事俱在十二月，是以「甲戌」之上當補「十二月」，即十二月二十五日。㊵改題神主　把神主舊謚改為新謚。神主，此指唐順宗、唐憲宗的靈位。㊶己未　十二月初十日。按，己未事不應列於甲戌之後，疑日次失序或干支有誤。㊷扶州　州名，治所同昌，在今四川九寨溝縣東北。

【校記】①權　據章鈺校，十二行本、乙十一行本皆作「貴」。②墾　原誤作「貇」。據章鈺校，十二行本、乙十一行本、孔天胤本皆作「墾」，今據校正。③為　原無此字。據章鈺校，十二行本、乙十一行本、孔天胤本皆有此字，今據補。

【語譯】三年（己巳　西元八四九年）

春，正月，宣宗和宰相討論元和年間奉法守職的官吏誰是第一，周墀說：「臣曾任職江西，聽說觀察使韋丹功德覆蓋八州，沒世四十年了，老人小孩都歌頌他思念他，好像韋丹還在世。」二十日乙亥，詔令史館修撰杜牧撰寫〈丹遺愛碑〉用來記錄這件事，又提拔他的兒子河陽觀察判官韋宙為御史。

二月，吐蕃論恐熱的軍隊駐紮在河州，尚婢婢的軍隊駐紮在河源軍。尚婢婢的將領們想進攻論恐熱，尚婢婢說：「不行。我軍很快打了勝仗而有輕敵的思想，他們處於窮困之中一定會拼死抵抗，交戰一定不利。」將領們不聽從。尚婢婢知道將領們一定會失敗，據守黃河橋等待他們。將領們果然失敗，尚婢婢收集敗下陣來的士兵，把橋燒了，回到鄯州。

吐蕃所佔秦、原、安樂三州和石門等七關塞前來投降。任命太僕卿陸耽為宣諭使，詔令涇原、靈武、鳳翔、邠寧、振武各鎮都出兵接應。

河東節度使王宰來到朝廷，用財物交結有權勢的寵臣，謀求以宰相官銜擔任宣武節度使。刑部尚書、同平章事周墀上疏責備他，王宰於是返回鎮所。駙馬都尉韋讓想當京兆尹，周墀說京兆尹不是有才能和聲望的人不能擔任，韋讓任職的討論便擱置了。周墀又諫阻宣宗經略河西，由此違背了宣宗的旨意。夏，四月，任命周墀為東川節度使。任命御史大夫崔鉉為中書侍郎、同平章事，兵部侍郎、判戶部魏扶同平章事。

四月初九日癸巳，盧龍上奏節度使張仲武去世，軍中擁立他的兒子節度使押牙張直方。

翰林學士鄭顥對宣宗說：「周墀由於敢講直話入朝擔任宰相，也是由於敢講直話被罷免了宰相。」宣宗深切醒悟。四月初十日甲午，周墀入朝辭謝時，加上檢校右僕射官銜。

四月十四日戊戌，任命張直方為盧龍留後。

五月，徐州的軍隊叛亂，趕走了節度使李廓。李廓是李程的兒子，他在鎮政事治理得不好，右補闕鄭魯向宣宗講過那裡的情況，並且說：「臣擔心新麥還未收穫，徐州軍隊就會叛亂，趕快派好的統帥去，挽救那個地方。」宣宗沒有理會這件事。後來徐州軍隊果然叛亂，宣宗想到了鄭魯的話，提拔他為起居舍人。

任命義成節度使盧弘止為武寧節度使。武寧士卒向來驕恣，銀刀都尤其厲害，多次趕走主帥。盧弘止到達鎮所，都虞候胡慶方又圖謀作亂。盧弘止把他殺了，安撫其他餘黨，用忠義思想訓導他們，武寧軍府由此才得到安定。

六月二十六日戊申，任命張直方為盧龍節度使。

涇原節度使康季榮收復了原州和石門、驛藏、木峽、制勝、六磐、石峽六關。秋，七月初六日丁巳，靈武節度使朱叔明收復了安樂州。十三日甲子，邠寧節度使張君緒收復了蕭關。二十三日甲戌，鳳翔節度使李玭收復秦州。詔令邠寧節度使暫時遷移軍隊到寧州，用來接應河西的戰事。

八月初四日乙酉，改安樂州為威州。

河、隴老幼一千餘人到達京城長安。八月初八日己丑，宣宗親臨延喜門城樓接見他們，他們歡呼跳躍，脫去胡服，穿上冠帶漢服，圍觀的群眾都高呼萬歲。宣宗下詔「招募百姓開墾三州、七關田土，五年不收租稅；從現在起應發配流放的京城罪人都到這十個地方去；涇原等四道將吏能在所鎮守的地方屯田的，官府供給耕牛和種糧。溫池縣賣鹽的收入可以用來贍養邊區軍民，交付度支處理安排。這三州、七關鎮守的士卒，都要加倍發給衣服糧草，仍舊二年換防一次。在道路上修建碉堡柵寨，如有商人往來貿易和戍卒子弟傳遞家信，關鎮不要留下來為難他們。在山南、劍南兩道邊境沒入吐蕃的州縣，也命令他們衡量自身兵力情況收復失地。」

冬，十月，改備邊庫為延資庫。〇西川節度使杜悰上奏收復了維州。

閏十一月十七日丁酉，宰相們因收復了河、湟失地，請求給宣宗加上尊號。宣宗說：「憲宗常常有志收復河、湟，因為中原地區正在打仗，志向沒有實現就去世了，現在才算完成了先人的遺志而已。你們討論給順宗、憲宗二廟追加謚號，用來昭示他們的功業。」

盧龍節度使張直方暴虐殘忍，喜歡遊獵。軍中將要叛亂，張直方知道了，藉口出去打獵，就帶著全家人逃回京城，軍中推舉牙將周綝為留後。張直方到了京師，授職金吾大將軍。

甲戌日，追加順宗謚號稱至德弘道大聖大安孝皇帝，憲宗謚號稱昭文章武大聖至神孝皇帝，還把靈位上的字也改寫了。

十二月初十日己未，崖州司戶李德裕去世。〇山南西道節度使鄭涯上奏收復了扶州。

【研 析】本卷研析司馬光論賞奸殺降、武宗滅佛、吳湘冤死案、宣宗即位四事。

司馬光論賞奸殺降。憲宗朝李愬平淮西，淮西大將董重質受李愬招降，李愬保其不死，憲宗欲殺之，李愬諫止。董重質在李愬帳下效力，後徵入朝，授左神武軍將軍，兼御史中丞，官終夏綏銀宥節度使，司馬光認為是賞奸。昭義大將郭誼殺主劉稹投降，被械送京師正法，司馬光認為是殺降。賞奸與殺降，均處置失當，司馬光給予批評。抽象論事，都是降將，一受賞，一被殺，像是不公。就事論事，要看具體環境。董重質之降，是李愬招降，當時董重質手握重兵，避免董重質垂死掙扎，增加雙方傷亡，李愬諭以大義，董重質單騎請降，是棄暗投明，誠心歸降，其後報效朝廷，立功邊陲。司馬光稱為賞奸，完全是錯誤的定性。郭誼投降，是眼看大勢已去，用欺詐手段慘殺劉稹全族，請降還要求朝廷授予節鎮，實屬賣主求榮，李德裕主張正法，沒有不妥。郭誼請降，前線主將王宰沒有保其不死，只是轉奏。朝廷將計就計，詔令王宰帶重兵入潞，用計抓捕郭誼，如同郭誼詐殺劉稹一樣，以其人之道，還治其人之身。朝廷殺郭誼，採用軍事手段，可稱為詐計殺賊，不應屬於殺降。司馬光「殺降」的定性，也屬不當。司馬光認為，唐武宗應當效法漢光武帝，對於降人應當寬大，可以不殺，可以充軍懲罰，既受其降而又殺之，與不降死拼的人就沒有區別了。受降的最低限度應是許其不死，這個底線不保，誰還來投降。司馬光如此處置降人的意見，還是可取的。

武宗滅佛。中國歷史上有三次滅佛，三個皇帝都帶「武」字。北魏太武帝西元四四六年滅佛，北周周武帝西元五七四年滅佛，唐武宗西元八四五年滅佛。宗教是人類的一種信仰，自有它存在的社會原因。中國儒學興盛，抵制了宗教的傳播。佛教在中國的傳播，除了宗教自有原因外，另有兩個因素。其一，是帝王信奉，希望他的野心得到佛祖保佑，許願興佛。如周武帝滅佛，楊堅祝願，他日得登大位，再燃香火。楊堅篡位成功，不遺餘力興佛。唐太宗、武則天信佛，是利用佛教為我用。佛徒稱唐太宗為當世活佛。武則天從《大雲經》中找到了女人當皇帝的依據，自然興佛。其二，戰亂或苛政時代，勞苦大眾逃避兵役、徭役，為了生存，罪徒逃避刑法，也遁入空門。而佛教的氾濫，國家流失人力、財賦，佛教太盛，勢必遭抑制。周武帝滅佛，僅在北朝半壁江山，就毀寺廟四萬多所，使三百多萬名和尚還俗。武宗滅佛，史稱「上惡僧尼耗蠹天下」，其次是道士趙歸真進言。道教是本土宗教，宣揚成仙長生。帝王都想長生不死，自憲宗以來，包括武宗，都因服食金丹中毒短命，但長生不死的欲望迷了心竅，自死不悟。宗教門爭，此消彼長，滅佛的皇帝全都信奉道教。唐武宗滅佛，留有餘地，只是限制，不是全滅。長安、洛陽兩京，各留四寺，每寺限僧三十人。地方州級行政，留一寺，分為三等，上等留僧二十人，中等十人，下等五人。全國朝廷令行所到的地方，共毀寺廟四千六百餘所，還俗僧尼二十六萬餘人，收良田數千萬頃，奴婢十五萬人。李德裕尤憎佛教，令幽州節度使張仲武在居庸關遮殺五臺山逃僧，強令僧人還俗。

既然佛教有它自身存在的原因，又有野心家的許願，單用政治手段是不可能禁佛的。唐武宗滅佛之時，身體已經大壞，其子年幼，武宗之弟光王李怡對皇位虎視眈眈，正在許願興佛。武宗滅佛後一年多死去，光王李怡果然即帝位，改名李忱，是為宣宗。宣宗即位，不久就罷李德裕相位，立即興佛，寺廟僧尼又在全國氾濫起來。

吳湘冤死案。這是一樁小小的恩怨而引起的冤死案，牽涉眾多人臣傾軋沉浮，由此可見晚唐時朋黨門爭的嚴重程度。武宗會昌五年（西元八四五年）淮南節度使李紳審理江都縣令吳湘貪汙補助出差官吏的程糧錢，又強迫娶了自己管轄下的平民顏悅之女為妻，判了死罪。吳湘是澧州人，吳武陵的姪兒。吳武陵與李德裕兩人有個人恩怨。吳武陵，進士登第，官至韶州刺史，因為貪汙，李德裕為相，吳武陵遭貶官。吳湘兄吳汝納也進士及第，受吳武陵拖累長久沒有升遷。吳湘案發時，吳汝納任河南府永寧縣尉。吳汝納懷恨李德裕，就投靠李宗閔、楊嗣復朋黨，造作謗言，攻擊李德裕。牛黨攻擊李德裕勾結李紳羅織吳湘之罪，是冤案。諫官奏請複查，驚動朝廷。武宗派御史崔元藻、李稠為專使到江都複查吳湘案。二人回朝報告，吳湘貪汙屬實，強奪民女為妻不實，顏悅衢州人，曾任青州牙官，其妻出身士族。李德裕藉口二人只報告案情，沒判定罪行，沒有是非，將二人貶官。吳湘也不交司法重新審理，依照李紳的判決執行，吳湘被處死，吳湘妻兒遣送回澧州。宣宗即位，李德裕被貶。永寧縣尉吳汝納上奏為其弟吳湘申冤，經過刑部、御史臺、大理寺三司會審，崔元藻調查屬實，吳湘有罪，罪不至死。崔元藻說實話無辜受到不公正貶官。製造吳湘冤獄的高官，除李德裕、李紳外，還有西川節度使李回、桂管觀察使鄭正，以及前淮南節度使一大批官員。這次三司複審的後臺有三位宰相崔鉉、白敏中、令狐綯捲入，他們是牛黨的後繼人。吳湘冤死案，是典型的朋黨之爭，暴露了專制社會的司法黑暗，以及人治大於法治的危害。個人私恨私欲膨脹，道德是非全都沖毀。李德裕與吳武陵有私怨，憑著手中權力，波及於姪兒吳湘，沒有道理。李紳因與李德裕同為翰林學士，結為同黨就不問是非，輕罪重判，置人於死地。至於三司覆按，驚動皇帝，詔制宣判，是白敏中等人的小題大作，藉此置李黨於死地。《舊唐書．宣宗紀》用大篇幅摘載吳湘案、審判實屬罕見。李德裕、李紳皆賢達之士，專制權欲也扭曲了他們的人性。朋黨的實質是爭權，在權力面前沒有道德是非，這是一個生動的案例。

宣宗即位。宣宗李忱，憲宗第十三子，原名李怡，封光王，即位後改名李忱。宣宗即位時已三十七歲，完全在多數人的意料之外，十分偶然，似乎又在意料之中，是冥冥中的必然。宣宗排行十三，前面諸多兄長，按宗法制，怎麼也輪不上他。憲宗傳位太子穆宗，穆宗傳敬宗，此是父子相繼。敬宗傳文宗，文宗傳武宗，此是兄終弟及。從穆宗到武宗，四任皇帝都在穆宗一系。武宗有五子，又有權勢宰相李德裕相輔，按常理應由武宗之子來繼承。按法理，按形勢，李忱都不應做皇帝，結果卻是花落李忱之手，實在是偶然又偶然。事後追思，李忱即位又在必然之中，是人謀與形勢的必然結合。人謀，是指李忱長期韜晦謀算。李忱做夢都在想當皇帝，能否實現這白日夢，他並沒有把握。但李忱抱有一線希望，一種僥倖。他從小裝痴裝呆，做給皇帝和宦官看。文宗、武宗都看不上他，不以常禮相待，兩位皇帝到十六宅與諸王宴集，總是逗引李忱說話取樂，戲稱他為「光叔」，李忱等待機會，讓宦官利用他的痴和對文宗、武宗的不滿，破例擁立他做皇帝。形勢，是指宦官專權皇帝。李忱的成功，正是晚唐時期宦官廢立皇帝的產物。《舊唐書．宣宗紀》載，宣宗十餘歲時曾經做夢乘龍上天，他對母后鄭氏講了夢境，母親告訴他：「這事不能讓別人知道，不要再說了。」從此，幾十年的韜晦裝傻，很不容易、很難得，可以說，宣宗創造了歷史之最，也表現了他的城府、心計，以及堅毅。李忱監國之日就露出了廬山真面目，辦事果決，有主見，有條理，人們這才恍然大悟。

卷第二百四十九

唐紀六十五

起上章敦牂（庚午 西元八五〇年），盡屠維單閼（己卯 西元八五九年），凡十年。

【題解】本卷記事起西元八五〇年，迄西元八五九年，凡十年。當唐宣宗大中四年至大中十三年。唐宣宗在位十三年，本卷記事十年，基本上是宣宗一朝的政事。唐宣宗李忱，是唐憲宗的第十三子，按常例他不可能繼承帝位。由於李忱是一個有心計的人，從小就裝傻，唐文宗、武宗都看不起他，宦官正好利用李忱的痴呆和對文、武二宗的不滿，破例立他為帝。唐宣宗即位以後，果斷處事，政由己出，宦官和朝官才知道唐宣宗的傻是偽裝的。唐宣宗的精明和唐武宗留下的大好局面，使得宣宗一朝保持了十三年的太平，周邊也平靜。党項歸服，吐蕃內戰勢衰，吐蕃酋長論恐熱一支被滅，尚婢婢一支附唐，沙州防禦使張義潮乘機收復瓜、伊、西等十一州，率領十一州來歸。宣宗本可有一番作為，可惜他剛愎自用，又是一個小心眼，為了報復唐文宗、唐武宗，就株連郭太后，說郭太后與宦官合謀害死唐憲宗，以此來表明自己是唐憲宗的合法繼承人，而否定唐穆宗為逆，穆宗諸子敬、文、武三宗自然也是逆，李德裕為武宗所信任，於是成了逆臣，所以宣宗施政，不問青紅皂白，全部推翻會昌之政。李德裕廢佛、沙汰冗官，宣宗也要翻過來，大肆興佛、增置冗官。唐宣宗信任的兩個宰相，前期為白敏中，後期為令狐綯，兩人只看宣宗臉色辦事，令狐綯更是李宗閔的朋黨，又依附宦官，由此可想，宣宗一朝的政治是如何的敗壞了。宣宗又走唐文宗、武宗的老路，不聽勸諫，求長生食金丹中毒而亡。宦官擁立了唐僖宗，唐政權又回到了宦官手中。

宣宗元聖至明成武獻文睿智章仁神聰懿道大孝皇帝下

大中四年（庚午　西元八五〇年）

春，正月庚辰朔❶，赦天下。

二月，以秦州隸鳳翔。

夏，四月庚戌❷，以中書侍郎、同平章事馬植為天平節度使。上之立也，左軍中尉馬元贄有力焉❸，由是恩遇冠❹諸宦者，植與之敘宗姓❺。上賜元贄寶帶，元贄以遺植，植服之以朝。上見而識之，植變色，不敢隱。明日，罷相，收植親吏董侔，下御史臺鞫之，盡得植與元贄交通之狀，再貶常州刺史。

六月戊申❻，兵部侍郎、同平章事魏扶薨，以戶部尚書、判度支崔龜從❼同平章事。

秋，八月，以白敏中判延資庫。

盧龍節度使周綝薨，軍中表請以押牙兼馬步都知兵馬使張允伸❽為留後。九月丁酉❾，從之。

党項為邊患，發諸道兵討之，連年無功，戍饋不已。右補闕孔溫裕❿上疏切諫，上怒，貶柳州司馬。溫裕，戣之子[1]也。

吐蕃論恐熱遣僧莽羅藺真將兵於雞項關⓫南造橋，以擊尚婢婢，軍於白土嶺⓬。婢婢遣其將尚鐸羅榻藏將兵據臨蕃軍⓭以拒之，不利，復遣磨離羆子、燭盧鞏力將兵據犛牛峽⓮以拒[2]之。鞏力請按兵拒險，勿與戰，以奇兵絕其糧道，使進不得戰，退不得還，不過旬月，其眾必潰。羆子不從。鞏力曰：「吾寧為不用之人，不為敗軍之將。」稱疾，歸鄯州。羆子逆戰，敗死。婢婢糧乏，留拓跋懷光守鄯州，帥部落三千餘人就水草於甘州西。恐熱聞婢婢棄鄯州，自將輕騎五千追之。至瓜州⓯，聞懷光守鄯州，遂大掠河西鄯、廓等八州⓰，殺其丁壯，劓刖⓱其羸老及婦人，以槊⓲貫嬰兒為戲，焚其室廬，五千里間，赤地⓳殆盡。

冬，十月辛未⓴，以翰林學士承旨、兵部侍郎令狐綯同平章事。

十一月壬寅㉑，以翰林學士劉瑑㉒為京西招討党項行營宣慰使。○以盧龍留後張允伸為節度使。

十二月，以鳳翔節度使李業、河東節度使李拭並兼招討党項使。

吏部侍郎孔溫業㉓白執政求外官。白敏中謂同列曰：「我輩須自點檢，孔吏部不肯居朝廷矣。」溫業，戣之弟子也。

【章旨】以上為第一段，寫党項犯邊，吐蕃論恐熱殘虐鄯州。

【注釋】❶庚辰朔　正月初一日。❷庚戌　四月初二日。❸馬元贄有力焉　武宗病篤，馬元贄為左神策軍中尉，立光王（宣宗）為皇太叔，後遂即位。❹冠　位居第一。❺宗姓　同族同姓。❻戊申　六月初二日。❼崔龜從　字玄告，清河（今河北清河縣）人，唐文宗時任中書舍人、戶部侍郎。唐宣宗大中四年（西元八五〇年）任宰相，六年罷相，為宣武節度使。撰《續唐曆》三十卷。傳見《舊唐書》卷一百七十六、《新唐書》卷一百六十。❽張允伸　（？—西元八七二年）字逢昌，范陽（今北京市）人，官至盧龍節度使。在任二十三年，克勤克儉，軍民相安，邊境無事。傳見《舊唐書》卷一百八十、《新唐書》卷二百十二。❾丁酉　九月二十三日。❿孔溫裕　名士孔巢父之姪孫，歷任京兆尹、天平節度使。傳附《舊唐書》卷一百五十四、《新唐書》卷一百六十三〈孔戣傳〉。⓫雞項關　關名，在今青海循化撒拉族自治縣東。⓬白土嶺　地名，在今青海循化撒拉族自治縣北黃河北岸。⓭臨蕃軍　軍鎮名，在今青海西寧西。⓮氂牛峽　地名，在臨蕃軍西北。⓯瓜州　州名，治所晉昌，在今甘肅安西縣東南。⓰八州　據《新唐書・吐蕃傳下》有鄯、廓、瓜、肅、伊、西等州。廓州，治所化成，在今青海化隆回族自治縣西。⓱劓刖　古代酷刑。割鼻曰劓，斷足曰刖。⓲槊　古代的一種兵器，即長矛。⓳赤地　本謂災荒嚴重，寸草不生。此指地上東西被焚燒得一乾二淨。⓴辛未　十月二十七日。㉑壬寅　十一月二十八日。㉒劉瑑　字子全，彭城（今江蘇徐州）人，高宗宰相劉仁軌五世孫。大中十一年任宰相。傳見《舊唐書》卷一百七十七、《新唐書》卷一百八十二。㉓孔溫業　孔戣之姪，歷官吏部侍郎、太子賓客。傳見《舊唐書》卷一百五十四、《新唐書》卷一百六十三。

【校記】①戣之子　原作「戣之兄子」。據章鈺校，十二行本、乙十一行本皆無「兄」字，今據刪。按，兩《唐書・孔戣傳》均云孔溫裕為孔戣之子。②拒　據章鈺校，十二行本、乙十一行本、孔天胤本皆作「禦」，張敦仁《通鑑刊本識誤》同。

【語譯】宣宗元聖至明成武獻文睿智章仁神聰懿道大孝皇帝下

大中四年（庚午　西元八五〇年）

春，正月初一日庚辰，大赦天下。

二月，把秦州隸屬鳳翔。

夏，四月初二日庚戌，任命中書侍郎、同平章事馬植為天平節度使。宣宗即位，左軍中尉馬元贄出了大力，因此，宣宗對他的恩寵禮遇在宦官中最高，馬植便和馬元贄攀宗族關係。宣宗賞賜馬元贄寶帶，馬元贄把它送給了馬植，馬植繫著上朝。宣宗看到後認出了這條寶帶，馬植嚇得臉色都變了，不敢隱瞞其事。第二天，被罷相，收捕馬植的親信官吏董侔，交給御史臺審問，得到了馬植與馬元贄交往的全部情況，又把馬植貶為常州刺史。

六月初二日戊申，兵部侍郎、同平章事魏扶去世，任命戶部尚書、判度支崔龜從同平章事。

秋，八月，任命白敏中兼掌延資庫。

盧龍節度使周綝去世，軍中上表請求任命押牙兼馬步都知兵馬使張允伸為留後。九月二十三日丁酉，答應了這一請求。

党項在邊地為患，徵發各道兵馬征討，連年沒有功效，戍卒、餽餉不停地運往邊地。右補闕孔溫裕上疏懇切諫止，宣宗大怒，貶他為柳州司馬。孔溫裕，是孔戣的兒子。

吐蕃論恐熱派遣僧人莽羅藺真率領軍隊在雞項關南造橋，用來攻打尚婢婢，論恐熱軍駐守白土嶺。尚婢婢派遣他的將領尚鐸羅榻藏率軍據守臨蕃軍以抵禦論恐熱，戰事失利，尚婢婢又派磨離羆子、燭盧鞏力領兵據守氂牛峽來抵抗敵軍。燭盧鞏力請求將軍隊據守在險要處，不和敵人作戰，用奇兵斷絕敵人的糧道，使他們進不能戰，退不得還，不出一個月，他們的軍隊必定潰敗。磨離羆子不聽從。燭盧鞏力說：「我寧願做不被任用的人，不願做敗軍之將。」就藉口有病，回到鄯州。磨離羆子迎戰，戰敗死去。尚婢婢缺乏糧食，就留下拓跋懷光守鄯州，自己帶領部落三千餘人到甘州以西有水草的地方駐紮。論恐熱聽說尚婢婢放棄了鄯州，親自率領輕騎五千人追趕他。到達瓜州，聽說拓跋懷光據守鄯州，於是就大肆搶掠河西鄯、廓等八州，殺死壯年男子，把衰弱的老人和婦女割去鼻子，砍掉雙腳，用槍矛刺穿嬰兒為戲樂，燒掉民眾的房屋，方圓五千里內，幾乎變成一無所有的空曠荒涼之地。

冬，十月二十七日辛未，任命翰林學士承旨、兵部侍郎令狐綯為同平章事。

十一月二十八日壬寅，任命翰林學士劉瑑為京西招討党項行營宣慰使。〇任命盧龍留後張允伸為節度使。

十二月，任命鳳翔節度使李業、河東節度使李拭並兼招討党項使。

吏部侍郎孔溫業向宰相提出要求到外地任職。白敏中對同事說：「我們這些人要自我檢點，孔吏部不肯在朝廷任職了。」孔溫業，是孔戣弟弟的兒子。

五年（辛未　西元八五一年）

春，二月壬戌❶[1]，天德軍奏攝沙州❷刺史張義潮❸遣使來降。義潮，沙州人也，時吐蕃大亂，義潮陰結豪傑，謀自拔❹歸唐。一旦❺，帥眾被甲譟於州門，唐人皆應之，吐蕃守將[2]驚走，義潮遂攝州事，奉表來降。以義潮為沙州防禦使。

以兵部侍郎裴休為鹽鐵轉運使。休，肅❻之子也。自太和❼以來，歲運江、淮米不過四十萬斛，吏卒侵盜沈沒，舟達渭倉❽者什不三四，大隳劉晏之法❾。休窮究其弊，立漕法十條❿，歲運米至渭倉者百二十萬斛。

上頗知党項之反由邊帥利其羊馬，數欺奪之，或妄誅殺，党項不勝憤怨，故反，乃以右諫議大夫李福⓫為夏綏節度使。自是繼選儒臣以代邊帥之貪暴者，行日復面加戒勵，党項由是遂安。福，石之弟也。

上以南山、平夏党項[12]久未平，頗厭用兵。崔鉉建議，宜遣大臣鎮撫。三月，以白敏中為司空、同平章事，充招討党項行營都統[13]、制置[14]等使、南北兩路供軍使兼邠寧節度使。敏中請用裴度故事[15]，擇廷臣為將佐，許之。夏，四月，以左諫議大夫孫景商為左庶子，充邠寧行軍司馬；知制誥蔣伸[16]為右庶子，充節度副使。伸，係之弟也。

初，上令白敏中為萬壽公主選佳壻，敏中薦鄭顥。時顥已昏盧氏，行至鄭州，堂帖[17]追還，顥甚銜之，由是數毀敏中於上。敏中將赴鎮，言於上曰：「鄭顥不樂尚主，怨臣入骨髓。臣在政府，無如臣何；今臣出外，顥必中傷，臣死無日矣！」上曰：「朕知之久矣，卿何言之晚邪！」命左右於禁中取小檉[18]函以授敏中曰：「此皆鄭郎譖卿之書也。朕若信之，豈任卿以至今日！」敏中歸，置檉函於佛前，焚香事之。

敏中軍於寧州，壬子[19]，定遠城[20]使史元破党項九千餘帳於三交谷[21]，敏中奏党項平。辛未[22]，詔：「平夏党項，已就安帖。南山党項，聞出山者迫於飢寒，猶行鈔掠，平夏不容，窮無所歸，宜委李福存諭，於銀、夏境內授以閒田。如能革心向化㉓，則撫如赤子。從前為惡，一切不問，或有抑屈㉔，聽於本鎮投牒自訴。若再犯疆場㉕，或復入山林，不受教令，則誅討無赦。將吏有功者甄獎㉖，死傷者優恤㉗，靈、夏、邠、鄜四道百姓給復三年，鄰道量免㉘租稅。鄉由邊將貪鄙，致其怨叛，自今當更擇廉良㉙撫之。若復致侵叛，當先罪邊將，後討寇虜。」

吐蕃論恐熱殘虐，所部多叛。拓跋懷光使人說誘之，其眾或散歸㉚[3]部落，或降於懷光。恐熱勢孤，乃揚言於眾曰：「吾今入朝於唐，借兵五十萬來誅不服者，然後以渭州為國城，請唐冊我為贊普，誰敢不從！」五月，恐熱入朝，上遣左丞李景讓就禮賓院㉛問所欲。恐熱氣色驕倨㉜，語言荒誕，求為河渭節度使，上不許。召對三殿㉝，如常日胡客，勞賜遣還。恐熱怏怏而去，復歸落門川，聚其舊眾，欲為邊患。會久雨，乏食，眾稍散，纔有三百餘人，奔于廓州。

六月，立皇子潤為鄂王。

【章旨】以上為第二段，寫沙州刺史張義潮歸唐，唐宣宗外放宰相白敏中鎮撫党項，吐蕃論恐熱勢衰。

【注釋】❶壬戌　二月十九日。❷沙州　州名，治所敦煌，在今甘肅敦煌西。❸張義潮　沙州敦煌人，安史亂後，河西、隴右淪陷於吐蕃。大中五年，義潮乘吐蕃內亂率眾起義，佔有瓜、沙等十一州，將這些州圖籍獻於朝廷，被任命為歸義軍節度使。❹自拔　用自己力量從吐蕃統治下解脫出來。❺一旦　一日；有一天。❻肅　裴肅，唐德宗時官至浙東觀察使。傳附《舊唐書》卷一百七十七〈裴休傳〉。❼太和　唐文宗第一個年號（西元八二七—八三五年）。❽渭倉　即渭橋倉，在今陝西西安東北渭河與灞河交匯處。❾劉晏之法　即根據江、汴、河、渭水力不同而採取分段運輸的方法。用此法，每年漕運穀多達百餘萬石，無斗升沉覆。詳見本書卷二百二十六德宗建中元年。❿十條　具體條文已不可知，主要內容是：令沿河縣令監督漕運，佣錢全歸漕吏掌管，他官不得侵佔。從此漕米悉數運至渭倉，更無沉舟之弊。⓫李福　文宗宰相李石之弟，官至山南東道節度使。傳見《舊唐書》卷一百七十二、《新唐書》卷一百三十一。⓬南山平夏党項　党項在夏州以北川澤的稱平夏党項，在鹽州以南山谷的稱南山党項。⓭都統　官名，遇有出兵征伐之事，朝廷任命的總領各道兵馬的統帥。⓮制置　制置使，官名，掌經營謀劃邊防軍務。多以朝廷重臣或地方大吏充任。⓯裴度故事　裴度以宣慰處置使督師討淮西時，自副使、司馬、判官、書記皆從朝臣中選擇。事見本書卷二百四十憲宗元和十二年。⓰蔣伸　字大直，宣宗初年給事中蔣係之弟。大中末年任宰相，懿宗時任刑部尚書、河中、宣武等節度使。傳見《舊唐書》卷一百四十九、《新唐書》卷一百三十二。⓱堂帖　唐朝宰相所下判事文書，因由政事堂出，故稱堂帖。⓲檉　木名，又名西河柳。⓳壬子　四月初十日。⓴定遠城　城名，在今寧夏平羅南。㉑三交谷　地名。胡注：「在夏州界。」確切地址不詳。㉒辛未　四月二十九日。㉓革心向化　洗心改過，歸向教化。㉔抑屈　冤屈。㉕疆埸　疆界。㉖甄獎　選拔獎勵。㉗優恤　從優撫恤。㉘量免　酌情減免。㉙廉良　指廉正賢良的邊將。㉚散歸　指論恐熱之眾離散回歸部落。㉛禮賓院　官署名，朝廷接待屬國賓客之地。㉜驕倨　傲慢。㉝三殿　殿名，即麟德殿。因一殿而有三面，故名。

【校　記】①二月壬戌　原作「正月壬戌」。據章鈺校，十二行本、乙十一行本皆作「二月壬戌」，張瑛《通鑑校勘記》同，今據改。按，是年正月甲戌朔，無壬戌。②將　據章鈺校，十二行本、乙十一行本皆作「者」。③歸　原作「居」。據章鈺校，十二行本、乙十一行本、孔天胤本皆作「歸」，張敦仁《通鑑刊本識誤》同，今從改。按，「歸」字於義較長。

【語　譯】五年（辛未　西元八五一年）

春，二月十九日壬戌，天德軍上奏說代理沙州刺史張義潮派遣使者前來投降。張義潮是沙州人，當時吐蕃大亂，張義潮暗中交結豪傑，圖謀擺脫吐蕃統治歸附唐朝。一天早晨，率領兵眾穿上盔甲在州府門前喧鬧，唐人都響應他，吐蕃守將受驚逃走，張義潮就代管州中政務，奉送奏表前來投降。任命張義潮為沙州防禦使。

任命兵部侍郎裴休為鹽鐵轉運使。裴休，是裴肅的兒子。從太和年間以來，每年運輸江、淮的糧米不過四十萬斛，吏卒偷盜，河中沉沒，抵達渭倉的糧米沒有十分之三四，大大地毀壞了劉晏設立的漕運制度。裴休深度考察了其中的弊病，制定漕運法規十條，每年運到渭倉的糧米有一百二十萬斛。

宣宗很瞭解党項的反叛是由於邊帥貪圖他們的羊和馬，多次欺壓掠奪他們，有時妄加誅殺，党項非常憤怒，所以造反。於是朝廷任命右諫議大夫李福為夏綏節度使。從這以後繼續選派儒臣以取代邊帥中貪暴的人，出發的時候，又當面加以勸誡勉勵，党項由此安定下來。李福，是李石的弟弟。

宣宗因南山、平夏党項長時間沒有平定，很不願再打仗了。崔鉉建議，應當派遣大臣鎮撫。三月，任命白敏中為司空、同平章事，充任招討党項行營都統、制置等使、南北兩路供軍使兼邠寧節度使。白敏中請求採用裴度的舊例，選擇朝臣為將佐，宣宗答應了。夏，四月，任命左諫議大夫孫景商為左庶子，充任邠寧行軍司馬，知制誥蔣伸為右庶子，充任節度副使。蔣伸，是蔣係的弟弟。

當初，宣宗叫白敏中為萬壽公主選擇好夫婿，白敏中推薦鄭顥。當時鄭顥已與盧氏訂了婚，走到鄭州，被政事堂的帖子追回，鄭顥非常怨恨白敏中，因此多次在宣宗面前詆毀白敏中。白敏中將要去邠寧鎮上任，對宣宗說：「鄭顥不樂意娶公主為妻，對臣的怨恨深入骨髓。臣在政事堂，不能對臣怎麼樣，現在臣出任外職，鄭顥必定中傷臣，臣的死期不會很久了！」宣宗說：「朕知道這件事很久了，你為什麼這麼晚才說出來呢！」宣宗叫身邊的人在禁中拿來小柳木盒子交給白敏中說：「這裡面都是鄭顥詆毀你的書信。朕若是相信這些話，哪裡會任用你到今天！」白敏中回到家裡，把柳木盒子放在佛像前，焚香祀奉它。

白敏中駐紮在寧州，四月初十日壬子，定遠城使史元在三交谷打敗党項九千餘帳，白敏中上奏說平定了党項。二十九日辛未，宣宗下詔說：「平夏党項，已經安定平息。南山党項，聽說從山中出來的人為飢寒所迫，還在進行搶掠，平夏不容留他們，走投無路，應當委派李福前去存問告諭，在銀州、夏州境內把閒置的田土分給他們。如果他們能夠洗心改過，歸化朝廷，那麼就應像對待赤子一樣安撫他們，從前所做的壞事，一概不予追究，或者有什麼冤屈，讓他們在本鎮投牒自我申訴。假若再侵犯邊界，或者又進入山林，不接受朝廷的教令，那麼就誅討而不赦罪。有功勞的將吏分別功勞大小授獎，死傷的人優加撫恤，靈、夏、邠、鄜四道的百姓免除三年的賦稅，相鄰的各道酌量免除租稅。過去由於邊將貪財行暴，導致党項怨恨而叛亂，從今以後應當另擇廉正賢良的人去撫循他們。要是再發生侵擾叛亂之事，應當首先將邊將治罪，然後才去討伐寇虜。」

吐蕃論恐熱殘暴兇虐，部下大多叛離。拓跋懷光使人勸說引誘他們，那些部眾有的散歸部落，有的投降了拓跋懷光。論恐熱勢力孤弱，就在眾人中揚言說：「我現在到唐朝去朝貢，借兵五十萬來誅討不服從我的人，然後把渭州作為國家的都城，請求唐朝冊封我為贊普，誰敢不服從我！」五月，論恐熱到了京城，宣宗派遣左丞李景讓到禮賓院詢問他有什麼要求。論恐熱氣色傲慢，話語荒唐，要求擔任河渭節度使，宣宗沒有答應。在三殿召見他，如同平常接見胡客，慰勞賞賜以後遣送回去。論恐熱怏怏不樂地離去，又回到了落門川，聚集舊時的部眾，想在邊境作亂，碰上久雨，缺乏糧食，部眾逐漸散去，僅有三百餘人，奔赴廓州。

六月，立皇子李潤為鄂王。

進士孫樵上言：「百姓男耕女織，不自溫飽。而羣僧安坐華屋，美衣精饌，率以十戶不能養一僧。武宗憤其然，髮十七萬僧❶，是天下一百七十萬戶始得蘇息❷也。陛下即位以來，修復廢寺，天下斧斤之聲至今不絕，度僧幾復其舊矣。陛下縱不能如武宗除積弊，柰何興之於已廢乎！日者❸陛下欲修國東門，諫官上言，遽為罷役。今所復之寺，豈若東門之急乎？所役之功❹，豈若東門之勞❺乎？願早降明詔，僧未復者勿復，寺未修者勿修，庶幾❻百姓猶得以息肩也。」秋，七月，中書門下奏：「陛下崇奉釋氏，羣下莫不奔走，恐財力有所不逮，因之生事擾人，望委所在長吏量加撙節⑦。所度僧亦委選擇有行業⑧者，若容凶粗之人，則更非敬道也。鄉村佛舍，請罷兵日修⑨。」從之。

八月，白敏中奏南山党項亦請降。時用兵歲久，國用頗乏，詔并赦南山党項，使之安業。

冬，十月乙卯⑩，中書門下奏：「今邊事已息，而州府諸寺尚未畢功，望且令成之。其大縣遠於州府者，聽置一寺，其鄉村毋得更置佛舍。」從之。

戊辰⑪，以戶部侍郎魏謩同平章事，仍判戶部。時上春秋已高，未立太子，羣臣莫敢言。謩入謝，因言：「今海內無事，惟未建儲副，使正人輔導，臣竊以為憂。」且泣。時人重之⑫。

蓬、果⑬羣盜依阻雞山⑭，寇掠三川⑮，以果州刺史王贄弘充三川行營都知兵馬使以討之。◯制以党項既平，罷白敏中都統，但以司空、平章事充邠寧節度使。

張義潮發兵略定其旁瓜、伊⑯、西⑰、甘、肅、蘭⑱、鄯、河、岷⑲、廓十州，遣其兄義澤奉十一州圖籍入見，於是河、湟之地盡入于唐。十一月，置歸義軍於沙州，以義潮為節度使、十一州觀察使，又以義潮判官曹義金為歸義軍長史。

以中書侍郎、同平章事崔龜從同平章事，充宣武節度使。◯右羽林⑳統軍張直方坐出獵累日不還宿衛，貶左驍衛將軍。

【章　旨】以上為第三段，寫唐宣宗佞佛，僧尼氾濫。張義潮略定河西、湟水十一州之地，歸唐為節度使。

【注　釋】❶髮十七萬僧　使十七萬僧著髮還俗。❷蘇息　休養生息。❸曰者　往日。❹功　功效。❺勞　勞績，即辛勤勞作所取得之成效。❻庶幾　或許。❼量加撙節　酌情節制。❽行業　操行品業。❾罷兵日修　當時正值朝廷用兵以收復河、湟之地，故言俟罷兵以後再行修復鄉村佛舍。❿乙卯　十月十七日。⓫戊辰　十月三十日。⓬重之　敬重魏謩。因其能言他人所不敢言之事。⓭蓬果　皆州名。蓬州，治所大寅，在今四川儀隴南。果州，治所南充，在今四川南充北。⓮雞山　山名，在今儀隴、南充交界處。⓯三川　即劍南東川、西川及山南西道。❿伊　州名，治所伊吾，在今新疆哈密。⓱西　州名，治所高昌，在今新疆吐魯番東南。⓲蘭　州名，治所金城，在今甘肅蘭州。⓳岷　州名，治所溢樂，在今甘肅岷縣。⓴羽林　軍名，分左、右羽林軍，置有大將軍、統軍、將軍等官，掌統北衙禁兵，督攝儀仗。

【語　譯】進士孫樵上奏說：「百姓男耕女織，自身不能溫飽。而成群的僧侶安坐在華麗的屋子裡，穿著漂亮的衣服，吃著精美的食品，大抵用十戶人家的稅收不能供養一個僧人。武宗憤恨這種情況，讓十七萬僧侶蓄髮為民，這就使得全國一百七十萬戶平民才得以休養生息。陛下即位以來，修復廢寺，全國斧砍鋸伐的聲音至今不絕於耳，剃度的僧侶差不多恢復了以前的數量。陛下即使不能如武宗一樣清除積弊，為什麼還要把已經廢棄的東西興盛起來呢！往日陛下想整修國都的東門，有諫官上奏阻止，很快停止了工役。現在所要修復的寺廟，難道比修整東門更緊急嗎？勞作取得的功效，怎麼比得上整修東門的勞績？希望陛下早些頒下詔令，僧侶未恢復的不再恢復了，寺廟未修建的不再修建了，或許百姓還能得到喘息的機會。」秋，七月，中書門下上奏說：「陛下崇奉釋氏，群臣下民沒有不為了這件事而奔走效力的，恐怕財力應付不了，因而生事擾民，希望交代各個地方的長官酌情節制。所剃度的僧侶也由地方官選擇有操行品業的人，要是允許兇暴粗魯的人去為僧，那就有違敬奉佛道之旨意了。鄉村中的佛舍，請求等到停止用兵以後再去修繕。」宣宗聽從了。

八月，白敏中上奏說南山党項也請求投降。當時用兵已經多年，國家用度很困難，下詔一併赦免南山党項，使他們安居本業。

冬，十月十七日乙卯，中書門下上奏說：「現在邊疆戰事已經平息，而各州府的寺廟還未全部修好，希望下令完成這一工作。那些離州府很遠的大縣，允許他們設置一處寺廟，那些鄉村不能再建佛舍。」宣宗同意了。

十月三十日戊辰，任命戶部侍郎魏謩同平章事，仍兼掌戶部。當時宣宗年紀已經很大，未立太子，群臣沒有人敢說這件事。魏謩進宮謝恩，因而向宣宗說：「現在國家安定，只是沒有確立太子，使正直的大臣加以輔導，臣私下感到很憂慮。」並且流下了淚。當時人們十分敬重魏謩。

蓬州和果州的群盜依靠著雞山的險阻，搶掠三川，任命果州刺史王贄弘擔任三川行營都知兵馬使，討伐他們。○宣宗下制書，認為党項已經平定，罷免白敏中都統的官銜，只以司空、平章事充任邠寧節度使。

張義潮發兵攻佔了周邊的瓜、伊、西、甘、肅、蘭、鄯、河、岷、廓十州，派遣哥哥張義澤帶著十一州地圖冊籍入朝拜見天子，於是河、湟地域全部歸屬唐朝。十一月，在沙州設置歸義軍，任命張義潮為節度使、十一州觀察使，又任命張義潮的判官曹義金為歸義軍長史。

任命中書侍郎、同平章事崔龜從同平章事，充任宣武節度使。○右羽林統軍張直方因為出外打獵多日沒有回來宿衛，貶為左驍衛將軍。

六年（壬申　西元八五二年）

春，二月，王贄弘討雞山賊，平之。

是時，山南西道節度使封敖奏巴南❶妖賊言辭悖慢❷，上怒甚。崔鉉曰：「此皆陛下赤子，迫於飢寒，盜弄陛下兵於谿谷間，不足辱大軍，但遣一使者可平矣。」乃遣京兆少尹劉潼❸詣果州招諭之。潼上言請不發兵攻討，且曰：「今以日月之明❹燭❺愚迷之眾，使之稽顙歸命，其勢甚易。所慮者武臣恥不戰之功，議者責欲速之效耳。」潼至山中，盜彎弓待之。潼屏左右直前❻曰：「我面受詔赦汝罪，使汝復為平人❼。聞汝木弓射二百步，今我去汝十步，汝真欲反者，可射我！」賊皆投弓列拜❽，請降。潼歸館，而王贄弘與中使似先義逸引兵已至山下，竟擊滅之。

三月，敕先賜右衛大將軍鄭光鄠縣及雲陽莊❾並免稅役。中書門下奏，以為：「稅役之法，天下皆同。陛下屢發德音，欲使中外畫一❿。今獨免鄭光，似稍乖前意。事雖至細，繫體⓫則多。」敕曰：「朕以鄭光元舅之尊貴，欲優異⓬今免征稅，初不細思。況親戚之間，人所難議，卿等苟非愛我，豈進嘉言！庶事能盡如斯，天下何憂不理！有始有卒，當共守之。並依所奏。」

夏，四月甲辰⓭，以邠寧節度使白敏中為西川節度使。◯湖南奏，團練副使馮少端討衡州賊帥鄧裴，平之。

党項復擾邊，上欲擇可為邠寧帥者而難其人⓮。從容與翰林學士、中書舍人須昌畢諴⑮論邊事，諴援古據今⑯，具陳方略。上悅曰：「吾方擇帥，不意頗、牧⑰近在禁廷，卿其為朕行乎！」諴欣然奉命。上欲重其資履⑱，六月壬申⑲，先以諴為刑部侍郎，癸酉⑳，乃除邠寧節度使。

雍王渼㉑薨，追諡靖懷太子。

河東節度使李業縱吏民侵掠雜虜，又妄殺降者，由是北邊擾動。閏月庚子㉒，以太子少師㉓盧鈞為河東節度使。業內有所恃，人莫敢言，魏謩獨請貶黜。上不許，但徙義成節度使。

盧鈞奏度支郎中韋宙為副使。宙徧詣塞下，悉召酋長，諭以禍福；禁唐民毋得入虜境侵掠，犯者必死。雜虜由是遂安。

掌書記李璋㉔杖㉕一牙職，明日，牙將㉖百餘人訴於鈞。鈞杖其為首者，謫戍外鎮，餘皆罰之，曰：「邊鎮百餘人，無故橫訴㉗，不可不抑。」璋，絳之子也。

八月甲子㉘，以禮部尚書裴休同平章事。◯獠寇昌、資二州㉙。

冬，十月，邠寧節度使畢諴奏招諭党項皆降。◯驍衛將軍張直方坐以小過屢殺奴婢，貶恩州司戶。

十一月，立憲宗子惴為棣王。

十二月，中書門下奏：「度僧不精，則戒法㉚隳壞；造寺無節，則損費過多。請自今諸州準元敕㉛許置寺外，有勝地靈迹許修復，繁會㉜之縣許置一院。嚴禁私度僧、尼，若官度僧、尼有闕，則擇人補之，仍申祠部給牒。其欲遠遊尋師者，須有本州公驗㉝。」從之。

【章　旨】以上為第四段，寫邊將王贄弘殺良冒功，邠寧節度使畢諴撫定党項，河東節度使盧鈞用紀律抑制驕兵悍將。

【注　釋】❶巴南　巴水之南。此指今四川南充一帶。❷悖慢　違逆傲慢。❸劉潼　字子固，曹州南華（今山東東明）人，代宗宰相、著名理財家劉晏姪孫。歷官昭義、河東、劍南西川等節度使。傳見《新唐書》卷一百四十九。❹日月之明　謂聖上恩旨如日月之光明。❺燭　照耀。❻直前　逕直往前。❼平人　平民。❽列拜　依次叩拜。❾莊　莊園；田莊。❿中外畫一　朝廷內外標準一致。⓫繫體　涉及體制。⓬優異　厚待異於眾人。⓭甲辰　四月初八日。⓮難其人　謂難得適當人選。⓯畢諴　字存之，鄆州須昌（今山東東平東）人，唐宣宗時官至河東節度使，唐懿宗朝宰相。傳見《舊唐書》卷一百七十七、《新唐書》卷一百八十三。⓰援古據今　援引古今之事作為例證。⓱頗牧　廉頗和李牧，皆戰國時趙國名將。廉頗以勇氣聞名於諸侯，先後戰勝齊、魏、燕等國。李牧防守趙國北境，匈奴不敢犯邊。頗、牧合傳，見《史記》卷八十一。⓲資履　資歷。⓳六月壬申　六月丙寅朔，無壬申。壬申，七月初七日。⓴癸酉　七月初八日。㉑雍王渼　雍王李渼，唐宣宗子，會昌六年（西元八四六年）封。渼，《舊唐書》作「漢」。傳見《舊唐書》卷一百七十五、《新唐書》卷八十一。㉒庚子　閏七月初六日。㉓太子少師　官名，掌輔導皇太子。唐時多為加官、贈官。㉔李璋　字重禮，唐憲宗宰相李絳之子。官至宣歙觀察使。傳見《舊唐書》卷一百六十四、《新唐書》卷一百五十二。㉕杖　用棍棒拷打。㉖牙將　衙吏。㉗橫訴　強行控訴。㉘甲子　八月初一日。㉙昌資二州　昌州，治所昌元，在今重慶市榮昌西北。資州，治所盤石，在今四川資中。㉚戒法　佛教戒律。㉛元敕　指大中元年敕。元，同「原」。㉜繁會　繁華都會；人物繁多，車船會集之地。㉝公驗　官府所開具的證件。

【語譯】六年（壬申　西元八五二年）

春，二月，王贄弘討伐雞山叛賊，平定了他們。

這時，山南西道節度使封敖上奏說巴南妖賊言語悖逆傲慢，宣宗非常惱怒。崔鉉說：「這些人都是陛下的子民，為飢寒所迫，在溪谷間把玩從官府偷盜來的武器，不值得派大軍征討，只要派遣一名使者就可以平定。」於是派遣京兆少尹劉潼前往果州招撫曉諭他們。劉潼上奏請求不要發兵攻討，並且說：「現在用如同日月一樣的光明去照耀愚昧迷蒙的群眾，使他們磕頭歸順朝廷，從形勢方面看是很容易做到的。所憂慮的是武臣以不打仗而獲得功勞為恥，議論的人卻要求很快取得勝利。」劉潼到山中，盜賊彎弓以待。劉潼推開身邊的隨從逕直上前說：「我當面接受皇上的詔令赦免你們的罪，使你們又成為一般平民。聽說你們的木弓射程二百步，現在我離你們十步，你們真正想造反的話，可以射我！」叛賊都丟下弓箭依次叩拜，請求投降。劉潼回到客館，而王贄弘與中使似先義逸帶領軍隊已經到了山下，最後還是擊滅了投降的人。

三月，敕命先賜給右衛大將軍鄭光鄠縣與雲陽兩處莊園一併免除稅役。中書門下上奏，認為：「納稅服役的規定，全國都一樣。陛下屢次頒發詔令，想使朝廷內外統一法令。現在只單獨免除鄭光的稅役，似乎和以前的旨意稍有違背。這件事情雖然很細小，涉及到的體制則是多方面的。」敕令說：「朕因為鄭光是尊貴的元舅，想優待他而免去徵稅，起初沒有仔細考慮。況且親戚之間，人所難議，卿等若不是愛護我，哪裡會向我說這樣的好話！大小事如能都像這樣，國家就不必擔心治理不好！有始有終，大家都遵守法規。都依照你們所奏的執行。」

夏，四月初八日甲辰，任命邠寧節度使白敏中為西川節度使。〇湖南上奏說，團練副使馮少端討伐衡州賊帥鄧裴，平定了他。

党項又侵擾邊境，宣宗想選擇能夠擔任邠寧鎮統帥的人而難以找到合適的人選。閒談時與翰林學士、中書舍人須昌人畢諴討論邊事，畢諴援引古事，根據今情，具體陳述計策謀略。宣宗高興地說：「我正在挑選將帥，想不到廉頗、李牧就在宮禁之中，卿就替朕前去任職吧！」畢諴愉快地接受了詔命。宣宗想抬高他的資歷，六月壬申日，先任命畢諴為刑部侍郎，癸酉日，就任命他為邠寧節度使。

雍王李渼去世，追諡靖懷太子。

河東節度使李業放縱吏民侵害搶掠雜虜，又隨意殺死投降的人，由此北部邊疆騷擾動盪。閏七月初六日庚子，任命太子少師盧鈞為河東節度使。李業在朝廷內有靠山，人們不敢說話，只有魏謩請求貶黜他。宣宗沒有答應，只是徙任義成節度使。

盧鈞上奏以度支郎中韋宙為副使。韋宙走遍了塞下各個地方，把雜虜酋長都召集起來，向他們講明禍福利害；禁令唐朝的平民，不能進入雜虜境內侵掠，違犯的人一定處死。雜虜因此安定下來。

掌書記李璋用杖責罰衙門中一個官員，第二天，衙吏一百多人向盧鈞告狀。盧鈞用杖刑處罰了領頭的人，把他貶謫到外鎮守邊，其餘的人也都受到懲罰。盧鈞說：「邊鎮一百多人，無緣無故強行控訴，不能不抑制一下。」李璋，是李絳的兒子。

八月初一日甲子，任命禮部尚書裴休同平章事。○獠人侵擾昌、資二州。

冬，十月，邠寧節度使畢諴上奏說，招撫曉諭党項，他們都投降了。○驍衛將軍張直方因為小的過錯多次殺害奴婢，貶謫他為恩州司戶。

十一月，立憲宗的兒子李惴為棣王。

十二月，中書門下上奏說：「剃度的僧侶不優秀，那麼戒法就要毀敗；修造寺廟沒有節制，那麼耗費必然過多。請求從今日起各州按照原來的敕命允許設置的寺廟以外，有名勝地方和出現過靈跡的地方准許修復，繁華都會的縣准許設置一處寺院。嚴格禁止私下剃度僧、尼，如果官府剃度僧、尼尚有缺額，就挑選人員補充，仍舊申報祠部發給度牒。那些想遠遊尋師的和尚，必須持有本州發給的證明文件。」宣宗聽從了。

七年（癸酉　西元八五三年）

春，正月戊申❶，上祀圜丘，赦天下。

夏，四月丙寅❷，敕：「自今法司❸處罪，用常行杖。杖脊一，折法杖十❹，杖臀一，折笞五。使吏用法有常準。」

冬，十二月，左補闕趙璘請罷來年元會❺，止御宣政❻。上以問宰相，對曰：「元會大禮，不可罷，況天下無事。」上曰：「近華州奏有賊光火劫❼下邽❽，關中少雪，皆朕之憂，何謂無事！雖宣政亦不可御也。」

上事鄭太后甚謹，不居別宮，朝夕奉養。舅鄭光歷平盧、河中節度使，入朝[1]，上與之論為政，光應對鄙淺。上不悅，留為右羽林統軍，使奉朝請❾。太后數言其貧，上輒厚賜金帛，終不復任以民官❿。

度支奏：「自河、湟平，每歲天下所納錢九百二十五萬餘緡，內五百五十萬餘緡租稅，八十二萬餘緡榷酤⓫，二百七十八萬餘緡鹽利。」

【章旨】以上為第五段，寫河、湟入唐，賦稅稍增。

【注釋】❶戊申　正月十七日。❷丙寅　四月初六日。❸法司　指掌司法刑獄的官署，如刑部、大理寺等。❹折法杖十　杖刑是背、腿、臀分受的刑罰。現規定杖打脊背一下，折合杖臀十下。胡注：「法杖，謂常行臀杖也。」❺元會　皇帝元旦接受群臣朝見，亦稱正旦朝會、正會。❻止御宣政　只在宣政殿朝會。唐制，元會大禮在太極殿舉行，儀式非常隆重。❼光火劫　明火執仗搶劫。❽下邽　縣名，縣治在今陝西渭南市東北。❾奉朝請　定期朝見皇帝。是對宗室、外戚的一種優禮。

⑩不復任以民官　不再授以治民的官職。民官，治民之官。⑪榷酤　酒類專利。

【校記】1入朝　原無此二字。據章鈺校，十二行本、乙十一行本、孔天胤本皆有此二字，張敦仁《通鑑刊本識誤》、張瑛《通鑑校勘記》同，今據補。

【語譯】七年（癸酉　西元八五三年）

春，正月十七日戊申，宣宗到圜丘舉行祭天儀式，大赦天下。

夏，四月初六日丙寅，敕令：「從現在起司法機關處罰罪人，用通常的杖刑。杖打脊背一下，折合常行杖臀十下，杖打臀部一下，折合用鞭子打五下。使官吏執行法規有一定的標準。」

冬，十二月，左補闕趙璘請求停止舉行來年的元旦朝會，只駕臨宣政殿。宣宗把這件事向宰相徵求意見，他們回答說：「元旦的朝會是國家的重大禮儀，不能停止，何況現在天下無事。」宣宗說：「近來華州上奏說有盜賊明火執仗搶劫下邽縣，關中少雪，這都是我所擔憂的，怎麼說無事！雖然是宣政殿，也不能去了。」

宣宗侍奉鄭太后很恭謹，不讓她住在其他宮殿，早晚奉養。舅父鄭光歷任平盧、河中節度使，來京朝見時，宣宗和他談論政事，鄭光回答得鄙陋淺薄。宣宗很不高興，使把他留下來擔任右羽林統軍，使他奉朝請。太后多次說鄭光貧窮，宣宗每次厚賜金帛，始終不再任命他擔任治民的官職。

度支上奏說：「從河、湟平定後，每年全國所繳納的錢為九百二十五萬餘緡，其中五百五十萬多緡是租稅，八十二萬多緡是酒稅，二百七十八萬多緡是鹽稅。」

八年（甲戌　西元八五四年）

春，正月丙戌朔❶，日有食之。罷元會。

上自即位以來，治弒憲宗之黨，宦官、外戚乃至東宮官屬，誅竄甚眾。慮人情不安，丙申❷，詔：「長慶之初，亂臣賊子，頃搜擿❸餘黨，流竄已盡，其餘族從❹疏遠者，一切不問。」

二月，中書門下奏，拾遺、補闕缺員，請更增補。上曰：「諫官要在舉職❺，不必人多，如張道符、牛叢❻、趙璘輩數人，使朕日聞所不聞足矣。」叢，僧孺之子也。

久之，叢自司勳員外郎❼出為睦州❽刺史。入謝，上賜之紫❾。叢既謝，前言❿曰：「臣所服緋⓫，刺史所借也。」上遽曰：「且賜緋。」上重惜服章⓬，有司常具緋、紫衣數襲⓭從行，以備賞賜，或半歲不用其一，故當時以緋、紫為榮。

上重翰林學士，至於遷官，必校歲月⓮，以為不可以官爵私近臣也。

秋，九月丙戌⓯，以右散騎常侍高少逸為陝虢觀察使。有敕使過硤石⓰，怒餅黑，鞭驛吏見血。少逸封其餅以進。敕使還，上責之曰：「深山中如此食豈易得！」謫配恭陵⓱。

立皇子洽為懷王，汭為昭王，汶為康王。

上獵於苑北，遇樵夫，問其縣，曰：「涇陽人也。」「令為誰？」曰：「李行言。」「為政何如？」曰：「性執⓲。有強盜數人，軍家⓳索之，竟不與，盡殺之。」上歸，帖其名於寢殿之柱。冬，十月，行言除海州刺史。入謝，上賜之金紫。問曰：「卿知所以衣紫乎？」對曰：「不知。」上命取殿柱之帖示之。

上以甘露之變，惟李訓、鄭注當死，自餘王涯、賈餗等無罪，詔皆雪其冤。

上召翰林學士韋澳，託以論詩，屏左右，與之語曰：「近日外間謂內侍⑳權勢何如？」對曰：「陛下威斷，非前朝之比。」上閉目搖首曰：「全未，全未！尚畏之在。卿謂策將安出？」對曰：「若與外廷議之，恐有太和之變㉑，不若就其中擇有才識者與之謀。」上曰：「此乃末策。朕已試之矣[1]，自衣黃、衣綠至衣緋，皆感恩，纔衣紫則相與為一㉒矣！」上又嘗與令狐綯謀盡誅宦官。綯恐濫及無辜，密奏曰：「但有罪勿捨，有闕勿補，自然漸耗，至於盡矣。」宦者竊見其奏，由是益與朝士相惡，南北司如水火矣。

【章旨】以上為第六段，寫唐宣宗窮治弒憲宗之黨，平反甘露之變的蒙冤者，意在謀誅宦官。

【注釋】❶丙戌朔　正月初一日。❷丙申　正月十一日。❸搜擿　搜捕揭發。❹族從　同族親屬和堂房親屬。❺舉職　稱職。❻牛叢　字表齡，唐穆宗、唐文宗兩朝宰相牛僧孺之子。官至劍南西川節度使。傳見《舊唐書》卷一百七十二、《新唐書》卷一百七十四。❼司勳員外郎　官名，司勳為吏部第三司，掌官員的勳級，其正、副長官為郎中、員外郎。❽睦州　州名，治所建德，在今浙江建德東北。❾賜之紫　意謂拜為三品官。唐制，三品以上服紫衣。❿前言　謝恩之後，上前而言。⓫服緋　四品官服緋。這裡謂牛叢深知唐宣宗重惜官爵，不受三品而就四品。⓬服章　表示官員品級的衣服及裝飾。⓭襲　衣一套稱一襲。⑭校歲月　查對任職時間。唐制，限年躡級，不得逾越。⑮丙戌　九月初四日。⑯硤石　縣名，縣治在今河南三門峽市東南。⑰謫配恭陵　貶謫發配去看守恭陵。恭陵，唐高宗太子李弘陵墓。弘早死，追謚孝敬皇帝。陵在今河南偃師南。⑱性執　個性固執。這裡指堅持原則。⑲軍家　軍方。此指北司宦官所掌的軍隊。⑳內侍　本為內侍省長官。此泛指宦官。㉑太和之變　即唐文宗太和八年的甘露之變。㉒相與為一　謂宦官從衣黃的流外官，衣綠的六七品官，至衣緋的四五品官，皆知感謝聖恩；只要提升到衣紫的三品以上官，則與整個中官沆瀣一氣。

【校　記】①朕已試之矣　原無此五字。據章鈺校，十二行本、乙十一行本、孔天胤本皆有此五字，張敦仁《通鑑刊本識誤》同，今據補。

【語　譯】八年（甲戌　西元八五四年）

春，正月初一日丙戌，發生日蝕。停止元旦朝會。

宣宗自從即位以來，處治謀殺憲宗的黨徒，宦官、外戚以及東宮官屬，誅殺和流放的人很多。擔心引起人心浮動，正月十一日丙申，下詔說：「長慶初年，亂臣賊子，近來搜捕他們的餘黨，流放發配已完，其餘同族親屬和堂房親屬的人，一概不再追究。」

二月，中書門下上奏，拾遺、補闕官員又缺額，請求再增補。宣宗說：「諫官重要的是稱職，不一定要人員多，例如張道符、牛叢、趙璘等數人，使朕每天能聽到一些從別處聽不到的話也就足夠了。」牛叢，是牛僧孺的兒子。

過了很久，牛叢從司勳員外郎調任睦州刺史。入朝謝恩時，宣宗賞賜給他紫衣。牛叢謝恩後，上前對宣宗說：「臣所穿的緋衣，還是在任刺史時借用的。」宣宗馬上說：「暫且賜你緋衣。」宣宗十分珍惜象徵品級的服飾，有關部門常常準備緋衣和紫衣數件隨從宣宗出行，用來備做賞賜，有時半年也用不上一件，所以當時把得到緋衣和紫衣看作是很光榮的事。宣宗看重翰林學士，至於升遷官職，一定要查對任職時間，認為不應該把官爵私自給予親近的臣子。

秋，九月初四日丙戌，任命右散騎常侍高少逸為陝虢觀察使。有敕使經過硤石縣，為驛站的餅子黑而生氣，鞭打驛站吏役流血。高少逸把黑餅子封裝好進奏給宣宗。敕使回到朝廷，宣宗責備他說：「深山之中像這樣的食物哪能輕易得到！」把他貶謫發配到恭陵。

立皇子李洽為懷王，李汭為昭王，李汶為康王。

宣宗狩獵苑北，碰上樵夫，詢問是哪縣人，樵夫回答說：「涇陽縣人。」又問他：「縣令是誰？」回答說：「李行言。」又問他：「官當得怎麼樣？」回答說：「性情固執。有幾個強盜，北司諸軍來索要，始終不給，把強盜都殺了。」宣宗回朝，把李行言的名字寫上貼在寢殿的柱子上。冬，十月，李行言被任命為海州刺史。入朝向宣宗謝恩，宣宗賞賜他金魚袋和紫衣。宣宗問他：「你知道為什麼穿紫衣嗎？」回答說：「不知道。」宣宗叫人取下寢殿柱子上的名帖給他看。

宣宗認為甘露之變，只有李訓、鄭注應當定死罪，其餘的王涯、賈餗等人無罪，下詔都洗雪他們所遭受的冤枉。

宣宗召見翰林學士韋澳，藉口品評詩章，摒退左右侍從，對韋澳說：「近來外面對內侍的權勢有什麼看法？」韋澳回答說：「陛下行使權威決斷大事，不是前朝可比的。」宣宗閉口搖頭說：「完全不是那麼回事，完全不是那麼回事！還畏懼著他們呢。你說說看有什麼好計策？」回答說：「要是和外廷的大臣商議這件事，恐怕會發生太和年間那樣的變亂，不如在宦官中選擇有才識的人和他們謀劃。」宣宗說：「這是下策。我已試探過了，從穿黃衣、綠衣到穿緋衣的，都感激朝廷的恩義，一穿上紫衣就結成團伙了！」宣宗又曾經與令狐綯謀劃全部誅殺宦官。令狐綯擔心範圍太大了會使無罪的人也遭殃，祕密上奏說：「只要他們犯了罪就不放過，宦官有缺員不補充，自然而然逐漸減少，以至消亡。」宦官私下裡看到令狐綯的奏章，從此更加與朝廷士大夫為仇，南衙北司如同水火。

九年（乙亥　西元八五五年）

春，正月甲申❶，成德軍奏節度使王元逵薨，軍中立其子節度副使紹鼎❷。

癸卯❸，以紹鼎為成德留後。

二月，以醴泉❹令李君奭為懷州刺史。初，上校獵渭上❺，有父老以十數，聚於佛祠。上問之，對曰：「醴泉百姓也。縣令李君奭有異政❻，考滿當罷❼，詣府乞留，故此祈佛，冀諧所願❽耳。」及懷州刺史闕，上手筆除君奭，宰相莫之測。君奭入謝，上以此獎厲❾，眾始知之。

三月，詔邠寧節度使畢誠還邠州。先是，以河、湟初附，党項未平，移邠寧軍於寧州。至是，南山、平夏党項[1]皆安，威、鹽、武❿三州軍食足，故令還理所⓫。

夏，閏四月，詔以「州縣差役不均，自今每縣據人貧富及役輕重作差科⓬簿，送刺史檢署⓭訖，鏁⓮於令廳⓯，每有役事⓰委令⓱，據簿輪[2]差⓲。」

五月丙寅⓳，以王紹鼎為成德節度使。

上聰察⓴，彊記㉑，宮中廝役㉒給㉓灑掃者，皆能識㉔其姓名，才性所任㉕，呼召使令，無差誤者。天下奏獄吏卒姓名，一覽皆記之。度支奏「漬污帛」，誤書「漬」為「清」，樞密承旨孫隱中謂上不之見，輒足成之㉖。及中書覆入㉗，上怒，推按㉘

擅改章奏者罰謫之。

上密令翰林學士韋澳纂次㉙諸州境土風物及諸利害㉚為一書，自寫而上之，雖子弟㉛不知也，號曰處分語㉜。它日，鄧州㉝刺史薛弘宗入謝，出，謂澳曰：「上處分本州事驚人。」澳詢之，皆處分語中事也。澳在翰林，上或遣中使宣旨草詔，事有不可者，澳輒曰：「茲事須降御札㉞，方敢施行。」淹留至旦㉟，上疏論之，上多從之。

秋，七月，浙東軍亂，逐觀察使李訥㊱。訥，遜㊲之弟子也，性卞急㊳，遇㊴將士不以禮，故亂作。

淮南饑，民多流亡，節度使杜悰荒㊵於遊宴，政事不治。上聞之，甲午㊶，以門下侍郎、同平章事崔鉉同平章事，充淮南節度使。丁酉㊷，以悰為太子太傅、分司。

九月乙亥㊸，貶李訥為朗州㊹刺史，監軍王宗景杖四十，配恭陵。仍詔「自今戎臣㊺失律㊻，并坐監軍。」以禮部侍郎沈詢㊼為浙東觀察使。詢，傳師㊽之子也。

冬，十一月，以吏部侍郎柳仲郢為兵部侍郎，充鹽鐵轉運使。有閭閻醫工㊾

劉集因緣[50]交通禁中，上敕鹽鐵[51]補場官[52]。仲郢上言：「醫工術精，宜補醫官，若委務銅鹽，何以課其殿最[53]！且場官賤品[54]，非特敕所宜親[55]，臣未敢奉詔。」上遽批：「劉集宜賜絹百匹，遣之。」它日[56]，見仲郢，勞之曰：「卿論劉集事甚佳。」

上嘗苦不能食，召醫工梁新診脈，治之數日，良已[57]。新因自陳求官，上不許，但敕鹽鐵使月給錢三十③緡而已。

右威衛大將軍[58]康季榮前為涇原節度使，擅用官錢二百萬緡。事覺，季榮請以家財償之。上以季榮有開河、湟功，許之。給事中封還敕書，諫官亦上言，十二月庚辰[59]，貶季榮夔州[60]長史。

江西觀察使鄭祗德以其子顥尚主通顯，固求散地。甲午[61]，以祗德為賓客[62]、分司。

【章旨】以上為第七段，寫唐宣宗強記，識人過目不忘，時時留心訪求賢才，破格任用。

【注釋】❶甲申　正月初四日。❷紹鼎　王紹鼎，官至成德節度使。傳見《舊唐書》卷一百四十二、《新唐書》卷二百十一。❸癸卯　正月二十三日。❹醴泉　縣名，縣治在今陝西禮泉北。❺渭上　渭水之濱。❻異政　優異政績。❼考滿當罷　唐制，凡居官必四考，以為升降。考滿，謂四次考試合格。當罷，當免去現職，升任新職。❽冀諧所願　希望如願。❾厲　同「勵」。❿威鹽武　皆州名。威州，治所在今寧夏同心東北。武州，治所蕭關，在今寧夏同心東南。⓫還理所　指邠寧節度使從寧州還治邠州。理所，即治所。⑫差科　勞役和賦稅的總稱。⑬檢署　本謂對文書加封蓋印，此為審查簽字之意。⑭鏁同「鎖」。⑮令廳　縣令的公堂。⑯役事　徭役之事。⑰委令　朝廷分派下來的差役令。⑱輪差　輪流當差。⑲丙寅　五月十九日。⑳聰察　明察。㉑彊記　記憶力強。㉒廝役　指幹粗雜活的僕人。㉓給　供職。㉔識　記住。㉕才性所任　其才能和天賦所適宜擔任的工作。㉖足成之　將「清」字增添筆畫而成「漬」字。㉗覆入　皇帝將奏章交中書省覆按後，再次上奏。㉘推按　追究論罪。㉙纂次　編次。㉚利害　利弊。㉛子弟　指韋澳的兄弟子姪們。㉜號曰處分語　書名叫《處分語》。處分，處理。㉝鄧州　州名，治所穰縣，在今河南鄧州。㉞茲事須降御札　這件事關係重大，還須請示皇上發下手諭，才能執行。此言韋澳為補正詔令之失而想出的託詞。㉟淹留至旦　停留到次日早晨。㊱李訥　字敦正，官至華州刺史。傳見《舊唐書》卷一百五十五、《新唐書》卷一百六十三。㊲遜　李遜，字友道，唐宗室。仕於憲宗、穆宗二朝，官至忠武節度使。與李訥同傳。㊳卞急　急躁。卞，躁也。㊴遇　對待。㊵荒　沉迷、享樂過度。㊶甲午　七月戊申朔，無甲午。甲午，八月十八日。㊷丁酉　八月二十一日。㊸乙亥　九月二十九日。㊹朗州　州名，治所武陵，在今湖南常德。㊺戎臣　武將。㊻失律　本義為行軍無紀律，此指不堪其任，即失職。㊼沈詢　字誠之，官至昭義節度使。傳見《舊唐書》卷一百四十九、《新唐書》卷一百三十二。㊽傳師　沈傳師（西元七六八－八二七年），字子言，蘇州吳（今江蘇蘇州）人，歷官翰林學士、中書舍人、湖南、江西等觀察使。與修《憲宗實錄》。與其子沈詢同傳。㊾閭閻醫工　民間醫生。㊿因緣　機遇；機會。(51)鹽鐵　指鹽鐵轉運使。(52)場官　官名，唐朝在銅、鐵、鹽等產地置場，以場官主其事。(53)課其殿最　考核政績優劣。(54)場官賤品　場官是不入品級的末流小官。(55)非特敕所宜親　不是由皇帝發下特別詔命來親自任命。(56)它日　異日。(57)良已　確實痊癒。(58)威衛大將軍　官名，威衛屬十六衛，分左右，掌宮禁宿衛，其長官有上將軍、大將軍、將軍等。(59)庚辰　十二月初五日。(60)夔州　州名，治所奉節，在今重慶市奉節。(61)甲午　十二月十九日。(62)賓客　即太子賓客。

【校　記】［1］党項　原無此二字。據章鈺校，十二行本、乙十一行本、孔天胤本皆有此二字，張敦仁《通鑑刊本識誤》同，今據補。［2］輪　原作「定」。據章鈺校，十二行本、乙十一行本、孔天胤本皆作「輪」，張敦仁《通鑑刊本識誤》同，今從改。［3］三十　原作「三千」。據章鈺校，十二行本、乙十一行本、孔天胤本皆作「三十」，熊羅宿《胡刻資治通鑑校字記》同，今據改。

【語　譯】九年（乙亥　西元八五五年）

春，正月初四日甲申，成德軍上奏說節度使王元逵去世，軍隊中擁立他的兒子節度副使王紹鼎。二十三日癸卯，任命王紹鼎為成德軍留後。

二月，任命醴泉縣縣令李君奭為懷州刺史。當初，宣宗在渭水旁打獵，遇到十多位老年人，聚集在佛祠前。宣宗詢問他們，回答說：「是醴泉縣的百姓。縣令李君奭有優異的政績，考課滿期後就要離開，前往京兆府請求留下他，所以在這裡向佛祈禱，希望能實現我們的願望。」等到懷州刺史空缺，宣宗手詔任命李君奭，宰相沒有預想到。李君奭入朝謝恩，宣宗用父老說的話誇獎他勉勵他，大家才知道緣故。

三月，詔令邠寧節度使畢諴遷回邠州。此前，由於河、湟地區剛剛歸附，党項沒有平定，便把邠寧軍的駐地遷到了寧州。到這時，南山、平夏党項都安穩了，威州、鹽州和武州駐軍糧食充足，所以叫他回到原來的治所。

夏，閏四月，詔令因「州縣差役不均，從現在起每縣根據人的貧富情況和服役多少製成差科簿，送到州刺史那裡審核簽字以後，鎖在縣令的公堂內，每有徭役和朝廷分派下來的差役，根據差科簿輪流當差。」

五月十九日丙寅，任命王紹鼎為成德節度使。

宣宗明察秋毫，記憶力很強，宮中供職灑水掃地的僕人，都能記住他們的姓名，以及這些人的才能和天賦所適宜擔任的工作，每次叫他們幹什麼事，沒有派錯了人的。全國奏報的獄事吏卒姓名，看一次都能記下來。度支奏說「漬汙帛」，誤把「漬」字寫成「清」字，樞密承旨孫隱中以為宣宗沒有看出來，隨即把缺筆添上了。等到奏章經過中書省再送到宮中，宣宗看了改添處大怒，追究擅自塗改章奏的人加以定罪。

宣宗祕密命令翰林學士韋澳編寫各州境內的土地和風俗名物以及各種利弊為一本書，親自寫成後呈上，哪怕是他的兄弟子姪們也不知道，名叫《處分語》。有一天，鄧州刺史薛弘宗入朝謝恩，退出後，對韋澳說：「皇上處置安排本州事務使人吃驚。」韋澳詢問他說了一些什麼，方才知道都是《處分語》中記述的事。韋澳任翰林學士時，宣宗有時派遣中使叫他草擬詔書，如果有些事不應辦的，韋澳就說：「這件事需要皇上發下手諭，才敢施行。」停留到第二天早上，就上疏評論那件事，宣宗大多聽從韋澳的意見。

秋，七月，浙東軍隊叛亂，驅逐了觀察使李訥。李訥是李遜弟弟的兒子，性情急躁，對將士們不以禮相待，所以發生了叛亂。

淮南發生饑荒，很多民眾逃亡，節度使杜悰沉迷於遊宴，不理政事。宣宗聽到了這事，甲午日，任命門下侍郎、同平章事崔鉉同平章事，充任淮南節度使。丁酉日，任命杜悰為太子太傅、分司東都。

九月二十九日乙亥，貶李訥為朗州刺史，監軍王宗景杖打四十，發配到恭陵。還下詔說「從現在起武將失職，連同監軍也要受處罰。」任命禮部侍郎沈詢為浙東觀察使。沈詢，是沈傳師的兒子。

冬，十一月，任命吏部侍郎柳仲郢為兵部侍郎，充任鹽鐵轉運使。有一個民間醫生劉集通過各種機會與禁中來往，宣宗敕令鹽鐵轉運使補他為場官。柳仲郢上奏說：「醫生的技術高明，就應當補為醫官，如果給他一個銅場、鹽場的小官，怎麼考核他的政績好壞呢！況且場官品級低下，不是皇帝特別敕命所應親自任命的，臣不敢奉詔辦理此事。」宣宗見奏立即批示：「劉集應當賜絹百匹，打發他走。」異日，宣宗看到柳仲郢，慰勉他說：「卿論議劉集一事極好。」

宣宗曾經苦於不能進食，召來醫工梁新診脈，治療了幾天，確實痊癒了。梁新乘機自陳要求做官，宣宗沒有答應，只命令鹽鐵轉運使每月給他三十串錢罷了。

右威衛大將軍康季榮從前擔任涇原節度使，擅自使用官錢二百萬緡。事件被發覺，康季榮請求用家財償還官錢。宣宗認為康季榮有收復河、湟地區之功，答應了。給事中把敕書退回，諫官也上奏諫阻，十二月初五日庚辰，貶康季榮為夔州長史。

江西觀察使鄭祗德因為他的兒子鄭顥娶了公主而通達貴顯，堅決請求擔任閒散官職。十二月十九日甲午，任命鄭祗德為太子賓客、分司東都。

十年（丙子　西元八五六年）

春，正月丁巳❶，以御史大夫鄭朗為工部尚書、同平章事。

上命裴休極言時事❷，休請早建太子。上曰：「若建太子，則朕遂為閒人。」休不敢復言。二月丙戌❸，休以疾辭位，不許。

三月辛亥❹，詔以「回鶻有功於國❺，世為昏姻❻，稱臣奉貢，北邊無警❼。會昌❽中虜廷喪亂，可汗奔亡，屬❾姦臣❿當軸⓫，遽加殄滅。近有降者云，已厖歷⓬今為可汗，尚寓安西。俟其歸復牙帳，當加冊命。」

上以京兆久不理，夏，五月丁卯⓭，以翰林學士、工部侍郎韋澳為京兆尹。澳為人公直，既視事，豪貴斂手⓮。鄭光莊吏⓯恣橫，為閭里患[1]，積年租稅不入，澳執而械之。上於延英問澳，澳具奏其狀。上曰：「卿何以處之？」澳曰：「欲置於法。」上曰：「鄭光甚愛之，何如？」對曰：「陛下自內庭⓰用臣為京兆，欲以清畿甸⓱之積弊。若鄭光莊吏積年為蠹⓲，得寬重辟⓳，是陛下之法獨行於貧戶耳[2]，臣未敢奉詔。」上曰：「誠如此。但鄭光殢我不置⓴，卿與痛杖，貸㉑其死，可乎？」對曰：「臣不敢不奉詔，願聽臣且繫之，俟徵足租[3]乃釋之。」上曰：「灼然可㉒。朕為鄭光故橈㉓卿法，殊以為愧。」澳歸府，即杖之，督租數百斛足，乃以吏歸光。

【章　旨】以上為第八段，寫京兆尹韋澳嚴厲執法，敢懲治皇親國舅鄭光之莊吏。

【注　釋】❶丁巳　正月十三日。❷極言時事　盡情說明當前的政事。❸丙戌　二月十三日。❹辛亥　三月初八日。❺有功於國　指回鶻助唐平定安史之亂。❻世為昏姻　謂回鶻世尚唐朝公主。昏，通「婚」。❼無警　沒有警報，表示安定無事。❽會昌　唐武宗年號（西元八四一—八四六年）。❾屬　恰值。❿姦臣　指李德裕。⓫當軸　喻官居要職，指主持國政。⓬已尨歷　即尨勒。其稱可汗事見本書卷二百四十八大中二年。⓭丁卯　五月二十五日。⓮斂手　縮手；收斂。意謂不敢為所欲為。⓯莊吏　為地主掌管田莊的人。⓰自內庭　指從翰林學士擢為京兆尹。翰林學士院在內庭。⓱畿甸　京城地區。⓲積年為蠹　累年為害。⓳寬重辟　寬宥重罪。⓴殢我不置　對我糾纏不放。㉑貸　寬免；饒恕。㉒灼然可　明顯可行。㉓橈　同「撓」。擾亂。

【校　記】1為閭里患　原無此四字。據章鈺校，十二行本、乙十一行本、孔天胤本皆有此四字，張敦仁《通鑑刊本識誤》、張瑛《通鑑校勘記》同，今據補。2耳　原無此字。據章鈺校，十二行本、乙十一行本、孔天胤本皆有此字，張敦仁《通鑑刊本識誤》同，今據補。3租　原無此字。據章鈺校，十二行本、乙十一行本、孔天胤本皆有此字，張敦仁《通鑑刊本識誤》同，今據補。

【語　譯】十年（丙子　西元八五六年）

春，正月十三日丁巳，任命御史大夫鄭朗為工部尚書、同平章事。

宣宗命裴休盡情對時事提意見，裴休請求早些確定太子。宣宗說：「假若立了太子，那麼朕就成了閒人。」裴休不敢再說話了。二月十三日丙戌，裴休藉口有病要求辭去職位，宣宗沒有答應。

三月初八日辛亥，下詔說：「回鶻對國家立有功勞，世代為婚，稱臣進貢，北方邊境安定無警。會昌年間虜廷發生變亂，可汗逃亡，那時恰值奸臣主政，急忙去消滅他們。近來有投降的人說，已尨歷現在為可汗，還居住在安西。等他回到牙帳以後，應當對他加以冊封。」

宣宗因為京兆地區長期沒有治理好，夏，五月二十五日丁卯，任命翰林學士、工部侍郎韋澳為京兆尹。韋澳為人公正耿直，上任以後，豪門貴戚都收斂了。鄭光莊園的官吏放縱橫暴，為患鄉里，多年來不交納租稅，韋澳把他抓起來戴上刑具。宣宗在延英殿問韋澳，韋澳向宣宗奏報了具體情況。宣宗說：「你如何處置他？」韋澳回答說：「想按照法律懲辦他。」宣宗說：「鄭光很受朕寵愛，怎麼辦？」韋澳回答說：「陛下從內庭任用臣擔任京兆尹，想用臣清除京城地區長期解決不了的弊端。假若鄭光的莊吏累年為害，能夠寬容他的大罪，這就是陛下定的法律只用於貧戶而已，臣不敢奉行詔令。」宣宗說：「你所言確有道理。但是鄭光糾纏我不罷休，卿痛打他一頓，饒他一死，可以嗎？」韋澳回答說：「臣不敢不奉詔令，希望讓臣暫時關押著，等到徵收夠了租稅就釋放他。」宣宗說：「這樣顯然可行。朕為了鄭光擾亂了你執法，很是感到慚愧。」韋澳回到府衙，立即痛打了莊吏，督促足額繳納租稅數百斛後，才把莊吏歸還了鄭光。

六月戊寅❶，以中書侍郎、同平章事裴休同平章事，充宣武節度使。

司農卿韋廑欲求夏州節度使❷，有術士知之，詣廑門曰：「吾善醮❸星辰，求官無不如意。」廑信之，夜，設醮具於庭。術士曰：「請公自書官階一通。」既得之，仰天大呼曰：「韋廑有異志，令我祭天。」廑舉家拜泣曰：「願山人賜百口之命！」家之貨財珍玩盡與之。邏者❹怪術士服鮮衣，執以為盜。術士急，乃曰：「韋廑令我祭天，我欲告之，彼以家財求我耳。」事上聞。秋，九月，上召廑面詰之，具知其冤，謂宰相曰：「韋廑城南甲族❺，為姦人所誣，勿使獄吏辱之。」立❻以術士付京兆，杖死，貶廑永州司馬。

戶部侍郎、判戶部、駙馬都尉鄭顥營求❼作相甚切，其父祗德聞之[1]，與書曰：「聞汝已判戶部，是吾必死之年；又聞欲求宰相，是吾必死之日也。」顥懼，累表辭劇務❽。冬，十月乙酉❾，以顥為祕書監。

上遣使詣安西鎮撫回鶻。使者至靈武，會回鶻可汗遣使入貢。十一月辛亥❿，冊拜為嗢祿登里羅汨沒密施合俱錄毗伽懷建可汗，以衛尉少卿王端章充使。

吏部尚書李景讓上言：「穆宗乃陛下兄，敬宗、文宗、武宗乃兄之子。陛下拜兄尚可，拜姪可乎！是使陛下不得親事七廟也，宜遷四主⓫出太廟，還代宗以下入廟⓬。」詔百官議其事，不決而止。時人以是薄景讓⓭。

敕於靈感、會善二寺置戒壇，諸道[2]僧、尼應填闕者⓮委長老僧選擇，給公憑⓯，赴兩壇受戒，兩京各選大德⓰十人主其事。有不堪者罷之，堪者給牒，遣歸本州。不見戒壇公牒，毋得私容。仍先選舊僧、尼，舊僧、尼無堪者，乃選外人。

壬辰⓱，以戶部侍郎、判戶部崔慎由為工部尚書、同平章事。上每命相，左右無知者。前此一日，令樞密宣旨於學士院⓲，以兵部侍郎、判度支蕭鄴⓳同平章事。樞密使王歸長、馬公儒覆奏：「鄴所判度支應罷否？」上以為歸長等佑⓴之，即手書慎由名及新命付學士院，仍云「落判戶部事」。鄴，明㉑之八世孫也。

內園使㉒李敬寔遇鄭朗不避馬，朗奏之。上責敬寔，對曰：「供奉官例不避。」上曰：「汝銜敕命，橫絕可也，豈得私出而不避宰相乎！」命剝色㉓，配南牙㉔。

【章　旨】以上為第九段，寫唐宣宗明察，懲治奸巧術士，用人由己，抑制宦官。

【注　釋】❶戊寅　六月初七日。❷夏州節度使　即夏綏節度使。治所夏州，故稱。❸醮　設壇祈禱。❹邏者　巡邏之人。❺韋廑城南甲族　當時韋、杜二族居京城之南，為兩大豪族，時人語云：「城南韋、杜，去天五尺。」甲族，世家大族。❻立　立即。❼營求　謀求。❽劇務　繁重的事務。指戶部之事。❾乙酉　十月十五日。❿辛亥　十一月十二日。⓫四主　指穆、敬、文、武四宗神主。⓬還代宗以下入廟　唐文宗去世，遷唐代宗而入廟，故有此議。⓭薄景讓　鄙薄李景讓阿諛唐宣宗而提出遷四主出太廟的主張。⓮僧尼應填闕者　僧尼應補充缺額的。⓯公憑　即公牒，准予剃度出家的證書。⓰大德　高僧品級之稱，指寺廟能持戒行，具有施教資格的大和尚。⓱壬辰　十二月二十三日。⓲學士院　官署名，為翰林學士供職之處。⓳蕭鄴　字啟之，宣宗時官至宰相。懿宗朝任荊南、西川、河東等節度使。傳見《新唐書》卷一百八十二。⓴佑　助；庇護。㉑明　蕭明，即蕭淵明，南朝梁人，封貞陽侯。唐避高祖李淵諱，故只稱明。㉒內園使　官名，掌皇宮園圃種植之事。㉓剝色　指褫奪宦官內園使的衣冠品色，即革去官職。㉔配南牙　發配南衙服雜役。南牙，即南衙。

【校　記】[1]聞之　原無此二字。據章鈺校，十二行本、乙十一行本、孔天胤本皆有此二字，今據補。[2]諸道　原無此二字。據章鈺校，十二行本、乙十一行本、孔天胤本皆有此二字，張敦仁《通鑑刊本識誤》同，今據補。

【語　譯】六月初七日戊寅，任命中書侍郎、同平章事裴休為同平章事，充任宣武節度使。

司農卿韋廑想請求擔任夏州節度使，有一個術士知道了這一情況，前往韋廑家裡說：「我善於向星辰設壇祈禱，乞求官位沒有不如願以償的。」韋廑相信了他，夜間，在院子裡設置了祭祀的醮壇。術士說：「請你自己書寫官階一紙。」術士得到以後，仰天大聲呼叫說：「韋廑有反叛之心，讓我祭天。」韋廑全家人哭泣叩拜說：「希望山人不要斷送我家百人的性命！」於是把家中的財物珍寶全都送給他。巡邏的人對術士穿著鮮麗的衣服覺得奇怪，以為是盜賊，把他抓了起來。術士急了，便說：「韋厪叫我祭天，我想向官府告發他，他們用家財來懇求我。」這件事上報了朝廷。秋，九月，宣宗召韋厪當面詰問他，全面瞭解了韋厪是冤枉的，對宰相說：「韋厪是城南的大族，被奸邪之人所誣害，不要讓獄吏侮辱他。」立即把術士交給京兆府，用杖刑處死，貶韋厪為永州司馬。

戶部侍郎、判戶部、駙馬都尉鄭顥謀求擔任宰相很迫切，他的父親鄭祗德聽說了此事，給他寫信說：「聽說你已經兼任戶部長官，這是我必死之年；又聽說你想求任宰相，這是我必死之日。」鄭顥害怕了，多次上奏表要求辭去事務繁重的戶部侍郎。冬，十月十五日乙酉，任命鄭顥為祕書監。

宣宗派遣使者前往安西安撫回鶻。使者抵達靈武時，適逢回鶻可汗派使者入貢。十一月十二日辛亥，冊封回鶻首領為嗢祿登里羅汨沒密施合俱錄毗伽懷建可汗，任命衛尉少卿王端章擔任冊封使者。

吏部尚書李景讓上奏說：「穆宗是陛下的哥哥，敬宗、文宗、武宗是陛下哥哥的兒子。陛下拜謁哥哥還可以，拜謁姪子可以嗎！這樣一來，使得陛下不能親自侍奉七廟，所以應當把穆宗、敬宗、文宗、武宗四神主遷出太廟，迎還代宗以下各帝神主入廟。」詔令百官討論這件事，沒有結果，便停止了。當時的人因為這件事看不起李景讓。

敕命在靈感、會善二寺設置戒壇，各道應當填補缺額的僧、尼，委託長老僧進行選擇，發給公牒，到兩壇去接受法戒，兩京各選大德十人主持這件事。有不宜做僧、尼的人就免去，能勝任的人發給度牒，打發回本州去。沒有見到戒壇公牒，不得私自收容僧、尼。仍舊優先選擇舊的僧、尼，舊僧、尼沒有勝任的人時，就另外選取。

十二月二十三日壬辰，任命戶部侍郎、判戶部崔慎由為工部尚書、同平章事。宣宗每次任命宰相，身邊的人沒有知道的。在前一天，命令樞密使在學士院宣布旨意，任命兵部侍郎、判度支蕭鄴同平章事。樞密使王歸長、馬公儒回奏說：「蕭鄴兼任的度支一職是否罷免？」宣宗以為王歸長等人庇護蕭鄴，隨即親自寫上崔慎由的名字和新的任命詔書交給學士院，還說「罷去兼戶部職事」。蕭鄴，是梁朝蕭淵明的第八代子孫。

內園使李敬寔的車馬遇到鄭朗不迴避，鄭朗上奏了這件事。宣宗責備李敬寔，李敬寔回答說：「供奉官照例是不需迴避的。」宣宗說：「你如果身帶著敕命，橫穿過道路是可以的，怎麼能私自外出時不迴避宰相呢！」命令削去官職，發配到南牙供役使。

十一年（丁丑　西元八五七年）

春，正月丙午❶，以御史中丞兼尚書右丞夏侯孜❷為戶部侍郎、判戶部事。先是，判戶部有缺，京兆尹韋澳奏事，上欲以澳補之。辭曰：「臣比年❸心力衰耗，難以處繁劇，屢就陛下乞小鎮❹，聖恩未許。」上不悅。及歸，其甥柳玭❺尤❻之。澳曰：「主上不與宰輔僉議❼，私欲用我，人必謂我以他歧❽得之，何以自明！且爾知時事浸不佳乎❾？由吾曹❿貪名位所致耳。」丙辰⓫，以澳為河陽節度使。玭，仲郢之子也。

上欲幸華清宮，諫官論之甚切，上為之止。上樂聞規諫⓬，凡諫官論事、門下封駁⓭，苟合於理，多屈意從之；得大臣章疏，必焚香盥手⓮而讀之。

二月辛巳⓯，以門下侍郎、同平章事魏謩同平章事，充西川節度使。謩為相，議事於上前，它相或委曲規諷，謩獨正言⓰無所避，上每歎曰：「謩綽⓱有祖風⓲，我心重之。」然竟以剛直為令狐綯所忌而出之。

嶺南溪洞蠻屢為侵盜。夏，四月壬申⑩，以右千牛大將軍宋涯為安南、邕管宣慰使。五月乙巳⑳，以涯為安南經略使。容州㉑軍亂，逐經略使王球。六月癸巳㉒，以涯為容管經略使。

甲午㉓，立皇子灌為衛王，灉為廣王。

秋，七月庚子㉔，以兵部侍郎、判度支蕭鄴同平章事，仍判度支。

教坊㉕祝漢貞滑稽㉖敏給㉗，上或指物使之口占㉘，摹詠㉙有如宿構㉚，由是寵冠諸優。一日，在上前抵掌㉛詼諧，頗及外事。上正色㉜謂曰：「我畜養爾曹㉝，正供戲笑耳，豈得輒預朝政邪！」自是疏之。會其子坐贓，杖死，流漢貞於天德軍。

樂工㉞羅程善琵琶，自武宗朝已得幸。上素曉音律，尤有寵。程恃恩暴橫，以睚眦㉟殺人，繫京兆獄。諸樂工欲為之請，因上幸後苑奏樂，乃設虛坐，置琵琶，而羅拜㊱於庭，且泣。上問其故，對曰：「羅程負陛下，萬死，然臣等惜其天下絕藝，不復得奉宴遊矣！」上曰：「汝曹所惜者羅程藝，朕所惜者高祖、太宗法。」竟杖殺之。

【章　旨】以上為第十段，寫韋澳不接受隆恩升官，唐宣宗不狎昵群小。

【注　釋】❶丙午　正月初七日。❷夏侯孜　字好學，亳州譙（今安徽亳州）人，唐宣宗時任戶部侍郎、兵部侍郎、鹽鐵轉運使、同平章事。唐懿宗時為劍南西川、河中等節度使。官終太子少保、分司東都。傳見《舊唐書》卷一百七十七、《新唐書》卷一百八十二。❸比年　近年。❹鎮　指藩鎮。❺柳玭　歷官給事中、御史大夫。為官廉潔正直，唐昭宗欲用為相，為宦官所阻。傳見《舊唐書》卷一百六十五、《新唐書》卷一百六十三。❻尤　責怪。❼僉議　眾議。❽他歧　其他路徑、門路。❾且爾知時事浸不佳乎　況且你知道當今政事漸漸不好了嗎。時事，指當前政治。浸，逐漸。❿吾曹　我輩；我們。⓫丙辰　正月十七日。⓬規諫　以正言勸誡。⓭封駮　認為皇帝所下詔令不當，封還並加以駁正。駮，「駁」的異體字。⓮盥手　澆水洗手。⓯辛巳　二月十三日。⓰正言　合乎正道的直言。⓱綽　多。⓲有祖風　謂有其五世祖魏徵的剛正之風。⓳壬申　四月初五日。⓴乙巳　五月初九日。㉑容州　州名，治所普寧，在今廣西容縣。㉒癸巳　六月二十七日。㉓甲午　六月二十八日。㉔庚子　七月初五日。㉕教坊　官署名，掌音樂教習、演出等事。有內教坊置於禁中，演奏雅樂，左右教坊置於京都，演奏俗樂。以中官為教坊使主其事。㉖滑稽　言詞詼諧。㉗敏給　敏捷。㉘口占　不起草稿而隨口成章。㉙䔍詠　描寫吟誦。㉚宿構　預先構思。㉛抵掌　擊掌。㉜正色　臉色嚴正。㉝爾曹　汝輩；你們。㉞樂工　樂人。㉟睚眦　怒目橫視，喻小怨小忿。㊱羅拜　圍繞而拜。

【語　譯】十一年（丁丑　西元八五七年）

春，正月初七日丙午，任命御史中丞兼尚書右丞夏侯孜為戶部侍郎、判戶部事。此前，判戶部缺員，京兆尹韋澳上奏言事，宣宗想讓韋澳補任此職。韋澳推辭說：「臣近年來心力衰減，難以居於繁劇之職，多次向陛下乞求一個小藩鎮，聖恩沒有允許。」宣宗不高興。等到回家後，韋澳的外甥柳玭責怪他。韋澳說：「主上不和宰相眾人商議，私自想任用我，人們一定說我是從其他路徑取得此官的，那時怎麼說得明白！況且你知道現時政事漸漸不好了嗎？這是由於我們這些人貪圖名位所造成的啊。」十七日丙辰，任命韋澳為河陽節度使。柳玭，是柳仲郢的兒子。

宣宗想到華清宮，諫官極力諫阻，宣宗因此作罷。宣宗樂於聽到規勸進諫的話，凡是諫官論事、門下封駁，如果合乎道理，大多屈意聽從；收到大臣的章表奏疏，一定焚香洗手後閱讀。

二月十三日辛巳，任命門下侍郎、同平章事魏謩同平章事，充任西川節度使。魏謩擔任宰相時，在宣宗面前討論政事，其他的宰相有時委婉地規勸諷諫，只有魏謩正道直言無所迴避，宣宗每每感歎地說：「魏謩多有他高祖魏徵的風範，我內心很敬重他。」然而魏謩終究由於剛直被令狐綯所猜忌而出任外職。

嶺南溪洞地方的蠻族多次侵擾為盜。夏，四月初五日壬申，任命右千牛大將軍宋涯為安南、邕管宣慰使。五月初九日乙巳，任命宋涯為安南經略使。容州軍隊叛亂，趕走了經略使王球。六月二十七日癸巳，任命宋涯為容管經略使。

六月二十八日甲午，立皇子李灌為衛王，李灉為廣王。

秋，七月初五日庚子，任命兵部侍郎、判度支蕭鄴同平章事，仍判度支。

教坊祝漢貞滑稽敏捷，宣宗有時指著某件物體叫他隨口為文，他描摹吟誦好像預先構思，因此，他在優人中最受寵愛。有一天，祝漢貞在宣宗面前拍著手說笑話，內容很多涉及外面的政事。宣宗臉色嚴正地對他說：「我畜養你們這些人，只是供作戲笑而已，哪裡能夠隨便干預朝廷政事呢！」從此疏遠了祝漢貞。正巧他的兒子犯了貪贓罪，用杖刑處死，將祝漢貞流放到天德軍。

樂人羅程善於彈琵琶，從武宗時候起就已經得到寵幸。宣宗一向通曉音律，羅程尤其受寵。羅程仗著宣宗的恩寵而強暴蠻橫，因為個人小小恩怨殺了人，關押在京兆府牢獄中。那些樂工們想為他向宣宗求情，藉著宣宗到後苑聽演奏音樂的機會，便設一個無人坐的位子，放上琵琶，在庭院中圍著跪拜，還抽泣著。宣宗問他們緣故，他們回答說：「羅程辜負了陛下，罪該萬死，然而臣等可惜他的天下奇絕技藝，不能再奉侍宴遊了！」宣宗說：「你們所愛惜的是羅程的技藝，朕所愛惜的是高祖、太宗制定的國法。」最終用杖刑處死了羅程。

八月，成德節度使王紹鼎薨。紹鼎沈湎❶無度，好登樓彈射人以為樂，眾欲逐之。會病薨，軍中立其弟節度副使紹懿❷。戊寅❸，以紹懿為成德留後。

九月辛酉❹，以太子太師盧鈞同平章事，充山南西道節度使。

冬，十月己巳❺，以秦成防禦使❻李承勛為涇原節度使。承勛，光弼❼之孫也。

先是，吐蕃酋長尚延心以河、渭二州部落來降，拜武衛將軍❽。承勛利其羊馬之富，誘之入鳳林關❾，居秦州之西。承勛與諸將謀執延心，誣云謀叛，盡掠其財，徙其眾於荒遠。延心知之，因承勛軍宴，坐中謂承勛曰：「河、渭二州，土曠人稀，因以饑疫，唐人多內徙三川❿，吐蕃皆遠遁於疊、宕⓫之西，二千里間，寂無人煙。延心欲入見天子，請盡帥部眾分徙內地，為唐百姓，使西邊永無揚塵⓬之警，其功亦不愧於張義潮矣。」承勛欲自有其功，猶豫未許。延心復曰：「延心既入朝，部落內徙，但惜秦州無所復恃耳。」承勛與諸將相顧默然。明日，諸將言於承勛曰：「明公首開營田⓭，置使府⓮，擁萬兵，仰給度支，將士無戰守之勞，有耕市⓯之利。若從延心之謀，則西陲無事，朝廷必罷使府，省戍兵，還以秦州隸鳳翔⓰，吾屬無所復望矣。」承勛以為然，即奏延心為河、渭都遊弈使⓱，使統其眾居之。

中書侍郎、同平章事鄭朗以疾辭位。壬申⑱，以朗為太子太師。

上晚節⑲頗好神仙，遣中使迎道士軒轅集於羅浮山⑳。

王端章冊立回鶻可汗，道為黑車子所塞，不至而還。辛卯㉑，貶端章賀州司馬。

十一月壬寅㉒，以成德軍留後王紹懿為節度使。

十二月，蕭鄴罷判度支。

【章旨】以上為第十一段，寫吐蕃首長尚延心歸順唐朝，智計挫敗貪殘邊將。

【注釋】❶沈湎　此謂沉溺於酒。❷紹懿　王紹懿（？—西元八六六年），成德節度使王紹鼎弟。紹鼎死，立為留後。不久任節度使。傳見《舊唐書》卷一百四十二、《新唐書》卷二百十一。❸戊申　八月十四日。❹辛酉　九月二十七日。❺己巳　十月初五日。❻秦成防禦使　方鎮名，大中三年（西元八四九年）置。治所秦州，在今甘肅秦安西北。❼光弼　李光弼（西元七〇七—七六四年），唐朝名將，營州柳城（今遼寧朝陽）人，契丹族。曾任河東、朔方等節度使。平定安史之亂，戰功卓著，升為天下兵馬副元帥。先後封為趙國公、臨淮郡王、臨淮王。繪像凌煙閣。傳見《舊唐書》卷一百十、《新唐書》卷一百三十六。❽武衛將軍　官名，武衛屬南衙禁軍十六衛，分左右，掌宮禁宿衛，其長官有上將軍、大將軍、將軍等。❾鳳林關　關名，在今甘肅臨夏西北黃河南岸。❿三川　指平涼川、蔚茹川、落門川，在今寧夏南部和甘肅東南部。⓫疊宕　皆州名。疊州，治所合川，在今甘肅迭部。宕州，治所懷道，在今甘肅舟曲。⓬揚塵　揚起塵土。喻戰爭。⓭營田　屯田。⓮使府　指秦成防禦使府。⓯耕市　耕指營田，市指與吐蕃互通貿易。⓰還以秦州隸鳳翔　秦州於唐武德二年（西元六一九年）置，寶應元年（西元七六二年）陷於吐蕃，大中三年收復，隸屬鳳翔節度使，不久，置秦成防禦使，今還隸鳳翔。⓱遊弈使　官名，掌管巡邏、偵察之事。⓲壬申　十月八日。⓳晚節　晚年。⓴羅浮山　山名，在今廣東博羅西北。㉑辛卯　十月二十七日。㉒壬寅　十一月八日。

【語　譯】八月，成德節度使王紹鼎去世。王紹鼎沉湎於酒，沒有節制，喜歡上樓彈射人取樂，大家想趕走他。適逢他病死了，軍隊中擁立他的弟弟節度副使王紹懿。十四日戊寅，任命王紹懿為成德軍留後。

九月二十七日辛酉，任命太子太師盧鈞同平章事，充任山南西道節度使。

冬，十月初五日己巳，任命秦成防禦使李承勛為涇原節度使。李承勛，是李光弼之孫。此前，吐蕃酋長尚延心帶著河、渭二州所屬的部落前來投降，任命為武衛將軍。李承勛貪圖尚延心的大量羊馬，便引誘他進入鳳林關，居住在秦州的西面。李承勛和諸將策劃抓捕尚延心，誣告他陰謀反叛，侵吞他的全部財產，把他的部眾遷到荒遠的地方。尚延心知道了這個陰謀，乘李承勛舉行軍宴，在坐席上向李承勛說：「河、渭二州，土曠人稀，加上饑荒和瘟疫，唐朝的漢人大多內遷到三川，吐蕃全都遠逃疊、宕二州之西，二千里之間，荒無人煙。延心想入朝拜見天子，請求帶領全部人馬分別遷到內地去，做唐朝的臣民，使西邊永無戰爭之警，這種功勞比起張義潮來也不會感到慚愧的。」李承勛想自己獲得這一份功勞，在猶豫中沒有答應尚延心的要求。延心又說：「延心投歸朝廷以後，部落遷往內地，只可惜秦州再沒有什麼可依靠的了。」李承勛和其他的將領相互對視，默然無語。第二天，諸將對李承勛說：「明公首開屯田，設置防禦使府衙，擁有萬名軍眾，糧餉有度支供給，將士沒有打仗的勞苦，而有耕田互市的利益。如果依從尚延心的計畫，那麼西部邊疆就沒有戰爭了，朝廷一定會撤銷防禦使府衙，減少戍守的士兵，還會把秦州隸屬鳳翔，我們這些人再沒有什麼希望了。」李承勛認為他們說得對，立即奏請尚延心為河、渭都遊弈使，讓他帶領部眾居住在河、渭地區。

中書侍郎、同平章事鄭朗因病辭相位。十月初八日壬申，任命鄭朗為太子太師。

宣宗晚年很是喜歡神仙之術，派遣中使去羅浮山接來道士軒轅集。

王端章前去冊封回鶻可汗，道路被黑車子所阻斷，沒有到達回鶻駐地就返回來了。十月二十七日辛卯，貶謫王端章為賀州司馬。

十一月初八日壬寅，任命成德軍留後王紹懿為節度使。

十二月，免去了蕭鄴判度支的官職。

十二年（戊寅 西元八五八年）

春，正月，以康王傅、分司王式❶為安南都護、經略使。式有才略，至交趾❷，樹芀❸木為柵❹，可支數十年。深塹其外，泄城中水，塹外植竹，寇不能冒❺。選教士卒甚銳。頃之，南蠻❻大至，屯錦田步[1]，去交趾半日程❼。式意思安閒，遣譯諭之❽，中其要害，蠻一夕引去，遣人謝曰：「我自執叛獠❾耳，非為寇也。」安南都校❿羅行恭久專府政，麾下精兵二千，都護中軍纔羸兵數百。式至，杖其背，黜於邊徼⓫。

初，戶部侍郎、判度支劉瑑為翰林學士，上器重之。時為河東節度使，手詔徵入朝，瑑奏發⓬河東，外人始知之。戊午⓭，以瑑同平章事。瑑，仁軌⓮之五世孫也。

瑑與崔慎由議政於上前。慎由曰：「惟當甄別⓯品流⓰，上酬萬一⓱。」瑑曰：「昔王夷甫⓲祖尚浮華，妄分流品，致中原丘墟⓳。今盛明之朝，當循名責實⓴，使百官各稱其職，而遽以品流為先，臣未知致理之日！」慎由無以對。

軒轅集至長安，上召入禁中，問曰：「長生可學乎？」對曰：「王者屏欲㉑而崇德，則自然受大[2]遐福㉒，何處更求長生！」留數月，堅求還山，乃遣之。

二月甲子朔㉓，罷公卿朝拜光陵㉔及忌日行香㉕，悉移宮人於諸陵㉖。

戊辰㉗，以中書侍郎、同平章事崔慎由為東川節度使。

上欲御樓肆赦㉘，令狐綯曰：「御樓所費甚廣㉙，事須有名，且赦不可數㉚。」上不悅，曰：「遣朕於何得名！」慎由曰：「陛下未建儲宮，四海屬望㉛。若舉此禮，雖郊祀亦可，況於御樓！」時上餌方士藥，已覺躁渴，而外人未知，疑忌方深，聞之，俛首不復言。旬日，慎由罷相。

勃海王彝震卒。癸未㉜，立其弟虔晃為勃海王。

夏，四月，以右街使㉝、駙馬都尉劉異為邠寧節度使。異尚安平公主，上妹也。

庚子㉞，嶺南都將王令寰作亂，囚節度使楊發㉟。發，蘇州人也。

戊申㊱，以兵部侍郎、鹽鐵轉運使夏侯孜同平章事。

五月丙寅㊲，工部尚書、同平章事劉瑑薨。瑑病篤，猶手疏論事，上甚惜之。

以右金吾大將軍李燧為嶺南節度使。已命中使賜之節，給事中蕭倣㊳封還制書。上方奏樂，不暇別召中使，使優人追之，節及燧門而返。倣，俛之從父弟也。

○辛巳㊴，以涇原節度使李承勛為嶺南節度使，發鄰道兵討亂者，平之。

是日，湖南軍亂，都將石載順等逐觀察使韓悰，殺都押牙王桂直。悰待將士不以禮，故及於難。

六月丙申㊵，江西軍亂，都將毛鶴逐觀察使鄭憲。

初，安南都護李涿為政貪暴，強市蠻中馬牛，一頭止與鹽一斗，又殺蠻酋杜存誠。羣蠻怨怒，導南詔侵盜邊境。

峯州有林西原㊶，舊有防冬兵㊷六千。其旁七綰洞蠻，其酋長曰李由獨，常助中國戍守，輸租賦。知峯州者言於涿，請罷戍兵，專委由獨防遏。於是由獨勢孤，不能自立。南詔拓東節度使㊸以書誘之，以甥妻其子，補拓東押牙，由獨遂帥其眾臣於南詔，自是安南始有蠻患。是月，蠻寇安南。

秋，七月丙寅㊹，宣州都將康全泰作亂，逐觀察使鄭薰㊺，薰奔揚州。

丁卯㊻，右補闕內供奉張潛上疏，以為：「藩府代移㊼之際，皆奏倉庫蓄積之數，以羨餘多為課績㊽，朝廷亦因而甄獎。竊惟藩府財賦，所出有常，苟非賦斂過差[49]，及停廢將士，減削衣糧，則羨餘何從而致！比來南方諸鎮數有不寧，皆此故也。一朝有變，所蓄之財悉遭剽掠。又發兵致討，費用百倍，然則朝廷竟有何利！乞自今藩府長吏，不增賦斂，不減糧賜，獨節遊宴，省浮費，能致羨餘者，然後賞之。」上嘉納之。

容管奏都虞候來正謀叛，經略使宋涯捕斬之。

初，忠武軍精兵皆以黃冒[50]首，號黃頭軍。李承勛以百人定嶺南，宋涯使麾下效其服裝，亦定容州。

安南有惡民，屢為亂，聞之，驚曰：「黃頭軍度海來[3]襲我矣！」相與夜圍交趾城，鼓譟：「願送都護北歸，我須此城禦黃頭軍！」王式方食，或勸出避之。式曰：「吾足一動，則城潰矣。」徐食畢，擐甲[51]，率左右登城，建大將旗，坐而責之，亂者反走。明日，悉捕誅之。有杜守澄者，自齊、梁以來[52]擁眾據溪洞，不可制。式離間其親黨，守澄走死。安南饑亂相繼，六年無上供[53]，軍中無犒賞，式始修貢賦，饗將士。占城[54]、真臘[55]皆復通使。

【章旨】以上為第十二段，寫王式撫定安南。羅浮山道士軒轅集諫宣宗求長生。

【注釋】❶王式　王播之子，有威略，智勇雙全。歷任方鎮，功勳卓著。傳附兩《唐書・王播傳》。❷交趾　縣名，縣治在今越南河內西北。❸芀　棘木。❹柵　柵寨。❺冒　犯。❻南蠻　指南詔。❼程　路程。唐制，凡陸行之程，馬日行七十里，步行日五十里。❽遣譯諭之　派出翻譯向蠻人宣傳。❾獠　少數民族名，分布在四川、廣西一帶。❿都校　掌兵官，相當於都將。⓫邊徼　邊塞。⓬發　出發；動身。⓭戊午　正月二十五日。⓮仁軌　劉仁軌，字正則，汴州尉氏（今河南尉氏）人，歷仕太宗、高宗、則天三朝，官至文昌左相、同鳳閣鸞臺三品。傳見《舊唐書》卷八十四、《新唐書》卷一百八。⓯甄別　區別。⓰品流　亦稱流品，指出身門第、等級。⓱上酬萬一　皇上據此拜授職位。酬，指授官。萬一，謙詞。僥倖。⓲王夷甫　即西晉王衍，字夷甫，官至中書令、尚書令。身居宰輔，崇尚浮華，安分官員清濁，釀成大禍。後被石勒殺死。傳見《晉書》卷四十三。⓳中原丘墟　指西晉敗亡，中原地區成為廢墟。⓴循名責實　就其名而求其實，以考察官員是否名實相符。㉑屏欲　去掉欲念。㉒大遐福　指長壽延年的大福氣。㉓甲子朔　二月初一日。㉔罷公卿朝拜光陵　唐宣宗以內常侍陳弘志弒憲宗之罪歸於穆宗，故取消朝拜光陵及忌日行香。光陵，穆宗陵。㉕忌日行香　於先帝去世之日至陵墓進香。㉖移宮人於諸陵　諸帝去世，未生子女的宮人被派到陵園中供奉服侍，侍死如侍生。㉗戊辰　二月初五日。㉘御樓肆赦　登樓宣布大赦。當時常例，天子登丹鳳門樓宣赦。㉙所費甚廣　唐制，凡御樓肆赦，六軍十六衛皆有恩賞。㉚數　多次；頻繁。㉛屬望　注目。㉜癸未　二月二十日。㉝街使　官名，分左右，掌巡察街道。㉞庚子　四月初九日。㉟楊發　字至之，同州馮翊（今陝西大荔）人，歷任蘇州刺史、福建觀察使、嶺南節度使。後貶婺州刺史。傳見《舊唐書》卷一百七十七、《新唐書》卷一百八十四。㊱戊申　四月十七日。㊲丙寅　五月初六日。㊳蕭倣　字思道，穆宗宰相蕭俛之從弟。唐宣宗時任諫議大夫、給事中。唐懿宗時任義成節度使、兵、吏二部尚書，官至宰相。傳見《舊唐書》卷一百七十二、《新唐書》卷一百一。㊴辛巳　五月二十一日。㊵丙申　六月初六日。㊶林西原　地名，位於峯州西，在今越南河內西北。㊷防冬兵　越南夏季炎熱，有瘴氣。蠻人於冬時為寇，故置防冬兵。㊸拓東節度使　南詔方鎮名、官名，管轄南詔東部地區，治所拓東城，在今雲南昆明。㊹丙寅　七月初七日。㊺鄭薰　字子溥，唐宣宗時任翰林學士、宣歙觀察使。懿宗時任吏部侍郎、尚書左丞。傳見《新唐書》卷一百七十七。㊻丁卯　七月八日。㊼代移　交替；移交。㊽課績　即考績。考核官吏工作成績。㊾過差　過度；過分。㊿冒　蒙。(51)擐甲　披甲。(52)自齊梁以來　謂杜守澄祖輩自南朝齊、梁以來，即不受管轄，官方亦無法控制。(53)上供　謂向朝廷上交賦稅。(54)占城　國名，古稱林邑，唐亦稱環王。西元一九二年建立，十七世紀末滅亡。故地在今越南中部。(55)真臘　國名，即柬埔寨。漢稱扶南，明稱甘孛智，萬曆時改稱今名。

【校　記】①屯錦田步　原無此四字。據章鈺校，十二行本、乙十一行本、孔天胤本皆有此四字，張敦仁《通鑑刊本識誤》、張瑛《通鑑校勘記》同，今據補。②大　據章鈺校，孔天胤本作「天」，張敦仁《通鑑刊本識誤》同。③來　原作「求」。胡三省注云：「求，當作『來』。」據章鈺校，乙十一行本作「來」，今據改。

【語　譯】十二年（戊寅　西元八五八年）

春，正月，任命康王傅、分司王式為安南都護、經略使。王式有才幹和謀略，到達交趾後，豎立棘木建成柵欄，可以使用數十年。挖深城外塹壕，以便城內的水流宣洩，塹壕外面栽竹，寇盜不能侵犯。挑選士卒訓練得很精銳。沒有多久，南蠻大批隊伍到來，屯駐錦田步，離交趾只有半天路程。王式心意安閒，派遣翻譯人員曉諭蠻人，說中了蠻人的要害處，蠻人在一個晚上就全部退走了，並派人辭謝說：「我們是抓捕反叛的獠人而已，不是來侵擾的。」安南都校羅行恭長期獨掌都護府大權，部下有精兵兩千人，都護府中軍才有數百名老弱兵員。王式上任後，用棍棒擊打他的脊背，把他貶黜到邊境地區。

當初，戶部侍郎、判度支劉瑑為翰林學士，宣宗很器重他。他任河東節度使時，宣宗親手書詔徵他入朝，劉瑑上奏說已從河東出發了，外人才知道調他的事。正月二十五日戊午，任命劉瑑為同平章事。劉瑑，是劉仁軌的第五代孫。

劉瑑和崔慎由一同在宣宗面前討論政事。崔慎由說：「應當區別流品，皇上據此授予職位。」劉瑑說：「從前晉代的王夷甫崇尚浮華，妄自劃分流品，導致中國破敗。現在是盛明的朝代，應當循名責實，使百官各稱其職，而急忙以區別品流為首要任務，臣不曉得哪一天才能把國家治理好！」崔慎由無話對答。

軒轅集來到長安，宣宗把他召入禁中，問他道：「長生不死能學到嗎？」他回答說：「帝王摒除嗜欲，崇尚德行，那麼自然會得到長壽延年的大福氣，還有哪裡可求得長生不死！」停留數月，堅決要求回羅浮山去，於是打發他走了。

二月初一日甲子，停止公卿大臣朝拜光陵以及忌日向穆宗上香，把以前的宮人全部調到陵園服侍。

二月初五日戊辰，任命中書侍郎、同平章事崔慎由為東川節度使。

宣宗打算登上城樓宣布大赦，令狐綯上奏說：「登樓舉行大赦儀式要花費很多的錢，這件事須有一定的名義，況且大赦不能頻繁。」宣宗不高興，說：「讓我用什麼名義！」崔慎由說：「陛下還沒有立太子，天下注目。要是舉行立太子的禮儀，哪怕是在城郊祭天都可以，何況是登城樓宣布大赦！」當時宣宗服食了方士的丹藥，已經感到煩躁口渴，而旁人不知道，他正深處疑忌，聽到崔慎由的話，低下頭不再說話了。過了十來天，崔慎由被罷免了宰相。

勃海王彝震去世。二月二十日癸未，立他的弟弟虔晃為勃海王。

夏，四月，任命右街使、駙馬都尉劉異為邠寧節度使。劉異娶了安平公主，安平公主是宣宗的妹妹。

四月初九日庚子，嶺南都將王令寰作亂，囚禁了節度使楊發。楊發，是蘇州人。

四月十七日戊申，任命兵部侍郎、鹽鐵轉運使夏侯孜同平章事。

五月初六日丙寅，工部尚書、同平章事劉瑑去世。劉瑑在病重時，還在親手寫奏疏討論國事，宣宗非常痛惜他的去世。

任命右金吾大將軍李燧為嶺南節度使。已經命令中使賜給他符節，給事中蕭倣把任命制書退回給宣宗。宣宗當時正在奏樂，沒有空閒另外召喚中使，就派了一名樂工去追回所賜之符節，符節到了李燧的家門口被追回來了。蕭倣，是蕭俛的堂兄弟。○五月二十一日辛巳，任命涇原節度使李承勛為嶺南節度使，徵發相鄰各道的軍隊討伐作亂的人，平定了叛亂。

這一天，湖南軍隊叛亂，都將石載順等人趕走了觀察使韓悰，殺死了都押牙王桂直。韓悰對將士不以禮相待，所以遭受了災難。

六月初六日丙申，江西軍隊叛亂，都將毛鶴趕走了觀察使鄭憲。

當初，安南都護李涿為官貪鄙橫暴，強迫購買蠻人的馬牛，一頭牲畜只給一斗鹽，又誅殺蠻人酋長杜存誠。群蠻又怨恨又憤怒，便引導南詔人侵犯邊境。

峯州有個地方叫林西原，原來駐有防冬兵六千人。它旁邊的七綰洞蠻人，酋長名李由獨，經常幫助中國戍守，並交納租稅。峯州地方官對李涿說，請撤掉林西原的戍兵，專門委任李由獨防守。這樣一來，李由獨的勢力孤單，不能自立。南詔拓東節度使寫信誘惑李由獨，把自己的外甥女嫁給李由獨的兒子，並讓他任拓東押牙官，李由獨就帶領他的部眾臣服南詔，從此安南開始有了蠻人之患。這個月，蠻人侵擾安南。

秋，七月初七日丙寅，宣州都將康全泰作亂，驅逐了觀察使鄭薰，鄭薰逃往揚州。

七月初八日丁卯，右補闕內供奉張潛上疏，認為：「藩鎮使府在替代移交時，都奏報倉庫儲蓄的數量，把盈餘的多少作為考課的成績，朝廷也因此而分別給予獎賞，我私下想，藩鎮的財賦，支出是有常數的，假若不是賦稅收取過度，以及減少了將士的員額，或是減少剋扣了將士的衣糧，那麼盈餘的部分又從何處得來呢！近來南方各鎮頻繁發生叛亂，都是由於這個原因。一旦發生變亂，儲蓄的財物都遭到搶劫。又發兵去征討，費用是盈餘的百倍，這樣一來朝廷又得到什麼好處呢！請求從今天起，藩府的長官不增加賦稅，不減少士兵衣糧，只節制遊宴，減省浮華開支，能夠有所盈餘的人，然後才給以獎賞。」宣宗讚賞並且採納了他的意見。

容管奏報說都虞候來正陰謀叛亂，經略使宋涯收捕並殺了他。

當初，忠武軍的精銳部隊都用黃帕裹頭，號黃頭軍。李承勛用一百名黃頭軍平定了嶺南叛亂，宋涯叫他的部下效仿黃頭軍的服裝，也平定了容州叛亂。

安南地方有刁民，多次作亂，聽說容州有黃頭軍，大驚，說：「黃頭軍要渡過海峽來襲擊我們了！」他們一起在夜裡包圍了交趾城，鼓噪著說：「願意護送都護回北方去，我們需要這座城池抵抗黃頭軍！」王式正在吃飯，有人勸王式出去躲避。王式說：「我的腳一動，那麼本城就要潰散了。」慢慢吃完飯，披上鎧甲，帶領身邊的人登上城樓，豎起大將旗，坐著責備叛亂的人，叛亂的人都轉身逃走了。第二天，把叛亂的人都抓來殺了。有個叫杜守澄的人，其家族從齊、梁以來就率領部眾佔據溪洞，沒有辦法制服。王式離間他們親族黨羽，杜守澄逃走後死了。安南地方饑荒和戰亂連接不斷，六年沒有向朝廷交賦稅，軍隊中也沒有犒賞，王式上任後才向朝廷交貢賦，給將士發犒賞。占城和真臘又都恢復了與唐王朝的使者往來。

淮南節度使崔鉉奏已出兵討宣州賊。八月甲午①，以鉉兼宣歙②觀察使。己亥③，以宋州刺史溫璋④為宣州團練使。璋，造之子也。

河南、北、淮南大水，徐、泗水深五丈，漂沒數萬家。

冬，十月，建州⑤刺史于延陵入辭。上曰：「建州去京師幾何？」對曰：「八千里。」上曰：「卿到彼為政善惡，朕皆知之，勿謂其遠！此階前則萬里也，卿知之乎？」延陵悸懾失緒⑥，上撫而遣之。到官，竟以不職⑦貶復州⑧司馬。

令狐綯擬李遠⑨杭州刺史。上曰：「吾聞遠詩云『長日惟消一局棊⑩』，安能理人！」綯曰：「詩人託此為高興耳，未必實然。」上曰：「且令往試觀之。」

上詔刺史毋得外徙⑪，必令至京師，面察其能否，然後除之。令狐綯嘗徙其故人為鄰州刺史，便道⑫之官。上見其謝上表⑬，以問綯，對曰：「以其道近，省送迎耳。」上曰：「朕以刺史多非其人，為百姓害，故欲一一見之，訪問⑭其所施設⑮，知其優劣以行黜陟。而詔命既行，直⑯廢格⑰不用，宰相可畏[1]有權！」時方寒，綯汗透重裘⑱。

上臨朝，接對羣臣如賓客，雖左右近習，未嘗見其有惰容⑲。每宰相奏事，旁無一人立者，威嚴不可仰視。奏事畢，忽怡然⑳曰：「可以閒語矣！」因問閭閻細事，或談宮中遊宴，無所不至。一刻㉑許，復整容㉒曰：「卿輩善為之。朕常恐卿輩負朕，後日不復得再[2]相見。」乃起入宮。令狐綯謂人曰：「吾十年秉政㉓，最承恩遇，然每延英奏事，未嘗不汗霑衣也。」

初，山南東道節度使徐商㉔以封疆險闊，素多盜賊，選精兵數百人別置營訓練，號捕盜將。及湖南逐帥，詔商討之。商遣捕盜將二百人討平之。

崔鉉奏克宣州，斬康全泰及其黨四百餘人。

上以光祿卿㉕韋宙父丹有惠政於江西，以宙為江西觀察使，發鄰道兵以討毛鶴。

崔鉉以宣州已平，辭宣歙觀察使。十一月戊寅㉖，以溫璋為宣歙觀察使。

兵部侍郎、判戶部蔣伸從容言於上曰：「近日官頗易得，人思僥幸。」上驚曰：「如此則亂矣！」對曰：「亂則未亂，但僥幸者多，亂亦非難。」上稱歎再三。伸三[3]起，上三留之，曰：「異日不復得獨對卿㉗矣！」伸不諭㉘。十二月甲寅㉙，以伸同平章事。

韋宙奏克洪州，斬毛鶴及其黨五百餘人。宙過襄州，徐商遣都將韓季友帥捕盜將從行。宙至江州，季友請夜帥其眾自陸道間行。比明，至洪州，州人不知，即日討平之。宙奏留捕盜將二百人於江西，以李友為都虞候。

【章旨】以上為第十三段，寫唐宣宗威嚴風采，宰臣敬畏。唐境不寧，此起彼伏，叛亂不斷。

【注釋】❶甲午　八月初六日。❷宣歙　方鎮名，大曆時從浙江西道析出宣、歙二州而置。治所宣州，在今安徽宣州。❸己亥　八月十一日。❹溫璋　唐文宗禮部尚書溫造之子。懿宗時官至京兆尹，以直言敢諫貶振州司馬，自縊而死。傳見《舊唐書》卷一百六十五、《新唐書》卷九十一。❺建州　州名，治所建安，在今福建建甌。❻悸慴失緒　驚慌恐懼，應對錯亂。❼不職　不稱職。❽復州　州名，治所竟陵，在今湖北天門。❾李遠　字求古，著有《龍紀聖異曆》一卷、《李遠詩集》一卷。《新唐書・藝文志四》著錄。❿棊　「棋」的異體字。⓫外徙　指在地方官仕上除授。⓬便道　近道。⓭謝上表　唐制，外任官到任後須上表稱謝，謂之謝上表。⓮訪問　詢問。⓯施設　措施；安排。⓰直　故意。⓱廢格　擱置。⓲重裘　幾層厚的皮衣。⓳惰容　面有倦怠之色。⓴怡然　和顏悅色的樣子。㉑一刻　指銅漏計時的一刻，約合現在時間的一四・五分鐘。㉒整容　整肅面容。㉓十年秉政　令狐綯自大中四年至十三年任宰相，整十年。㉔徐商　字義聲，新鄭（今河南新鄭）人，唐宣宗時官至御史大夫。唐懿宗時任宰相，官終吏部尚書。傳見《舊唐書》卷一百七十九、《新唐書》卷一百十三。㉕光祿卿　官名，光祿寺掌皇室酒醴膳饈之事，其長官為光祿卿、少卿。㉖戊寅　十一月二十一日。㉗不復得獨對卿　唐制，宰相不單獨見皇帝。此句意思是將任用蔣伸為相。㉘伸不諭　蔣伸未能明白皇帝將任用自己為相。㉙甲寅　十二月二十七日。

【校記】①畏　嚴衍《通鑑補》改作「謂」。②再　原無此字。據章鈺校，乙十一行本、孔天胤本皆有此字，張敦仁《通鑑刊本識誤》同，今據補。③三　原無此字。據章鈺校，十二行本、乙十一行本、孔天胤本皆有此字，今據補。

【語譯】淮南節度使崔鉉上奏說已經出兵討伐宣州的叛賊。八月初六日甲午，任命崔鉉兼宣歙觀察使。十一日己亥，任命宋州刺史溫璋為宣州團練使。溫璋，是溫造的兒子。

黃河南、北和淮南發大水，徐州和泗州水深五丈，淹沒了數萬家。

冬，十月，建州刺史于延陵入宮辭謝宣宗。宣宗說：「建州離京師有多遠？」于延陵回答說：「八千里。」宣宗說：「你到那裡為政好壞，朕都會知道，不要認為那個地方遠！萬里就像這階前一樣，你知道嗎？」于延陵驚恐錯亂，宣宗安撫後打發他上任去了。到任之後，終於以不稱職被貶為復州司馬。

令狐綯打算任用李遠為杭州刺史。宣宗說：「我聽說李遠有詩句云『長日惟消一局棊』，這樣的人怎麼能治理老百姓！」令狐綯說：「詩人藉此表達自己的興致而已，不一定真是那樣。」宣宗說：「暫且派他去試試看。」

宣宗下詔刺史不能在外地直接徙任，一定要到京師來，當面考察他是否能幹，然後才決定是不是任命他。令狐綯曾經調他的熟人為鄰州的刺史，便走近道上任去了。宣宗看到了他向朝廷謝恩的奏表，因而詢問令狐綯，令狐綯回答說：「因為他離上任的地方很近，直接去了，省去了送迎而已。」宣宗說：「我因為刺史大多不稱職，為害百姓，所以想一個一個接見他們，詢問他們到任後有什麼措施，瞭解他們的好壞以決定是升遷還是降職。詔命已經頒布了，故意擱置而不執行，宰相的權力真是大得可怕！」當時正寒，令狐綯大汗溼透幾層厚的衣服。

宣宗上朝時，接待對答群臣如同賓客，哪怕是身邊親近的人，不曾看到過他有倦怠的面色。每當宰相奏事時，旁邊一個站著的人也沒有，威嚴的神態使人不敢抬頭觀看。奏事完畢，宣宗會一下子和顏悅色地說：「可以說說閒話了！」接著詢問民間瑣細事情，或者是談論宮中遊宴，無所不至。大約一刻時辰，又整肅面容說：「你們這些人好好當官。朕常常擔心你們辜負我，以後我們不能再見面。」於是起身回宮。令狐綯對別人說：「我擔任宰相十年了，最受皇上恩遇，然而每次延英殿奏事，沒有一次不是流汗沾溼內衣的。」

當初，山南東道節度使徐商由於管轄的地方險要而遼闊，向來盜賊很多，他挑選精兵數百人，另外設置一個軍營進行訓練，號稱捕盜將。等到湖南叛軍趕走觀察使後，詔令徐商討伐叛軍。徐商派遣捕盜將二百人討平了叛亂。

崔鉉上奏說攻下了宣州，殺了康全泰和他的黨羽四百多人。

宣宗因光祿卿韋宙的父親韋丹在江西任職時有惠政，於是任命韋宙為江西觀察使，徵調鄰道兵來討伐毛鶴。

崔鉉因為宣州已經平定，辭去宣歙觀察使之職。十一月二十一日戊寅，任命溫璋為宣歙觀察使。

兵部侍郎、判戶部蔣伸閒談時對宣宗說：「近來官職很容易獲得，人們都想僥倖得到官位。」宣宗驚訝地說：「這樣一來就要引起動亂了！」蔣伸回答說：「動亂還沒有發生，但是僥倖獲得官位的人多了，動亂也就不難發生了。」宣宗對蔣伸的話再三讚歎。蔣伸三次起身告退，宣宗三次留住他，並說：「他日不能再單獨和你談話了！」蔣伸不明白宣宗的話。十二月二十七日甲寅，任命蔣伸為同平章事。

韋宙上奏說攻克了洪州，殺了毛鶴和他的同黨五百多人。韋宙上任時經過襄州，徐商派都將韓季友率領捕盜將跟隨他一道去。韋宙到達江州時，韓季友請求在夜裡帶領他的隊伍從陸路抄近道前往。等到第二天早上，到達洪州，洪州人不知道，當天就把叛亂平定了。韋宙奏請將捕盜將二百人留在江西，任用韓季友為都虞候。

十三年（己卯　西元八五九年）

春，正月戊午朔❶，赦天下。

三月，割河東雲、蔚、朔三州隸大同軍。

夏，四月辛卯❷，以校書郎❸于琮❹為左拾遺內供奉。初，上欲以琮尚永福公主，既而中寢❺，宰相請其故，上曰：「朕近與此女子會食❻，對朕輒折匕筯❼。性情如是，豈可為士大夫妻。」乃更命琮尚廣德公主。二公主皆上女。琮，敖之子也。

武寧節度使康季榮不卹士卒，士卒譟而逐之。上以左金吾大將軍田牟嘗鎮徐州，有能名，復以為武寧節度使，一方遂安。貶季榮於嶺南。

六月癸巳❽，封憲宗子惕為彭王。

初，上長子鄆王溫無寵，居十六宅，餘子皆居禁中。夔王滋，第三子也，上愛之，欲以為嗣，為其非次❾，故久不建東宮❿。

上餌醫官李玄伯、道士虞紫芝、山人王樂藥，疽發於背。八月，疽甚，宰相及朝臣[1]皆不得見。上密以夔王屬樞密使王歸長、馬公儒、宣徽南院使王居方，使立之。三人及右軍中尉王茂玄，皆上平日所厚也。獨左軍中尉王宗實素不同心，三人相與謀，出宗實為淮南監軍。宗實已受敕於宣化門外，將自銀臺門出，左軍副使亓元實謂宗實曰：「聖人⓫不豫⓬踰月，中尉⓭止隔門起居，今日除改，未可辨也，何不見聖人而出？」宗實感寤，復入，諸門已踵⓮故事增人守捉⓯矣。亓元實翼導宗實直至寢殿，上已崩，東首環泣⓰矣。宗實叱歸長等，責以矯詔，皆捧足乞命。乃遣宣徽北院使齊元簡迎鄆王。壬辰⓱，下詔立鄆王為皇太子，權句當軍國政事，仍更名漼。收歸長、公儒、居方，皆殺之。癸巳⓲，宣遺制，以令狐綯攝冢宰。

宣宗性明察沈斷⑲，用法無私，從諫如流，重惜官賞，恭謹節儉，惠愛民物。故大中之政，訖於唐亡，人思詠⑳之，謂之小太宗。

丙申㉑，懿宗即位。癸卯㉒，尊皇太后為太皇太后。以王宗實為驃騎上將軍㉓。李玄伯、虞紫芝、王樂皆伏誅。

【章旨】以上為第十四段，寫唐宣宗駕崩，左軍中尉王宗實擁立唐懿宗即位。

【注釋】❶戊午朔　正月初一日。❷辛卯　四月初五日。❸校書郎　官名，唐於祕書省及弘文館均置校書郎，掌校勘典籍，刊正錯謬。❹于琮　懿宗時官至宰相。傳見《舊唐書》卷一百四十九、《新唐書》卷一百四。❺中寢　中途停下。指終止婚事。❻會食　相聚而食，即一起吃飯。❼匕筯　匙和筷子。❽癸巳　六月初九日。❾非次　不符合排行順序，即按禮法，依次還輪不到李滋做皇太子。❿不建東宮　謂不立太子。⓫聖人　謂宣宗。⓬不豫　天子有病的委婉說法。豫，快樂。⓭中尉　指王宗實。⓮踵　因襲。⓯守捉　守衛。⓰東首環泣　謂內侍諸人東向環繞哭泣。⓱壬辰　八月初九日。⓲癸巳　八月初十日。⓳沈斷　深沉果斷。⓴詠　歌頌讚美。㉑丙申　八月十三日。㉒癸卯　八月二十日。㉓驃騎上將軍　官名，為武散官之首，非實職。

【校記】①臣　原作「士」。據章鈺校，十二行本、乙十一行本皆作「臣」，今從改。

【語譯】十三年（己卯　西元八五九年）

春，正月初一日戊午，大赦天下。

三月，劃分河東鎮的雲、蔚、朔三州隸屬於大同軍。

夏，四月初五日辛卯，任命校書郎于琮為左拾遺內供奉。當初，宣宗想讓于琮娶永福公主為妻，不久中途作罷，宰相詢問宣宗原因，宣宗說：「朕近日和她一起吃飯，在我眼前動不動就折毀湯匙、筷子。性情這個樣子，哪裡能做士大夫的妻子。」於是改叫于琮娶廣德公主。二位公主都是宣宗的女兒。于琮，是于敖的兒子。

武寧節度使康季榮不體恤士卒，士卒鼓噪著把他趕走了。宣宗因為左金吾大將軍田牟曾經擔任徐州節度使，有能幹的名聲，所以再任命他為武寧節度使，那一帶地方就安定下來了。把康季榮貶到嶺南。

六月初九日癸巳，封憲宗的兒子李惕為彭王。

起初，宣宗的長子鄆王李溫不被寵愛，住在十六宅，其他的兒子都住在皇宮中。夔王李滋，是宣宗的第三個兒子，宣宗喜愛他，想立他為太子，因按照次序他輪不上，所以宣宗長期沒有確立太子。

宣宗吃了醫官李玄伯、道士虞紫芝、山人王樂的藥，背上長了毒瘡。八月，毒瘡嚴重了，宰相和朝廷官員都不能見到宣宗。宣宗祕密把夔王託付給樞密使王歸長、馬公儒、宣徽南院使王居方，要他們立夔王為太子。王歸長等三人和右軍中尉王茂玄，都是宣宗平日所厚待的人。只有左軍中尉王宗實向來不是一條心，王歸長等三人一起謀劃，把王宗實調出去做淮南監軍。王宗實已經在宣化門外接到了敕命，將要從銀臺門出去，左軍副使亓元實對王宗實說：「皇上病了一個多月了，中尉只是隔著門詢問起居情況，今天改授官職，還分不清是誰的主意，為何不看皇上以後再離開？」王宗實得到提醒後明白了，再想入宮，各處的宮門已經按照過去的舊例增派人守衛了。亓元實保護引導王宗實逕直進入宣宗的寢殿，宣宗已經去世，宮人們東向環繞哭泣。王宗實呵叱王歸長等人，指斥他們假託詔命，王歸長等人都抱著王宗實的腳乞求活命。於是派遣宣徽北院使齊元簡迎接鄆王。初九日壬辰，下詔立鄆王為皇太子，暫時掌管軍國政事，並改名漼。收捕王歸長、馬公儒、王居方，把他們都殺了。初十日癸巳，宣布遺制，任命令狐綯攝冢宰。

宣宗為人明察秋毫，深沉果斷，用法無私，從諫如流，愛惜賞賜官位，恭謹節儉，惠愛民物。所以大中年間的政績，一直到唐朝滅亡為止，人們思念它，歌頌它，說宣宗是小太宗。

八月十三日丙申，懿宗即皇帝位。二十日癸卯，尊皇太后為太皇太后。任命王宗實為驃騎上將軍。李玄伯、虞紫芝、王樂都被處死。

九月，追尊上母晁昭容❶為元昭皇太后。○加魏博節度使何弘敬兼中書令，幽州節度使張允伸同平章事。

冬，十月辛卯❷，赦天下。

十一月戊午❸，以門下侍郎、同平章事蕭鄴同平章事，充荊南節度使。

十二月甲申❹，以翰林學士承旨、兵部侍郎杜審權❺同平章事。審權，元穎之弟子也。

浙東❻賊帥裘甫❼攻陷象山❽，官軍屢敗，明州城門晝閉，進逼剡縣❾，有眾百人，浙東騷動。觀察使鄭祗德遣討擊副使❿劉勍、副將范居植將兵三百，合台州軍共討之。

司空、門下侍郎、同平章事令狐綯執政歲久，忌勝己者，中外側目，其子滈⓫頗招權受賄。宣宗既崩，言事者競攻其短。丁酉⓬，以綯同平章事，充河中節度使。以前荊南節度使、同平章事白敏中守司徒、兼門下侍郎、同平章事。

初，韋皐在西川，開青溪道以通羣蠻，使由蜀入貢。又選羣蠻子弟聚之成都，教以書數⓭，欲以慰悅羈縻⓮之，業成則去，復以它子弟繼之。如是五十年，羣蠻子弟學於成都者殆以千數，軍府頗厭於稟給⓯。又，蠻使入貢，利於賜與，所從傔人⑯寖多。杜悰為西川節度使，奏請節減其數，詔從之。南詔豐祐⑰怒，其賀冬使者留表付嶲州而還。又索習學子弟，移牒⑱不遜，自是入貢不時⑲，頗擾邊境。會宣宗崩，遣中使告哀。時南詔豐祐適卒，子酋龍立，怒曰：「我國亦有喪，朝廷不弔祭。又詔書乃賜故王。」遂置使者於外館⑳，禮遇甚薄。使者還，具以狀聞。上以酋龍不遣使來告喪，又名近玄宗諱㉑，遂不行冊禮。酋龍乃自稱皇帝，國號大禮，改元建極，遣兵陷播州㉒。

【章　旨】以上為第十五段，寫浙東裘甫叛亂，南詔交惡唐室。

【注　釋】❶昭容　女官名，九嬪之一。昭容是妃嬪中第二級。❷辛卯　十月九日。❸戊午　十一月七日。❹甲申　十二月初三日。❺杜審權　字殷衡，京兆杜陵（今陝西西安）人，唐穆宗宰相杜元穎之姪。唐宣宗朝歷任禮部侍郎、河中節度使。唐懿宗朝任宰相，後為鎮海、忠武等節度使。傳見《舊唐書》卷一百七十七、《新唐書》卷九十六。❻浙東　浙江東道的簡稱。唐肅宗乾元元年（西元七五八年）置。治所越州，在今浙江紹興。唐僖宗中和三年（西元八八三年）改稱義勝軍，光啟三年（西元八八七年）又改稱威勝軍。唐昭宗乾寧三年（西元八九六年）改為鎮東軍。❼裘甫　即仇甫。浙東寧國（今安徽寧國）人，浙東起事民眾首領。起事時眾才百人，先後佔領象山、剡縣、唐興、上虞、餘姚等縣。有眾三萬餘人，起事半年後失敗。❽象山　縣名，縣治在今浙江象山縣。❾剡縣　縣名，縣治在今浙江嵊州。❿討擊副使　官名，對出征軍官臨時任命的官號。⓫滈　令狐滈，令狐綯長子。居家未仕時，仗勢驕縱，多行不法，時人稱之「白衣天子」。後任長安尉、集賢校理、詹事府司直。為眾所非，仕途不達。傳見《舊唐書》卷一百七十二、《新唐書》卷一百六十六。⓬丁酉　十二月十六日。⓭書數　六藝的兩種科目，文字和算術。⓮羈縻　籠絡。⓯稟給　官府供給讀書的生員以糧食。稟，同「廩」。⓰傔人　侍從；副官。⓱豐祐　南詔國王，長慶三年（西元八二三年）立。⓲移牒　送來的文牒。⓳不時　不按時。⓴外館　客舍。㉑名近玄宗諱　唐玄宗名隆基，「龍」與「隆」同音。㉒播州 州名，治所遵義，今貴州遵義。

【語 譯】九月，追尊宣宗的生母晁昭容為元昭皇太后。○加任魏博節度使何弘敬兼中書令，幽州節度使張允伸同平章事。

冬，十月初九日辛卯，大赦天下。

十一月初七日戊午，任命門下侍郎、同平章事蕭鄴同平章事，充任荊南節度使。

十二月初三日甲申，任命翰林學士承旨、兵部侍郎杜審權同平章事。杜審權，是杜元穎弟弟的兒子。

浙東盜賊的首領裘甫攻陷象山縣，官軍多次戰敗，明州城的城門白天關閉，裘甫進軍逼近剡縣，有部眾百人，浙東地區動盪不安。觀察使鄭祇德派遣討擊副使劉勍、副將范居植帶領三百名兵卒，與台州軍一起討伐裘甫軍。

司空、門下侍郎、同平章事令狐綯擔任宰相的年頭很久，忌妒比自己強的人，朝廷內外的人都對他很不滿，他的兒子令狐滈肆意攬權受賄。宣宗死了以後，朝廷諫官爭著上書揭發令狐綯的過錯。十二月十六日丁酉，任命令狐綯同平章事，充任河中節度使。任命前荊南節度使、同平章事白敏中守司徒、兼門下侍郎、同平章事。

當初，韋皋在西川任職時，開闢青溪道連通蠻族與內地，讓蠻族通過蜀地向朝廷進貢。又挑選蠻族子弟聚集成都，教給他們文字算術，想以此取得他們的歡心而籠絡他們，學好了之後就讓他們回去，又讓其他人的子弟繼續來學習。這樣作了五十年，蠻族的子弟在成都學習過的大概數以千計，西川軍府對供給學生糧食頗為厭煩。另外，蠻人使者入朝進貢時，貪圖得到賞賜，所帶領的侍從人員逐漸增多。杜悰擔任西川節度使時，上奏請求減少蠻人的隨從人員人數，詔令依從了。南詔王豐祐很生氣，他派出的賀冬使者留下賀表在中途交給巂州府就回去了。又索取在成都學習的子弟，送來的文牒言辭不遜，從這以後進貢不按規定時間，還時常侵擾邊境。適逢宣宗去世，朝廷派遣中使去通告喪情。當時南詔豐祐恰巧去世，他的兒子酋龍繼位，生氣地說：「我國也有喪事，朝廷不派使者弔祭。另外，詔書還是賜給前王的。」於是把告哀使者安置在外館，禮儀待遇非常輕薄。使者回到朝廷，將具體情況報告了懿宗。懿宗認為酋龍不派使者來告喪，還有所用名字和玄宗的名字音近而犯諱，於是就不施行冊封新王的禮儀。酋龍便自稱皇帝，國號大禮，改年號為建極，派兵攻下了播州。

【研　析】本卷研析張義潮歸唐和唐宣宗大中之治。

張義潮歸唐。唐安史之亂，河、湟萬里山河一夜之間淪陷於吐蕃。唐武宗時，吐蕃發生內亂，急劇衰落。宣宗大中二年（西元八四八年），沙州人張義潮乘機率漢民逐走吐蕃守將，奪取沙州。第二年，吐蕃所據秦、原、安樂三州七關守將降唐。三州七關千餘人到京師闕下朝見唐宣宗，歡聲雷動。士民當場脫去吐蕃胡服，換上唐朝衣冠，在場觀眾感動得高呼萬歲。大中五年，張義潮收復河西伊、西、瓜、沙、肅、甘、河、蘭、廓、鄯、岷等十一州，並獻圖於唐。至此河、湟萬里江山淪陷於吐蕃近一世紀後重回唐朝，張義潮毫無疑義是一位愛國英雄。吐蕃內亂的時勢造就了英雄張義潮，但張義潮如割地自保，稱王河西，唐王朝無可奈何。在藩鎮割據稱雄，唐王室焦頭爛額之時，張義潮毅然歸唐，並成為唐西疆屏障。敦煌石室遺書，人民文學出版社西元一九八四年出版《敦煌變文集》，其中《張義潮變文》記載，唐大中十一、十二年，張義潮率眾打敗吐谷渾和回鶻，使唐西北沿邊地區免遭侵擾。亂世見真情，張義潮是愛國者的榜樣。唐宣宗封張義潮為歸義軍節度使，用「歸義」二字表彰他的愛國精神。加官為僕射、太保等職。

唐宣宗大中之治。唐宣宗李忱是一個精明強幹的人，幾十年的韜晦受辱，使他冷眼旁觀了許多弊端。宣宗也極為憎惡宦官，他藉追究憲宗之死和平反甘露之變被濫殺的大臣，殺了一批宦官。內園使李敬寔途遇宰相鄭朗不下馬，鄭朗上奏，宣宗斥責李敬寔，李敬寔回答說：「依慣例。」宣宗說：「你受皇帝之命辦公事可以不下馬，辦私事怎可以不下馬！」言外之意，辦公事代表皇帝之命，辦私事只是一個奴才，膽敢輕視朝官。宣宗命令李敬寔脫去官服，發配到南衙做雜役。宣宗與宰相令狐綯謀誅全部宦官，令狐綯不敢攬這差事，以甘露之變為警戒，密奏宣宗，讓自然淘汰宦官，方法是有罪不赦，老死不補，一天天減少，自然耗盡。這個密奏被宦官看見，煽起了宦官敵視南衙的情緒，南北司的鬥爭又激烈起來。

唐宣宗明察識奸。司農卿韋厪遭傾巧方術士勒索誣陷，犯滅族之罪，宣宗識破，杖殺方術士，避免了一樁血案冤獄。宣宗時時留心訪求賢才，破格提升。宣宗外出打獵，接近百姓，瞭解民情。得知漢陽縣令李行言、醴泉縣令李君奭深得老百姓擁戴，宣宗提升李行言為海州刺史、李君奭為懷州刺史。宣宗嚴格執法。宣宗之舅鄭光的莊吏仗勢橫恣，多年不交租稅，京兆尹韋澳抓捕歸案，宣宗親自出面說情，韋澳說：「交足租稅才放人。」宣宗說：「朕撓亂行法，很感慚愧。」韋澳回府，痛打了莊吏一頓，並使莊吏交足了欠租以後，才放走國舅鄭光的莊吏。涇原節度使康季榮挪用官錢二百萬緡，已調入京任右威衛大將軍，事情敗露，康季榮請求用家財來償還贖罪。宣宗認為康季榮有開河、湟之功，允許了，諫官上奏諫爭，康季榮被貶為夔州長史。宣宗不以私情濫賞官職。太醫梁新曾治好了宣宗的病，要求封官，宣宗不答應，給了每月三十緡賞錢。宣宗一朝，沒有興大獄，政治保持平穩，河、湟歸唐，嶺南亂平，保持了十餘年的太平。《舊唐書・宣宗紀》史臣評論說：宣宗「器識深遠，久歷艱難，備知人間疾苦。」稱讚宣宗臨馭，「一之日權豪斂迹，二之日姦臣畏法，三之日閽寺讋氣。由是刑政不濫，賢能效用，百揆四嶽，穆若清風，十餘年間，頌聲載路。」史臣的評論，未免過譽。但宣宗畢竟延續了會昌政治的新氣象，維護唐室十餘年的和平，是值得稱道的。

宣宗的缺失，也沾染了朋黨積習。他懷恨文宗、武宗，也為了表明自己是唐憲宗的直接繼承人，誣郭太后與唐穆宗母子與宦官同謀害死唐憲宗，則穆宗為逆，諸子敬宗、文宗、武宗自然為逆，那麼李德裕就是逆臣，於是大反會昌之政，即使善政，也要推倒。武宗廢佛，宣宗興佛；武宗裁汰州縣冗官一千多員，宣宗增設冗官。加之，宣宗所任宰相，前期白敏中，後期令狐綯，均是李宗閔朋黨，才能平庸，只對宣宗惟命是從，沒有什麼建樹，唐政治腐敗的大環境沒有多大改變，即藩鎮割據、宦官專皇權、朋黨交爭，依然沒有改變。大中之治，只是暫時的平靜，不過是晚唐大戰亂直至唐亡的回光返照而已。

卷第二百五十

唐紀六十六　起上章執徐（庚辰　西元八六〇年），盡彊圉大淵獻（丁亥　西元八六七年），凡八年。

【題解】本卷記事起西元八六〇年，迄西元八六七年，凡八年。當唐懿宗咸通元年至咸通八年。懿宗在位十四年，本卷載懿宗前期八年政事。懿宗李溫為宣宗長子，無才無德，沒有被宣宗立為太子，是靠宦官擁立為皇帝的。因此懿宗即位，宦官備受寵信，多次臨幸諸寺，濫賞無節制。在宦官導使下，懿宗怠於政事，遊宴無度，濫賜樂工為高官。懿宗又篤信佛法，求佛祖保佑，全國興佛氾濫，僧尼劇增。懿宗還在宮中設講壇，親自手錄梵夾，唱經開講。此時唐朝政治已經大壞，宦官與朝官的矛盾急劇上升，宦官欲藉擁立懿宗之功，大開殺戒，以朝官不擁立懿宗為名，誅殺宰臣。由於杜悰以利害開導樞密宦官，才避免了一場血腥的屠殺。上層統治階級矛盾尖銳，下層社會各種矛盾更加激化，唐代社會面臨大震盪的前夜。浙東裘甫起義就是大震盪的信號。朝廷任用智勇皆備的王式鎮壓了裘甫起義，唐王室獲得了暫時的苟安。邊患又起，安南叛亂，南詔乘機入侵。由於宦官當政，所用軍鎮將領無禦敵之才，加之宦官監軍掣肘，泱泱大唐竟屢遭敗績，西州、嶺南受禍十餘年。

懿宗❶昭聖恭惠孝皇帝上

咸通元年（庚辰　西元八六〇年）

春，正月乙卯❷，浙東軍與裘甫戰於桐柏觀❸前，范居植死，劉勍僅以身免。乙丑❹，甫帥其徒千餘人陷剡縣，開府庫，募壯士，眾至數千人，越州大恐。

時二浙❺久安，人不習戰，甲兵朽鈍，見❻卒不滿三百。鄭祗德更募新卒以益之，軍吏受賂，率皆得孱弱❼者。祗德遣子將❽沈君縱、副將張公署、望海鎮❾將李珪將新卒五百擊裘甫。二月辛卯❿，與甫戰於剡西。賊設伏於三溪⓫之南，而陳於三溪之北，壅溪上流，使可涉。既戰，陽敗走，官軍追之，半涉，決壅，水大至，官軍大敗，三將皆死，官軍幾盡。

於是山海諸盜及它道無賴亡命之徒四面雲集，眾至三萬，分為三十二隊。其小帥有謀略者推劉暀⓬，勇力推劉慶、劉從簡。羣盜皆遙通書幣，求屬麾下。甫自稱天下都知兵馬使，改元[1]羅平，鑄印曰天平，大聚資糧，購良工，治器械，聲震中原。

丙申⓭，葬聖武獻文孝皇帝于貞陵⓮，廟號宣宗。〇丙午⓯，白敏中入朝，墜陛⓰，傷腰，肩輿以歸。

鄭祗德累表告急，且求救於鄰道。浙西遣牙將凌茂貞將四百人、宣歙遣牙將白琮將三百人赴之。祗德始令屯郭門⑰及東小江⑱，尋復召還府中以自衛。祗德饋之，比度支常饋多十三倍，而宣、潤⑲將士猶以為不足。宣、潤將士請土軍為導，以與賊戰。諸將或稱病，或陽墜馬，其肯行者必先邀職級⑳，竟不果遣。賊遊騎至平水東小江㉑，城中士民儲舟裹糧，夜坐待旦，各謀逃潰。

朝廷知祗德懦怯，議選武將代之。夏侯孜㉒曰：「浙東山海幽阻㉓，可以計取，難以力攻。西班㉔中無可語者。前安南都護王式㉕，雖儒家子，在安南威服華夷，名聞遠近，可任也。」諸相皆以為然。遂以式為浙東[2]觀察使，徵祗德為賓客。

三月辛亥朔㉖，式入對，上問以討賊方略。對曰：「但得兵，賊必可破。」有宦官侍側，曰：「發兵，所費甚大。」式曰：「臣為國家惜費則不然。兵多賊速破，其費省矣。若兵少不能勝賊，延引歲月，賊勢益張，則江、淮羣盜將蜂起應之。國家用度盡仰江、淮，若阻絕不通，則上自九廟，下及十軍㉗，皆無以供給，其費豈可勝計哉！」上顧宦官曰：「當與之兵。」乃詔發忠武、義成、淮南等諸道兵授之。

裘甫分兵掠衢、婺州[28]。婺州押牙房郅、散將[29]樓曾、衢州十將方景深將兵拒險，賊不得入。又分兵掠明州，明州之民相與謀曰：「賊若入城，妻子皆為葅醢[30]，況貨財，能保之乎！」乃自相帥[31]出財募勇士，治器械，樹柵，浚溝，斷橋，為固守之備。賊又遣兵掠台州，破唐興[32]。己巳[33]，甫自將萬餘人掠上虞[34]，焚之。癸酉[35]，入餘姚[36]，殺丞、尉，東破慈溪[37]，入奉化[38]，抵寧海[39]，殺其令而據之，分兵圍象山，所過俘其少壯，餘老弱者蹂踐殺之。

及王式除書[40]下，浙東人心稍安。裘甫方與其徒飲酒，聞之不樂。劉暀歎曰：「有如此之眾而策畫未定，良可惜也！今朝廷遣王中丞[41]將兵來，聞其人智勇無敵，不四十日必至。兵馬使宜急引兵取越州，憑城郭，據府庫，遣兵五千守西陵[42]，循浙江[43]築壘以拒之。大集舟艦，得間則長驅進取浙西，過大江[44]，掠揚州[45]貨財以自實[46]，還修石頭城[47]而守之，宣歙、江西必有響應者。遣劉從簡以萬人循海而南，襲取福建。如此，則國家貢賦之地盡入於我矣[48]。但恐子孫不能守耳，終吾身保無憂也。」甫曰：「醉矣，明日議之。」暀以甫不用其言，怒，陽醉而出。有進士王輅在賊中，賊客之。輅說甫曰：「如劉副使[49]之謀，乃孫權[50]所為也。彼乘天下大亂，故能據有江東[51]。今中國無事，此功未易成也。不如擁眾據險自守，陸耕海漁，急則逃入海島，此萬全策也。」甫畏式，猶豫未決。

【章旨】以上為第一段，寫宰相夏侯孜薦王式討裘甫。

【注釋】❶懿宗　名漼，即位更名漼，唐宣宗長子，唐朝第十八任皇帝，西元八六〇－八七四年在位。❷乙卯　正月初四日。❸桐柏觀　觀名，在今浙江天台西北桐柏山上。❹乙丑　正月十四日。❺二浙　浙江東、西二道。❻見　同「現」。❼孱弱　懦弱。❽子將　官名，即小將。唐制：每軍大將一人，副將二人，總管四人，子將八人。掌布列行陣，部署卒伍等。❾望海鎮　軍鎮名，隸屬明州，在今浙江鎮海區。❿辛卯　二月初十日。⓫三溪　水名，即今浙江曹娥江上游剡溪、澄溪、新昌溪於嵊縣西南匯合後的名稱。⓬劉晗　（？－西元八六〇年）大中十三年（西元八五九年）隨裘甫起事，後與官軍作戰，被俘死去。⓭丙申　二月十五日。⓮貞陵　唐宣宗陵，在今陝西涇陽西北仲山。⓯丙午　二月二十五日。⓰墜陛　從宮殿臺階跌下。⓱郭門　外城之門。⓲東小江　水名，為剡溪之下流，經嵊縣、紹興，過曹娥廟，故又名曹娥江。至杭州灣入海。⓳宣潤　宣謂宣歙，潤指浙西。⓴先邀職級　戰前要求提升軍職勳級。㉑平水東小江　平水鎮東之小江。平水鎮在紹興東南，其東有一水，曰小江。㉒夏侯孜　時為宰相。㉓幽阻　幽深險阻。㉔西班　唐代朝會，文官排列於東，武官排列於西，故稱武臣為西班。㉕王式　王播之子，以門蔭入仕，擢賢良方正科，文武雙全，既有史才，又有軍事才能。大中中為晉州刺史，轉安南都護，平息安南動亂。歷官浙東觀察使，平定裘甫之亂，轉武寧節度使，鎮壓徐州銀刀兵變。官終左金吾大將軍。式亦交通宦官，為時人詬病。傳見《舊唐書》卷一百六十四、《新唐書》卷一百六十七。㉖辛亥朔　三月初一日。㉗十軍　指左右羽林、龍武、神武、神威、神策十軍。元和時撤神武、神威，以其士卒分隸左右神策，但仍保留十軍之名。㉘婺州　州名，治所金華，在今浙江金華。㉙散將　無固定職守的衙將。㉚葅醢　把人剁成肉醬的一種酷刑。㉛相帥　一個接著一個。帥，同「率」。㉜唐興　縣名，縣治在今浙江天台。㉝己巳　三月十九日。㉞上虞　縣名，縣治在今浙江上虞。㉟癸酉　三月二十三日。㊱餘姚　縣名，縣治在今浙江餘姚。㊲慈溪　縣名，縣治在今浙江慈溪市。㊳奉化　縣名，縣治在今浙江奉化。㊴寧海　縣名，縣治在今寧海縣。㊵除書　任命官職的詔書。㊶王中丞　即王式。式時為檢校御史中丞。㊷西陵　地名，即今浙江蕭山區西北西興鎮。㊸浙江　水名，在今浙江。其上源有二：北自新安江，南自蘭溪。二水合於建德東南西北流，稱浙江。至杭州東南入海。㊹大江　指長江。㊺掠揚州　揚州為淮南節度使治所，江淮之都會。鹽鐵、度支之財物轉運彙聚於此，故劉暀主張掠取。㊻自實　充實自己的軍需。㊼石頭城　城名，在今江蘇南京西清涼山上。城負山面江，南臨秦淮河口，歷來為交通要衝和軍事重鎮。㊽貢賦之地盡入於我矣　唐自中世以後，貢賦皆仰仗江南，故云。㊾劉副使　即劉暀。時被起事者推為天下都知兵馬副使。㊿孫權　（西元一八二—二五二年）三國時吳國的建立者，黃龍元年（西元二二九年）稱帝。傳見《三國志》卷四十七。(51)江東　地區名，本指今蕪湖、南京間長江以東地區。因三國東吳建都建業（今南京），故又稱其統治下的全部地區為江東。

【校　記】①改元　此二字下原有「日」字。據章鈺校，十二行本、乙十一行本、孔天胤本皆無此字，今據刪。②浙東　原無此二字。據章鈺校，十二行本、乙十一行本、孔天胤本皆有此二字，張敦仁《通鑑刊本識誤》同，今據補。

【語　譯】懿宗昭聖恭惠孝皇帝上

咸通元年（庚辰　西元八六〇年）

春，正月初四日乙卯，浙東軍和裘甫軍在桐柏觀前交戰，范居植戰死，劉勍僅隻身逃脫。十四日乙丑，裘甫帶領他的部眾千餘人攻下剡縣，打開府庫，招募壯士，部眾達到數千人，越州大為恐慌。

當時浙東、浙西長久安寧，軍人都不演習戰鬥，盔甲朽壞，兵器不鋒利，現有的兵卒不到三百人。鄭祗德再招募新兵來擴充，軍官受賄，招來的大都是些孱弱的人。鄭祗德派子將沈君縱、副將張公署、望海鎮將李珪統領新招募的五百名士卒攻打裘甫。二月初十日辛卯，與裘甫在剡縣以西交戰。裘甫在三溪的南面布置埋伏，而在三溪的北面排列軍陣，堵塞三溪上流，使得下流可以步行渡過。戰鬥開始以後，裘甫假裝敗走，官軍追趕他們，在溪中走了一半，裘甫挖開了上流堵塞的堤壩，大水到來，官軍大敗，沈君縱等三將都戰死，官軍幾乎全軍覆沒。

這樣一來，山海之間各處的盜賊以及其他諸道的無賴亡命之徒從四面八方雲集到此，部眾達到三萬人，分為三十二隊。在他們的小帥中最有謀略的是劉暀，最有勇力的是劉慶、劉從簡。外地的群盜都從遙遠的地方送來書信和禮物，要求隸屬裘甫部下。裘甫自稱天下都知兵馬使，改年號稱羅平，鑄的印稱天平，大量屯聚財物和糧草，招來能工巧匠，製造器械，聲震中原。

二月十五日丙申，將聖武獻文孝皇帝葬在貞陵，廟號宣宗。〇二十五日丙午，白敏中上朝，從臺階上跌下，傷了腰，被用肩輿抬回家。

鄭祗德接連上表告急，並且向相鄰的各道求救。浙西道派遣牙將淩茂貞帶領四百人、宣歙道派遣牙將白琮帶領三百人，前往救援。鄭祗德開始時叫他們駐紮在城郭門和東小江，不久，又召回到府衙中用來保衛自己。鄭祗德供應他們，比度支常規供應多十三倍，然而宣、潤二道的將士還認為太少。宣、潤二道將士請當地軍隊為嚮導，以便和叛賊作戰。那些將領有的說有病，有的假裝從馬上掉下來，那些願意前行的人又一定預先要求提升軍職和勳級，最後派不出人來。叛賊的遊騎到了平水鎮東的小江，城裡的士民準備了船和糧食，在夜裡坐著等待天亮，各自謀劃逃走。

朝廷知道鄭祗德懦弱膽小，討論挑選武將去代替他。夏侯孜說：「浙東地方山海深險，可以用計謀取勝，難以用強力達到目的。在朝廷武官中沒有可用人選。從前擔任安南都護的王式，雖然是儒家後代，在安南時威服華夷，遠近聞名，可以勝任鄭祗德的職務。」其他宰相都認為是這樣。於是任命王式為浙東觀察使，徵調鄭祗德為太子賓客。

三月初一日辛亥，王式入朝問對，懿宗詢問他討賊的策略。王式回答說：「只要有兵員，叛賊一定能打敗。」有位宦官在懿宗旁邊侍奉，說：「調發軍隊，要花費很多錢財。」王式說：「臣為國家愛惜費用卻不是這麼想的。軍隊多，能很快打敗叛賊，所需費用就節省了。假若軍隊少不能打敗叛賊，拖延時間，叛賊的勢力一天天擴大，那麼江、淮一帶的群盜將會蜂起響應他們。國家的用度全靠江、淮，要是江、淮地方阻斷不通了，那麼上從九廟，下至十軍，都沒有財物供給了，損失的財物難道可以計算得了嗎！」懿宗回頭對宦官說：「應當給王式軍隊。」於是下詔調發忠武、義成、淮南等各道軍隊交給王式。

裘甫分兵掠奪衢州和婺州。婺州押牙房郅、散將樓曾、衢州十將方景深帶領軍隊憑險抵禦，叛賊攻不進去。又分兵搶掠明州，明州的民眾一起謀劃說：「叛賊要是進了城，妻室兒女都要剁成肉醬，何況財產貨物，能保得住嗎！」於是一個接一個拿出錢來招募勇士，修繕器械，樹立柵欄，疏浚城溝，切斷橋樑，做了堅守的準備。叛賊又派兵搶掠台州，攻下唐興縣。三月十九日己巳，裘甫親自帶領一萬多人搶掠上虞縣，把它燒掉了。二十三日癸酉，攻入餘姚，殺了縣丞和縣尉，東進攻下慈溪縣，進入奉化縣，抵達寧海縣，殺了縣令而佔據其城，分兵包圍象山縣，所經之處，俘虜那裡年輕力壯的人，其餘老弱的人都被蹂踐殺死了。

等到王式任職的詔書頒發後，浙東民眾的情緒才稍稍安定下來。裘甫正和他的部眾飲酒，聽到這個消息很不高興。劉晊歎息著說：「有這樣多的部眾而計畫尚未確定下來，真是可惜！現在朝廷派遣王式率軍前來，聽說這個人智勇無敵，不出四十天一定會趕到。兵馬使應當趕快帶領軍隊攻取越州，憑藉城郭，佔據府庫，派五千人去防守西陵渡，沿浙江修築堡壘來抵抗官兵。大量徵集船艦，有機會就長驅直入攻取浙西，渡過長江，掠取揚州的財貨來充實自己，回過頭來修築石頭城據守，宣歙和江西一定有響應我們的人。派遣劉從簡帶領一萬人沿海向南，襲取福建。這樣，國家貢賦之地都歸我們所有了。只擔心子孫不能持守而已，我們自己終身保證沒有憂慮。」裘甫說：「喝醉了，明天再討論吧。」劉晊看到裘甫不聽從他的建議，大怒，假裝酒醉就退出來了。有位叫王輅的進士在叛賊中，叛賊用客禮對待他。王輅勸說裘甫：「像劉副使的那種謀劃，就是孫權所做的事。孫權乘天下大亂，所以能據有江東。現在中國安定，孫權那樣的做法不易成功。不如擁眾據險自守，在陸上種田，在海上打魚，危急時就逃入海島，這是萬全之策。」裘甫畏懼王式，猶豫不決。

夏，四月，式行至柿口❶，義成軍不整，式欲斬其將，久乃釋之，自是軍所過若無人❷。至西陵，裘甫遣使請降。式曰：「是必無降心，直欲窺吾所為，且欲使吾驕怠耳。」乃謂使者曰：「甫面縛以來，當免而❸死。」

乙未❹，式入越州。既交政，為鄭祗德置酒，曰：「式主軍政，不可以飲，監軍但與眾賓盡醉。」迨❺夜，繼以燭，曰：「式在此，賊安能妨人樂飲！」丙申❻，餞祇德于遠郊，復樂飲而歸。於是始修軍令，告饋餉不足者息矣，稱疾臥家者起矣，先求遷職者默矣。

賊別帥洪師簡、許會能帥所部降。式曰：「汝降是也，當立效以自異❼。」使帥其徒為前鋒，與賊戰有功，乃奏以官。

先是，賊諜入越州，軍吏匿而飲食之。文武將吏往往潛與賊通，求城破之日免死及全妻子。或詐引賊將來降，實窺虛實，城中密謀屏語❽，賊皆知之。式陰察知，悉捕索，斬之。刑將吏尤橫猾❾者，嚴門禁，無驗者不得出入，警夜周密，賊始不知我所為矣。

式命諸縣開倉廩以賑貧乏❿。或曰：「賊未滅，軍食方急，不可散也。」式曰：「非汝所知。」

官軍少騎卒⓫，式曰：「吐蕃、回鶻比⓬配⓭江、淮者，其人習險阻，便⓮鞍馬，可用也。」舉籍府中⓯，得驍健者百餘人。虜久羈旅，所部遇之無狀⓰，困餒⓱甚。式既犒飲⓲，又賙⓳其父母妻子，皆泣拜讙⓴呼，願效死，悉以為騎卒，使騎將石宗本將之。凡在管內者，皆視此籍之㉑，又奏得龍陂㉒監馬二百匹，於是騎兵足矣。

或請為烽燧㉓，以詗賊遠近眾寡。式笑而不應。選懦卒，使乘健馬，少與[1]之兵，以為候騎㉔，眾怪之，不敢問。

【章　旨】以上為第二段，寫王式至浙東，用智計討賊，開倉賑貧，不置烽燧，用懦卒乘健馬為候騎。

【注　釋】❶柿口　地名，今地不詳，當在今浙江境內。❷所過若無人　所過之處秋毫無犯，像無人經過一樣。❸而　爾；汝。❹乙未　四月十五日。❺迨　至。❻丙申　四月十六日。❼立效以自異　用立功的行動來表示與他人不同。立效，立功。❽屏語　避人而共語。❾橫猾　橫暴奸猾。❿賑貧乏　救濟貧困的民眾。⓫騎卒　騎兵。⓬比　近來。⓭配　發配。指被俘的吐蕃、回鶻人被發配服勞役。⓮便　擅長。⓯舉籍府中　把分派到浙江東道觀察府的吐蕃、回鶻人登記冊拿來選錄。⓰無狀　無禮貌。指被發配的吐蕃、回鶻人遭到不公正的對待。⓱困餧　困乏飢餓。餧，同「餒」。⓲犒飲　犒賞飲酒，這裡指以隆盛的宴會招待被舉籍上來的吐蕃、回鶻人。⓳賙　周濟。⓴讙　「歡」的異體字。㉑視此籍之　按照這個辦法徵集登記管轄境內吐蕃、回鶻人。此，指優待措施，即犒飲其人，周濟其家屬。㉒龍陂　地名，在今河南郟縣東南，唐置馬監於此。㉓烽燧　即烽火。白天放煙叫烽，夜間舉火曰燧。㉔候騎　偵察騎兵。

【校　記】[1]與　據章鈺校，十二行本、乙十一行本、孔天胤本皆作「給」。

【語　譯】夏，四月，王式行軍到柿口，義成軍不整齊，王式想殺了它的將領，過了很久才釋放了他，從此，軍隊經過的地方好像沒有人經過一樣。到達西陵時，裘甫派使者向王式請求投降。王式說：「這一定不是真心願意投降，只是想窺視我軍的作為，並且想使我由此而驕傲懈怠而已。」於是對使者說：「裘甫背後綁著手來投降我，可以免你一死。」

四月十五日乙未，王式進入越州。政事交接完畢後，為鄭祗德設置酒宴，說：「我王式主持軍政，不可以飲酒，監軍只管與眾位賓客盡情暢飲。」到夜晚，又點上蠟燭，並說：「我王式在這裡，叛賊哪裡能夠妨礙大家歡樂飲酒！」十六日丙申，在遠郊為鄭祗德餞行，又歡樂地飲宴後才回來。於是開始整飭軍令，訴說饋餉不足的人沒有了，說有病臥床在家的人起來了，事先請求升職的人也不說話了。

叛賊別部的統帥洪師簡、許會能帶領部隊投降。王式說：「你們投降是對的，應當立功以表示與他人不同。」派他們帶領部下為前鋒，和叛賊作戰有功勞，才上奏給他們授官職。

此前，叛賊的間諜進入越州，軍官們把間諜隱藏起來，給他們飲食。文武官吏往往暗地和叛賊交往，尋求在城池被攻下後自己免死，以及保全妻子兒女。有人假裝引賊將前來投降，實際上是窺探城中虛實，城裡的祕密謀劃和避開眾人的言語，叛賊全能知道。王式暗中察覺了這些情況，把有關的人都抓捕起來，殺掉了他們。對將吏中特別橫暴奸猾的人處以刑罰，嚴管門禁，無證件的人不能出入，夜間警戒特周密，叛賊這才不瞭解官軍的行動情況了。

王式命令各縣打開倉庫賑濟貧困百姓。有人說：「叛賊沒有消滅，正急需軍糧，不能散發糧食。」王式說：「不是你們所能瞭解的。」

官軍缺少騎兵，王式說：「近來發配到江、淮地方的吐蕃和回鶻人，他們習慣於攀登險阻，善於騎馬作戰，可以任用他們。」把軍府中的名冊拿來，選到驍健的人一百多名。吐蕃、回鶻人長久被留在這邊，所在的部隊對他們不禮貌，困乏飢餓到了極點。王式犒賞飲酒後，又周濟了他們的父母妻子，他們都流著淚拜謝並歡呼，願意獻出生命，把他們全部編為騎兵，使騎將石宗本率領他們。凡是在管轄以內各地的吐蕃、回鶻人，都照越州這樣徵集登記，另外，又奏請得到龍陂監馬二百匹，這樣一來，騎兵足夠用的了。

有人請求設置烽火臺，以察知叛賊的遠近和人數多少。王式笑而不答。他挑選懦弱的士卒，使他們乘著健壯的馬匹，又少給他們武器，讓他們擔任偵察騎兵；眾人感到奇怪，又不敢詢問。

於是閱諸營見卒❶及土團子弟❷，得四千人，使導軍分路討賊。府下無守兵，更籍土團千人以補之。乃命宣歙將白琮、浙西將淩茂貞帥本軍，北來將韓宗政等帥土團，合千人，石宗本帥騎兵為前鋒，自上虞趨奉化，解象山之圍，號東路軍。又以義成將白宗建、忠武[1]將游君楚、淮南將萬璘帥本軍與台州唐興軍合，號南路軍。令之曰：「毋爭險易❸，毋焚廬舍，毋殺平民以增首級。平民脅從者，募降之。得賊金帛，官無所問。俘獲者，皆越人也，釋之。」

癸卯❹，南路軍拔賊沃州寨❺。甲辰❻，拔新昌寨❼，破賊將毛應天，進抵[2]唐興。

白敏中三表辭位，上不許。右補闕王譜上疏，以為：「陛下致理❽之初，乃宰相盡心之日，不可暫闕。敏中自正月臥疾，今四月矣。陛下雖與它相坐語，未嘗三刻，天下之事，陛下嘗暇與之講論乎！願聽敏中罷去，延訪碩德❾，以資❿聰明。」己酉⓫，貶譜為陽翟⓬令。譜，珪⓭之六世孫也。五月庚戌朔⓮，給事中鄭公輿封還貶譜敕書。上令宰相議之，宰相以為譜侵敏中，竟貶之。

辛亥⓯，浙東東路軍破賊將孫馬騎於寧海。戊午⓰，南路軍大破賊將劉暀、毛應天於唐興南谷⓱，斬應天。

先是，王式以兵少，奏更發忠武、義成軍及請昭義軍，詔從之。三道兵至越州，式命忠武將張茵將三百人屯唐興，斷賊南出之道。義成將高羅銳將三百人，益以台州土軍，徑趨寧海，攻賊巢穴。昭義將跌跌戣將四百人，益東路軍，斷賊入明州之道。

庚申⑱，南路軍大破賊於海遊鎮⑲，賊入甬溪洞⑳。戊辰㉑，官軍屯於洞口，賊出洞戰，又破之。己巳㉒，高羅銳襲賊別帥劉平天寨，破之。自是諸軍與賊十九戰，賊連敗。劉晊謂裘甫曰：「鄉從吾謀入越州，寧有此困邪！」王輅等進士數人在賊中，皆衣綠，晊悉收③斬之，曰：「亂我謀者，此青蟲也！」

高羅銳克寧海，收其逃散之民，得七千餘人。王式曰：「賊窘且飢，必逃入海，入海則歲月間未可擒也。」命羅銳軍海口㉓以拒之。又命望海鎮將雲思益、浙西將王克容將水軍巡海澨㉔。思益等遇賊將劉從簡④於寧海東，賊不虞水軍遽至，皆棄船走山谷，得其船十七，盡焚之。式曰：「賊無所逃矣，惟黃罕嶺㉕可入剡，恨無兵以守之。雖然，亦成擒矣！」裘甫既失寧海，乃帥其徒屯南陳館㉖下，眾尚萬餘人。辛未㉗，東路軍破賊將孫馬騎於上曢村㉘。賊將王皋懼，請降。

壬申㉙，右拾遺內供奉薛調上言，以為：「兵興以來，賦斂無度，所在羣盜，半是逃戶，固須翦滅，亦可閔傷。望敕州縣稅外毋得科率㉚，仍敕長吏嚴加糾察。」

從之。○袁王紳[31]薨。

戊寅[32]，浙東東路軍大破裘甫於南陳館，斬首數千級。賊委棄[33]繒帛盈路，以緩追者。䟩跌戣令士卒：「敢顧者斬！」毋敢犯者。賊果自黃罕嶺遁去，六月甲申[34]，復入剡。諸軍失甫，不知所在，義成將張茵在唐興獲俘，將苦之，俘曰：「賊入剡矣。苟捨我，我請為軍導。」從之。茵後甫一日至剡，壁其東南[35]。府中聞甫入剡，復大恐。王式曰：「賊來就擒耳！」命趣東、南兩路軍會於剡，辛卯[36]，圍之。賊城守甚堅，攻之，不能拔。諸將議絕溪水以渴之[37]，賊知之，乃出戰。三日，凡八十三戰，賊雖敗，官軍亦疲。賊請降，諸將以[5]白式，式曰：「賊欲少休耳，益謹備之，功垂成矣。」賊果復出，又三戰。庚子[38]夜，裘甫、劉晊、劉慶從百餘人出降，遙與諸將語，離城數十步，官軍疾趨，斷其後，遂擒之。壬寅[39]，甫等至越州，式腰斬晊、慶等二十餘人，械甫送京師。

剡城猶未下，諸將已擒甫，不復設備。劉從簡帥壯士五百突圍走。諸將追至大蘭山[40]，從簡據險自守。秋，七月丁巳[41]，諸將共攻克之。台州刺史李師望募賊相捕斬之以自贖，所降數百人，得從簡首，獻之。

諸將還越，式大置酒，諸將乃請曰：「某等生長軍中，久更[42]行陳[43]，今年得從公破賊，然私[44]有所不諭者，敢問公之始至，軍食方急，而遽散以賑貧乏，何也？」式曰：「此易知耳。賊聚穀以誘飢人，吾給之食，則彼不為盜矣，且諸縣無守兵，賊至，則倉穀適足資之耳。」又問：「不置烽燧，何也？」式曰：「烽燧所以趣救兵也，兵盡行，城中無兵以繼之，徒驚士民，使自潰亂耳。」又問：「使懦卒為候騎而少給兵，何也？」式曰：「彼勇卒操利兵[45]，遇敵且不量力而鬬；鬬死，則賊至不知矣。」皆曰：「非所及也！」

封憲宗子愐為信王。

八月，裘甫至京師，斬于東市。加王式檢校右散騎常侍，諸將官賞各有差。先是，上每以越盜為憂，夏侯孜曰：「王式才有餘，不日告捷矣。」孜與式書曰：「公專以執裘甫為事，軍須[46]細大，此期[47]悉力。」故式所奏求無不從，由是能成其功。○衛王灌[48]薨。

九月，白敏中五上表辭位。辛亥[49]，以敏中為司徒、中書令。

癸酉[50][6]，右拾遺句容劉鄴[51]上言：「李德裕父子為相[52]，有聲迹[53]功效，竄逐以來，血屬將盡，生涯[54]已空，宜賜哀閔，贈以一官。」冬，十月丁亥[55]，敕復李德裕太子少保、衛國公，贈左僕射。

己亥56，以門下侍郎、同平章事夏侯孜同平章事，充西川節度使。以戶部尚書、判度支畢諴為禮部尚書、同平章事。○安南都護李鄠復取播州。

十一月丁丑57，上祀圜丘，赦，改元。

十二月戊申58，安南土蠻引南詔兵合三萬餘人乘虛攻交趾，陷之。都護李鄠與監軍奔武州。

【章旨】以上為第三段，寫王式平定浙東裘甫之亂。

【注釋】❶閱諸營見卒　檢閱各營的現有士卒。見，同「現」。❷土團子弟　地方鄉丁。❸毋爭險易　各路軍隊不得搶奪艱險或平易任務。❹癸卯　四月二十三日。❺沃州寨　寨名，在今浙江新昌東。❻甲辰　四月二十四日。❼新昌寨　寨名，在今浙江新昌。❽致理　即致治。達到太平盛世。避唐高宗李治諱，改「治」為「理」。❾碩德　具有崇高德望的人。❿資　助。⓫己酉　四月二十九日。⓬陽翟　縣名，縣治在今河南禹州。⓭珪　王珪（西元五七〇—六三九年），字叔玠，太原祁（今山西祁縣）人，唐太宗時歷任諫議大夫、黃門侍郎、侍中、禮部尚書等。傳見《舊唐書》卷七十、《新唐書》卷九十八。⓮庚戌朔　五月初一日。⓯辛亥　五月初二日。⓰戊午　五月初九日。⓱南谷　地名，在今浙江天台境內。⓲庚申　五月十一日。⓳海遊鎮　鎮名，在今浙江寧海縣南。⓴甬溪洞　洞名，在今浙江寧海縣西南。㉑戊辰　五月十九日。㉒己巳　五月二十日。㉓海口　地名，在今寧海縣三門灣出海處。㉔澨　水濱。㉕黃罕嶺　山名，在今浙江奉化西北。㉖南陳館　地名，在今寧海縣西南。㉗辛未　五月二十二日。㉘上⿰目翏村　地名，在今寧海縣西北。㉙壬申　五月二十三日。㉚科率　科徵。㉛袁王紳　袁王李紳，唐順宗第十九子。貞元二十一年（西元八〇五年）封。傳見《舊唐書》卷一百五十、《新唐書》卷八十二。㉜戊寅　五月二十九日。㉝委棄　棄置；扔在一旁。㉞甲申　六月初五日。㉟壁其東南　在剡縣東南修築營壘。㊱辛卯　六月十二日。㊲絕溪水以渴之　胡注：「剡城東南臨溪，西北負山，城中多鑿井以引山泉，非絕溪水所能渴，作史者乃北人臆說耳。」㊳庚子　六月二十一日。㊴壬寅　六月二十三日。㊵大蘭山　山名，在今浙江奉化西北。㊶丁巳　七月九日。㊷更經歷。㊸行陳　戰鬥隊列。此指行軍作戰。㊹私　私下；個人的心念。㊺彼勇卒操利兵　讓那些勇於戰鬥的騎士配備上銳利的武器，便於戰鬥。候騎的職責是瞭望敵人，乘好馬，用膽小的人為候騎，他們就會見敵而逃，以達到迅速報告敵情的目的。勇士乘劣馬，只好戰鬥，此乃置之死地而後生之鬥也。利兵，銳利的兵器。㊻軍須　即軍需。須，同「需」。㊼期　必。㊽衛王灌　衛王李灌，唐宣宗子。大中十一年（西元八五七年）封。傳見《舊唐書》卷一百七十五、《新唐書》卷八十二。㊾辛亥　九月初四日。㊿癸酉　九月二十六日。(51)劉鄴　字漢藩，潤州句容（今江蘇句容）人，唐懿宗朝官至宰相，唐僖宗時任淮南節度使。傳見《舊唐書》卷一百七十七、《新唐書》卷一百八十三。(52)父子為相　李德裕父吉甫，唐憲宗朝宰相。德裕，唐文宗、唐武宗兩朝宰相。李德裕有三子。長子李燁，任檢校祠部員外郎、汴宋亳觀察判官。大中二年，坐德裕事貶象州立山縣尉。至是量移郴州郴縣尉，後卒於桂陽。次子李幼，從李德裕歿於崖州。三子延古，未曾仕進。(53)聲迹　名聲和事跡。(54)生涯　生計。(55)丁亥　十月十一日。(56)己亥　十月二十三日。(57)丁丑　十一月初二日。(58)戊申　十二月初三日。

【校　記】[1]忠武　原脫「武」字。張敦仁《通鑑刊本識誤》云脫「武」字。胡三省注云：「此時發忠武軍從王式，史逸『武』字也。」今據補。按，下文屢言「忠武」、「忠武將」，惟此文脫「武」字。[2]抵　原作「拔」。據章鈺校，十二行本、乙十一行本、孔天胤本皆作「抵」，今據改。[3]收　原無此字。據章鈺校，十二行本、乙十一行本、孔天胤本皆有此字，張敦仁《通鑑刊本識誤》同，今據補。[4]劉從簡　原無「從」字。據章鈺校，孔天胤本有「從」字，張敦仁《通鑑刊本識誤》同，今據補。按，下文作「劉從簡」，尚不脫「從」字。[5]以　原作「出」。據章鈺校，十二行本、乙十一行本、孔天胤本皆作「以」，熊羅宿《胡刻資治通鑑校字記》同，今據改。[6]癸酉　原無此二字。據章鈺校，十二行本、乙十一行本、孔天胤本皆有此二字，張敦仁《通鑑刊本識誤》、張瑛《通鑑校勘記》同，今據補。

【語　譯】於是檢閱各營現有的士卒及地方鄉丁，得到四千人，讓他們為各軍的先導，分路討賊。府衙中沒有守兵，改由新登記的鄉丁一千人補充為守衛的隊伍。於是命令宣歙將白琮、浙西將淩茂貞率領本軍，北來將韓宗政等人率領鄉丁，合在一起一千人，石宗本率領騎兵為前鋒，從上虞奔赴奉化，解救象山之圍，號稱東路軍。又命令義成將白宗建、忠武將游君楚、淮南將萬璘率領本軍和台州唐興軍會合，號稱南路軍。命令他們說：「不要爭奪艱險或是平易的任務，不要焚燒房屋，不要屠殺平民用來增加報功首級。平民被脅從的，勸募他們來降。獲得叛賊的金錢綢帛，官府不要查問。俘獲的是越州人，全都釋放。」

四月二十三日癸卯，南路軍攻取了敵人的沃州寨，二十四日甲辰，攻取了新昌寨，打敗賊將毛應天，進抵唐興縣城。

白敏中三次上表辭宰相職位，懿宗不答應。右補闕王譜上奏疏，認為：「陛下使國家致治的初期，正是宰相盡心盡力的時候，是不能暫缺的。白敏中從正月臥病在床，到現在已經是四個月了。陛下雖然和其他宰相坐著談話，也未曾有三刻鐘，天下的大事，陛下曾有閒暇和他討論嗎！希望同意白敏中辭去宰相，延訪具有崇高德望的人，來輔助陛下。」四月二十九日己酉，貶王譜為陽翟縣令。王譜，是王珪的第六代孫。五月初一日庚戌，給事中鄭公輿把貶謫王譜的敕書退還。懿宗叫宰相討論這件事，宰相們認為王譜侵害了白敏中，最終還是貶謫了王譜。

五月初二日辛亥，浙東東路軍在寧海打敗賊將孫馬騎。初九日戊午，南路軍在唐興南谷大敗賊將劉晊、毛應天，殺了毛應天。

此前，王式認為兵太少，奏請再調發忠武軍、義成軍和昭義軍，懿宗聽從了。三道的軍隊到達越州，王式命令忠武軍將領張茵帶領三百人屯駐唐興，截斷叛賊向南出走的道路。義成軍將領高羅銳帶領三百人，加上台州的地方鄉兵，直接奔赴寧海，進攻叛賊的老巢。昭義軍將領跌跌戣帶領四百人增援東路軍，截斷叛賊進入明州的道路。

五月十一日庚申，南路軍在海遊鎮大敗叛賊，叛賊進入甬溪洞。十九日戊辰，官軍屯駐洞口，叛賊出洞作戰，官軍又打敗了它。二十日己巳，高羅銳襲擊叛賊別部頭領劉平天的營寨，打敗了劉平天。從此，各路軍與叛賊十九戰，叛賊接連失敗。劉晊對裘甫說：「從前聽從我的計謀進入越州，哪裡會有今天這樣的困境！」王輅等幾個進士在叛賊中，都穿著綠色衣服，劉晊把他們都殺了，說：「擾亂我們計謀的，就是這些青蟲！」

高羅銳攻下寧海，搜集逃散的民眾，得到七千多人。王式說：「叛賊困窘，又飢餓，一定會逃向海中，進入海中，幾個月或一年都不能擒獲。」命令高羅銳駐紮在海口防止他們入海。又命令望海鎮將雲思益、浙西將領王克容帶領水軍在海邊巡邏。雲思益等人在寧海東遇到賊將劉從簡，叛賊沒有預料到水軍突然到來，都丟掉船隻逃進山谷，官軍獲得十七艘船，全燒毀了。王式說：「叛賊沒有地方可逃了，只有經過黃罕嶺可以進入到剡縣，遺憾的是沒有兵用來駐守那個地方。儘管這樣，叛賊也是要被擒獲的！」裘甫丟了寧海以後，就帶領他的部下屯駐南陳館下，部眾還有一萬多人。五月二十二日辛未，東路軍在上嚛村打敗賊將孫馬騎。賊將王皐害怕了，請求投降。

五月二十三日壬申，右拾遺內供奉薛調進言，認為：「從發兵討賊以來，徵收賦稅沒有限度，各地的群盜，半數是逃稅的人戶，固然要消滅他們，但是也值得同情。希望敕令州縣賦稅以外不得科徵，再敕令地方長官嚴加糾察。」朝廷聽從了。〇袁王李紳去世。

五月二十九日戊寅，浙東東路軍在南陳館大敗裘甫，斬首數千級。叛賊丟棄的綢帛滿地都是，想以此延緩追兵。跌跌戕命令士卒：「誰敢去拿就殺誰！」沒有人敢違犯命令。叛賊果然從黃罕嶺逃走了。六月初五日甲申，又進入剡縣。各部隊聯繫不到裘甫，不知道他在什麼地方。義成軍將領張茵在唐興抓獲俘虜，將要懲治他們，俘虜說：「叛賊進入剡縣了。如果放了我，我願意做軍中的嚮導。」張茵聽從了。張茵比裘甫晚一天到達剡縣，在城東南修築營壘。使府中人聽說裘甫進入剡縣，又大為恐慌。王式說：「叛賊是來就擒的！」下命令催促東、南兩路軍隊會合於剡，十二日辛卯，包圍剡縣。叛賊守衛城池非常堅固，官軍進攻，未能攻下來。將領們商議截斷溪水使城中無水喝，叛賊知道了這一情況，於是出城交戰。三天，總共打了八十三仗，叛賊雖然失敗了，官兵也很疲勞。叛賊請求投降，將領們報告王式，王式說：「叛賊想稍稍休息一下而已，應當更加謹慎防備他們，大功即將告成了。」叛賊果然出戰，又打了三仗。二十一日庚子晚上，裘甫、劉暀、劉慶帶著一百多人出城投降，遠遠地和將領們講話，離開城門數十步。官軍迅速地跑過去，切斷他們的後退之路，就擒獲了他們。二十三日壬寅，裘甫等人被送到越州，王式腰斬了劉暀、劉慶等二十多人，把裘甫戴上刑械送往京師。

剡城還沒有攻下，諸將已經擒獲了裘甫，對剡城不再防備。劉從簡帶領五百名壯士從城中突圍逃走。諸將追到大蘭山，劉從簡佔據險要地方守衛。秋，七月初九日丁巳，將領們一起攻下了大蘭山。台州刺史李師望號召叛賊相互捕殺來立功贖罪，使數百人投降，得到劉從簡的首級，獻給了官府。

各軍將領返回越州，王式大擺酒宴，將領們向王式請教說：「我們這些人生長在軍隊中，久經戰陣，今年能跟隨王公打敗叛賊，然而私下還有一些不明白的事，請問王公剛到時，軍隊糧食正緊張，您卻立即將糧食散發用來賑濟貧窮人，這是為什麼？」王式說：「這件事容易知曉。叛賊聚積糧食用來引誘飢餓的民眾，我給他們糧食，那麼他們就不會當盜賊了。況且各縣沒有守兵，叛賊到來，那麼倉庫中的糧食正好資助了叛賊。」他們又問：「不設置烽燧，是為什麼呢？」王式說：「烽燧是為了催促救兵，現在軍隊全部走了，城裡沒有兵繼踵其後，烽燧徒然驚擾士民，使自己潰亂而已。」他們又問：「叫懦弱的士卒擔任巡邏的騎兵，而少給兵器，這是為什麼呢？」王式說：「那些勇敢的士卒拿著鋒利的兵器，遇到敵人將會不顧敵我力量而進行戰鬥；戰死了，那麼叛賊到來也就不知道了。」眾將都說：「您的智謀不是我們趕得上的啊！」

封憲宗的兒子李柄為信王。

八月，裘甫被押到京城，在東市斬首。加任王式檢校右散騎常侍官銜，各位將領獎賞的官位各有差等。此前，懿宗每每為越州的盜賊擔憂，夏侯孜說：「王式討平叛賊，才能有餘，不要多久就會有捷報來了。」夏侯孜又給王式寫信說：「公一心一意以抓到裘甫作為主要任務，軍需供應等大小之事，我們一定盡力辦到。」所以王式的請求沒有不照辦的，因此才能取得成功。〇衛王李灌去世。

九月，白敏中五次上表辭職。初四日辛亥，任命白敏中為司徒、中書令。

九月二十六日癸酉，右拾遺句容人劉鄴進言：「李德裕父子任宰相時，有聲名和功勞，被流放以來，血親家屬將死完，已無生計，應賜哀憐，贈給一個官職。」冬，十月十一日丁亥，敕命恢復李德裕太子少保、衛國公官爵，贈左僕射官職。

十月二十三日己亥，任命門下侍郎、同平章事夏侯孜同平章事，充任西川節度使。任命戶部尚書、判度支畢諴為禮部尚書、同平章事。〇安南都護李鄠又收復了播州。

十一月初二日丁丑，懿宗舉行祭祀圜丘大典，發布赦令，改換年號。

十二月初三日戊申，安南土蠻引來南詔兵共三萬多人乘虛攻打交趾，把它攻下了。都護李鄠和監軍逃往武州。

二年（辛巳　西元八六一年）

春，正月，詔發邕管及鄰道兵救安南，擊南蠻。

二月，以中書令白敏中兼中書令，充鳳翔節度使，以左僕射、判度支杜悰兼門下侍郎、同平章事。

一日，兩樞密使詣中書❶，宣徽使❷楊公慶繼至，獨揖悰受宣❸。三相起❹，避之西軒。公慶出斜封❺文書以授悰，發之，乃宣宗大漸時❻宦官[1]請鄆王監國奏也。且曰：「當時宰相無名❼者，當以反法處之。」悰反復讀良久，曰：「聖主登極❽，萬方欣戴。今日此文書，非臣下所宜窺。」復封以授公慶，曰：「主上欲罪宰相，當於延英面示聖旨，明行誅譴❾。」公慶去，悰復與兩樞密坐，謂曰：「內外之臣，事猶一體，宰相、樞密共參國政。今主上新踐阼❿，未熟萬機，資⓫內外裨補，固當以仁愛為先，刑殺為後，豈得遽贊成殺宰相事！若主上習以性成，則中尉、樞密權重禁闈⓬，豈得不自憂乎⓭！悰受恩六朝⓮，所望致君堯、舜，不欲朝廷以愛憎行法。」兩樞密相顧默然，徐曰：「當具以公言白至尊。非公重德，無人及此。」慚悚⑮而退。三相復來見悰，微⑯請宣意，悰無言。三相惶怖⑰，乞存家族。悰曰：「勿為它慮。」既而寂然，無復宣命。及延英開⑱，上色甚悅。

是時士大夫深疾宦官，事有小相涉⑲，則眾共棄之。建州進士葉京嘗預宣武軍宴，識監軍之面。既而及第，在長安與同年⑳出遊，遇之於塗㉑，馬上相揖，因之謗議諠然，遂沈廢㉒終身。其不相悅如此。

【章旨】以上為第四段，寫杜悰以大義責樞密宦官，避免了宰相冤死之禍。

【注釋】❶兩樞密使詣中書　左右兩樞密使來到中書省。樞密使分左右，宦官充任，執掌機要，介於皇帝與丞相之間，傳上啟下。❷宣徽使　官名，總領宮內諸司及三班內侍的名籍，後宦官之勢日盛，宣徽使亦得參與機要。❸獨揖悰受宣　意謂楊公慶只對左僕射、兼門下侍郎、同平章事杜悰行揖禮，讓他接受詔命。❹三相起　指畢諴、杜審權、蔣伸三相起立迴避。❺斜封　斜著封緘，以區別於外廷所下的正封文書。❻大漸時　病情漸重將死之時。❼當時宰相無名　謂請鄆王監國的奏書上只有宦官具名，宰相沒有具名，現一律以逆反之罪論處。亦即要杜悰執行誅殺宰相的詔令。無名，沒有署名。❽登極　指懿宗即位。❾明行誅譴　公開進行譴責。❿新踐阼　剛登基即位。⓫資　憑藉；借助。⓬禁闈　宮禁；宮中。⓭不自憂乎　謂皇帝若殺重臣習以為性，則中尉、樞密亦將不免，豈能不擔憂自己。⓮受恩六朝　杜悰歷任唐憲宗、穆宗、敬宗、文宗、武宗、宣宗六朝。⓯慚悚　慚愧恐懼。⓰微　隱約。⓱惶怖　驚慌恐怖。⓲延英開　開延英殿召對宰相。⓳小相涉　略微涉及。⓴同年　科舉同科考中的人，即同榜之士。㉑塗　同「途」。㉒沈廢　沉淪棄置。

【校記】①宦官　原無此二字。據章鈺校，十二行本、乙十一行本、孔天胤本皆有此二字，張敦仁《通鑑刊本識誤》、張瑛《通鑑校勘記》同，今據補。

【語 譯】二年（辛巳 西元八六一年）

春，正月，下詔調發邕管和鄰道軍隊救援安南，攻打南蠻。

二月，任命中書令白敏中兼中書令，充鳳翔節度使，任命左僕射、判度支杜悰兼門下侍郎、同平章事。

有一天，兩位樞密使到中書省，宣徽使楊公慶相繼到來，只向杜悰拜揖並叫他聽受宣命。其他三相起身，到西軒去迴避。楊公慶拿出斜封文書交給杜悰，打開後，原來是宣宗病危時宦官請求鄆王監理國事的奏章。並且說：「當時宰相沒有在上面簽名的，當用反叛的罪名處罰他。」杜悰反覆讀了很久，說：「聖主登上皇位，天下欣喜擁護。現在這份文書，不是臣子們應當看的。」又封好交給楊公慶，並且說：「主上想加罪宰相，應當在延英殿當面宣布聖旨，公開進行誅譴。」楊公慶離去，杜悰又和兩位樞密使坐著，對他們說：「朝廷內外的大臣，為國事效勞是一致的，宰相、樞密使共同參與國家政事。現在主上剛即帝位，對國家政務不熟悉，借助內外臣僚的輔佐，本當以仁愛為首，刑殺為後，怎麼突然贊成殺戮宰相之事！倘若主上養成了隨意殺大臣的習性，那麼中尉、樞密使在禁闈中是權柄最大的人，豈能不為自己擔憂嗎！杜悰我受恩遇已有六朝了，所希望的是使君主如同堯、舜一樣賢明，不願看到朝廷憑愛憎濫用刑法。」兩位樞密使互相看了一眼，默然無語，然後慢慢地說：「一定詳細地把你的話報告給皇帝。不是你的大德，沒有人會想到這裡。」他們又慚愧又恐懼地回去了。三位宰相再來見杜悰，委婉地請求告知懿宗的旨意，杜悰沒有說話。三相惶恐，乞求保全家族。杜悰說：「不要有其他的憂慮。」說完就不作聲了，再沒有其他宣布。等到開延英殿召對群臣，懿宗臉上很高興。

當時，士大夫深恨宦官，事情只要與宦官稍有牽連，就被眾人一起唾棄。建州進士葉京曾參加宣武軍的宴會，認識了監軍。不久進士及第，在長安和同年外出遊玩，路上遇見監軍，在馬上相互揖拜，由於這件事大家對他紛紛批評指責，於是沉淪廢棄終生。那種不相容到了這種地步。

福王綰❶薨。

夏，六月癸丑❷，以臨州防禦使王寬為安南經略使。時李鄠自武州收集土軍❸，攻羣蠻，復取安南。朝廷責其失守，貶儋州司戶。鄠初至安南，殺蠻酋杜守澄，其宗黨遂誘道❹羣蠻陷交趾。朝廷以杜氏彊盛，務在姑息，冀收其力用，乃贈守澄父存誠金吾將軍，再舉❺鄠殺守澄之罪，長流❻崖州。

秋，七月，南詔[1]攻邕州，陷之。先是，廣❼、桂、容三道共發兵三千人戍邕州，三年一代。經略使段文楚❽請以三道衣糧自募土軍以代之，朝廷許之，所募纔得五百許人。文楚入為金吾將軍，經略使李蒙利其闕額衣糧以自入，悉罷遣三道戍卒，止以所募兵戍[2]守左、右江❾，比舊什減七八，故蠻人乘虛入寇。時蒙已卒，經略使李弘源至鎮纔十日，無兵以禦之。城陷，弘源與監軍脫身奔巒州❿，二十餘日，蠻去，乃還。弘源坐貶建州司戶。文楚時為殿中監⓫，復以為邕管經略使，至鎮，城邑居人什不存一。文楚，秀實之孫也。

杜悰上言：「南詔向化七十年⓬，蜀中寢兵⓭無事，羣蠻率服⓮。今西川兵食單寡，未可輕與之絕，且應遣使弔祭，曉諭清平官等以新王名犯廟諱⓯，故未行冊命，待其更名謝恩，然後遣使冊命，庶全大體⓰。」上從之。命左司郎中孟穆為弔祭使，未發，會南詔寇嶲州，攻邛崍關，穆遂不行。

冬，十月，以御史大夫鄭涯為山南東道節度使。十一月，加同平章事。

【章　旨】以上為第五段，寫安南叛亂，南詔興兵攻唐。

【注　釋】❶福王綰　福王李綰，唐順宗第十五子，唐憲宗同母弟。貞元二十一年（西元八〇五年）封。歷任光祿勳、魏博節度大使、司空。傳見《舊唐書》卷一百五十、《新唐書》卷八十二。❷癸丑　六月初十日。❸土軍　招募當地人組成的軍隊。❹道　同「導」。❺舉　揭發。❻長流　長期流放。❼廣　即廣州都督府，唐高宗永徽以後置，肅宗至德元載（西元七五六年）改為嶺南節度使，治所廣州，在今廣東廣州。❽段文楚　唐代宗朝涇原節度使段秀實之孫。咸通末任雲中防禦使。李克用欲得雲中，引兵攻打，遂被殺。沙陀之亂自此始。傳見《新唐書》卷一百五十三。❾左右江　皆水名，即廣西鬱江上源之左、右二江，在今南寧西南會合。❿巒州　州名，即唐初淳州。永貞元年（西元八〇五年）改名巒州。治所永定，在今廣西橫縣西北。⓫殿中監　官名，為殿中省長官，掌天子乘輿、服飾、飲食、醫藥等事。副長官為少監。⓬南詔向化七十年　唐德宗貞元九年，雲南王異牟尋請求歸附唐朝，十年冊封異牟尋為南詔王，至咸通二年已六十七年。七十年，乃以整數言之。向化，歸向教化。⓭寢兵　息兵，即無戰事。⓮率服　相繼歸服。⓯名犯廟諱　唐宣宗大中十三年（西元八五九年）南詔新王酋龍立。「龍」字與唐玄宗李隆基的「隆」字同音犯諱，故不冊封酋龍。事見本書卷二百四十九宣宗大中十三年。廟諱，謂犯玄宗名諱。李隆基廟號玄宗。⓰庶全大體　這樣做差不多可以顧全大體。

【校　記】①詔　據章鈺校，十二行本、乙十一行本、孔天胤本皆作「蠻」。②成　原無此字。據章鈺校，十二行本、乙十一行本、孔天胤本皆有此字，今據補。

【語　譯】福王李綰去世。

夏，六月初十日癸丑，任命鹽州防禦使王寬為安南經略使。當時李鄠從武州招集本地士兵，進攻群蠻，又收復了安南。朝廷責備他失守土地，貶為儋州司戶。李鄠初到安南，殺了南蠻酋長杜守澄，杜氏的宗黨就引導群蠻攻陷交趾。朝廷認為杜氏強盛，盡量姑息他，希望他們能為朝廷所用，於是贈杜守澄的父親杜存誠為金吾將軍，又揭發李鄠殺杜守澄的罪過，長期流放崖州。

秋，七月，南詔攻打邕州，攻了下來。此前，廣州、桂州、容州三道共同調派三千人戍守邕州，三年一輪換。經略使段文楚請求用三道戍兵的衣糧，自己招募當地士兵來代替戍卒，朝廷同意了，所募才得到五百人左右。段文楚回朝擔任金吾將軍後，經略使李蒙貪圖那些缺額衣糧，據為己有，把三道的戍卒都打發走了，只用所募士兵戍守左、右江，比舊時兵卒減少了十分之七八，所以蠻人乘虛入侵。當時李蒙已經死了，經略使李弘源到鎮才十天，沒有兵士抵禦蠻人。邕州城陷落，李弘源和監軍逃脫出來跑往巒州，二十多天後，蠻人離去，才回到州城。李弘源因此被貶謫為建州司戶。段文楚當時擔任殿中監，又任命他為邕管經略使。段文楚到達邕州鎮，城邑居民留居的不到十分之一。段文楚，是段秀實的孫子。

杜悰上奏說：「南詔歸化七十年，蜀中息兵無戰事，群蠻相率歸服。現在西川兵食稀少，不能輕易和他們斷絕關係，並且應當派遣使者前去弔祭，告訴清平官等：由於新王名字犯了先皇的廟諱，所以沒有進行冊命，等待新王改了名字謝恩，然後派使者來舉行冊命，這樣差不多可以顧全大體。」懿宗聽從了杜悰的意見。任命左司郎中孟穆為弔祭使，沒有出發，碰上南詔侵犯嶲州，進攻邛崍關，孟穆便沒有啟程。

冬，十月，任命御史大夫鄭涯為山南東道節度使。十一月，加同平章事。

三年（壬午　西元八六二年）

春，正月庚寅朔❶，羣臣上尊號曰睿文明聖孝德皇帝，赦天下。○以中書侍郎、同平章事蔣伸❷同平章事，充河中節度使。

二月，棣王惴❸薨。

南詔復寇安南，經略使王寬數來告急，朝廷以前湖南觀察使蔡襲代之，仍發許、滑、徐、汴、荊、襄、潭、鄂等道兵合[1]二萬人，授襲以禦之。兵勢既盛，蠻遂引去。邕管經略使段文楚坐變更舊制❹，左遷威衛將軍、分司。

左庶子❺蔡京性貪虐多詐，時相❻以為有吏才，奏遣制置嶺南事。三月，京還，奏事稱旨❼，復以京權知❽太僕卿，充荊襄以南宣慰安撫使。

夏，四月己亥朔❾，敕於兩街四寺各置戒壇，度人三七日❿。上奉佛太過，怠於政事，嘗於咸泰殿築壇為內寺尼⓫受戒，兩街僧、尼皆入預。又於禁中設講席，自唱經，手錄梵夾⓬。又數幸諸寺，施與⓭無度⓮。吏部侍郎蕭倣上疏，以為：「玄祖⓯之道，慈儉為先，素王⓰之風，仁義為首，垂範⓱百代，必不可加。佛者⓲，棄位出家⓳，割愛中之至難⓴，取滅後之殊勝㉑，非帝王所宜慕也。願陛下時開延英，接對四輔㉒，力求人瘼㉓，虔奉宗祧㉔。思繆㉕賞與濫刑，其殃必至；知勝殘而去殺㉖，得福甚多。罷去講筵㉗，躬勤政事。」上雖嘉獎，竟不能從。

【章旨】以上為第六段，寫宰相誤薦奸人蔡京為荊襄以南宣慰安撫使，遺害無窮。唐懿宗佞佛。

【注釋】❶庚寅朔　應為庚午朔，正月初一日。《新唐書・懿宗紀》亦為「正月庚午，群臣上尊號。」《通鑑》誤。❷蔣伸　蔣義之子，大中末官至宰相。傳附兩《唐書・蔣義傳》。❸棣王惴　棣王李惴，唐憲宗子。大中六年（西元八五二年）封。傳見《舊唐書》卷一百七十五、《新唐書》卷八十二。❹變更舊制　指募士軍以代廣、桂、容之戍軍。❺左庶子　官名，東宮官屬，正四品上，掌侍從贊相，駁正啟奏。❻時相　當時的宰相。❼稱旨　符合皇帝的意旨。❽權知　臨時兼任。❾己亥朔　四月初一日。❿度人三七日　在二十一天內剃度士民為僧尼。士民出家須由官府批准，唐懿宗信佛，特准長安四寺在二十一天內剃度，不受法律限制。三七日，三個七天，共二十一日。⓫內寺尼　宮人受戒為尼，在宮中佛寺修行，稱內寺尼。⓬手錄梵夾　唐懿宗親手抄寫佛經。梵夾，梵文佛經寫於貝葉之上，重疊成書，以板作夾，用繩串結，故稱梵夾。⓭施與　施捨。⓮無度　無限度。⓯玄祖　指老子。老子本為道家學派創始人，後被道教奉為始祖。⓰素王　謂孔子。漢朝人以孔子為百代宗師，有帝王之德而無帝王之名，故尊為素王。素，空，指無爵位。⓱垂範　給後人做榜樣。⓲佛者　佛教徒。此處指佛祖釋迦牟尼。⓳棄位出家　釋迦牟尼原為古印度迦毗羅衛國淨飯王長子，相傳二十九歲時捨棄王子地位，出家修行。⓴割愛中之至難　割捨了人類愛情中最難割捨的愛，指父母之愛和王子之貴。㉑取滅後之殊勝　追求死後絕妙的境地。釋迦牟尼認為佛死後受諸天神王的供養和後人的尊奉，殊榮無比。滅，即滅度，僧人稱死亡為滅度。殊勝，絕妙的境地。㉒四輔　相傳古代天子有四名輔臣，其官名為前疑、右弼、左輔、後丞。㉓人瘼　人民疾苦。㉔虔奉宗祧　虔誠地供奉宗廟。祧，遠祖之廟。㉕繆亂。㉖勝殘而去殺　制服殘暴之人使不為惡，就可以不用刑殺。㉗講筵　講席。此指僧尼講經之所。

【校　記】①合　原誤作「各」。胡三省注云：「蜀本作『合三萬人』。」據章鈺校，十二行本、孔天胤本亦作「合」，當是，今據校正。

【語　譯】三年（壬午　西元八六二年）

春，正月庚寅朔，群臣給懿宗上尊號稱睿文明聖孝德皇帝，大赦天下。〇任命中書侍郎、同平章事蔣伸同平章事，充任河中節度使。

二月，棣王李惴去世。

南詔又侵擾安南，經略使王寬多次派人來朝廷告急，朝廷任命前湖南觀察使蔡襲代替他，又調發許、滑、徐、汴、荊、襄、潭、鄂等八道的軍隊加起來三萬人，交給蔡襲用以抵禦南詔。蔡襲已經兵力強大，蠻人就退走了。邕管經略使段文楚犯變更舊制之罪，降職為威衛將軍，分司東都。

左庶子蔡京性情貪婪暴虐，狡詐多端，當時的宰相認為他有為吏之才，上奏派遣他擔任制置使去嶺南處理邊境軍政大事。三月，蔡京回朝，報告處理政事情況符合皇帝的旨意，又任命他暫時兼任太僕卿，充當荊襄以南宣慰安撫使。

夏，四月初一日己亥，敕命在東、西兩街的四處寺院各設戒壇，剃度僧人二十一天。懿宗信奉佛教過度，荒怠了政事，曾經在咸泰殿修建壇場為內寺尼受戒，兩街的和尚、尼姑都入宮參與戒典。又在宮禁內設講席，懿宗親自誦唱經文，親手抄寫佛經。又多次到各個寺廟去，施捨無度。吏部侍郎蕭倣上奏疏，認為：「玄祖老子的道經，以慈悲儉約為首要內容，素王孔子的教導，以仁義為頭等重要內容，是千秋萬代的榜樣，一定不能再增加其他東西。佛祖釋迦牟尼，丟掉名位拋棄家庭，割斷人類愛欲中最難捨棄的親情和富貴，追求死亡後絕妙的境地，這不是帝王應仰慕的。希望陛下時常打開延英殿，接見輔佐大臣討論政事，盡力瞭解民眾疾苦，虔誠地供奉宗廟。反思錯誤的獎賞和亂用刑罰，災殃一定會到來；明瞭制服殘暴之人使不為惡就可以不用刑殺，得到的福祉會更多。取消講筵，親自辛勤地處理政事。」懿宗雖然嘉獎蕭倣，結果還是不能聽從他的話。

嶺南舊分五管，廣、桂、邕、容、安南，皆隸嶺南節度使。蔡京奏請分嶺南為兩道節度，從之。五月，敕以廣州為東道，邕州為西道，又割桂管龔❶・象二州、容管藤・巖❷二州隸邕管。尋以嶺南節度使韋宙為東道節度使，以蔡京為西道節度使。

蔡襲將諸道兵在安南，蔡京忌之，恐其立功，奏稱：「南蠻遠遁，邊徼無虞❸，武夫邀功，妄占戍兵❹，虛費餽運。蓋以荒陬❺路遠，難於覆驗❻，故得肆其姦詐。請罷戍兵，各還本道。」朝廷從之。襲累奏羣蠻伺隙日久，不可無備，乞留戍兵五千人，不聽。襲以蠻寇必至，交趾兵食皆闕，謀力兩窮，作十必死狀❼申中書❽。時相信京之言，終不之省。

秋，七月，徐州軍亂，逐節度使溫璋。

初，王智興既得徐州，募勇悍之士二千人，號銀刀、彫旗、門槍、挾馬等七軍，常以三百餘人自衛，露刃坐於兩廡夾幕之下，每月一更❾。其後節度使多儒臣，其兵浸驕，小不如意，一夫大呼，其眾皆和❿之，節度使輒自後門逃去。前節度使田牟至⓫與之雜坐飲酒，把臂拊背，或為之執板唱歌。犒賜之費，日以萬計，風雨寒暑，復加勞來⓬，猶時喧譁，邀求不已。牟薨，璋代之。驕兵素聞璋性嚴，憚之。璋開懷⓭慰撫，而驕兵終懷猜忌，賜酒食皆不歷口⓮，一旦，竟聚譟而逐之。朝廷知璋無辜，乙亥⓯，以璋為邠寧節度使，以浙東觀察使王式為武寧節度使。

以前西川節度使、同平章事夏侯孜為左僕射、同平章事。

忠武、義成兩軍從王式討裘甫者猶在浙東，詔式帥以赴徐州，驕兵聞之，甚懼。八月，式至大彭館⑯，始出迎謁。式視事三日，饗兩鎮將士，遣還⑰。既[1]擐甲執兵，命圍驕兵，盡殺之，銀刀都將邵澤等數千人皆死。甲子⑱，敕以徐州先隸淄青⑲道，李洧⑳自歸，始置徐海使額。及張建封㉑以威名寵任，特帖濠、泗二州。當時本以控扼淄青、光蔡㉒，自寇孽消弭，而武寧一道職為亂階。今改為徐州團練使，隸兗海節度，復以濠州歸淮南道，更於宿州置宿泗都團練觀察使，留將士三[2]千人守徐州，餘皆分隸兗、宿。且以王式為武寧節度使，兼徐、泗、濠、宿制置使。委式與監軍楊玄質分配將士赴諸道訖，然後將忠武、義成兩道兵至汴滑㉓，各遣歸本道，身詣京師。其銀刀等軍逃匿將士，聽一月內自首，一切勿問。

【章旨】以上為第七段，寫王式鎮壓徐州亂兵。

【注釋】❶襲　州名，治所平南，在今廣西平南縣。❷藤巖　皆州名。藤州治所鐔津，在今廣西藤縣東北。巖州治所合浦，在今廣西合浦東北。❸邊徼無虞　邊境無憂。❹妄占戍兵　虛報戍守士兵。占，佔名，指入編兵員。❺荒陬　荒遠地區。❻覆驗　審查檢驗。❼狀　文書。❽申中書　向中書省呈報。❾更　替換。❿和　應和；附和。⓫至　以至於。⓬勞來　慰勞。⓭開懷　即開誠心，真心誠意。懷，心意。⓮歷口　經口；入口。⓯乙亥　七月初八日。⓰大彭館　地名，在今江蘇徐州城外。⓱饗兩鎮將士二句　王式宴請忠武、義成兩鎮將士，乃以聚宴為名部署兩鎮兵誅殺銀刀兵。饗，設宴款待人。⓲甲子　八月二十八日。⓳淄青　方鎮名，唐肅宗上元二年（西元七六一年）置。治所青州，在今山東青州。同年，原治營州的平盧節度使南遷青州，遂號淄青平盧節度使。⓴李洧　淄青節度使李正己堂叔父。正己任為徐州刺史。建中二年（西元七八一年）正己死，子納叛，洧率州歸順朝廷，乃置徐海觀察使，以洧任使職。傳見《舊唐書》卷一百二十四、《新唐書》卷一百四十八。

㉑張建封　（西元七三四－八〇〇年）唐德宗建中、興元之際任壽州刺史、濠壽廬三州觀察使。抗拒李希烈叛軍有功，威望益重。朝廷以徐州咽喉要地，乃任為徐泗濠節度使。傳見《舊唐書》卷一百四十、《新唐書》卷一百五十八。㉒光蔡　方鎮名，即申光蔡節度使。大曆十四年（西元七七九年）以淮寧軍改置，治所蔡州，在今河南汝南縣。貞元十四年（西元七九八年）號彰義軍。㉓汴滑　方鎮名，乾元二年（西元七五九年）置，治所滑州，在今河南滑縣東。上元二年（西元七六一年）廢。此處沿用舊名。

【校　記】①既　原作「鎮」，屬上句讀。據章鈺校，十二行本、乙十一行本、孔天胤本皆作「既」，今據改。張敦仁《通鑑刊本識誤》云：「『還』下衍『鎮』字，脫『既』字。」②三　據章鈺校，十二行本、乙十一行本、孔天胤本皆作「二」，張敦仁《通鑑刊本識誤》同。

【語　譯】嶺南地區過去分為五管，即廣州、桂州、邕州、容州和安南，都隸屬於嶺南節度使。蔡京奏請分嶺南為兩道節度，朝廷聽從了。五月，敕命以廣州為東道，邕州為西道，又劃分桂管的龔、象二州和容管的藤、巖二州隸屬於邕管。不久，任命嶺南節度使韋宙為東道節度使，蔡京為西道節度使。

蔡襲統領各道的軍隊在安南，蔡京很忌妒他，擔心他建立功業，於是上奏說：「南蠻遠逃，邊境無憂，武將想求得功勞，虛報戍守的軍隊，白白耗費國家糧餉。大概是認為荒涼路遠，很難進行審查檢驗，所以能夠放心大膽地搞欺詐勾當。請求撤銷戍兵，各自返回本道。」朝廷採納了蔡京的意見。蔡襲多次上奏說，群蠻窺伺時機已經很久，不能沒有防備，乞求留下五千名戍兵，朝廷不答應。蔡襲認為蠻人一定會來侵擾，交趾的軍隊、糧食都缺乏，謀略和實力兩方面都已窮盡，於是寫了一份十種必死的申訴文書呈報中書省。當時的宰相聽信了蔡京的話，最終對蔡襲的文書不予理睬。

秋，七月，徐州軍叛亂，趕走了節度使溫璋。

當初，王智興擔任徐州節度使以後，招募了勇敢強悍的士卒二千人，號為銀刀、彫旗、門槍、挾馬等七軍，經常用三百多人自衛，坐在兩邊走廊夾幕之下，露出刀鋒，每月輪換一次。在他以後擔任節度使的多是儒學之士，那些士兵漸漸驕傲起來，稍不如意，一人大呼，其餘的士眾就附和他，節度使就從後門逃走。溫璋的前任節度使田牟以至於和士兵們雜坐在一起飲酒，拉著手臂，拍著背肩，有時還為他們執板唱歌。犒賞的經費，日以萬計，颳風下雨寒冷暑熱，還要另加慰勞，即使如此，還不時喧鬧，要求沒完沒了。田牟死後，溫璋代理他的職位。驕兵素聞溫璋個性嚴厲，害怕他。溫璋推誠慰撫他們，而驕兵始終心懷猜疑，賞賜的酒食都不入口，一天，竟然聚眾喧噪把溫璋趕走了。朝廷知道溫璋沒有過錯，七月初八日乙亥，任命溫璋為邠寧節度使，任命浙東觀察使王式為武寧節度使。

任命前西川節度使、同平章事夏侯孜為左僕射、同平章事。

忠武、義成兩軍中跟從王式討伐裘甫的部隊還在浙東，詔令王式帶領他們趕往徐州，驕兵聽到這一消息，非常恐懼。八月，王式到達徐州城外的大彭館，驕兵才出城迎接拜見。王式接任後的第三天，宴請兩鎮將士，送他們回去。他們穿上鎧甲拿著武器後，命令他們包圍驕兵，把他們全部殺了，銀刀都將邵澤等數千人都被殺死。二十八日甲子，敕命因徐州原先隸屬淄青道，李洧自動歸附朝廷後，才設置徐海觀察使這個名位。待到張建封由於威名被寵信重用，又特地將濠、泗兩州劃歸徐州。當時的本意，是想依靠徐州來控制淄青、光蔡兩道，自從兩道的寇孽消除，徐州武寧軍就成了主要禍亂的根源。現在改為徐州團練使，隸屬於兗海節度使管轄，又將濠州歸還淮南道，另在宿州設置宿泗都團練觀察使，留下將士三千人守衛徐州，其餘的人都分別歸屬兗海和宿泗二道。暫時任命王式為武寧節度使，兼徐、泗、濠、宿制置使。委派王式與監軍楊玄質分遣將士前往各道，事畢，然後帶領忠武、義成兩道兵士到汴州和滑州，把他們各自遣歸本道，然後親自到京師來。銀刀等軍逃走躲藏起來的將士，讓他們在一個月內自首，一律不再追究。

嶺南西道節度使蔡京為政苛慘，設炮烙[1]之刑，闔境[2]怨之，遂為邕州軍士所逐，奔藤州，詐為敕書及攻討使印，募鄉丁及旁側土軍以攻邕州。眾既烏合，動輒潰敗，往依桂州。桂州人怨其分裂❸，不納。京無所自容，敕貶崖州司戶，不肯之官，還至零陵❹，敕賜自盡。以桂管觀察使鄭愚為嶺南西道節度使。

冬，十月丙申朔❺，立皇子佾為魏王，侹為涼王，佶為蜀王。

十一月，立順宗子緝為蘄王，憲宗子憒為榮王。

南詔帥羣蠻五萬寇安南，都護蔡襲告急。敕發荊南、湖南兩道兵二千，桂管義征子弟❻三千，詣邕州受鄭愚節度。

嶺南東道節度使韋宙奏：「蠻寇必向邕州，若不先保護，遽欲遠征，恐蠻於後乘虛扼絕餉道。」乃敕蔡襲屯海門❼，鄭愚分兵備禦。十二月，襲又求益兵，敕山南東道發弩手千人赴之。時南詔已圍交趾，襲嬰城固守，救兵不得至。

翼王緝❽薨。

是歲，嗢末始入貢。嗢末者，吐蕃之奴號也。吐蕃每發兵，其富室多以奴從，往往一家至十數人，由是吐蕃之眾多。及論恐熱作亂，奴多無主，遂相糾合為部落，散在甘、肅、瓜、沙、河、渭、岷、廓、疊、宕之間，吐蕃微弱者反依附之。

【章旨】以上為第八段，寫嶺南變亂，南詔乘機入寇。

【注釋】❶炮烙　原為殷紂王所用的酷刑。用炭燒熱銅柱，令人爬行其上，墮下即落入炭中燒死。❷闔境　全境。❸分裂　指割桂管藤、巖二州隸嶺南西道。❹零陵　縣名，縣治在今湖南零陵。❺丙申朔　十月初一日。❻義征子弟　指應募從軍的人。❼屯海門　即令蔡襲棄交趾，退屯海門。然詔書到時，襲已被困，遂死於交趾。❽翼王繟　翼王李繟，又名綽，唐順宗子。貞元二十一年（西元八〇五年）封。傳見《舊唐書》卷一百五十、《新唐書》卷八十二。

【語譯】嶺南西道節度使蔡京為政苛刻殘酷，設置炮烙的刑罰，整個轄區內都怨恨他，於是被邕州軍士趕走，逃往藤州。蔡京假造敕書和攻討使印章，招募鄉丁和近旁本地士兵用來進攻邕州。他帶領的是烏合之眾，剛一作戰就潰敗了，前往依靠桂州。桂州人怨恨蔡京分裂了桂州的疆土，不接納他。蔡京無地安身，敕命貶謫他為崖州司戶，他不肯赴職，回到零陵，敕命他自殺。任命桂管觀察使鄭愚為嶺南西道節度使。

冬，十月初一日丙申，立皇子李佾為魏王，李侹為涼王，李佶為蜀王。

十一月，立順宗子李緝為蘄王，憲宗子李憒為榮王。

南詔率領群蠻五萬人侵犯安南，都護蔡襲向朝廷告急。懿宗敕命調發荊南和湖南兩道的士兵二千人，桂管應募從軍的子弟三千人，到邕州接受鄭愚指揮。

嶺南東道節度使韋宙上奏說：「蠻人一定向邕州進攻，如果不預先保護，馬上想遠征，恐怕蠻人隨後乘虛斷絕糧道。」於是朝廷敕命蔡襲屯駐海門，鄭愚分兵準備防禦。十二月，蔡襲又請求增加援兵，敕命山南東道調發弓弩手一千人前往。當時南詔已經包圍了交趾城，蔡襲環城固守，救兵不能到達城裡。

翼王李繟去世。

這一年，嗢末開始向朝廷進貢。嗢末是吐蕃中奴僕的名號。吐蕃每次發兵時，那些富有人家多帶著奴僕跟從，往往一家多達十幾人，這樣一來吐蕃的軍隊中人數就增多了。到論恐熱作亂時，奴僕多數沒有了主人，於是奴僕就結合起來成為部落，散居在甘、肅、瓜、沙、河、渭、岷、廓、疊、宕等州之間，吐蕃中卑微無力的人反而去依附這一部落。

四年（癸未　西元八六三年）

春，正月庚午❶，上祀圜丘，赦天下。

是日，南詔陷交趾，蔡襲左右皆盡，徒步力戰，身集十矢，欲趣監軍船，船已離岸，遂溺海死。幕僚樊綽攜其印浮渡江❷。荊南、江西、鄂岳、襄州將士四百餘人，走至城東水際，荊南虞候元惟德等謂眾曰：「吾輩無船，入水則死，不若還向城與蠻鬪，人以一身易二蠻，亦為有利。」遂還向城，入東羅門❸。蠻不為備，惟德等縱兵殺蠻二千餘人。逮夜，蠻將楊思縉始自子城出救之，惟德等皆死。南詔兩陷交趾，所殺虜且十五萬人。留兵二萬，使思縉據交趾城，谿洞夷獠無遠近皆降之。詔諸道兵赴安南者悉召還，分保嶺南東[1]、西道。

上遊宴無節，左拾遺劉蛻上疏曰：「今西涼❹築城，應接❺未決於與奪❻，南蠻侵軼❼，干戈悉在於道途，旬月以來，不為無事。陛下不形憂閔以示遠近，則何以責其死力！望節娛遊，以待遠人乂安，未晚❽。」弗聽。

二月甲午朔❾，上歷❿拜十六陵⓫。

置天雄軍⓬於秦州，以成、河、渭三州隸焉，以前左金吾將軍王晏實⓭為天雄觀察使。

三月，歸義節度使張義潮奏自將蕃、漢兵七千克復涼州。

南蠻寇左、右江，浸逼邕州。鄭愚懼，自言儒臣無將略，請任武臣。朝廷召義武節度使康承訓[14]詣闕，欲使之代愚，仍詔選軍校數人、士卒數百人自隨。

中書侍郎、同平章事畢諴以同列多徇私不法，稱疾辭位。夏，四月，罷為兵部尚書。

庚戌[15]，羣盜入徐州，殺官吏，刺史曹慶討平之。

康承訓至京師，以為嶺南西道節度使，發荊、襄、洪、鄂四道[16]兵萬人與之俱。

五月戊辰[17]，以翰林學士承旨、兵部侍郎楊收[18]同平章事。收，發之弟也。與左軍中尉楊玄价敘同宗相結，故得為相。○乙亥[19]，廢容管，隸嶺南西道，以供軍食[2]。復以龔、象二州隸桂管。○戊子[20]，以門下侍郎、同平章事杜審權同平章事，充鎮海節度使。

六月，廢安南都護府，置行交州於海門鎮[21]，以右監門將軍[22]宋戎為行交州刺史，以康承訓兼領安南及諸軍行營。

閏月[23]，以門下侍郎、同平章事杜悰同平章事，充鳳翔節度使，以兵部侍郎、判度支河南曹確㉔同平章事。

【章　旨】以上為第九段，寫官軍在嶺南失利，朝廷重新調整嶺南行政建制。唐懿宗遊宴無節。

【注　釋】❶庚午　正月初七日。❷渡江　渡馬門江，在今廣西博白西南。❸東羅門　安南羅城東門。羅城，城牆外加建的小城，以加強防守。❹西涼　即涼州，治所姑臧，在今甘肅武威。❺應接　呼應；對待。❻與奪　放棄或進取。謂在西涼築城，而朝廷對西涼的取捨，尚在猶豫之中。❼侵軼　侵犯；突襲。軼，突犯。❽望節娛遊三句　此下三句意謂希望陛下節制娛樂遊戲，等到邊遠地區太平無事之後，再行遊樂，並不為晚。遠人，指西北吐蕃、南方南詔。乂安，太平無事。❾甲午朔　二月初一日。❿歷　遍；一一。⓫十六陵　謂高祖獻陵、太宗昭陵、高宗乾陵、中宗定陵、睿宗橋陵、玄宗泰陵、肅宗建陵、代宗元陵、德宗崇陵、順宗豐陵、憲宗景陵、穆宗光陵、敬宗莊陵、文宗章陵、武宗端陵、宣宗貞陵。⓬天雄軍　方鎮名，大曆八年（西元七七三年）賜魏博天雄軍。十年田承嗣攻取相衛節度使轄地，遂削去軍號。咸通四年（西元八六三年）於秦州置天雄軍。天祐元年（西元九〇四年）復魏博天雄軍號，秦州不再稱天雄軍。⓭王晏實　文宗宣武節度使王智興之孫，武宗河中節度使王宰之子。官至天雄節度使。傳見《新唐書》卷一百七十二。⓮康承訓　字敬辭，靈州（今寧夏靈武西南）人，歷任義武、嶺南西道、義成等節度使。官終左千牛衛大將軍。傳見《新唐書》卷一百四十八。⓯庚戌　四月十八日。⓰荊襄洪鄂四道　即荊南、山南東道、江南西道、武昌四節度使。⓱戊辰　五月初六日。⓲楊收　字藏之，累官至兵部侍郎、宰相。後流驩州，賜死。咸通十二年（西元八七一年）得昭雪。傳見《舊唐書》卷一百七十七、《新唐書》卷一百八十四。⓳乙亥　五月十三日。⓴戊子　五月二十六日。㉑置行交州於海門鎮　在海門鎮設置交州治所，署理交州事務。行，僑置。㉒右監門將軍　官名，左右監門衛屬禁軍十六衛，掌宮門禁衛及門籍，其長官有上將軍、大將軍、將軍等。㉓閏月　指閏六月。㉔曹確　字剛中，河南（今河南洛陽）人，累官至中書侍郎、宰相，終河中節度使。為官廉潔，有雅望。傳見《舊唐書》卷一百七十七、《新唐書》卷一百八十一。

【校　記】①東　原無此字。據章鈺校，十二行本、乙十一行本皆有此字，張敦仁《通鑑刊本識誤》同，今據補。②以供軍食　原無此四字。據章鈺校，十二行本、乙十一行本、孔天胤本皆有此四字，張敦仁《通鑑刊本識誤》、張瑛《通鑑校勘記》同，今據補。

【語　譯】四年（癸未　西元八六三年）

春，正月初七日庚午，懿宗到圜丘祭天，大赦天下。

這一天，南詔攻下了交趾，蔡襲身邊的隨從都戰死了，他徒步力戰，身上被射中十箭，想趕往監軍的船，船已離開了海岸，於是溺死在海裡。幕僚樊綽帶著他的大印浮海渡江而歸。荊南、江西、鄂岳、襄州四道將士四百餘人，逃到城東水邊，荊南道虞候元惟德等對眾人說：「我們沒有船，入水就死了，不如回頭到城下和蠻人交戰，每人用一個人換二個蠻人，也是划得來的。」於是回頭奔向城下，進入東羅門。蠻人未作防備，元惟德等放縱士兵殺死蠻兵二千餘人。到夜晚，蠻將楊思縉才從子城出來救援蠻兵，元惟德等都戰死了。南詔兩次攻下交趾，殺傷和俘虜將近十五萬人。留下二萬士兵，命楊思縉據守交趾城，谿洞夷獠不論遠近都投降了他。朝廷詔命赴安南的各道士兵都召回來，分別保衛嶺南東、西道。

懿宗遊宴沒有節制，左拾遺劉蛻上疏說：「現在在西涼築城的事，如何對待，還沒有決定可否，南蠻的侵犯，各地的戰爭正在進行，近月以來，不是沒有發生大事。陛下不表現出憂傷的態度給遠近看，那麼用什麼理由去要求將士們拼命戰鬥！希望陛下節制娛樂遊玩，等到遠方民眾安定了，再遊樂也不晚。」懿宗不聽從。

二月初一日甲午，懿宗一一拜謁了十六座祖陵。

在秦州設置天雄軍，把成、河、渭三州隸屬於它，任命前左金吾將軍王晏實為天雄軍觀察使。

三月，歸義節度使張義潮上奏說，他親自帶蕃、漢兵七千人收復了涼州。

南蠻侵擾左、右江，漸漸逼近了邕州。鄭愚害怕了，自己說是文臣沒有武將的謀略，請求朝廷任用武將。朝廷召義武節度使康承訓到京師，想讓他接替鄭愚，還詔令他在鎮內選軍校數人、士卒數百人跟隨自己。

中書侍郎、同平章事畢諴因為同時在位的人大多徇私法，藉口有病要求辭職。夏，四月，免職，任命為兵部尚書。

四月十八日庚戌，群盜進入徐州，殺戮官吏，刺史曹慶討伐並平定了他們。

康承訓到京師，被任命為嶺南西道節度使，調發荊南、襄州、洪州、鄂岳四道兵共一萬人和他一同前往。

五月初六日戊辰，任命翰林學士承旨、兵部侍郎楊收同平章事。楊收，是楊發的弟弟。楊收和左軍中尉楊玄价攀同宗關係相交結，所以得以為相。〇十三日乙亥，撤銷容管，將其隸屬嶺南西道，來為軍隊提供糧食。又把龔、象二州隸屬於桂管。〇二十六日戊子，任命門下侍郎、同平章事杜審權同平章事，充任鎮海節度使。

六月，撤銷安南都護府，在海門鎮僑置交州治所，任命右監門將軍宋戎為行交州刺史，由康承訓兼領安南及諸軍行營。

閏六月，任命門下侍郎、同平章事杜悰同平章事，充任鳳翔節度使，任命兵部侍郎、判度支河南人曹確同平章事。

秋，七月辛卯朔❶，日有食之。

復置安南都護府於行交州，以宋戎為經略使，發山東兵萬人鎮之。時諸道兵援安南者屯聚嶺南，江西、湖南[1]餽運者皆泝湘江❷入澪渠❸、灕水❹，勞費艱澀❺，諸軍乏食。潤州人陳磻石上言，請造千斛大舟，自福建運米泛海，不一月至廣州。從之，軍食以足。然有司以和雇❻為名，奪商人舟，委其貨於岸側，舟入海或遇風濤沒溺，有司囚繫綱吏❼、舟人，使償其米，人頗苦之。

八月，嶺南東道節度使韋宙奏，蠻寇[2]必向邕州，請分兵屯容、藤州。

夔王滋❽薨。

敕以閤門使❾吳德應等為館驛使❿。臺諫⓫上言：「故事，御史巡驛，不應忽以內臣[3]代之。」上諭以敕命已行，不可復改。左拾遺劉蛻上言：「昔楚子縣陳⓬，得申叔一言而復封之；太宗發卒修乾元殿⓭，聞張玄素⓮諫，即日罷之。自古明君所尚者，從諫如流，豈有已行而不改！且敕自陛下出之，自陛下改之，何為不可！」弗聽。

黠戛斯遣其臣合伊難支表求經籍及每年遣使走馬請曆⓯，又欲討回鶻，使安西以來悉歸唐，不許。

冬，十月甲戌⓰，以長安⓱尉、集賢校理⓲令狐滈為左拾遺。乙亥⓳，左拾遺劉蛻上言：「滈專家⓴無子弟之法，布衣行公相之權。」起居郎張雲言：「滈父綯用李涿為安南，致南蠻至今為梗㉑，由滈納賄，陷父於惡㉒。」十一月丁酉㉓，雲復上言：「滈，父綯執政之時，人號『白衣宰相㉔』。」滈亦上表引避，乃改詹事府司直㉕。

辛巳㉖，廢宿泗觀察使，復以徐州為觀察府，以濠、泗隸焉。

十二月，南詔寇西川。

昭義節度使沈詢奴歸秦與詢侍婢通，詢欲殺之，未果。乙酉㉗，歸秦結牙將作亂，攻府第，殺詢。

【章旨】以上為第十段，寫唐懿宗寵信宦官。令狐綯受譏彈。

【注釋】❶辛卯朔　七月初一日。❷湘江　水名，與灕水同發源於廣西興安海陽山，稱灕湘；至縣北分流向東北入湖南，至零陵與瀟水匯合稱瀟湘；至衡陽與蒸水匯合稱蒸湘。❸澪渠　渠名，即靈渠。秦史祿開鑿，是溝通湘、灕二水的著名水利工程。在廣西興安境內。❹灕水　水名，即今灕江。在廣西興安與湘水分流向西南，經桂林，至梧州。❺艱澁　指道路艱難阻滯。澁，通「澀」。❻和雇　官府出錢雇用。❼綱吏　押運大宗糧食、貨物的官吏。❽夔王滋　夔王李滋，唐宣宗第三子。會昌六年封。傳見《舊唐書》卷一百七十五、《新唐書》卷八十二。❾閤門使　官名，掌供奉朝會，贊引親王、百官、蕃客相見，糾彈失儀。以宦官擔任。❿館驛使　官名，掌管客舍、驛站事務。唐中期兩京以御史巡視、主持其事。⓫臺諫　臺指御史臺官員，有侍御史、殿中侍御史、監察御史，掌糾察。諫指諫院官員，有諫議大夫、拾遺、補闕等，掌規諫。⓬楚子縣陳　陳大夫夏徵舒弒其君，楚莊王入陳討伐叛亂，殺夏徵舒，而將陳國置為楚縣。楚大夫申叔時認為討叛是義舉，而縣陳是貪其富，為不義。楚莊王於是重新封立陳國。楚子，楚國始封為子爵，故稱。⓭太宗發卒修乾元殿　唐太宗欲修乾元殿，給事中張玄素以修宮殿非今日之急務，不可襲亡隋之弊為理由而加以反對，太宗當即接受諫言。事見本書卷一百九十三唐太宗貞觀四年。⓮張玄素　（？—西元六六四年）歷官給事中、鄧州刺史，以直言敢諫聞名。傳見《舊唐書》卷七十五、《新唐書》卷一百三。⓯請曆　少數民族無曆法，每年遣使向漢朝廷請求當年曆書。⓰甲戌　十月十五日。⓱長安　縣名，縣治在今陝西西安。⓲集賢校理　官名，掌集賢殿書院經籍的校理。⓳乙亥　十月十六日。⓴專家　治家。㉑梗　阻礙。引申為禍害。㉒由滈納賄二句　指令狐滈接受李涿賄賂，使其父令狐綯違法作惡，任用李涿為安南都護。㉓丁酉　十一月初八日。㉔白衣宰相　備位充數的宰相。白衣，素衣，喻綯為平頭百姓。㉕詹事府司直　官名，太子屬官，掌彈劾東宮官員不法，正七品上。㉖辛巳　十二月二十三日。㉗乙酉　十二月二十七日。

【校記】①江西湖南　此四字原重，顯係衍文。胡三省注云：「此四字衍。」今據胡注刪。②寇　原無此字。據章鈺校，十二行本、乙十一行本、孔天胤本皆有此字，張敦仁《通鑑刊本識誤》同，今據補。③臣　原作「人」。據章鈺校，十二行本、乙十一行本皆作「臣」，今據改。

【語　譯】秋，七月初一日辛卯，發生日蝕。

重新在交州設置安南都護府，任命宋戎為經略使，調發山東各地兵一萬人鎮守。當時入援安南的各道士兵屯聚在嶺南地區，江西、湖南運送糧餉的人都沿著湘江逆流而上到達澪渠，再入灕水，辛勞靡費，艱難阻滯，各路軍隊缺乏糧食。潤州人陳磻石上奏說，請製造能裝載一千石糧的大船，從福建運米經海路，不要一個月就可抵達廣州。朝廷照辦了，軍隊的糧食得到滿足。然而有關官員用官府出錢雇用為名，奪取商人的船隻，把他們的貨物拋棄在岸邊，運糧船進入海中有時遇上風浪沉沒，有關官員將押運的官吏和船夫囚禁起來，要他們賠償損失，人們對運糧差事感到十分痛苦。

八月，嶺南東道節度使韋宙上奏說，蠻寇一定兵向邕州，請求分兵屯駐容州和藤州。

夔王李滋去世。

敕命閤門使吳德應等為館驛使。臺諫官進言：「舊例，御史擔任巡驛使，不應當忽然由宦官代替這個職務。」懿宗告諭說敕命已經發布，不能再改變。左拾遺劉蛻進言：「從前楚莊王把陳國作為楚縣，得到申叔的一句諫言就恢復了陳國；太宗調發士卒修建乾元殿，聽到了張玄素的諫言，當天就停止修建。自古以來英明的君主所尊尚的是，從諫如流，哪裡有已經執行了而不改變的！況且敕令是陛下發出的，由陛下改變它，有什麼不可以！」懿宗沒有聽從。

黠戛斯派遣他的使臣合伊難支上表，索求經籍和每年遣使者乘快馬請賜的年曆，又想討伐回鶻，使安西以東的地方全部歸屬唐朝，朝廷沒有答應。

冬，十月十五日甲戌，任命長安尉、集賢校理令狐滈為左拾遺。十六日乙亥，左拾遺劉蛻進言：「令狐滈治家對子弟沒有法度，布衣小吏竟然行使公相的大權。」起居郎張雲進言：「令狐滈的父親令狐綯任用李涿為安南都護，致使南蠻至今為患，這是由於令狐滈收受了賄賂，使他父親蒙受壞名聲。」十一月初八日丁酉，張雲又進言：「令狐滈的父親令狐綯為相執政時，人們號稱他是『白衣宰相』。」令狐滈也上奏表要求退避，於是改任太子詹事府司直。

十二月二十三日辛巳，撤銷宿泗觀察使，又恢復徐州為觀察府，把濠州和泗州隸屬於它。

十二月，南詔寇掠西川。

昭義節度使沈詢的家奴歸秦和沈詢的侍婢通姦，沈詢想殺掉他，還未殺成。十二月二十七日乙酉，歸秦勾結牙將作亂，攻打節度使府，殺死了沈詢。

五年（甲申　西元八六四年）

春，正月，以京兆尹李蠙為昭義節度使，取歸秦心肝以祭沈詢。

淮南節度使令狐綯為其子滈訟冤。貶張雲興元少尹，劉蛻華陰❶令。敕曰：「雖嘉謇諤❷之忠，難逃疏易❸之責。」

丙午❹，西川奏，南詔寇巂州，刺史喻士珍破之，獲千餘人❺，詔發右神策兵五千及諸道兵戍之。忠武大將顏慶復請築新安、遏戎[1]二城❻，從之。○以容管經略使張茵兼句當交州事❼，益海門鎮兵滿二萬五千人，令茵進取安南。

二月己巳❽，以刑部尚書、鹽鐵轉運使李福同平章事，充西川節度使。○甲申❾，前西川節度使蕭鄴左遷山南西道觀察使。

三月丁酉⑩，彗星出於婁⑪，長三尺。己亥⑫，司天監⑬奏：「按星經⑭，是名含譽⑮，瑞星⑯也。」上大喜。「請宣示中外，編諸史策。」從之。

康承訓至邕州，蠻寇益熾，詔發許、滑、青、汴、兗、鄆、宣、潤八道兵以授之。承訓不設斥候，南詔帥羣蠻近⑰六萬寇邕州，將入境，承訓乃遣六道兵凡萬人拒之，以獠為導，紿之。敵至，不設備，五道兵八千人皆沒，惟天平軍⑱後一日至，得免。承訓聞之，惶怖不知所為。節度副使李行素帥眾治壕柵，甫⑲畢，蠻軍已合圍。留四日，治攻具，將就⑳，諸將請夜分道斫蠻營，承訓不許。有天平小校㉑再三力爭，乃許之。小校將勇士三百，夜縋而出，散燒蠻營，斬首五百餘級。蠻大驚，間一日，解圍去。承訓乃遣諸軍數千追之，所殺虜不滿三百級，皆溪獠㉒脅從者。承訓騰奏㉓告捷，云大破蠻賊，中外皆賀。

夏，四月，以兵部侍郎、判戶部蕭寘同平章事。寘，復㉔之孫也。

加康承訓檢校右僕射，賞破蠻之功也。自餘奏功受賞者，皆承訓子弟親昵㉕，燒營小[2]校不遷一級。由是軍中怨怒，聲流道路。

五月，敕：「徐州土風㉖雄勁，甲士精彊。比因罷節㉗，頗多逃匿。宜令徐泗團練使選募軍士三千人赴邕州防戍，待嶺外事寧，即與代歸。」

秋，七月，西川奏兩林鬼王邀南詔蠻，敗之，殺獲甚眾。保塞城㉘使杜守連不從南詔，帥眾詣黎州降。

嶺南東道節度使韋宙具知康承訓所為，以書白宰相。承訓亦自疑懼，累表辭疾。乃以承訓為右武衛大將軍㉙、分司，以容管經略使張茵為嶺南西道節度使，復以容管四州別為經略使㉚。

時南詔知邕州空竭，不復入寇，茵久之不敢進軍取安南。夏侯孜薦驍衛將軍高駢㉛代之，乃以駢為安南都護、本管經略招討使，茵所將兵悉以授之。駢，崇文㉜之孫也，世在禁軍。駢頗讀書，好談今古，兩軍㉝宦官多譽之，累遷右神策都虞候。党項叛，將禁兵萬人戍長武㉞，屢有功，遷秦州防禦使，復有功，故委以安南。

冬，十一月，以門下侍郎、同平章事夏侯孜同平章事，充河東節度使。○王寅㉟，以翰林學士承旨、兵部侍郎路巖㊱同平章事，時年三十六。

【章旨】以上為第十一段，寫康承訓禦南詔，謊報軍情，朝廷慶功。

【注釋】❶華陰　縣名，縣治在今陝西華陰。❷蹇諤　正直敢言。蹇，同「謇」。正直。❸疏易　疏忽簡率。此指輕率地指責人。❹丙午　正月十九日。❺獲千餘人　胡注：「觀明年喻士珍以貪獪而失守，則此捷虛張功狀也。」❻新安遏戎二城胡注：「築於巂州界。」❼兼句當交州事　兼職辦理交州事務。❽己巳　二月十二日。❾甲申　二月二十七日。❿丁酉　三月十一日。⓫彗星出於婁　彗星出現在西方婁宿。婁，星名，二十八宿之一，西方白虎七宿的第二宿。⓬己亥　三月十三日。⓭司天監　官名，司天臺掌觀察天象，稽定曆數，隸祕書省，其長官有監、少監。⓮星經　記載星象之書。兩《唐志》著錄有《石氏星經簿贊》一卷。⓯含譽　星名，瑞星之一。⓰瑞星　古代天文學家所謂吉祥之星。瑞星、妖星、客星、流星統稱雜星。⓱近　將近。⓲天平軍　即八道兵之鄆兵。⓳甫　方；才。⓴就　成。㉑小校　官名，軍隊的低級官吏。㉒溪獠　居住在山間溪洞的獠族人。㉓騰奏　驛遞奏章。㉔復　蕭復（西元七三一—七八八年），字履初，唐玄宗朝太子太師蕭嵩之孫。唐德宗時官至吏部尚書、同平章事。傳見《舊唐書》卷一百二十五、《新唐書》卷一百一。㉕親昵　親近。此指親近之人。㉖土風　地方風俗習尚。㉗罷節　指咸通三年撤銷武寧節度使，改為徐州團練使。㉘保塞城　城名，在今四川冕寧。㉙右武衛大將軍　官名，武衛屬禁軍十六衛，分左右，掌宮禁宿衛，有上將軍、大將軍、將軍等武官。㉚容管四州別為經略使　按，《新唐書・方鎮表》：咸通元年，廢容管，以所管十一州隸邕管，未幾復置。而《舊唐書・地理志》載容管領十州。疑容管「四州」，應為「十州」。㉛高駢　字千里，幽州（今北京市）人，累官至天平、劍南西川、荊南、浙西、淮南等節度使，後為所部叛將殺死。傳見《舊唐書》卷一百八十二、《新唐書》卷二百二十四卜。㉜崇文　高崇文（西元七四五—八〇九年），唐憲宗時任劍南東川、西川、邠寧節度使，封南平郡王。傳見《舊唐書》卷一百五十一、《新唐書》卷一百七十。㉝兩軍　指左、右神策軍。㉞長武　城名，在今陝西長武西北涇河南岸。唐於此置戍兵。㉟壬寅　十一月十九日。㊱路巖　字魯瞻，魏州冠氏（今山東冠縣）人，咸通五年為宰相，後徙劍南西川節度使。因縱容屬下親吏多行不法，免官，賜死。傳見《舊唐書》卷一百七十七、《新唐書》卷一百八十四。

【校記】①戎　原作「戍」。據章鈺校，十二行本、乙十一行本皆作「戎」，張敦仁《通鑑刊本識誤》、熊羅宿《胡刻資治通鑑校字記》同，今據改。②小　原作「將」。據章鈺校，十二行本、乙十一行本、孔天胤本皆作「小」，張敦仁《通鑑刊本識誤》同，今據改。

【語譯】五年（甲申　西元八六四年）

春，正月，任命京兆尹李蠙為昭義節度使，取出歸秦的心肝用來祭祀沈詢。

淮南節度使令狐綯替他的兒子令狐滈申訴冤情。把張雲貶為興元府少尹，劉蛻貶為華陰縣令。敕令說：

「雖然正直敢言值得稱讚，但是輕率指斥人的責任也是難以逃避的。」

正月十九日丙午，西川節度使上奏說，南詔侵犯巂州，刺史喻士珍打敗了敵人，俘獲一千多人，下詔調發右神策軍五千人和各道兵防守巂州。忠武軍大將顏慶復請求修築新安、遏戎兩城，朝廷聽從了。○任命容管經略使張茵兼職管理交州的政事，增加海門鎮的駐防軍隊達到二萬五千人，命令張茵進兵攻取安南。

二月十二日己巳，任命刑部尚書、鹽鐵轉運使李福同平章事，充西川節度使。○二十七日甲申，前西川節度使蕭鄴降調山南西道觀察使。

三月十一日丁酉，彗星出現在婁宿旁，長三尺。十三日己亥，司天監奏言：「根據《星經》，此星名含譽，是祥瑞之星。」懿宗大為高興。司天監又奏言：「請宣示中外，著之於史冊。」懿宗答應了。

康承訓到邕州，蠻人的寇掠更加頻繁，朝廷下詔調發許、滑、青、汴、兗、鄆、宣、潤八道的軍隊交給他。康承訓不設哨兵，南詔帶領群蠻近六萬人侵犯邕州，將要進入州境，康承訓派六道兵共一萬人抗擊蠻人，用獠人為嚮導，欺騙了他。敵人到了，仍不設防備，五道兵八千人都被消滅，只有天平軍因晚一天到達，得免於難。康承訓聽到這一消息，驚慌恐懼不知怎麼辦。節度副使李行素帶領眾人修治城壕和柵欄，剛完工，蠻軍對州城已經合圍。停留四天，準備攻城器具，將要完成，守城各將領請求在晚上分頭襲擊蠻營，康承訓不同意。有一名天平小校再三力爭，方才答應了。小校帶領勇士三百名，晚上從城上縋吊而出，分散燒毀蠻人營帳，殺了五百多名蠻人。蠻人大驚，隔了一天，撤除包圍離去。康承訓於是派遣各路軍隊數千人追趕蠻兵，殺傷和俘虜的不足三百人，都是被脅迫跟從的溪洞獠人。康承訓飛速告捷，說是大破蠻賊，朝廷內外的官員全都祝賀。

夏，四月，任命兵部侍郎、判戶部蕭寘同平章事。蕭寘，是蕭復的孫子。

加任康承訓檢校右僕射，獎賞他打敗蠻人的功勞。其餘在奏文中報了功而受到獎賞的人，都是康承訓的子弟或親近之人，燒毀蠻營的小校沒有遷升一級。因此軍中既怨恨又憤怒，不滿情緒到處傳播。

五月，敕令：「徐州地方民風雄勁，甲士精強。近來因為撤銷了節度使，很多士兵逃亡躲藏起來了。應當令徐泗團練使選募軍士三千人前往邕州戍守，等到嶺南戰事平息，即取代他們回來。」

秋，七月，西川節度使上奏說，兩林部落的大鬼主攔截南詔，打敗了它，殺戮和俘獲了很多人。保塞城使杜守連不服從南詔，帶領徒眾到黎州投降官軍。

嶺南東道節度使韋宙詳細瞭解康承訓的所作所為，寫信告訴了宰相。康承訓自己也疑慮恐懼，多次上表說有病請求辭職。於是朝廷任命康承訓為右武衛大將軍、分司東都，任命容管經略使張茵為嶺南西道節度使，又把容管四個州另設經略使。

當時南詔知道邕州貧窮空乏，就不再入侵，張茵很久也不敢進軍奪取安南。夏侯孜薦舉驍衛將軍高駢取代張茵，於是任命高駢為安南都護、本管經略招討使，張茵所帶領的軍隊全部交給高駢。高駢是高崇文的孫子，世代身在禁軍。高駢很喜歡讀書，愛好談古論今，左右神策軍的宦官多半誇獎他，累遷右神策軍都虞候。党項叛亂時，高駢帶領禁軍一萬人戍守長武，屢次立功，升遷為秦州防禦使，又立了功勞，所以被委任為安南都護。

冬，十一月，任命門下侍郎、同平章事夏侯孜同平章事，充任河東節度使。〇十九日壬寅，任命翰林學士承旨、兵部侍郎路巖同平章事，時年三十六歲。

六年（乙酉　西元八六五年）

春，正月丁巳❶，始以懿安皇后❷配饗憲宗室。時王皞復為禮院檢討官，更申前議❸，朝廷竟從之。

諸道進私白❹者，閩中為多，故宦官多閩人。福建觀察使杜宣猷每寒食遣吏分祭其先壠❺，宦官德之。庚申❻，以宣猷為宣歙觀察使，時人謂之「敕使墓戶❼」。

三月，中書侍郎、同平章事蕭寘薨。

夏，四月，以前東川節度使高璩❽為兵部侍郎、同平章事。璩，元裕之子也。

楊收建議，以「蠻寇積年未平，兩河兵戍嶺南冒瘴霧物故❾者什六七，請於江西積粟，募彊弩三萬人，以應接嶺南，道近便，仍建節以重其權。」從之。五月辛丑❿，置鎮南軍⓫於洪州。

嶲州刺史喻士珍貪獪⓬，掠兩林蠻以易金。南詔復寇嶲州，兩林蠻開門納之，南詔盡殺戍卒，士珍降之。

壬寅⓭，以桂管觀察使嚴譔⓮為鎮南節度使。譔，震⓯之從孫也。

六月，高璩薨。◯以御史大夫徐商為兵部侍郎、同平章事。

秋，七月，立皇子侃為郢王，儼為普王。

高駢治兵於海門，未進。監軍李維周惡駢，欲去之，屢趣駢使進軍。駢以五千人先濟⓰，約維周發兵應援。駢既行，維周擁餘眾，不發一卒以繼之。九月，駢至南定⓱。峯州蠻眾近五萬，方穫田⓲，駢掩擊，大破之，收其所穫以食軍⓳。

冬，十二月壬子⓴，太皇太后鄭氏㉑崩。

【章　旨】以上為第十二段，寫嶺南戰事，朝廷所用非人，宦官監軍掣肘，官軍無功。

【注　釋】❶丁巳　正月癸未朔，無丁巳。丁巳，二月初六日。❷懿安皇后　即憲宗貴妃郭氏，郭子儀孫女。大中二年崩。❸更申前議　即以郭后合葬景陵，神主配憲宗室。事見本書唐宣宗大中二年。❹私白　亦稱私白身，即私自閹身的男子。❺先壠　祖先的墳塋。❻庚申　二月初九日。❼敕使墓戶　時人譏諷杜宣猷的綽號，意為受皇帝詔令替宦官們看守墓戶。❽高璩　字瑩之，渤海（今河北南皮東北）人，唐宣宗朝吏部尚書高元裕之子。咸通五年任宰相，月餘去世。傳見《舊唐書》卷一百七十一、《新唐書》卷一百七十七。❾物故　亡故；去世。❿辛丑　五月二十一日。⓫鎮南軍　方鎮名，咸通六年升江南西道團練觀察使為鎮南軍節度使，治所洪州，在今江西南昌。⓬貪獪　貪婪狡詐。⓭壬寅　五月二十二日。⓮嚴譔　嚴震之堂孫，官至江西節度使。宰相楊收有罪，受誅連，賜死。傳見《新唐書》卷一百五十八。⓯震　嚴震（西元七二三—七九九年），字遐聞，梓州鹽亭（今四川鹽亭）人，官至山南西道節度使、興元尹。朱泚反，德宗逃難至梁州，震護駕有功，封馮翊郡王。傳見《舊唐書》卷一百十七、《新唐書》卷一百五十八。⓰濟　指自海門鎮渡海，經北部灣入紅河而至南定。⓱南定　縣名，縣治在今越南河內東北。⓲穫田　在田地裡收割莊稼。⓳食軍　供軍隊食用。⓴壬子　十二月初五日。㉑太皇太后鄭氏　鄭氏，本憲宗懿安皇后郭氏侍女，生宣宗。懿宗即位，尊為太皇太后。

【語　譯】六年（乙酉　西元八六五年）

春，正月丁巳日，開始把懿安皇后配饗憲宗的廟室。當時王皞又當了禮院檢討官，再次提出從前的建議，朝廷最終聽從了王皞的建議。

各道進獻私自閹割的男子，福建地方最多，所以宦官多為福建人。福建觀察使杜宣猷在每年寒食節時派官吏分頭祭祀宦官祖先的墳墓，宦官很感激他。二月初九日庚申，任命杜宣猷為宣歙觀察使，當時人稱他為「敕使墓戶」。

三月，中書侍郎、同平章事蕭寘去世。

夏，四月，任命前東川節度使高璩為兵部侍郎、同平章事。高璩，是高元裕的兒子。

楊收建議，認為「蠻人多年沒有平定，戍守嶺南的兩河兵遭受瘴霧之氣十人中就有六七人死亡，請求在江西囤積糧食，招募弓弩手三萬人，用以支援嶺南，道路既近又方便，還可設置節度使以加重江西的權力。」朝廷同意了。五月二十一日辛丑，在洪州設置鎮南軍。

巂州刺史喻士珍貪婪狡詐，搶掠兩林部落的蠻人來換取金錢。南詔再次寇掠巂州，兩林蠻人打開城門迎入南詔兵，南詔兵把戍卒都殺死了，喻士珍投降了南詔。

五月二十二日壬寅，任命桂管觀察使嚴譔為鎮南節度使。嚴譔，是嚴震的姪孫。

六月，高璩去世。○任命御史大夫徐商為兵部侍郎、同平章事。

秋，七月，冊立皇子李侃為郢王，李儼為普王。

高駢在海門鎮訓練軍隊，沒有進兵安南。監軍李維周厭惡高駢，想把他趕走，多次催促高駢進兵。高駢帶領五千人先渡江，約定李維周隨後發兵接應支援。高駢出發以後，李維周擁有其餘部眾，不發一卒繼踵其後。九月，高駢到達南定縣。峯州蠻人將近五萬人，正收穫莊稼，高駢突然襲擊，大敗蠻人，收取了他們的糧食以供軍糧。

冬，十二月初五日壬子，太皇太后鄭氏去世。

七年（丙戌　西元八六六年）

春，二月，歸義節度使張義潮奏北庭回鶻固俊克西州❶、北庭、輪臺❷、清鎮❸等城。

論恐熱寓居廓州，糾合旁側諸部，欲為邊患，皆不從。所向盡為仇敵，無所自[1]容❹。仇人以告拓跋懷光於鄯州，懷光引兵擊破之。

三月戊寅❺，以河東節度使劉潼為西川節度使。初，南詔圍巂州，東蠻浪稽部❻竭力助之，遂屠其城。卑籠部❼怨南詔殺其父兄，導忠武戍兵襲浪稽，滅之，南詔由是怨唐。

南詔遣清平官❽董成等詣成都，節度使李福盛儀衛❾以見之。故事，南詔使見節度使，拜伏於庭。成等曰：「驃信❿已應天順人⓫，我見節度使當抗禮⓬。」傳言往返，自旦至日中不決。將士皆憤怒，福乃命捽⓭而毆之，因械繫於獄。劉潼至鎮，釋之，奏遣還國。詔召成等至京師，見於別殿，厚賜，勞而遣之。

成德節度使王紹懿在鎮十年，為政寬簡，軍民便之。疾病，召兄紹鼎之子都知兵馬使景崇⓮而告之曰：「吾兄以汝之幼，以軍政授我。汝今[2]長矣，我復以軍政歸汝，努力為之，上忠朝廷，下和鄰藩，勿墜⓯吾兄之業，汝之功也。」言竟⓰而薨。

閏月，吐蕃寇邠寧，節度使薛弘宗拒卻之。

夏，四月辛巳⓱[3]，貶前西川節度使李福為蘄王傅。

五月，葬孝明皇后⓲於景陵之側，主祔別廟⓳。

六月，魏博節度使何弘敬薨，軍中立其子左司馬全皞⓴為留後。〇以王景崇為成德留後。

南詔酋龍遣善闡節度使㉑楊緝思[4]助安南節度使段酋遷守交趾，以范昵些為安南都統，趙諾眉為扶邪㉒都統。監陳㉓敕使韋仲宰將七千人至峯州，高駢得以益其軍，進擊南詔，屢破之。捷奏至海門，李維周皆匿之，數月無聲問㉔。上怪之，以問維周，維周奏駢駐軍峯州，玩寇㉕[5]不進。上怒，以右武衛將軍王晏權代駢鎮安南，召駢詣闕，欲重貶之。晏權，智興之從子也。是月，駢大破南詔蠻於交趾，殺獲甚眾，遂圍交趾城。

【章旨】以上為第十三段，寫嶺南監軍李維周瞞上欺下，幾敗大事。

【注釋】❶克西州　大中五年（西元八五一年）張義潮以十一州圖籍入唐，西州已在其中。今云克西州，蓋當時雖得其圖籍，其地仍為吐蕃所佔。西州，治前庭，即今新疆吐魯番。❷輪臺　縣名，縣治在今新疆米東區境。❸清鎮　即清海鎮，在北庭都護府西七百里，今新疆瑪納斯河之西。❹無所自容　沒有自己容身之地。❺戊寅　三月初二日。❻東蠻浪稽部　南蠻諸部落之一，亦稱浪稽蠻，在戎州（今四川宜賓）之北。❼卑籠部　南蠻諸部落之一，在雅州（今四川雅安）之西。❽清平官　南詔官名，掌輔佐國王決定政事，猶唐之宰相。❾盛儀衛　陳列盛大的儀仗衛士隊伍。❿驃信　夷語國君。南詔自元和三年（西元八〇八年）尋閣勸即位以來，即自稱驃信。⓫應天順人　應天命順人願，即稱帝之意。⓬抗禮　平禮。⓭捽　揪。⓮景崇　王景崇，字孟安，成德節度使王紹鼎之子。紹鼎死，弟紹懿繼任。紹懿死，姪景崇繼任。封常山王。傳見《舊唐書》卷二百四十二、《新唐書》卷二百十一。⓯墜　喪失。⓰竟　盡；終。⓱辛巳　四月初七日。⓲孝明皇后　即太皇太后鄭氏，諡曰孝明，唐宣宗之母。⓳主祔別廟　鄭氏為憲宗側室，故神主祔於別廟。⓴全皞　何全皞，官至魏博節度使，後為亂軍所害。傳見《舊唐書》卷一百八十一、《新唐書》卷二百十。㉑善闡節度使　官名、方鎮名，治所南詔善闡府，在今雲南昆明。

㉒扶邪 縣名。胡注：「屬羅伏州。在今越南海萬南。」㉓陳 同「陣」。㉔聲問 音信。㉕玩寇 輕敵。

【校 記】[1]自 原無此字。據章鈺校，十二行本、乙十一行本、孔天胤本皆有此字，今據補。[2]汝今 據章鈺校，十二行本、乙十一行本二字互倒。[3]辛巳 原無此二字。據章鈺校，十二行本、乙十一行本、孔天胤本皆有此二字，張敦仁《通鑑刊本識誤》同，今據補。[4]楊緝思 原脫「思」字。據章鈺校，十二行本、乙十一行本、孔天胤本皆有「思」字，張敦仁《通鑑刊本識誤》同，皆與《新唐書・南蠻傳》合，今據補。[5]寇 據章鈺校，十二行本、乙十一行本皆作「軍」。

【語 譯】七年（丙戌 西元八六六年）

春，二月，歸義節度使張義潮上奏說，北庭回鶻固俊攻下西州、北庭、輪臺、清鎮等城。

論恐熱寄居廓州，糾合旁邊各個部落，企圖危害邊地，其他各部落都不聽從。所往各部，全是仇敵，無處容身。論恐熱的仇人在鄯州把這種情況告訴了拓跋懷光，拓跋懷光帶領軍隊打敗了論恐熱。

三月初二日戊寅，任命河東節度使劉潼為西川節度使。當初，南詔包圍巂州，東蠻浪稽部竭力幫助南詔，於是屠殺巂州城。卑籠部怨恨南詔殺了他們的父兄，就引導忠武軍的戍兵襲擊浪稽部，消滅了他們，南詔由此仇恨唐朝。

南詔派遣清平官董成等人前往成都，節度使李福部署盛大的儀衛接見他。按照舊例，南詔的使者拜見節度使，要在中庭行拜伏禮。董成等人說：「我們的國君已應天順人稱帝了，我見節度使應當用對等的禮儀。」彼此來回傳話，從早上到中午沒有決定下來。將士們都很憤怒，李福於是命令把董成等人揪住打了一頓，接著戴上刑具囚繫監獄。劉潼到達西川後，釋放了他們，上奏遣送他們回國。朝廷下詔叫董成等人到京師，在別殿接見了他們，又重加賞賜，慰勞以後遣送他們回國。

成德節度使王紹懿在鎮任職十年，為政寬緩簡約，軍民方便。他病重的時候，叫來哥哥王紹鼎的兒子都知兵馬使王景崇，告訴他說：「我兄長由於你年紀小，把軍政大權交給了我。你今天長大了，我再把軍政大權歸還給你，努力幹，對上忠於朝廷，對下和睦鄰藩，不要喪失我哥哥的功業，這就是你的功勞。」說完話就去世了。

閏三月，吐蕃寇掠邠寧地區，節度使薛弘宗把他們打退了。

夏，四月初七日辛巳，貶謫前西川節度使李福為蘄王傅。

五月，將孝明皇后葬在景陵的旁邊，神主安置在別的廟堂。

六月，魏博節度使何弘敬去世，軍中擁立他的兒子左司馬何全皞為留後。○任命王景崇為成德留後。

南詔酋龍派遣善闡節度使楊緝思幫助安南節度使段酋遷守衛交趾，任命范昵些為安南都統，趙諾眉為扶邪都統。監陣敕使韋仲宰帶領七千人到達峯州，使高駢的軍隊得到增援，於是進軍攻打南詔，多次打敗南詔軍。報捷的文書送到海門，李維周都把它藏了起來，朝廷幾個月得不到戰事消息。懿宗感到奇怪，就詢問李維周，李維周上奏說高駢的軍隊駐紮在峯州，輕視敵人，不肯進軍。懿宗大怒，任命右武衛將軍王晏權代替高駢鎮守安南，召高駢前往京城，打算對他重加貶謫。王晏權，是王智興的姪子。這個月，高駢在交趾大敗南詔兵，殺戮、俘獲頗多，於是包圍了交趾城。

秋，七月，以何全皞為魏博留後。

冬，十月甲申❶，以門下侍郎、同平章事楊收為宣歙觀察使。收性侈靡，門吏僮奴多倚為姦利。楊玄价兄弟受方鎮之賂，屢有請託，收不能盡從。玄价怒，以為叛己，故出之。

拓跋懷光以五百騎入廓州，生擒論恐熱，先刖❷其足，數❸而斬之，傳首京師。其部眾東奔秦州，尚延心邀擊，破之，悉奏遷於嶺南。吐蕃自是衰絕，乞離胡❹君臣不知所終。

高駢圍交趾十餘日，蠻困蹙甚，城且下，會得王晏權牒，已與李維周將大軍發海門，駢即以軍事授韋仲宰，與麾下百餘人北歸。先是，仲宰遣小使王惠贊、駢遣小校曾衮入告❺交趾之捷。至海中，望見旌旗東來，問遊船❻，云新經略使與監軍也。二人謀曰：「維周必奪表留我。」乃匿於島間。維周過，即馳詣京師。上得奏，大喜，即加駢檢校工部尚書，復鎮安南。駢至海門而還。

王晏權闇懦❼，動稟李維周之命❽。維周凶貪，諸將不為之用，遂解重圍，蠻遁去者太半。駢至，復督勵將士攻城，遂克之，殺段酋遷及土蠻為南詔鄉導❾者朱道古，斬首三萬餘級，南詔遁去。駢又破土蠻附南詔者二洞，誅其酋長，土蠻帥眾歸附者萬七千人。

十一月壬子❿，赦天下。詔安南、邕州、西川諸軍各保疆域，勿復進攻南詔，委劉潼曉諭，如能更修舊好，一切不問。置靜海軍於安南，以高駢為節度使。自李涿侵擾羣蠻⓫[1]，為安南患殆將十年，至是始平。駢築安南城，周⓬三千步⓭，造屋四十餘萬間。

十二月，黠戛斯遣將軍乙支連幾入貢，奏遣鞍馬迎冊立使⓮及請亥年⓯曆日。

○以成德留後王景崇為節度使。

上好音樂宴遊，殿前供奉樂工常近五百人，每月宴設⓰不減十餘，水陸皆備⓱，聽樂觀優，不知厭倦，賜與動及千緡。曲江、昆明、灞滻⓲、南宮⓳、北苑⓴、昭應㉑、咸陽，所欲遊幸即行，不待供置，有司常具音樂、飲食、幄帟㉒，諸王立馬以備陪從。每行幸，內外諸司扈從㉓者[2]十餘萬人，所費不可勝紀。

【章旨】以上為第十四段，寫高駢敗南詔，安南十年之患得以平定。

【注釋】❶甲申　十月十三日。❷刖　斷足之刑。❸數　數說其罪。❹乞離胡　吐蕃達磨贊普之妃綝氏之姪。達磨死，被立為贊普。事見本書卷二百四十六唐武宗會昌二年。❺入告　入朝稟告。❻遊船　遊弈之船，即巡邏船。❼闇懦　昏庸懦弱。❽動稟李維周之命　行動都得聽從李維周的命令。❾鄉導　即嚮導。鄉，同「嚮」。❿壬子　十一月十一日。⓫侵擾羣蠻　事見本書卷二百四十九唐宣宗大中十二年。⓬周　周圍。⓭步　長度單位，一步等於五尺。⓮冊立使　官名，唐周邊少數民族政權及鄰國，與唐友好，請求冊封。朝廷派遣使臣宣布冊命，稱冊立使。⓯亥年　當年為丙戌。亥年指明年。⓰宴設　宮中置宴。⓱水陸皆備　宴席上水陸食品一應俱備。⓲灞滻　皆水名。灞水，即今陝西渭河支流灞河。滻水，即今灞河支流滻河。二水皆流經長安附近。⓳南宮　即興慶宮。在皇城東南，故名。⓴北苑　禁苑。在皇城之北，故名。㉑昭應　縣名，縣治在今陝西臨潼。城南有華清池。㉒幄帟　幄，帳篷。帟，帳中座上承塵的平幕。㉓扈從　隨從；侍從。

【校記】[1]羣蠻　原作「安南」。據章鈺校，十二行本、乙十一行本、孔天胤本皆作「羣蠻」，張敦仁《通鑑刊本識誤》、張瑛《通鑑校勘記》同，今據改。[2]者　據章鈺校，十二行本、乙十一行本皆無此字。

【語譯】秋，七月，任命何全皥為魏博鎮留後。

冬，十月十三日甲申，任命門下侍郎、同平章事楊收為宣歙觀察使。楊收本性奢侈，門下的屬吏和奴僕多依仗他的勢力為奸逐利。宦官楊玄价兄弟接受方鎮的賄賂，多次請託楊收辦事，楊收不能全部依從。楊玄价大怒，認為楊收背叛了自己，所以把他調出了朝廷。

拓跋懷光率領五百名騎兵攻入廓州，活捉了論恐熱，先斬斷他的腳，歷數他的罪過，把他殺了，傳送首級到京師。論恐熱的部眾向東逃往秦州，尚延心攔擊，把他們打敗了，向朝廷奏聞後全部遷移到嶺南地區。吐蕃從此衰絕，乞離胡君臣也不知道下落。

高駢包圍交趾十多天，蠻人困迫到了極點，城池就要攻下，正好收到王晏權的文牒，說是已與李維周帶領大軍從海門啟程了，高駢隨即把軍中之事交給韋仲宰，自己和部下百餘人向北回朝。此前，韋仲宰派小使王惠贊、高駢派小校曾袞到朝廷去報告交趾的勝利消息。到了海上，看見豎有旌旗的大船從東邊開來，詢問巡邏船上的人，說那是新任經略使和監軍。二人商議說：「李維周一定奪取報捷表並扣留我們。」於是隱藏在海島中。李維周過去了，立刻飛快趕往京師。懿宗得到報捷奏表，大為高興，當即加給高駢檢校工部尚書的官銜，仍然鎮守安南。高駢到達海門又返回交趾。

王晏權昏庸懦弱，行動都聽從李維周的命令。而李維周兇暴貪鄙，諸將都不願為他出力，於是解除了對交趾的重重包圍，蠻人逃走的有一大半。高駢到來，又督促勉勵將士攻城，於是攻下了交趾，殺了段酋遷以及為南詔當嚮導的土蠻朱道古，斬首三萬餘級，南詔逃走了。高駢又攻下依附南詔的土蠻兩洞，殺了酋長，土蠻率領部眾歸附的有一萬七千人。

十一月十一日壬子，大赦天下。詔令安南、邕州、西川各部軍隊各保疆域，不要再進攻南詔，委派劉潼告諭南詔，如果能夠再修舊好，一切不予追究。

在安南設置靜海軍，任命高駢為節度使。自從李琢侵擾群蠻以來，造成安南的禍患大約將近十年，到這時才平定。高駢修築安南城，周圍三千步，建造房屋四十多萬間。

十二月，黠戛斯派遣將軍乙支連幾進京納貢，奏請派遣馬匹迎接冊立使，以及請求亥年的日曆。〇任命成德鎮留後王景崇為節度使。

懿宗愛好音樂宴遊，殿前供奉的樂工常常接近五百人，每月設宴不少於十多次，水陸食品一應俱備，聽音樂，看演戲，不知厭倦，賞賜動輒達到一千緡。曲江池、昆明池、灞水、滻水、南宮、北苑、昭應、咸陽，要是想去遊玩，立即啟行，不等到供給的東西準備好，有關官吏要經常準備好音樂、飲食、帷帳，諸王站在馬旁以備陪從。每次到一個地方去，內外各有關部門隨從的有十多萬人，所花費的錢財無法計算。

八年（丁亥　西元八六七年）

春，正月，以魏博留後何全皞為節度使。

二月，歸義節度使張義潮入朝，以為右神武統軍，命其族子❶淮深守歸義。

自安南至邕、廣，海路多潛石❷覆舟。靜海節度使高駢募工鑿之，漕運無滯。

西川近邊六姓蠻❸常持兩端❹，無寇則稱效順，有寇必為前鋒。卑籠部獨盡心於唐，與羣蠻為讎，朝廷賜姓李，除為刺史。節度使劉潼遣將將兵助之，討六姓蠻，焚其部落，斬首五千餘級。

樂工李可及善為新聲，三月，上以可及為左威衛將軍。曹確諫曰：「太宗定文武官六百餘員，謂房玄齡曰：『朕以待天下賢士，工商雜流❺，不可處也。』大和中，文宗欲以樂工尉遲璋為王府率❻，拾遺竇洵直諫，即改光州❼長史。乞以兩朝故事，別除可及官。」不從。

夏，四月，上不豫，羣臣希❽進見。

五月丙辰❾，疏理天下繫囚，非巨蠹不可赦者，皆遞降一等❿。

秋，七月壬寅⓫，蘄王緝⓬薨。

懷州民訴旱⓭，刺史劉仁規揭牓禁之⓮。民怒，相與作亂，逐仁規，仁規逃匿村舍。民入州宅⓯，掠其家貲，登樓擊鼓，久之乃定。

甲子⓰，以兵部侍郎、充諸道鹽鐵轉運等使、駙馬都尉于琮同平章事。

宣歙觀察使楊收過華嶽廟⓱，施⓲衣物，使巫祈禱，縣令誣以為收罪。右拾遺韋保衡⓳復言，收前為相，除嚴譔江西節度使，受錢百萬。又置造船務，人訟其侵隱⓴。八月庚寅㉑，貶收端州司馬。

九月，上疾瘳。

冬，十二月，信王憪㉒薨。○加嶺南東道節度使韋宙同平章事。

【章旨】以上為第十五段，寫唐懿宗荒淫，濫授樂工高官。

【注釋】❶族子　同族兄弟之子。❷潛石　沒於水中之石，即暗礁。❸六姓蠻　即蒙蠻、夷蠻、訛蠻、狼蠻、勿鄧蠻、白蠻。❹持兩端　謂腳踏兩條船。❺雜流　指士流以外出身的人。❻王府率　親王府的官員有率，掌侍衛。❼光州　州名，治所定城，在今河南潢川縣。❽希　同「稀」。❾丙辰　五月十八日。❿遞降一等　依次減罪一等。⓫壬寅　七月初五日。⓬蘄王緝　蘄王李緝，唐順宗第二十二子。咸通三年封。傳見《舊唐書》卷一百五十、《新唐書》卷八十二。⓭訴旱　向官府訴說旱情，以求減免租稅。⓮揭牓禁之　張貼布告禁止訴災。⓯州宅　州刺史的府宅。⓰甲子　七月二十七日。⓱華嶽廟　廟名，在今陝西華陰。⑱施　施捨。⑲韋保衡　字蘊用，京兆（今陝西西安）人，以駙馬都尉擢為宰相。罷逐宰相楊收、路巖，權傾天下，後被賜死。傳見《新唐書》卷一百八十四。⑳侵隱　侵吞隱瞞公款。㉑庚寅　八月二十四日。㉒信王㤘　信王李㤘，唐憲宗子。大中十四年（西元八六〇年）封。傳見《舊唐書》卷一百七十五、《新唐書》卷八十二。

【語　譯】八年（丁亥　西元八六七年）

春，正月，任命魏博留後何全皞為節度使。

二月，歸義節度使張義潮來到朝廷，被任命為右神武統軍，命令他的族子張淮深據守歸義軍。

從安南到邕州、廣州，海路中多暗礁撞翻船隻。靜海節度使高駢招募工匠鑿去暗礁，運糧的海船才暢通無阻。

西川靠近邊境的六姓蠻族常常腳踏兩條船，沒有邊寇的時候就說是效順朝廷，有邊寇進犯時就當先鋒。只有卑籠部對唐朝盡心竭力歸順，和群蠻成為仇敵，朝廷賜給他們的部落姓李，任命他們的首領為刺史。西川節度使劉潼派遣將領帶兵幫助他們討伐六姓蠻，焚燒了六姓蠻的部落，殺了五千多人。

樂工李可及善於創製新的歌曲，三月，懿宗任命李可及為左威衛將軍。曹確上諫說：「太宗制定文武官六百多個員額，對房玄齡說：『朕把這些官位等待給予天下的賢士，工商雜流之人，不應給他們這些職位。』大和年間，文宗想讓樂工尉遲璋為王府率官，拾遺竇洵正直進諫，隨即改為光州長史。請按照兩朝的舊例，另外任命李可及的官職。」懿宗不聽從。

夏，四月，懿宗生了病，群臣很少能進見。

五月十八日丙辰，清理全國被關押的囚徒，不是犯了大罪不能赦免的人，都依次減罪一等。

秋，七月初五日壬寅，蘄王李緝去世。

懷州民眾向官府訴說旱情，刺史劉仁規貼出布告禁止民眾訴說。民眾憤怒了，聯合發起變亂，趕走了劉仁規，劉仁規逃到鄉村中躲藏起來。民眾衝進州刺史的府宅，搶走劉仁規的家財，又登樓擊鼓，很久才平定下來。

七月二十七日甲子，任命兵部侍郎、充諸道鹽鐵轉運等使、駙馬都尉于琮同平章事。

宣歙觀察使楊收經過華嶽廟時，布施衣物，讓巫祝祈禱，華陰縣令誣陷說這是楊收的罪過。右拾遺韋保衡又上奏說，楊收此前任宰相，任命嚴譔為江西節度使，得到賄賂的錢一百萬。又在設置造船事務中，有人揭發他侵佔隱瞞公家錢財。八月二十四日庚寅，貶謫楊收為端州司馬。

九月，懿宗的病痊癒了。

冬，十二月，信王李怲去世。〇加給嶺南東道節度使韋宙同平章事官銜。

【研析】本卷研析裘甫起義、王式用兵、杜悰不奉詔枉誅宰相三事。

裘甫起義。政治昏暗、賦稅繁苛、戰亂不斷，造成人民大眾處於水深火熱之中，這些就是促成唐末農民大起義的社會條件。唐宣宗大中十三年（西元八五九年），浙東裘甫起義，規模不大，時間短，但它吹響農民大起義的號角，雖然失敗了，意義卻十分重大。唐王朝的總崩潰就是從這一年開始。

唐朝自甘露事變之後，「天下事皆決於北司」（《資治通鑑》卷二百四十五）。宦官掌控皇帝終日遊宴，不理朝政。唐懿宗更是一個佞佛著名的皇帝，他為了迎佛骨，下令「廣造浮圖、寶帳、香轝、幡花、幢蓋以迎之，皆飾以金玉、錦繡、珠翠。自京城至寺三百里間，道路車馬，晝夜不絕」（《資治通鑑》卷二百五十二）。

唐末官僚貪汙，土地高度集中。《三水小牘》記載，河南許州長葛縣令嚴郜，罷官之後，在當地兼併「良田萬頃」，大置莊園。小小縣令如此，可見官吏貪贓之一斑。兩稅法實行不久，由於錢重物輕，老百姓的負擔加重一倍。藩鎮割據，朝廷用兵，苛稅繁重，兩稅之外，有鹽、酒、茶、漆、竹、木、金、銀、蔬菜、水果、木炭、食糧、布絹、牲畜等等，幾乎無物不稅。唐政府還以「和糴」、「和市」的名目，用低於市價強買百姓的食糧和布絹、炭等物，有時就是公然搶掠，白居易寫〈賣炭翁〉一詩生動地反映了宮市宦官強買物品的情形。地方官僚、地主、豪紳憑藉權勢，還把他們應交的賦稅攤派到農民頭上，有的十分田地，才稅二三，有的豪富「全免科差」。唐文宗太和二年（西元八二八年）賢良方正劉蕡在科舉對策中就指出說：黎民百姓「處處流散，飢者不得食，寒者不得衣」，「官亂人貧，盜賊並起，土崩之勢，憂在旦夕」。懿宗時，翰林學士劉允章在〈直諫書〉中更具體指陳時弊說當時國有九破，民有八苦。九破是：終年聚兵、蠻夷熾興、權豪奢僭、大將不朝、廣造佛寺、賂賄公行、長吏殘暴、賦役不等、食糧人多而賦稅人少。八苦是：官吏苛刻、私債徵奪、賦稅繁多、所由乞斂、替逃人科差、冤屈不得申理、凍無衣無食、病不得醫死不得葬。國有九破，說明統治秩序無法維持；民有八苦，說明黎民無法生存，農民大起義的條件成熟了，王仙芝、黃巢應運而生。

安史之亂，破壞了黃河流域的經濟；藩鎮割據，朝廷在北方廣大的地區徵不了賦稅，江淮地區成了唐王朝的生命線，民眾不堪負重，加之這一地區軍事薄弱，所以農民起義首先在浙東爆發。裘甫起義時，不過一百多人，第二年，咸通元年（西元八六〇年），有眾一千多人，起義軍攻破剡縣，浙東道以及別道的飢民，紛紛來歸附，眾驟增至三萬人，還有不少小股起義的民帥來聯絡，請求做部屬。裘甫自稱為天下都知兵馬使，劉暀為副使，自建年號為羅平，鑄印曰天平，表示建立公平社會。裘甫分兵攻越、衢、婺、明、台等州，奪得許多縣城，多次打敗浙東的官軍。起義軍沒有乘勝擴大戰果，裘甫不聽副使劉暀建議奪取越州為根據地，分兵北上渡江攻揚州、取石頭城，擾亂唐王朝的生命線，可保長期作戰，而是固守攻下的幾個縣城，等待官軍來攻。這一消極戰法，使裘甫起義只經歷八個月就失敗了，深為可惜。

王式用兵。王式文吏而善用兵，是一位足智多謀不可多得的儒將。裘甫起義，浙東觀察使鄭祇德無能，官軍接連敗北，不斷上奏朝廷告急。宰相夏侯孜推薦王式為浙東觀察使，王式帶兵入浙平叛。王式冷靜地估計形勢，官軍取勝，必須要集中優勢兵力，後勤要有保障。王式對懿宗說：「軍隊多，能很快平定叛亂，所需費用才節省。如果軍隊少，拖的時間長，不僅花錢多，還會帶來很大風險。萬一官軍失敗，叛軍控制了江淮，國家就危險了。」懿宗和宰相們都贊同。朝廷抽調出忠武、義成、淮南等各道官軍交給王式統領，夏侯孜向王式擔保充足供應。王式信心百倍地率眾出征。

王式領兵進入攻戰區域，嚴明紀律，秋毫不犯，肅清間諜，開倉賑濟貧民。王式部將說：「現在軍糧很緊張，不能散發糧食。」王式說：「你們不懂。」王式很重視當地的民團，稱為土團。王式把所有的精兵都集中起來參戰，只用民團駐守縣城。不設置烽火，讓膽小的人騎著馬充當偵探，不給他們配備齊全武器。眾人十分不解。裘甫有騎兵，王式招募當地的吐蕃和回鶻人組成騎兵。一切準備停當，王式分路向起義軍發起進攻。起義軍前後十九戰均遭失敗，最後收縮剡縣死守。三天之中，雙方戰鬥八十三次，城中婦女也都起來參戰，用瓦片石塊打擊官軍。起義軍儘管作戰英勇，終因寡不敵眾而遭失敗。王式嚴令諸將，不准殺俘，不准屠殺平民，不以繳獲敵人戰利品報功，如果不去追擊敵人而去搶奪敵人丟棄的物資，不但無功，還要殺頭。裘甫在一次戰鬥中失利，就丟棄軍資誘使王式的軍隊去爭搶，自己好逃竄，結果沒有達到目的。

諸將在慶功會上向王式請教打勝仗的原因。將領們說：「我們打過多年的仗，這次追隨王公，私下不明白王公許多布置。剛來時，軍糧嚴緊，王公卻開倉賑濟窮人，出戰不置烽火臺，用膽小的人偵察敵情，最後卻打了勝仗，我們真是搞不懂。」王式說：「這道理很容易明白。賊人多是因為窮才沒飯吃。官軍糧食緊張，軍力也不夠，守城的部隊很弱小，要是守不住，賊人佔領了縣城，開倉賑貧，這樣一來，反叛的人就更多。官軍開倉賑貧，就得了人心。設置烽火臺，是為了催促救兵。如今守城兵少，沒救兵可調，燃烽火，不但無益，反而驚擾士民。如果用勇敢的人乘著快馬偵察，他們發現敵人就想投入戰鬥，反而誤了情報。」諸將佩服地說：「您的智謀，我們趕不上。」

王式是晚唐不可多得的優秀將領。從官方立場，王式鎮壓裘甫起義是討伐叛賊。用兵用將，要的是優秀人才。咸通三年，王式為徐州節度使，殘酷地鎮壓銀刀兵的叛亂，盡誅亂兵兩千多人，儘管血腥，卻表現了一個優秀軍人的剛毅。此後，再沒有見王式建功。兩《唐書》本傳只有一句交代。《舊唐書》本傳載：「徐方平定，天子嘉之。後果歷方任，卒。」《新唐書》本傳說：「終左金吾大將軍。」其後王仙芝、黃巢之起，為何不見王式身影，是懿宗刻忌功臣，還是朋黨排斥，史籍缺載，不可妄測。國家用人之際，良將不能建功，是政治極端腐敗的必然。王式未盡其才，使人歎惋！

杜悰不奉詔枉誅宰相。杜悰，字永裕，德宗朝宰相杜佑次子。悰以門蔭入仕，任太子司議郎，尚憲宗岐陽公主，加銀青光祿大夫、殿中監、駙馬都尉。歷仕憲、穆、敬、文、武、宣六代皇帝，官至宰相。兩《唐書》與其父杜佑合傳，事見《舊唐書》卷一百四十七、《新唐書》卷一百六十六。唐宣宗長子鄆王李溫，無寵，居十六宅。第三子夔王李滋，宣宗愛之，居大明宮內院，欲以為嗣，因非嫡子，所以不立太子。宣宗臨終，遺詔樞密使王歸長、馬公儒立夔王李滋。左軍中尉王宗實發動宮廷政變，擁立鄆王李溫為帝，是為懿宗，改名李漼，殺兩樞密及夔王李滋。當時南北司矛盾很深，水火不容。北司宦官想藉皇帝廢立事件誅殺宰相。咸通二年二月某一天，宮中兩樞密與宣徽使楊公慶突然造訪中書省，要宰相杜悰單獨接詔，內容是懿宗責令杜悰上奏，以其他宰相大臣沒有聯名立懿宗為帝，以反叛罪論處，如果罪名成立，其他三相將遭到滅族。其他三相為畢諴、杜審權、蔣伸。懿宗之立，本來就是宦官一手操縱，宰相並未與事，如何署名，這是一樁政治大冤案。杜悰機智應對。首先他義正辭嚴抗旨，封還懿宗手詔，讓楊公慶退回懿宗，按制度，誅大臣要皇帝在延英殿召見大臣討論，明正典刑。楊公慶走後，杜悰耐心地做兩樞密的工作，如果引導皇帝隨便開殺戒，今日誅宰相，明日就可能誅樞密。兩樞密醒悟，回宮稟報懿宗，懿宗很高興。皇帝也不願意輕開殺戒，懿宗是受制於宦官的。兩《唐書》杜悰本傳都記載杜悰為人厚道，但無多大能力，不進賢才，沒幹什麼大事。但從這一事件，不奉詔枉誅宰相來看，杜悰是一個很有原則性，也很有智慧的賢人，他冒著殺頭風險，幾句話化解了一場政治大屠殺，可以說是有勇有謀。他之所以沒做出多少大事，因是處在危亂之世，明哲保身，也是〈大雅〉風範。孔子就說過：「邦有道，危言危行；邦無道，危行言遜。」（《論語・憲問》）《詩經・烝民》曰：「既明且哲，以保其身。」杜悰的行為進止，是符合這些標準的。

卷第二百五十一

唐紀六十七

起著雍困敦（戊子　西元八六八年），盡屠維赤奮若（己丑　西元八六九年），凡二年。

【題解】本卷記事起西元八六八年，迄西元八六九年，凡二年。當唐懿宗咸通九年、十年。這兩年最大的政治事件是徐州驕兵作亂，禍害淮河兩岸，唐王朝遭受沉重打擊。起因是徐州兵戍守桂州，朝廷失信更代，戍兵擅自北還。戍兵推舉龐勛為帥，龐勛至徐州倡亂，徐州守軍囚主帥，迎龐勛，賊勢大盛。龐勛求節鉞，朝廷不許，發兵征討，由於諸鎮兵作戰不力，賊勢猖狂。辛讜助杜慆守泗州，成為東南屏障，並成為牽制叛軍的重要力量。經過一年多的征戰，官軍討平了龐勛之亂，而唐王朝力量受損，更加虛弱。龐勛之亂為王仙芝、黃巢大起義準備了成熟的條件。中原戰亂，南詔進一步禍亂西疆。在內憂外患之中，唐懿宗依然荒淫遊宴，實在是一個無可救藥的誤國昏君。

懿宗昭聖恭惠孝皇帝中

咸通九年（戊子　西元八六八年）

夏，六月，鳳翔少尹❶李師望上言：「嶲州控扼南詔，為其要衝。成都道遠，難以節制。請建定邊軍❷，屯重兵於嶲州，以邛州為理所。」朝廷以為信然，以師望為嶲州刺史❸，充定邊軍節度，眉、蜀、邛、雅、嘉、黎❹等州觀察，統押❺諸蠻并統領諸道行營、制置等使。師望利於專制方面❻，故建此策。其實邛距成都纔百六十里，嶲距邛千里，其欺罔如此❼。

初，南詔陷安南，敕徐泗募兵二千赴援，分八百人別戍桂州，初約三年一代。徐泗觀察使崔彥曾❽，慎由之從子也，性嚴刻❾。朝廷以徐兵驕，命鎮之。都押牙尹戡、教練使❿杜璋、兵馬使徐行儉用事，軍中怨之。戍桂州者已六年，屢求代還。戡言於彥曾，以軍帑空虛，發兵所費頗多，請更留舊[1]戍卒一年，彥曾從之。戍卒聞之，怒。

都虞候許佶、軍校⓫趙可立、姚周、張行實皆故徐州羣盜，州縣不能討，招出之，補牙職。會桂管觀察使李叢移湖南，新使未至，秋，七月，佶等作亂，殺都將王仲甫，推糧料判官⓬龐勛為主，劫庫兵⓭北還，所過剽掠，州縣莫能禦。朝廷聞之，八月，遣高品⓮張敬思赦其罪，部送⓯歸徐州，戍卒乃止剽掠。

以前靜海節度使高駢為右金吾大將軍。駢請以從孫潯代鎮交趾，從之。

九月戊戌⑯，以山南東道節度使盧耽為西川節度使。以有定邊軍之故，不領統押諸蠻、安撫等使。

龐勛等至湖南，監軍以計誘之，使悉輸⑰其甲兵。山南東道節度使崔鉉嚴兵守要害，徐卒不敢入境，泛舟沿江東下。許佶等相與謀曰：「吾輩罪大於銀刀⑱，朝廷所以赦之者，慮緣道攻劫⑲，或潰散為患耳。若至徐州，必葅醢⑳矣！」乃各以私財造甲兵旗幟，過浙西，入淮南。淮南節度使令狐綯遣使慰勞，給芻米㉑。

都押牙李湘言於綯曰：「徐卒擅歸，勢必為亂，雖無敕令誅討，藩鎮大臣當臨事制宜。高郵㉒岸峻[2]而水深狹，請將奇兵伏於其側，焚荻舟㉓以塞其前，以勁兵蹙其後，可盡擒也。不然，縱之使得度淮，至徐州，與怨憤之眾合，為患必大。」綯素懦怯，且以無敕書，乃曰：「彼在淮南不為暴，聽其自過，餘非吾事也。」

【章旨】以上為第一段，寫徐州兵戍守桂州，朝廷失信更代，戍兵擅自北還，推糧料判官龐勛為主，龐勛遂煽動戍兵叛亂。

【注釋】❶少尹　官名，為府尹之副，從四品下。❷定邊軍　方鎮名，咸通九年（《新唐書・方鎮表》作「八年」）置，治所邛州，在今四川邛崍。咸通十一年（西元八七〇年）廢。重兵置於嶲州，在今四川西昌。❸刺史　官名，一州的行政軍事長官。李師望任鳳翔府少尹，低於下州刺史。因妄言置定邊軍，以嶲州為軍鎮治所，李師望任職刺史，由從四品下，躍升為從三品，上升了三級。❹眉蜀邛雅嘉黎　皆州名。眉州，治所通義，在今四川眉山市。蜀州，治所晉原，在今四川崇州。雅州，治所在今四川雅安。嘉州，治所龍遊，在今四川樂山市。黎州，治所在今四川漢源西北。❺統押　統率；總管。❻專制方面　獨斷一方。❼欺罔如此　敢於欺騙到這樣的程度。邛州距離成都不過一百餘里，而巂州距離邛州卻有千里，由成都節度使直接控制巂州很方便，增置定邊軍多一道領屬關係，反而不便。❽崔彥曾　清河武城（今河北清河縣東北）人，官至武寧軍節度使。龐勛叛變，被殺。據兩《唐書．崔慎由傳》，彥曾乃慎由從弟，《通鑑》作從子，誤。❾嚴刻　嚴厲苛刻。❿教練使　官名，掌軍隊教練之事。⓫軍校　官名，任輔助之職的軍官。⓬糧料判官　官名，凡行軍，置隨軍糧料使，兵少的軍隊置糧料判官，掌軍糧供應。⓭庫兵　武庫中的兵器。⓮高品　內侍省品位高的太監稱高品內侍，簡稱高品。⓯部送　安排遣送。⓰戊戌　九月初八日。⓱輸　交出。⓲銀刀　指武寧節度使王智興之親兵。智興離任後，常為亂。朝廷任命王式為武寧節度使率兵討平，銀刀軍數千人皆誅死。⓳緣道攻劫　沿路搶劫。緣，沿著。⓴葅醢　搗成肉醬。葅，切碎。醢，肉醬。㉑芻米　糧草。㉒高郵　縣名，縣治在今江蘇高郵。㉓荻舟　裝載蘆葦的船隻。

【校　記】①舊　原無此字。據章鈺校，十二行本、乙十一行本皆有此字，張敦仁《通鑑刊本識誤》同，今據補。②峻　原作「峽」。據章鈺校，十二行本、乙十一行本皆作「峻」，張敦仁《通鑑刊本識誤》同，今據改。

【語　譯】懿宗昭聖恭惠孝皇帝中

咸通九年（戊子　西元八六八年）

夏，六月，鳳翔府少尹李師望上奏說：「巂州控制南詔，是南詔進入內地必經之地。成都距離邊地遙遠，難以控制。請求設置定邊軍，在巂州駐紮重兵，把邛州作為定邊軍的治所。」朝廷認為確實如此，任命李師望為巂州刺史，充任定邊軍節度，兼眉、蜀、邛、雅、嘉、黎等州觀察，統管諸蠻並統領諸道行營、制置等使。李師望認為獨斷一方有利於自己，所以提出這一個建議。其實邛州距離成都才一百六十里路，巂州距離邛州卻有千里，他竟然這樣欺騙朝廷。

當初，南詔攻下安南，敕命徐泗招募二千名兵士前去支援，從中分出八百人另外戍守桂州，最初約定三年輪換一次。徐泗觀察使崔彥曾，是崔慎由的姪子，個性嚴厲苛刻。朝廷認為徐州的士兵驕橫，所以任命崔彥曾來統領他們。都押牙尹戡、教練使杜璋、兵馬使徐行儉在府中主政，軍中將士都怨恨他們。戍守桂州的士兵已經六年，多次請求替換回來。尹戡對崔彥曾說，因為軍中錢財匱乏，調發兵員去替代花費頗多，請求再留舊戍卒一年，崔彥曾聽從了尹戡的意見。桂州戍守的士卒聽到這個消息，非常生氣。

都虞候許佶、軍校趙可立、姚周、張行實都是原來徐州的盜賊，州縣官不能討滅，就招募他們出來，補任衙職。適逢桂管觀察使李叢調往湖南，新任的觀察使沒有到任，秋，七月，許佶等人發動叛亂，殺掉了都將王仲甫，推舉糧料判官龐勛為首領，搶奪了武器庫中的兵器，所經之處，搶劫財物，州縣抵禦不了。朝廷聽到這一消息，八月，派遣高品宦官張敬思去赦免他們的罪過，安排送他們回徐州，戍卒才停止了搶劫。

任命前靜海節度使高駢為右金吾大將軍。高駢請求任命他的姪孫高潯接替他鎮守交趾，朝廷聽從了。

九月初八日戊戌，任命山南東道節度使盧耽為西川節度使。由於有了定邊軍的原因，西川節度使就不再兼領統押諸蠻、安撫等使的職務了。

龐勛等到了湖南，監軍用計誘騙他們，讓他們全部交出盔甲兵器。山南東道節度使崔鉉整兵嚴守要害，徐州戍卒不敢進入山南東道轄境，乘船沿長江東下。許佶等人一起謀劃說：「我們的罪過大於銀刀軍，朝廷赦免我們的原因，是擔心我們沿路搶劫，或是潰散以後成為禍患而已。如果到了徐州，一定會被剁成肉醬！」於是各自用私錢製作武器和旗幟，經過浙西道，進入淮南道。淮南節度使令狐綯遣使慰勞他們，並供給他們糧草。

都押牙李湘對令狐綯說：「徐州戍守桂州士卒擅自回來，勢必作亂，雖然朝廷沒有敕命誅討他們，作為藩鎮大臣應該遇事隨機制宜。高郵河岸險峻而水深地狹，請讓我帶領奇兵在旁邊埋伏，焚燒裝滿葦草的船用來堵塞他們前進的道路，再派勁兵在他們後面追殺，可以全部擒獲他們。不然的話，放走他們使能渡過淮河，到達徐州，和怨憤的群眾結合起來，造成的禍患一定很大。」令狐綯一向懦弱膽小，又因沒有朝廷的敕命，於是說：「他們在淮南地方不做壞事，就聽任他們經過，其他問題不是我的事情。」

勛招集銀刀等都❶竄匿者[1]及諸亡命匿於舟中，眾至千人。丁巳❷，至泗州❸。刺史杜慆❹饗之於毬場，優人致辭❺。徐卒以為玩❻己，擒優人，欲斬之，坐者驚散。慆素為之備，徐卒不敢為亂而止。慆，悰之弟也。

先是，朝廷屢敕崔彥曾慰撫戍卒擅歸者，勿使憂疑。彥曾遣使以敕意諭之，道路相望。勛亦申狀相繼，辭禮甚恭。戊午❼，行及徐城❽，勛與許佶等乃言於眾曰：「吾輩擅歸，思見妻子耳。今聞已有密敕下本軍，至則支分❾滅族矣！丈夫與其自投網羅，為天下笑，曷若❿相與戮力⓫同心，赴蹈湯火，豈徒脫禍，兼富貴可求。況城中將士皆吾輩父兄子弟，吾輩一唱於外，彼必響應於內矣。然後遵王侍中故事⓬，五十萬賞錢，可翹足[2]待也。」眾皆呼躍稱善。將士趙武等十二人獨憂懼，欲逃去，勛[3]悉斬之，遣使致其首於彥曾，且為申狀⓭，稱：「勛等遠戍六年，實懷鄉里。而武等因眾心不安，輒萌姦計。將士誠知詿誤⓮，敢避誅夷！今既蒙恩全宥⓯，輒共誅首惡，以補愆尤⓰。」冬，十月甲子⓱，使者至彭城，彥曾執而訊之，具得其情，乃囚之。丁卯⓲，勛復於遞中⓳申狀，稱：「將士自負罪戾⓴，各懷憂疑，今已及苻離㉑，尚未釋甲。蓋以軍將尹戡、杜璋、徐行儉等狡詐多疑，必生釁隙，乞且停此三人職任，以安眾心，仍乞戍還將士別置二營㉒，共為一將。」

【章旨】以上為第二段，寫龐勛詭詐，設計偷襲徐州。

【注釋】❶都 唐代軍隊編制的一種稱號，藩鎮親軍亦稱都。❷丁巳 九月二十七日。❸泗州 州名，治所臨淮，在今江蘇盱眙。❹杜慆 唐武宗、唐宣宗、唐懿宗三朝宰相杜悰之弟，官至義成節度使。傳見《新唐書》卷一百六十六。❺致辭 朝廷或官府舉行大宴，慣例由優伶獻頌辭，稱致辭或致語。❻玩 戲弄。❼戊午 九月二十八日。❽徐城 縣名，縣治在今江蘇盱眙西北。❾支分 即肢解。分解四肢的一種酷刑。支，同「肢」。❿曷若 怎麼趕得上。⓫戮力 併力。⓬王侍中故事 王侍中即王智興。其為武寧節度副使時，擁兵自立，驅逐節度使崔羣。朝廷無力討伐，遂加任命。事見本書卷二百四十二唐穆宗長慶二年。⓭申狀 一種上行公文。⓮詿誤 被貽誤；受連累。⓯全宥 寬赦保全。⓰愆尤 過失。⓱甲子 十月初四日。⓲丁卯 十月初七日。⓳遞中 投入驛站郵筒遞送。⓴罪戾 罪過。㉑苻離 縣名，縣治在今安徽宿州西北苻離鎮。㉒別置二營 另外設置二營。

【校記】[1]者 原無此字。據章鈺校，十二行本、乙十一行本皆有此字，今據補。[2]可翹足 據章鈺校，十二行本、乙十一行本皆作「翹足可」。[3]勛 原無此字。據章鈺校，十二行本、乙十一行本皆有此字，張敦仁《通鑑刊本識誤》同，今據補。

【語譯】龐勛招集銀刀軍等逃匿在外的人和那些亡命之徒在船中躲藏起來，部眾達到一千人。九月二十七日丁巳，到達泗州。刺史杜慆在毬場設宴款待他們，演戲的人致頌辭。徐州戍卒以為是在玩弄自己，把演戲的人抓了起來，想殺掉他，在坐的人驚慌四散。杜慆一向就有防備，徐州戍卒不敢為亂，只好作罷。杜慆，是杜悰的弟弟。

此前，朝廷多次敕令崔彥曾慰撫擅自回來的兵卒，不要使他們擔憂和疑慮。崔彥曾派遣使者把朝廷的敕意告訴他們，使者在路上前後相繼。龐勛申訴情況的文狀也前後不斷，辭語中表現得十分恭謹。九月二十八日戊午，到達徐城縣，龐勛與許佶等人對大家說：「我們擅自回來，想會見妻室兒女而已。現在聽說已有祕密的敕令下達徐州軍，只要我們到達就會肢體分解舉族滅亡！大丈夫與其自投羅網，被天下人恥笑，哪趕得上互相同心協力，赴湯蹈火，豈只擺脫災禍，還可以求得富貴。況且城中將士都是我們的父兄子弟，我們在城外一號召，他們一定會在城內響應。然後遵照王智興過去的舊例，五十萬賞錢，就能馬上得到了。」兵眾都歡呼跳躍著說好。將士趙武等十二人獨獨感到憂恐，想逃走，龐勛把他們全部殺了，派遣使者把這些人的頭顱送給崔彥曾，並且寫一申訴狀，說：「龐勛等在遠地戍守了六年，的確想念家鄉。而趙武等人乘著兵眾不安，就萌生奸計。將士們確實知道受了連累，怎敢逃避處斬！現在既然承蒙皇恩全部寬大免罪，就一起殺了帶頭幹壞事的人，以此來補救過失。」冬，十月初四日甲子，龐勛的使者到彭城，崔彥曾把使者抓起來進行審訊，把情況都瞭解清楚了，就囚禁了使者。初七日丁卯，龐勛又通過驛站郵筒投狀申訴說：「將士們自身負有罪責，各自心懷憂愁和疑慮，現在已經快到達苻離縣了，還沒有脫下甲胄。這是由於軍將尹戡、杜璋、徐行儉等人狡詐多疑，一定會發生隔閡和矛盾，請求暫時停止這三個人的職任，以便使眾人安下心來，還請求把戍守回來的將士另外設置二營，共同由一位將領去領導。」

時戍卒拒❶彭城止四驛❷，闔❸城恟懼。彥曾召諸將謀之，皆泣曰：「比以❹銀刀凶悍，使一軍❺皆蒙惡名，殲夷流竄，不無枉濫❻。今冤痛之聲未已，而桂州戍卒復爾猖狂。若縱使入城，必為逆亂，如此，則闔境塗地❼矣！不若乘其遠來疲弊，發兵擊之，我逸彼勞，往無不捷。」彥曾猶豫未決。團練判官溫廷皓❽[1]復言於彥曾曰：「安危之兆，已在目前，得失之機，決於今日。今擊之有三難，而捨之有五害：詔釋其罪而擅誅之，一難也。帥其父兄，討其子弟，二難也。枝黨❾鉤連，刑戮必多，三難也。然當道❿戍卒若[2]擅歸不誅，則諸道戍邊者皆效之，無以制禦，一害也。將⑪者一軍之首，而輒敢害之，則凡為將者，何以號令士卒！二害也。所過剽掠，自為甲兵，招納亡命，此而不討，何以懲惡！三害也。軍中將士，皆其親屬，銀刀餘黨，潛匿山澤，一日內外俱發，何以支梧⑫！四害也。逼脅軍府，誅所忌三將⑬，又欲自為一營，從之則銀刀之患復起，違之則託此為作亂之端，五害也。惟明公去其三難，絕其五害，早定大計，以副眾望。」

時城中有兵四千三百，彥曾乃命都虞候元密等將兵三千人討勛，數勛之罪以令士眾，且曰：「非惟塗炭平人，實亦汙染⑭將士。儻國家發兵誅討，則玉石俱焚⑮矣！」又曰：「凡彼親屬，無用憂疑，罪止一身，必無連坐⑯。」仍命宿州出兵苻離，泗州出兵於虹⑰以邀之，且奏其狀。彥曾戒元密無傷敕使⑱。

戊辰⑲，元密發彭城，軍容甚盛。諸將至任山⑳北數里，頓兵不進，共思所以奪敕使之計，欲俟賊入館，乃縱兵擊之，遣人變服負薪以詗賊。日暮，賊至任山，館中空無人，又無供給，疑之。見負薪者，執而榜㉑之，果得其情。乃為偶人㉒，執旗幟[3]，列於山下而潛遁。比夜，官軍始覺之，恐賊潛伏山谷及間道㉓來襲，復引兵退宿於城南，明旦，乃進追之。

【章　旨】以上為第三段，寫徐州官軍出兵討賊。

【注　釋】❶拒　同「距」。❷驛　一驛三十里。❸闔　全。❹比以　近來因為。❺一軍　指武寧軍。❻枉濫　無辜受罪，擴大冤獄。❼塗地　猶塗炭。比喻災難困苦。❽溫廷皓　唐太宗尚書右僕射溫彥博裔孫，晚唐著名詩人溫庭筠之弟。任徐州從事，後為龐勛所殺。傳見《舊唐書》卷一百九十下、《新唐書》卷九十一。❾枝黨　謂宗族黨羽。❿當道　本道。⓫將　指都將王仲甫。⓬支梧　支撐。屋頂小柱為支，斜柱為梧，借此為喻。⓭三將　指尹戡、杜璋、徐行儉。⓮汙染　牽連；連累。汙，同「污」。⓯玉石俱焚　語出《尚書·胤征》：「火炎昆岡，玉石俱焚。」比喻不分好壞，同歸於盡。⓰連坐　一人犯法，他人牽連入罪。⓱虹　縣名，縣治在今安徽泗縣。⓲無傷敕使　時敕使張敬思尚在龐勛軍中。⓳戊辰　十月初八日。⓴任山　山名，在今江蘇徐州西南。㉑榜　鞭打。㉒偶人　以土、木做成的假人。㉓間道　小路。

【校　記】[1]溫廷皓　據章鈺校，十二行本、乙十一行本、孔天胤本皆作「溫庭皓」。按，《新唐書》卷九十一〈溫彥博傳〉與底本同，《舊唐書》卷一百九十下〈溫庭筠傳〉與十二行本同。[2]若　原無此字。據章鈺校，十二行本、乙十一行本皆有此字，張敦仁《通鑑刊本識誤》同，今據補。[3]執旗幟　原無此三字。據章鈺校，十二行本、乙十一行本、孔天胤本皆有此三字，張敦仁《通鑑刊本識誤》同，今據補。

【語　譯】當時戍卒距離彭城只有四驛路程，全城慌恐。崔彥曾召集諸將商量對策，大家都流著淚說：「近來因為銀刀軍的兇惡強悍，使全軍都蒙受了壞名聲，有的被殺，有的被流放，不能沒有被冤枉和被牽連的人。現在呼叫冤痛的聲音還沒有停止，而桂州戍卒又如此猖狂。假如放任他們進到城裡來，一定會發生叛亂，這樣一來，那麼全城塗炭了！不如乘他們遠來疲敝，出兵攻打他們，我逸彼勞，沒有不打勝仗的。」崔彥曾猶豫不決。團練判官溫廷皓又對崔彥曾說：「安危的情況，已經擺在目前，是得是失的機遇，就看現在如何決定了。如今進攻他們有三方面的困難，而放過他們有五大危害：朝廷有詔令赦免他們的罪行而我們又擅自誅殺他們，是第一個困難。率領他們的父兄去討伐他們的子弟，是第二個困難。枝黨牽連，要懲辦殺戮的人必定很多，是第三個困難。然而本道的戍卒如果擅自回來不懲罰他們，那麼其他道戍邊士卒都仿效他們，就沒有辦法控制，這是第一個危害。將領是一軍的首長，而士卒敢於隨便殺害他，那麼那些擔任將領的人，怎麼號令他們的士卒呢！這是第二個危害。他們所過之處搶劫掠奪，自己置辦武器盔甲，招納亡命之徒，這種情況不加征討，怎麼去懲戒惡人！這是第三個危害。我們軍隊中的將士，都是他們的親屬，銀刀軍的餘黨，潛藏在山澤之中，一旦內外一齊起事，怎麼支撐得了！這是第四個危害。逼迫軍府誅殺他們忌恨的三名將領，又想自己單獨建立軍營，聽從他們，那麼銀刀軍之患又興起來了，違背他們，就會以此為藉口挑起禍亂，這是第五個危害。希望明公剷除三方面的困難，杜絕五個危害，早些決定大計，以符合大家的期望。」

當時彭城城中有兵員四千三百人，崔彥曾於是命令都虞候元密等帶領三千人討伐龐勛，歷數龐勛的罪行用來激勵士眾，並且說：「不僅塗炭平民，其實也使將士受到牽連。倘若國家發兵誅討，那麼就要玉石俱焚了！」又說：「凡是戍卒的親屬，不要擔憂害怕，犯罪的只限於本人，一定不會牽連其他人入罪。」又命令宿州出兵從苻離出動，泗州出兵從虹縣出動，截擊龐勛的部隊，並且將情況報告朝廷。崔彥曾告誡元密不要傷害敕使張敬思。

十月初八日戊辰，元密從彭城出發，軍隊陣容非常盛大。諸將到達任山北邊數里，頓兵不進，共同商量用來奪取敕使的辦法，想等到叛賊進入驛館後，就縱兵襲擊他們，並派人穿著便服擔著柴禾去偵察賊情。傍晚時，叛賊到達任山，驛館中空無一人，又沒有供應食物，他們產生了懷疑。看到一個擔著柴禾的人，抓了起來，鞭打他，果然得到了官兵的情況。叛賊就製作一些假人，手執旗幟，排列在山下，而自己卻暗地跑掉了。等到夜晚，官軍才發覺叛賊不見了，擔心他們潛伏在山谷中和從小路前來偷襲，又帶領軍隊退回城南暫宿，第二天早上，才進兵追趕龐勛的部隊。

時賊已至苻離，宿州戍卒五百人出戰於濉水❶上，望風奔潰，賊遂抵宿州。

時宿州闕刺史，觀察副使焦璐攝州事，城中無復餘兵。庚午❷，賊攻陷之，璐走免。賊悉聚城中貨財，令百姓來取之。一日之中，四遠雲集，然後選募為兵，有不願者立斬之，自旦至暮，得數千人。於是勒兵乘城，龐勛自稱兵馬留後。

再宿❸，官軍始至。賊守備已嚴，不可復攻。先是，焦璐聞苻離敗，決汴水以斷北路。賊至，水尚淺可涉，比官軍至，已深矣。壬申❹，元密引兵度水，將圍城。會大風，賊以火箭射城外茅屋[1]，延及官軍營，士卒進則冒矢石，退則限❺水火，賊急擊之，死者近三百人。元密等以為賊必固守，但為攻取之計。

賊夜使婦人持更❻，掠城中大船三百艘，備載資糧，順流而下，欲入江湖為盜。以千緡❼贈張敬思，遣騎送至汴❽之東境，縱使西歸❾。

明旦，官軍知賊已去，狼狽追之。士卒皆未食，比追及，已飢乏。賊艤舟❿隄⓫下而陳於隄外，伏千人於舟中。官軍將至，陳者皆走入陂中⓬。密以為畏己，縱兵追之。賊自舟中出，夾攻之，自午及申⓭，官軍大敗。密引兵走，陷於荷涫⓮，賊追及之，密等諸將及監陳敕使⓯皆死，士卒死者殆千人，其餘皆降於賊，無一人還徐者。賊問降卒以彭城人情計謀，知其無備，始有攻彭城之志。

乙亥⓰，龐勛引兵北度濉水，踰山趣彭城。其夕，崔彥曾始知元密敗，移牒鄰道求救。明日，塞門，選城中丁壯為守備。內外震恐，無復固志⓱。或勸彥曾奔兗州，彥曾怒曰：「吾為元帥，城陷而死，職也！」立斬言者。

丁丑⑱，賊至城下，眾六七千人，鼓譟動地。民居在城外者，賊皆慰撫，無所侵擾。由是人爭歸之，不移時⑲，克羅城⑳。彥曾退保子城，民助賊攻之，推草車塞門而焚之，城陷。賊囚彥曾於大彭館，執尹戡、杜璋、徐行儉，刳而剉之㉑，盡滅其族。勛坐聽事㉒，盛陳兵衛，文武將吏伏謁，莫敢仰視。即日，城中願附從者萬餘人。

戊寅㉓，勛召溫庭皓，使草表求節鉞㉔。庭皓曰：「此事甚大，非頃刻㉕可成，請還家徐草之。」勛許之。明旦，勛使趣之，庭皓來見勛曰：「昨日所以不即拒者，欲一見妻子耳。今已與妻子別，謹來就死。」勛熟視，笑曰：「書生敢爾，不畏死邪！龐勛能取徐州，何患無人草表！」遂釋之。

【章旨】以上為第四段，寫叛軍龐勛攻佔徐州。

【注釋】❶濉水　水名，自河南開封分古鴻溝而東流，經杞縣、夏邑、安徽濉溪、江蘇宿遷入泗水。此指虹縣東南一段濉水。❷庚午　十月初十日。❸再宿　第二夜。❹壬申　十月十二日。❺限　阻。❻持更　打更。❼縑　細絹。❽汴　指汴州。❾西歸　謂西歸長安。❿艤舟　船泊岸邊。⓫隄　河岸。⓬陂中　岸邊。⓭日午及申　上午十一時至下午四時。⓮荷渲　地名，在宿州境內。⓯監陳敕使　奉詔命督陣的宦官。陳，通「陣」。⓰乙亥　十月十五日。⓱固志　指固守彭城之志。⓲丁丑　十月十七日。⓳不移時　不多時。⓴羅城　外圍大城，其內小城謂之子城。㉑刳而剉之　剖腹鍘身。㉒聽事　指徐州觀察使廳堂。㉓戊寅　十月十八日。㉔求節鉞　謂請求朝廷任命為節度使。㉕頃刻　片刻。

【校　記】①屋　據章鈺校，十二行本、乙十一行本、孔天胤本皆作「舍」。

【語　譯】當時叛賊已經到達苻離縣，宿州戍卒五百人到濉水上和龐勛部隊作戰，聽到風聲就逃散了，叛賊於是抵達宿州城。當時宿州沒有刺史，觀察副使焦璐代理州中政事，城中沒有軍隊。十月初十日庚午，叛賊攻下了宿州城，焦璐逃脫了。叛賊把城中的錢財貨物集中起來，叫老百姓來領取。一天之內，四方遠處的人雲集，然後選募一些人編入軍隊，有不願意的立即殺掉，從早到晚，得到了數千人。於是指揮軍隊登城防守，龐勛自稱兵馬留後。

住了兩晚，官軍才到來。叛賊守備已經很嚴整鞏固了，不能再攻打了。在這之先，焦璐聽說在苻離打了敗仗，就把汴水堤挖開用來切斷由北邊進入宿州的道路。叛賊到達時，水還淺，可以從水中走過，到官軍抵達時，水已經很深了。十月十二日壬申，元密帶領軍隊渡水，將要圍城。碰上颳大風，叛賊用火箭射向城外茅草屋，大火延及官軍營，士卒前進就要遭到矢石的射擊，後退則被水火所阻，叛賊乘勢急攻，官軍死去的將近三百人。元密等人以為叛賊必定固守此城，只考慮攻取城池的辦法。

叛賊夜裡叫婦人在城裡打更，搶奪城裡三百艘大船，裝載著資財糧食，順汴水而下，想到江湖中當強盜。又拿出一千匹細絹送給張敬思，派騎兵送他到汴州東境，放他西回長安。

第二天早上，官軍知道叛賊已經離開，才急忙追擊他們。士卒們都沒有吃飯，等到追上了，已經是又飢餓又疲乏。叛賊把船停靠在堤下而在堤外擺好了陣式，在船中埋伏了一千人。官軍快要到達時，軍陣中的人都跑到岸邊。元密以為是叛賊懼怕自己，便縱兵追擊他們。叛賊從船中出來，和岸上的叛賊夾攻官兵，從午時戰鬥到申時，官軍大敗。元密帶領官兵逃走，陷在荷涫地方，叛賊追上了，元密等將領和監陣敕使都戰死了，士卒死去的大約有一千人，其餘的人都投降了叛賊，沒有一個人返回徐州。叛賊詢問降卒有關彭城的人情和籌劃情況，得知那裡毫無防守準備，才有了進攻彭城的打算。

十月十五日乙亥，龐勛帶兵向北渡過濉水，翻山趕往彭城。當天晚上，崔彥曾才知道元密戰敗，向鄰道發出文書求救。第二天，堵上城門，挑選城中丁壯進行守衛防備。這時內外的人們都震驚和恐懼，已經沒有固守的想法了。有人勸崔彥曾逃往兗州，崔彥曾大怒說：「我擔任元帥，城被攻下而戰死，是我的職責！」馬上把進言的人殺了。

十月十七日丁丑，叛賊到達城下，兵眾有六七千人，鼓噪聲震天動地。居住在城外的民眾，叛賊對他們都進行慰撫，一點也不侵擾他們。因此，民眾爭相歸附他們，不多時，就攻克了外城。崔彥曾退保內城，民眾幫助叛賊攻城，推著裝滿茅草的車子堵塞城門點火焚燒，內城陷落。叛賊把崔彥曾囚禁在大彭館，抓到了尹戡、杜璋和徐行儉，剖腹鍘身，把他們的家族都殺掉了。龐勛坐在廳堂上，排列很多兵衛，文武將吏伏地拜見，都不敢抬頭看他。當天，城中願意歸附他的有一萬多人。

十月十八日戊寅，龐勛召來溫庭皓，叫他草擬奏表向朝廷要求擔任節度使。溫庭皓說：「這是一件很大的事情，不是片刻可以寫成，請求讓我回家慢慢起草。」龐勛答應了。第二天早晨，龐勛派人去催促他，溫庭皓前來謁見龐勛說：「昨天沒有當即拒絕草擬奏表的原因，是想見一次妻兒而已。現在已經與妻兒訣別了，特地來受死。」龐勛注視著他，笑著說：「書生竟敢這麼做，不怕死嗎！龐勛我能拿下徐州，怎會怕沒有人草擬奏表！」於是釋放了溫庭皓。

有周重者，每以才略自負，勛迎為上客。重為勛草表，稱：「臣之一軍，乃漢室興王之地❶。頃因節度使刻削軍府❷，刑賞失中❸，遂致迫逐❹。陛下奪其節制，翦滅一軍❺，或死或流，冤橫無數。今聞本道復欲誅夷，將士不勝痛憤，推臣權❻兵馬留後，彈壓十萬之師，撫有四州❼之地。臣聞見利乘時，帝王之資也。

臣見利不失，遇時不疑。伏乞聖慈，復賜旌節。不然，揮戈曳戟，詣闕非遲⑧！」庚辰⑨，遣押牙張琯奉表詣京師。

勛以許佶為都虞候，趙可立為都遊弈使，黨與各補牙職，分將諸軍。又遣舊將劉行及將千五百人屯濠州，李圓將二千人屯泗州，梁丕將千人屯宿州，自餘要害縣鎮，悉繕完⑩戍守。徐人謂旌節之至不過旬月⑪，願效力獻策者遠近輻湊⑫，乃至光、蔡、淮、浙、兗、鄆、沂、密羣盜皆倍道⑬歸之，闐溢⑭郛郭⑮，旬日間，米斗直錢二百。勛詐為崔彥曾請翦滅徐州表，其略曰：「一軍暴卒，盡可翦除，五縣⑯愚民，各宜配隸⑰。」又作詔書，依其所請，傳布境內。徐人信之，皆歸怨朝廷，曰：「微桂州將士回戈，吾徒悉為魚肉矣！」

劉行及引兵至渦口⑱，道路附從者增倍。濠州兵纔數百，刺史盧望回素不設備，不知所為，乃開門具牛酒迎之。行及入城，囚望回，自行刺史事。泗州刺史杜慆聞勛作亂，完守備以待之，且求救於江、淮。李圓遣精卒百人先入泗州，封府庫。慆遣人迎勞⑲，誘之入城，悉誅之。明日，圓至，即引兵圍城，城上矢石雨下，賊死者數百，乃斂兵⑳屯城西。勛以泗州當江、淮之衝㉑，益發兵助圓攻之，眾至萬餘，終不能克。

初，朝廷聞龐勛自任山還趣宿州，遣高品康道偉齎敕書撫慰之。十一月，道偉至彭城。勛出郊迎，自任山至子城三十里，大陳甲兵，號令金鼓響震山谷，城中丁壯，悉驅使乘城。宴道偉於毬場，使人詐為羣盜降者數千人，諸寨告捷者數十輩。復作求節鉞表，附道偉以聞。

【章　旨】以上為第五段，寫龐勛一面四出略地，一面要挾朝廷求節鉞。

【注　釋】❶漢室興王之地　漢高祖起於沛，唐時沛縣屬於徐州，故稱之以自誇大。❷刻削軍府　侵害軍府官兵利益。❸失中　有失公平。❹遂致迫逐　謂士卒所以迫逐節度使，皆其所作所為而導致。❺翦滅一軍　指王式盡誅銀刀等七都。❻權　代理。❼四州　武寧軍領徐、宿、濠、泗等四州。❽不然三句　否則，揮舞武器，兵向長安，不會延遲。揮戈曳戟，揮動矛戈，拖曳戟鉞。詣闕，指兵鋒將直指京師長安。❾庚辰　十月二十日。❿繕完　整修。⓫旌節之至不過旬月　朝廷授予龐勛節度使旌旗符節，要不了十天半月就會來到。⓬輻湊　車輻湊集於軸心，比喻人或物集聚一起。輻，車輪中連接軸心與輪圈的直木。⓭倍道　兼程；一日行兩日路程。⓮闐溢　充滿。⓯郛郭　外城。⓰五縣　指徐州所轄彭城、蕭、豐、沛、滕五縣。⓱配隸　流放和服勞役。⓲渦口　渦水入淮之口，在今安徽懷遠東北。⓳迎勞　迎接慰問。⓴斂兵　收兵。㉑衝　要衝；交通要道。

【語　譯】有個叫周重的人，常常自己以為很有才略，龐勛把他接來作為上賓。周重為龐勛草擬奏表，說：「臣的這支軍隊，是處在漢朝興起為王的地方。近來因節度使侵害軍府官兵利益，刑賞不公平，於是導致被將士驅逐。陛下因此取消節度使的設置，要消滅這一支軍隊，有的人被處死，有的人被流放，遭冤枉橫禍的數也數不清。現在聽說又要誅殺本軍，將士們非常痛憤，推舉臣暫時代理兵馬留後，統領十萬大軍，據有四州之地。臣聽說看到利益就抓住時機，是做帝王的根本。臣看到利益就不失去，碰上時機就毫不猶豫。拜伏乞請聖上仁慈，再賜給徐州節度使旌節。不然的話，揮舞武器，兵往長安，不會遲延！」十月二十日庚辰，派遣押牙張琯前往京師奉送奏表。

龐勛任命許佶為都虞候，趙可立為都遊弈使，其餘同黨個個都補了衙門中的各種官職，分別統率各支軍隊。又派遣舊將劉行及帶領一千五百人屯駐濠州，李圓帶領二千人屯駐泗州，梁丕帶領一千人屯駐宿州，其餘的要害縣鎮，全都整修戍守。徐州人以為節度使的旌旗符節過不了十天半個月就會到來，願意為龐勛效力獻策的人，不論遠的近的紛紛從四面八方到來，以至光、蔡、淮、浙、兗、鄆、沂、密等州的群盜都兼程歸附龐勛，外城都住滿了人，十來天時間，一斗米漲到了二百錢。龐勛偽造了一份崔彥曾請求翦滅徐州的奏表，內容大略說：「全軍的暴卒，都可以殺掉，徐州五縣的百姓，都應當發配服勞役。」又製作假詔書，說是聽從了崔彥曾的請求，將詔書在徐州境內流傳。徐州人相信了這些，全都歸怨朝廷，說：「要是沒有桂州將士返回來，我們這些人都成為任人宰割的魚肉了！」

劉行及帶領軍隊到達渦口，沿途歸從的人成倍的增加。濠州的守兵才幾百人，刺史盧望回向來就不設防備，這時他不知道怎麼辦。於是大開城門具備牛酒來迎接大軍。劉行及進城後，囚禁了盧望回，自己行使州刺史的職務。泗州刺史杜慆得知龐勛作亂，完繕守城設備以等待敵人，並向江南、淮南求援。叛將李圓派精卒百人先進入泗州，封存府庫。杜慆派人去迎接慰勞，引誘他們入城後，把他們全部殺掉了。第二天，李圓到達，立即帶兵包圍州城，城上的箭和石頭像下雨一樣落下，叛賊被打死幾百人，於是收兵屯駐在城西。龐勛認為泗州處於進入江、淮的要衝，就增加援兵幫助李圓攻城，軍隊達到一萬多人，終究沒有攻克。

當初，朝廷聽說龐勛從任山返回奔赴宿州，就派遣高品級宦官康道偉帶著敕書去安撫龐勛。十一月，康道偉到達彭城。龐勛到城郊迎接，從任山到子城的三十里長的路上，大量排列身著鎧甲的士兵，發號施令的金鼓聲震山谷，城中的丁壯，全部驅趕登城守備。龐勛在毬場設宴歡迎康道偉，使數千人假裝是群盜前來投降，各寨報告勝利消息的有數十批人。又寫了請求節鉞的奏章，交給康道偉帶給懿宗。

初，辛雲京❶之孫讜❷寓居廣陵❸，喜任俠，年五十不仕。與杜慆有舊❹，聞龐勛作亂，詣泗州，勸慆挈❺家避之。慆曰：「安平享其祿位，危難棄其城池，吾不為也！且人各有家，誰不愛之？我獨求生，何以安眾！誓與將士共死此城耳！」讜曰：「公能如是，僕與公同死！」乃還廣陵，與其家訣，壬辰❻，復如泗州。時民避亂，扶老攜幼，塞塗而來。見讜，皆止之曰：「人皆南走，子獨北行，取死何為！」讜不應。至泗州，賊已至城下。讜急棹❼小舟得入，慆即署團練判官。城中危懼，都押牙李雅有勇略，為慆設守備，帥眾鼓譟，四出擊賊，賊退屯徐城，眾心稍安。

龐勛募人為兵，人利於剽掠，爭赴之，至父遣其子，妻勉其夫，皆斷鉏首而銳之❽，執以應募。

鄰道聞勛據徐州，各遣兵據[1]要害。而官軍尚少，賊眾日滋，官軍數不利，賊遂破魚臺❾等[2]近十縣。宋州東有磨山❿，民逃匿其上，勛遣其將張玄稔圍之。會旱，山泉竭，數萬口皆渴死。

或說勛曰：「留後止欲求節鉞，當恭順盡禮以事天子，外戢⓫士卒，內撫百姓，庶幾可得。」勛雖不能用，然國忌猶行香⓬，饗士卒必先西向拜謝⓭。癸卯⓮，勛聞敕使入境，以為必賜旌節，眾皆賀。明日，敕使至，但責崔彥曾及監軍張道謹，貶其官。勛大失望，遂囚敕使，不聽歸。

詔以右金吾大將軍康承訓為義成節度使、徐州行營都招討使，神武大將軍王晏權為徐州北面行營招討使，羽林將軍戴可師為徐州南面行營招討使，大發諸道兵以隸三帥⓯。承訓奏乞沙陀三部落⓰使朱邪赤心及吐谷渾、達靼、契苾酋長各帥其眾以自隨，詔許之。

【章旨】以上為第六段，寫辛讜助杜慆守泗州。朝廷大發兵三路討賊。

【注釋】❶辛雲京　（西元七一三—七六八年）蘭州金城（今甘肅蘭州）人，唐代宗時官至太原尹，封金城郡王。傳見《舊唐書》卷一百十、《新唐書》卷一百四十七。❷讜　辛讜，辛雲京之孫。為人慷慨，重然諾，賑人所急。龐勛反，圍泗州。辛讜多次突圍求救，使州得以保全，以功授亳州刺史。唐僖宗時官終嶺南節度使。傳見《舊唐書》卷一百八十七下、《新唐書・忠義傳》卷一百九十三。❸廣陵　縣名，秦置，隋廢。此沿用舊稱。縣治在今江蘇揚州。❹有舊　有舊交情。兩《唐書》辛讜本傳未言辛讜與杜慆有交情，《舊唐書》本傳明確說，兩人沒有見過面。❺挈　帶領。❻壬辰　十一月初三日。❼棹　划船。❽斷鉏首而銳之　折斷鋤把，把鋤頭磨銳利作武器。❾魚臺　縣名，縣治在今山東魚臺西。❿磨山　山名，在今河南夏邑東。⓫戢　安定。⓬國忌猶行香　唐自中世以後，遇皇帝、皇后忌日，令京城及各州府於寺觀設齋焚香。⓭西向拜謝　凡方鎮饗宴將士，必朝服，率將佐西向望闕謝恩。⓮癸卯　十一月十四日。⓯三帥　即康承訓、王晏權、戴可師。⓰三部落　指沙陀、薩葛、安慶三部。

【校記】[1]據　據章鈺校，十二行本、乙十一行本、孔天胤本皆作「戍守」二字。[2]等　原無此字。據章鈺校，十二行本、乙十一行本、孔天胤本皆有此字，張敦仁《通鑑刊本識誤》同，今據補。

【語　譯】起初，辛雲京的孫子辛讜寄居在廣陵縣，喜歡俠義，五十歲了還未做官。他與杜慆有舊交，聽說龐勛作亂，前往泗州，勸說杜慆帶領家屬躲避。杜慆說：「安定平靜的時候享受國家的祿位，危險艱難的時候拋棄國家的城池，我不幹那種事！況且人們各自有家，哪個人不愛自己的家？我獨自一人去尋求生路，怎麼來安撫民眾！我決心和將士們一起死在這座城池！」辛讜說：「公能這樣幹，我願和您生死與共！」於是回到廣陵，和他的家人訣別，十一月初三日壬辰，又前往泗州。當時民眾躲避戰亂，扶老攜幼，堵塞了道路，向南而來。看見辛讜，都阻止他說：「別人都向南逃跑，你卻北行，為什麼要去送死！」辛讜不作聲。到了泗州，叛賊已經到達城下。辛讜急忙划著小船才得以進城，杜慆立即任命他為團練判官。城中的人都感到危險而恐懼，都押牙李雅有勇有謀，為杜慆安排防守事宜，帶領兵眾鼓噪，四出擊賊，叛賊後退駐紮在徐城，群眾的情緒逐漸安定下來。

龐勛招募民眾當兵，民眾認為當兵搶掠有利可圖，爭相應募，以至於父親打發兒子、妻子勸勉丈夫，都把鋤頭折斷而將頭部磨銳利，拿著它來應募。

相鄰的各道聽說龐勛佔據了徐州，各自派遣軍隊據守要害地方。然而官軍人數還很少，叛賊的軍隊一天天壯大，官軍多次失敗，叛賊於是攻下魚臺等附近的十座縣城。宋州東邊有座磨山，民眾逃走後藏匿在山上，龐勛派將領張玄稔包圍那座山，遇上天旱，山泉枯竭，數萬人都乾渴死了。

有人勸龐勛說：「留後只想取得節度使官職，就應當恭順盡禮來侍奉天子，對外安戢士卒，對內撫慰百姓，這樣大概可以得到官職。」龐勛雖然沒有採納這一建議，但是逢國忌日還是去寺觀設齋焚香，宴饗士卒時一定先面向西望闕謝恩。十一月十四日癸卯，龐勛聽說朝廷敕使進入徐州地界，以為一定會賜給他旌節，大家都向他祝賀。第二天，敕使到了，只是責備崔彥曾和監軍張道謹，貶謫他們的官職。龐勛大失所望，於是囚禁了敕使，不讓他回京師。

朝廷下詔任命右金吾大將軍康承訓為義成節度使、徐州行營都招討使，神武大將軍王晏權為徐州北面行營招討使，羽林將軍戴可師為徐州南面行營招討使，大規模調發各道的軍隊，歸三帥指揮。康承訓奏請沙陀三部落使朱邪赤心和吐谷渾、達靼、契苾酋長各自率領他們的部眾跟隨自己，下詔同意了。

龐勛以李圓攻泗州久不克，遣其將吳迥代之。丙午❶，復進攻泗州，晝夜不息。時敕使郭厚本將淮南兵千五百人救泗州，至洪澤❷，畏賊彊，不敢進。辛讜請往求救，杜慆許之。丁未❸夜，乘小舟潛度淮，至洪澤，說厚本，厚本不聽，比明，復還。己酉❹，賊攻城益急，欲焚水門❺，城中幾不能禦，讜請復往求救。慆曰：「前往徒還，今往何益？」讜曰：「此行得兵則生返，不得則死之。」慆與之泣別。讜復乘小舟負戶突圍出，見厚本，為陳利害。厚本將從之，淮南都將袁公弁曰：「賊勢如此，自保恐不足，何暇救人！」讜拔劍瞋目❻謂公弁曰：「賊百道❼攻城，陷在朝夕。公受詔救援而逗留不進，豈惟上負國恩！若泗州不守，則淮南遂為寇場，公詎能獨存邪！我當殺公而後死[1]耳！」起，欲擊之。厚本趨[2]抱止之，公弁僅免。讜乃回望泗州，慟哭終日，士卒皆為之流涕。厚本乃許分五百人與之，仍問將士，將士皆願行。讜舉身❽自擲[3]，叩頭以謝將士，遂帥之抵淮南岸。望賊方攻城，有軍吏言曰：「賊勢❾已似入城，還去則便❿。」讜逐之，攬得其髻⓫，舉劍擊之。士卒共救之，曰：「千五百人判官，不可殺也。」

讜曰：「臨陳妄言惑眾，必不可捨！」眾請不能得，乃共奪之。讜素多力⑫，眾不能奪。讜曰：「將士但登舟，我則捨此人。」眾競登舟，乃捨之。士卒有回顧者，則斫之。驅至淮北，勒兵擊賊。慆於城上布兵與之相應，賊遂敗走，鼓譟逐之，至晡而還⑬。

龐勛遣其將劉佶[4]將精兵數千助吳迥攻泗州，劉行及自濠州遣其將王弘立引兵會之。戊午⑭，鎮海節度使杜審權遣都頭翟行約將四千人救泗州。己未⑮，行約引兵至泗州，賊逆擊於淮南，遂[5]圍之。城中兵少，不能救，行約及士卒盡死。先是，令狐綯遣李湘將兵數千救泗州，與郭厚本、袁公弁合兵屯都梁城⑯，與泗州隔淮相望。賊既破翟行約，乘勝圍之。十二月甲子⑰，李湘等引兵出戰，大敗，賊遂陷都梁城，執湘及郭厚本送徐州，據淮口⑱，漕驛路絕。

康承訓軍於新興⑲，賊將姚周屯柳子⑳，出兵拒之。時諸道兵集者纔萬人，承訓以眾寡不敵，退屯宋州。龐勛以為官軍不足畏，乃分遣其將丁從實等各將數千人南寇舒㉑、廬，北侵沂、海，破沭陽、下蔡、烏江㉒、巢縣，攻陷滁州，殺刺史高錫望。又寇和州㉓，刺史崔雍遣人以牛酒犒之，引賊登樓共飲，命軍士皆釋甲，指所愛二人為子弟，乞全之，其餘惟賊所處。賊遂大掠城中，殺士卒八百餘人。

泗州援兵既絕，糧且盡，人食薄粥。閏月己亥㉔，辛讜言於杜慆，請出求救於淮、浙，夜，帥敢死士十人，執長柯㉕斧，乘小舟，潛往斫賊水寨而出。明旦，賊乃覺之，以五舟遮其前，以五千人夾岸追之。賊舟重，行遲，讜舟輕，行疾，力鬭三十餘里，乃得免。癸卯㉖，至揚州，見令狐綯。甲辰㉗，至潤州，見杜審權。時泗州久無聲問，或傳已陷，讜既至，審權乃遣押牙趙翼將甲士二千人，與淮南共輸米五千斛、鹽五百斛以救泗州。

【章旨】以上為第七段，寫杜慆堅守泗州，成為東南屏障。

【注釋】❶丙午　十一月十七日。❷洪澤　鎮名，在今江蘇洪澤西北原淮河南岸。❸丁未　十一月十八日。❹己酉　十一月二十日。❺水門　泗州城東臨淮水之門。❻瞋目　怒目。❼百道　多方。❽舉身　起身。❾賊勢　根據賊方形勢。❿還去則便　還軍離去才有利。⓫髻　挽束在頭頂上的頭髮。⓬素多力　一向力大。⓭至晡而還　到下午三四點鐘才返回城中。晡，申時，下午三時至五時。⓮戊午　十一月二十九日。⓯己未　十一月三十日。⓰都梁城　城名，在今江蘇盱眙南都梁山。⓱甲子　十二月初五日。⓲淮口　地名，泗水入淮之口，當在今江蘇淮安西。⓳新興　鎮名，即今安徽渦陽北新興集。⓴柳子　鎮名，在今安徽濉溪縣西南。㉑舒　州名，治所懷寧，在今安徽潛山縣。㉒沭陽下蔡烏江　皆縣名。沭陽，縣治在今江蘇沭陽。下蔡，縣治在今安徽鳳臺。烏江，縣治在今安徽和縣東北烏江鎮。㉓和州　州名，治所歷陽，在今安徽和縣。㉔己亥　閏十二月十日。㉕柯　斧柄。㉖癸卯　閏十二月十四日。㉗甲辰　閏十二月十五日。

【校記】①死　原作「止」。據章鈺校，十二行本、乙十一行本皆作「死」，張敦仁《通鑑刊本識誤》、張瑛《通鑑校勘記》

同，今據改。②趨　原作「起」。據章鈺校，十二行本、乙十一行本皆作「趨」，張敦仁《通鑑刊本識誤》同，今據改。按，「趨」字義長。③自擲　原無此二字。據章鈺校，十二行本、乙十一行本、孔天胤本皆有此二字，張敦仁《通鑑刊本識誤》同，今據補。④劉佶　張敦仁《通鑑刊本識誤》作「許佶」，當是。許佶即龐勛都虞候。⑤遂　原無此字。據章鈺校，十二行本、乙十一行本、孔天胤本皆有此字，張敦仁《通鑑刊本識誤》同，今據補。

【語譯】龐勛看到李圓攻打泗州很久沒有攻下來，就派遣他的將領吳迥取代他。十一月十七日丙午，再進攻泗州，日夜不停地攻打。當時敕使郭厚本帶領淮南兵一千五百人救援泗州，到達洪澤鎮後，害怕賊軍強大，不敢前進。辛讜請求前往求救，杜慆答應了。十八日丁未夜裡，辛讜乘小船暗中渡過淮河，到達洪澤鎮，勸說郭厚本，郭厚本不聽從，到天亮時，又返回泗州。二十日己酉，叛賊攻打州城更加緊急了，想燒掉水門，城中幾乎不能抵擋了，辛讜請求再去求救。

杜慆說：「前次去白跑了一趟，現在前去有什麼用？」辛讜說：「此行得到救兵就活著回來，得不到救兵就死在那裡。」杜慆和他流淚告別。辛讜又乘小船背著門扇突圍出來，見到郭厚本，向他陳述利害關係。郭厚本將要聽從辛讜的請求，淮南都將袁公弁說：「叛賊勢力如此強大，自保還擔心力量不夠，哪裡有時間援救別人！」辛讜拔劍怒目對袁公弁說：「叛賊用多種辦法攻打州城，早晚就要攻陷。你受詔命救援而停留不肯前進，何止是對上背負了國恩！如果泗州失守，那麼淮南地區就成了敵人活動的場所，你難道還能單獨存在嗎！我要殺掉你然後死去！」他站起來，想擊殺袁公弁。郭厚本起身抱住辛讜加以阻止，袁公弁才得以脫離危險。辛讜於是回頭望著泗州，痛哭了一整天，士卒們都被他這種行為感動得流出了眼淚。郭厚本於是答應分出五百人給辛讜，又詢問將士，將士都願意去支援。辛讜起身自投於地，磕頭感謝將士，於是帶領他們抵達淮河南岸。望見叛賊正在攻城，有個軍官說：「根據叛賊的形勢好像已經進城了，我們還軍離去才有利。」辛讜追上他，抓住他的頭髮，舉劍砍他。士卒們一起搶救，說：「他是一千五百人的判官，不能殺掉他。」辛讜說：「在軍陣前亂說話蠱惑軍心，一定不能放過他！」大家的請求得不到應允，就共同來搶人。辛讜一向力氣很大，大家不能把軍官搶回去。辛讜說：「將士們只要上船，我就放了這個人。」眾將士爭著上船，辛讜就把軍官放了。士卒們有回頭看的人，辛讜就用劍砍他們。辛讜率士卒趕到淮河北岸，率軍攻打叛賊。杜慆在城上部署兵力和辛讜相呼應，叛賊敗逃，鳴鼓呼噪追趕他們，到下午三四時返回。

龐勛派部將劉佶帶領精兵數千人協助吳迥攻打泗州，劉行及從濠州派遣他的將領王弘立帶兵與他們會合。十一月二十九日戊午，鎮海節度使杜審權派遣都頭翟行約帶領四千人救援泗州。三十日己未，翟行約帶兵到達泗州，叛賊在淮河南岸迎擊，於是包圍了翟行約。泗州城裡面兵員少，不能出來救援，翟行約和士卒全被殺死。此前，令狐綯派遣李湘帶領數千士兵救泗州，和郭厚本、袁公弁合兵屯駐都梁城，和泗州隔淮相望。叛賊消滅了翟行約以後，乘勝包圍了李湘等人的軍隊。十二月初五日甲子，李湘等人率軍出戰，大敗，叛賊於是攻下了都梁城，抓了李湘和郭厚本送往徐州，佔領了淮口，東南通往京城的漕運驛路斷絕了。

康承訓的軍隊駐紮在新興鎮，叛將姚周屯駐在柳子鎮，出兵抵抗康承訓。當時各道兵才集結了一萬人，康承訓感到眾寡不敵，於是退到宋州屯駐。龐勛認為官軍不足畏懼，於是分別派遣他的將領丁從實等人各率數千人向南侵擾舒州、廬州，向北侵擾沂州、海州，攻破了沭陽、下蔡、烏江、巢縣，又攻下了滁州，殺死了刺史高錫望。又寇掠和州，刺史崔雍派人用牛酒犒賞他們，帶領叛賊上樓一起飲酒，命令軍士都脫下盔甲，指出他所喜愛的兩個人說是自己的子弟，乞求保全他們的性命，其餘的人任由叛賊處置。叛賊於是在城裡大肆搶掠，殺死士卒八百餘人。

泗州在援兵斷絕了後，糧食快吃完了，人人只能吃稀粥。閏十二月初十日己亥，辛讜告訴杜慆，請求出城到淮南、浙西求救兵，當夜，帶領敢死隊兵士十個人，拿著長柄斧頭，坐著小船，暗地裡斫開叛賊的水寨出去。第二天早晨，叛賊發覺了，就派五艘船擋在前面，又派五千人夾著河岸追趕他們。叛賊的船重，走得慢，辛讜的船輕，走得快，奮力戰鬥三十多里路，才得以逃脫。十四日癸卯，到達揚州，拜見令狐綯。十五日甲辰，到達潤州，拜見杜審權。當時泗州很久沒有消息，有傳聞說已經陷落，辛讜到達以後，杜審權就派押牙趙翼帶領甲士二千人，和淮南道一起運送大米五千斛、鹽五百斛以救援泗州。

戴可師將兵三萬渡淮，轉戰而前，賊盡棄淮南之守。可師欲先奪淮口，後救泗州。壬申❶，圍都梁城。城中賊少，拜於城上曰：「方與都頭議出降。」可師為之退五里。賊夜遁，明旦，惟空城。可師恃勝不設備，是日大霧，濠州[1]賊將王弘立引兵數萬疾徑奄至❷，縱擊官軍。官軍不及成列，遂大敗，將士觸兵及溺淮死，得免者纔數百人，亡器械、資糧、車馬以萬計，賊傳可師及監軍、將校首於彭城。

龐勛自謂無敵於天下，作露布❸，散示諸寨及鄉村。於是淮南士民震恐，往往避地江左❹。令狐綯畏其侵軼，遣使詣勛說諭❺，許為奏請節鉞，勛乃息兵俟命。由是淮南稍得收散卒，修守備。

時汴路既絕，江、淮往來皆出壽州。賊既破戴可師，乘勝圍壽州，掠諸道貢獻❻及商人貨，其路復絕。勛益自驕，日事游宴。周重諫曰：「自古驕滿奢逸，得而復失，成而復敗，多矣，況未得未成而為之者乎！」

諸道兵大集於宋州，徐州始懼，應募者益少，而諸寨求益兵者相繼。勛乃使其黨散入鄉村，驅人為兵。又見❼兵已及數萬人，資糧匱竭，乃斂富室及商旅財，什取其七八，坐匿財夷宗❽者數百家。又與勛同舉兵於桂州者尤驕暴，奪人資財，掠人婦女，勛不能制。由是境內之民皆厭苦之，不聊生⑨矣。

王晏權兵數退衂⑩，朝廷命泰寧節度使⑪曹翔代晏權為徐州北面招討使⑫。前天雄節度使何全皞⑬遣其將薛尤將兵萬三千人討龐勛，翔軍於滕、沛⑭，尤軍於豐、蕭⑮。

是歲，江、淮旱，蝗。

【章　旨】以上為第八段，寫官兵戴可師渡淮，兵敗都梁城。

【注　釋】❶壬申　十二月十三日。❷疾徑奄至　走捷徑突然來到。❸露布　不封緘的文書，猶今之布告。❹江左　即江東。古人在地理上以東為左，故名。❺說諭　勸說曉諭。❻貢獻　貢品。❼見　同「現」。❽夷宗　夷滅宗族。❾不聊生　無法維持生活。❿退衂　敗退。衂，「衄」的異體字。⓫泰寧節度使　方鎮名，亦官名。按，《新唐書・方鎮表二》：昭宗乾寧四年（西元八九七年）「賜沂海節度使為泰寧軍節度使」，則咸通時仍稱沂海，《通鑑》誤。⓬曹翔代晏權為徐州北面招討使　《通鑑考異》曰：「曹翔、馬舉為徐州南、北招討使。」又，明年在馬舉解泗州圍事下，胡注據此認為《通鑑》正文「曹翔為徐州北面招討使」之下，當有「以馬舉為淮南節度使，充南面招討使」十五字。⓭前天雄節度使何全皞　何全皞此時為魏博節度使，魏博於昭宗天祐元年（西元九〇四年）始號天雄軍，此時不應有此稱號，《通鑑》誤。⓮滕沛　皆縣名。滕縣，縣治在今山東滕州。沛縣，縣治在今江蘇沛縣。⓯豐蕭　皆縣名。豐縣，縣治在今江蘇豐縣。蕭縣，縣治在今安徽蕭縣西北。

【校　記】[1]濠州　原無此二字。據章鈺校，十二行本有此二字，張瑛《通鑑校勘記》同，今據補。

【語　譯】戴可師領兵三萬渡過淮河，轉戰前進，叛賊全部放棄了淮南各地的守備。戴可師想先奪取淮口，然後救援泗州。十二月十三日壬申，包圍都梁城。城裡叛賊很少，在城上拜揖說：「正在和都頭商量出城投降。」戴可師為此後退五里。叛賊夜裡逃走了，第二天早晨，只有一座空城。戴可師仗著打了勝仗，不設防備，當天大霧，濠州賊將王弘立帶領數萬人馬抄小路突然到達，縱兵進攻官軍。官軍來不及列成陣式，於是大敗，將士或被殺或在淮河中淹死，幸免於死的才數百人，丟失器械、資糧、車馬以萬計，叛賊將戴可師和監軍、將校的頭傳送到彭城。

龐勛自認為天下無敵，發布告示，散發到各山寨和鄉村。於是淮南士民震恐，往往到江東躲避。令狐綯畏懼他們侵擾，派遣使者到龐勛那裡去勸說曉諭，答應為他奏請節度使節鉞，龐勛於是罷兵，等待詔命。因此，淮南地方能夠漸漸搜集散卒，修治守備。

當時往汴州的道路已經被切斷，江、淮往來都從壽州出發。叛賊打敗戴可師以後，乘勝包圍了壽州，搶掠各道給朝廷貢獻的財物和商人的貨物，通往北方的道路又斷絕了。龐勛更加驕傲自滿，每天從事遊宴。周重勸諫說：「自古以來，驕傲自滿奢侈逸樂，使得到的又丟失，成功以後又失敗，這樣的事情很多，何況未得到又未成功就驕滿奢逸啊！」

各道的軍隊在宋州大量集中，徐州方面開始畏懼，響應招募的人越來越少，而各兵寨要求增加兵員的地方相繼不斷。龐勛於是使他的黨徒分散到鄉村，驅趕人們當兵。還有，現有的士兵已經達到數萬人，物資和糧食供應匱乏，就向有錢人家和商人徵收財物，十成取走七八成，因為隱匿財產而全宗族被殺的就有數百家。另外，和龐勛在桂州同時舉兵的人尤其驕橫暴虐，他們奪人財產，搶掠人家妻子女兒，龐勛不能制止。這樣一來，龐勛統治境內的民眾都感到很痛苦，無法生活下去了。

王晏權的軍隊多次退敗，朝廷命令沂海節度使曹翔接替王晏權為徐州北面招討使。前任魏博節度使何全皞派他的將領薛尤帶領一萬三千兵馬討伐龐勛，曹翔駐紮在滕縣和沛縣，薛尤駐紮在豐縣和蕭縣。

這一年，江、淮一帶乾旱，發生蝗災。

十年（己丑　西元八六九年）

春，正月，康承訓將諸道軍七萬餘人屯柳子之西，自新興至鹿塘❶三十里，壁壘相屬。徐兵分戍四境，城中不及數千人，龐勛始懼。民多穴地❷匿其中，勛遣人搜掘為兵，日不過得三二十人。

勛將孟敬文守豐縣，狡悍而兵多，謀貳於勛，自為符讖❸，勛聞之。會魏博攻豐，勛遣腹心將將三千❹助敬文守豐。敬文與之約共擊魏博軍，且譽其勇，使為前鋒。新軍❺既與魏博戰，敬文引兵退走，新軍盡沒。勛乃遣使紿之曰：「王弘立已克淮南，留後欲自往鎮之。悉召諸將，欲選一人可守徐州者。」敬文喜，即馳詣彭城。未至城數里，勛伏兵擒之。辛酉❻，殺之。

丁卯❼，同昌公主❽適右拾遺韋保衡，以保衡為起居郎、駙馬都尉。公主，郭淑妃❾之女，上特愛之，傾宮中珍玩以為資送，賜第於廣化里，窗戶皆飾以雜寶，井欄、藥臼、槽匱亦以金銀為之，編金縷以為箕筐，賜錢五百萬緡，他物稱❿是。

徐賊寇海州。時諸道兵戍海州者已數千人，斷賊所過橋柱而弗殊⓫，仍伏兵要害以待之。賊過，橋崩，蒼黃⓬[1]散亂，伏兵發，盡殪⓭之。其攻壽州者復為南道軍⓮所破，斬獲數千人。

辛讜以浙西之軍至楚州，敕使張存誠以舟助之。徐賊水陸布兵，鎖斷淮流。浙西軍憚其彊，不敢進。讜曰：「我請為前鋒，勝則繼之，敗則汝走。」猶不可。讜乃募選軍中敢死士數十人，牒補職名，先以米舟三艘、鹽舟一艘乘風逆流直進。賊夾攻之，矢著舟板如急雨。及鎖，讜帥眾死戰，斧斷其鎖，乃得過。城上人諠呼動地，杜慆及將佐皆泣迎之。乙酉⑮，城上望見舟師張帆自東來，識其旗浙西軍也；去城十餘里，賊列火船拒之，帆止不進。慆令讜帥死士出迎之，乘戰艦衝賊陳而過，見張存誠帥米舟九艘，曰：「將士在道前卻⑯，存誠屢欲自殺，僅得至此，今又不進。」讜揚言：「賊不多，甚易與耳！」帥眾揚旗鼓譟而前。賊見其勢猛銳，避之，遂得入城。

二月，端州司馬楊收長流驩州，尋賜死，其僚屬黨友坐長流嶺表者十餘人。初，尚書右丞裴坦⑰子娶收女，資送甚盛，器用飾以犀玉。坦見之，怒曰：「破我家矣！」立命壞之。已而收竟以賄敗。

康承訓使朱邪赤心將沙陀三千騎為前鋒，陷陳卻敵，十鎮⑱之兵伏其驍勇。承訓嘗引麾下千人渡[2]渙水⑲，賊伏兵圍之。赤心帥五百騎奮檛⑳[3]衝圍，拔出承訓，賊勢披靡㉑，因合擊，敗之。承訓數與賊戰，賊軍屢敗。

王弘立自矜㉒淮口之捷，請獨將所部三萬人破承訓，龐勛許之。己亥㉓，弘立引兵度濉水，夜，襲鹿塘寨，黎明，圍之。弘立與諸將臨望，自謂功在漏刻㉔。沙陀左右突圍，出入如飛，賊紛擾㉕移避，沙陀縱騎蹂㉖之，寨中諸軍爭出奮擊，賊大敗。官軍蹙之於濉水，溺死者不可勝紀㉗，自鹿塘至襄城㉘，伏尸五十里，斬首二萬餘級。弘立單騎走免，所驅掠平民皆散走山谷，不復還營，委棄資糧、器械山積。時有敕，諸軍破賊，得農民，皆釋之，自是賊每與官軍遇，其驅掠之民先自潰。龐勛、許佶以弘立驕惰致敗，欲斬之，周重為之說勛曰：「弘立再勝㉙未賞，一敗而誅之，棄功錄過，為敵報讎，諸將咸懼矣，不若赦之，責其後效。」勛乃釋之。弘立收散卒纔得[4]數百人，請取泗州以補過，勛益其兵而遣之。

【章旨】以上為第九段，寫辛讜引浙西兵救援泗州，賊將王弘立亦引兵增泗州之敵。

【注釋】❶鹿塘　地名，在今安徽渦陽東北。❷穴地　挖地為穴。❸符讖　符命和讖語。自作符讖，以證應驗天命而為帝王。❹將將三千　前「將」字為名詞，將領。後「將」字為動詞，率領。據胡注，「三千」之下，當有「人」字。❺新軍　龐勛新募之軍。❻辛酉　正月初三日。❼丁卯　正月初九日。❽同昌公主　唐懿宗女，咸通十一年薨，追贈衛國公主，諡文懿。傳見《新唐書》卷八十三。❾郭淑妃　懿宗淑妃。黃巢起事，天子倉猝出逃，妃不及從，流落閭里，不知所終。傳見《新唐書》卷七十七。❿稱　相當。⓫殊　斷絕；分開。⓬蒼黃　同「倉皇」。慌張；匆忙。⓭殪　死。⓮南道軍　指淮南、浙西之軍。⓯乙酉　正月二十七日。⓰前卻　一進一退，進而又退。⓱裴坦　字知進，累官禮部侍郎、江西觀察使。召為中書侍郎、同平章事，不數月去世。傳見《新唐書》卷一百八十二。⓲十鎮　謂義成、魏博、邠寧、義武、鳳翔、義昌、兖海、宣武、忠武、天平。⑲渙水　水名，自河南開封東分狼湯渠水，東南流經杞縣，至安徽五河入淮。⑳檛　馬鞭。㉑披靡　潰敗。㉒矜　誇耀。㉓己亥　二月十一日。㉔漏刻　頃刻；片刻。㉕紛擾　混亂。㉖蹂　踐踏。㉗紀　同「記」。㉘襄城　地名，即襄城寨，在今安徽濉溪縣境。㉙再勝　指一取濠州，二破戴可師。

【校　記】①蒼黃　據章鈺校，孔天胤本作「倉徨」。②渡　據章鈺校，十二行本、乙十一行本皆作「濟」。③檛　原作「楇」。據章鈺校，十二行本、乙十一行本皆作「檛」，張敦仁《通鑑刊本識誤》同，今據改。④得　原無此字。據章鈺校，十二行本、乙十一行本皆有此字，今據補。

【語　譯】十年（己丑　西元八六九年）

春，正月，康承訓率領各道軍隊七萬多人駐紮在柳子鎮西邊，從新興鎮到鹿塘的三十里路上，軍營相連。徐州的軍隊分別戍守四周邊境，城裡駐軍不到數千人，龐勛開始害怕了。很多民眾挖地洞藏在裡面，龐勛派人尋找，把他們掘出來當兵，每天不過得到三二十人。

龐勛的將領孟敬文駐守豐縣，為人狡猾強悍，擁兵最多，陰謀背叛龐勛，自己造作符讖，龐勛聽到了這個消息。適逢魏博鎮的軍隊攻打豐縣，龐勛派遣心腹將領率領二千名士兵幫助孟敬文防守豐縣。孟敬文和龐勛派去的將領約定共同進擊魏博軍，並且稱讚他們作戰勇敢，叫他們擔任先鋒。這支部隊和魏博軍交戰後，孟敬文卻帶著自己的軍隊退走了，這支軍隊全軍盡沒。龐勛於是派遣使者騙孟敬文說：「王弘立已經攻下淮南鎮，留後想親自去那裡鎮守。現在把各處將領都召集起來，想從中挑選一個可以駐守徐州的人。」孟敬文很高興，立刻奔往彭城。走到離城還有數里路的地方，龐勛埋伏的士兵捉住了他。正月初三日辛酉，殺掉了孟敬文。

正月初九日丁卯，同昌公主嫁給右拾遺韋保衡，任命韋保衡為起居郎、駙馬都尉。公主是郭淑妃的女兒，懿宗特別寵愛她，拿出宮中全部珍寶古玩作為她的嫁妝，在廣化里賞賜她一座住宅，窗戶都裝飾著各種寶石，井欄、藥臼、槽匱也是用金銀製作的，箕筐是用金絲編成的，還賜給她五百萬串錢，其他的財物和這些東西的價值相當。

徐州叛賊侵擾海州。當時戍守海州的各道兵已有數千人，他們將叛賊必經的橋柱鋸得將斷而未斷，又在要害地方埋伏軍隊以等待叛賊。叛賊經過橋上時，橋垮了，一片慌張混亂，伏兵突然出現，把叛賊都消滅了。進攻壽州的叛賊又被南邊各道兵打敗，殺死和俘虜了數千人。

辛讜領著浙西道的軍隊到達楚州，敕使張存誠用船協助他。徐州叛賊在水上和陸地上都布置了兵力，又用鎖鏈把淮水攔斷了。浙西軍隊畏懼叛賊強大，不敢前進。辛讜說：「我請求擔任先鋒，如果戰勝了你們就接著上來，失敗了你們就逃走。」這樣仍然不肯前進。辛讜於是募選軍中敢死士兵數十人，用文牒載上他們應補的官職，先用三艘裝米的船、一艘裝鹽的船，乘風逆水逕直前進。叛賊在兩岸夾攻，箭頭如急雨一樣射中船板。到達設置鎖鏈的地方，辛讜帶領兵眾拼死戰鬥，用斧頭砍斷鎖鏈，才通過封鎖線。泗州城上的人喧嚷歡呼，聲動大地，杜慆和將佐們都流著淚迎接他們。正月二十七日乙酉，城上的人看到船隊揚帆從東邊開來，認識船上的旗號是浙西軍；離城還有十多里，叛賊排列火船抵禦船隊，帆船停下來，不能前進。杜慆命令辛讜帶領敢死之士出城去迎接他們，辛讜等乘著戰艦衝過叛賊的兵陣，見到了張存誠率領的九艘裝米的船，張存誠說：「將士們在路上時進時退，存誠多次想自殺，才得以至此，現在又不能前進了。」辛讜揚言說：「叛賊不多，很容易對付他們！」於是率領大家揚旗擊鼓前進。叛賊看到他們來勢兇猛犀利，就避開了，這樣他們就進入了泗州城。

二月，端州司馬楊收被長期流放驩州，不久賜他自殺，他的僚屬和同黨朋友等因牽連長期流放嶺南的有十多人。

當初，尚書右丞裴坦的兒子娶楊收女兒為妻，陪嫁的資財很豐盛，器物用具都裝飾著犀牛角和玉石。裴坦看到後，生氣地說：「這是破敗我的家啊！」立刻命令毀壞那些東西。不久，楊收終於因收受賄賂而破敗。

康承訓使朱邪赤心帶領沙陀三千名騎兵為前鋒，衝鋒陷陣，打退敵人，十鎮的將士都佩服他們的勇敢。康承訓曾經帶領部下一千人渡過渙水，叛賊埋伏士兵包圍了他們。朱邪赤心帶領五百名騎兵揚起粗大馬鞭衝擊敵人包圍圈，救出了康承訓，叛賊勢力潰散，官軍乘勢合力攻擊，把叛賊打敗了。康承訓多次和叛賊作戰，叛賊多次被打敗。

叛將王弘立自誇淮口之捷，請求單獨帶領他的部隊三萬人去破康承訓，龐勛答應了。二月十一日己亥，王弘立帶兵渡過濉水，當夜，襲擊鹿塘寨，黎明時，包圍了鹿塘寨。王弘立和其他將領們去察看情況，自認為頃刻就可以建立大功。沙陀兵從左右兩方面突圍，出入如飛，叛賊混亂地避開沙陀兵，沙陀放縱騎兵踐踏叛賊，兵寨中的各路官軍也爭相奮勇出擊，叛賊大敗。官軍把叛賊逼到了濉水邊上，溺死的叛賊數也數不清，從鹿塘到襄城寨，伏屍五十里，殺了二萬多人。王弘立單騎逃脫，被叛賊驅趕當兵的平民都散走山谷中，不再返回軍營，他們丟棄的錢糧、器械堆積如山。當時有敕令，諸軍破賊時，俘虜了農民，都釋放，從此叛賊每次和官軍相遇時，他們搶掠來的平民預先就潰散了。龐勛和許佶認為王弘立由於驕傲怠惰而打了敗仗，想殺了他，周重替王弘立勸龐勛說：「王弘立兩次打勝仗沒有得到獎賞，打了一次敗仗就誅殺他，拋開功勞不管只追究過錯，是為敵人報了仇，其他將領都要因此而恐懼了，不如赦免他，督責他以後立功。」龐勛於是釋放了王弘立。王弘立收集散卒才得到數百人，請求奪取泗州來補償過失，龐勛分給他一部分軍隊後派他前往。

三月辛未❶，以起居郎韋保衡為左諫議大夫，充翰林學士。○徙郢王侃為威王。

康承訓既破王弘立，進逼柳子❷，與姚周一月之間數十戰。丁亥❸，周引兵渡水❹，官軍急擊之。周退走，官軍逐之，遂圍柳子。會大風，四面縱火，賊棄寨走。沙陀以精騎邀❺之，屠殺殆盡，自柳子至芳城❻，死者相枕❼，斬其將劉豐。

周將麾下數十人奔宿州，宿州守將梁丕素與之有隙，開城聽入，執而斬之。

龐勛聞之大懼，與許佶議自將出戰。周重泣言於勛曰：「柳子地要兵精，姚周勇敢有謀，今一旦覆沒，危如累卵❽，不若遂建大號❾，悉兵四出，決力死[1]戰。」又勸殺崔彥曾以絕人望。術士曹君長亦言：「徐州山川不容兩帥，今觀察使尚在，故留後❿未興⓫。」賊黨皆以為然。夏，四月壬辰⓬，勛殺彥曾及監軍張道謹、宣慰使仇大夫，僚佐焦璐、溫庭皓等[2]，并其親屬、賓客、僕妾皆死。斷淮南監軍郭厚本、都押衙李湘手足，以示康承訓軍。勛乃集眾揚言⓭曰：「勛始望國恩⓮，庶全臣節。今日之事，前志已乖⓯。自此，勛與諸君真反者也，當掃境內之兵，戮力同心，轉敗為功耳。」眾皆稱善。於是命城中男子悉集毬場，仍分遣諸將比屋大索⓰，敢匿一男子者族其家。選丁壯，得三萬人，更造旗幟，給以精兵。許佶等共推勛為天冊將軍、大會明王。勛辭王爵。

先是，辛讜復自泗州引驍勇四百人迎糧於揚、潤，賊夾岸攻之，轉戰百里，乃得出。至廣陵，止于公館，不敢歸家，舟載鹽米二萬石，錢萬三千緡。乙未⓱，還至斗山⓲。賊將王弘芝帥眾萬餘，拒之於盱眙⓳，密布戰艦百五十艘以塞淮流，又縱火船逆之。讜命以長叉托過，自卯戰及未⓴，眾寡不敵，官軍不利。賊縛木於戰艦，旁出四五尺為戰棚㉑。讜命勇士乘小舟入其下，矢刃所不能及，以槍揭㉒火牛㉓焚之。戰艦既然㉔，賊皆潰走，官軍乃得過入城。

龐勛以父舉直為大司馬，與許佶等留守徐州。或曰：「將軍方耀兵威，不可以父子之親，失上下之節。」乃令舉直趨拜於庭㉕[3]而受之。時魏博屢圍豐縣，龐勛欲先擊之，丙申㉖，引兵發徐州。

戊戌㉗，以前淮南節度使、同平章事令狐綯為太保、分司㉘。

龐勛夜至豐縣，潛入城，魏博軍皆不之知。魏博分為五寨，其近城者屯數千人，勛縱兵圍之，諸寨救之，勛伏兵要路，殺官軍二千人，餘皆返走。賊攻寨不克，至夜，解圍去。官軍畏其眾，且聞勛自來，諸寨皆宵潰。曹翔方圍滕縣，聞魏博敗，引兵退保兗州㉙。賊悉毀其城柵，運其資糧，傳檄徐州，盛自誇大，謂官軍為國賊云。

【章旨】以上為第十段，寫賊首龐勛殺俘，自立為天冊將軍示與唐決裂，親自領兵出戰，作困獸之鬥。

【注釋】❶辛未 三月十三日。❷柳子 鎮名，在今安徽宿州西。❸丁亥 三月二十九日。❹渡水 指渡渙水。❺邀 阻截。❻芳城 地名，一作芳亭，在今安徽濉溪縣南。❼死者相枕 死屍互相疊壓。枕，人睡覺墊頭的臥具。以屍為枕，形容死人之多，疊壓一片。❽危如累卵 危險之極。累卵，堆疊在一起的蛋。❾大號 指帝號。❿留後 指龐勛。⓫未興 未能興起。⓬壬辰 四月初五日。⓭揚言 當眾聲稱。⓮望國恩 希望得到國家恩典，謂盼望賜節度使官職。⓯乖 違背；不順。

⑯比屋大索　挨家挨戶大肆搜索。⑰乙未　四月初八日。⑱斗山　山名，在今江蘇盱眙東北。⑲盱眙　縣名，縣治在今江蘇盱眙。⑳自卯戰及未　從清晨五時戰鬥至午後二時。㉑戰棚　一種類似敵樓的木製裝置。㉒揭　舉。㉓火牛　猶火把。㉔然　同「燃」。㉕據桉　憑靠几案。㉖丙申　四月初九日。㉗戊戌　四月十一日。㉘太保分司　太保，三師之一，名義上的皇帝老師，正一品，實際無職事，無官署，只是尊禮重臣。分司，指分司東都，唐代兩京，西京長安，東都洛陽。東都官為閒職。㉙退保兗州　曹翔為兗海節度使，駐節兗州，故退保該地。

【校　記】①力死　據章鈺校，十二行本、乙十一行本皆作「死力」。②等　原無此字。據章鈺校，十二行本、乙十一行本皆有此字，張敦仁《通鑑刊本識誤》同，今據補。③桉　原誤作「按」。據章鈺校，十二行本、乙十一行本、孔天胤本皆作「桉」，今據校正。

【語　譯】三月十三日辛未，任命起居郎韋保衡為左諫議大夫，充任翰林學士。○改封郢王李侃為威王。

康承訓打敗王弘立之後，進軍逼近柳子鎮，和姚周在一個月的時間中交戰數十次。三月二十九日丁亥，姚周帶領軍隊渡過渙水，官軍急忙迎擊他們。姚周退去，官軍追趕他們，乘勢包圍了柳子鎮。恰遇大風，官軍四面縱火。叛賊放棄寨子逃走。沙陀用精銳的騎兵攔擊他們，把叛賊屠殺殆盡，從柳子鎮到芳城，死屍一個挨一個，又殺了敵將劉豐。姚周帶領部下數十人跑往宿州，宿州守將梁丕一向和姚周有矛盾，打開城門讓姚周進去，把他抓起來殺了。

龐勛得知這一消息大為恐懼，就和許佶商議自己帶兵出戰。周重流著淚對龐勛說：「柳子鎮位置重要，兵士精銳，姚周勇敢而有計謀，現在一旦覆滅，危如累卵，不如建立帝號，讓軍隊從四面出去，盡力拼死作戰。」又勸龐勛殺掉崔彥曾以斷絕人們對朝廷的企望。術士曹君長也說：「徐州地方不能容納兩個元帥，現在觀察使崔彥曾尚活著，所以留後你沒有興旺起來。」賊黨都認為是這樣的。夏，四月初五日壬辰，龐勛殺了崔彥曾和監軍張道謹、宣慰使仇大夫，僚佐焦璐、溫庭皓等，連同他們的親屬、賓客、僕妾都被殺死。砍斷了淮南監軍郭厚本和都押衙李湘的手腳，拿來給康承訓軍看。龐勛於是召集大家揚言說：「我龐勛一開始希望得到國家恩典，以保全臣子的忠節。現在的事勢，與以前的希望是違背的。從現在起，我龐勛和大家是真正的造反者了，將要集合境內的全部人馬，同心協力，扭轉敗局以建立大功。」大家都說很好。於是命令城中的男子全部集中在毬場，又分頭派遣將領挨家挨戶大肆搜索，有敢於藏匿一個男子的殺死全家。挑選精壯，得到三萬人，又造作旗幟，授給精良的武器。許佶等共同推舉龐勛為天冊將軍、大會明王。龐勛辭去王爵。

此前，辛讜再次從泗州帶領驍勇的士兵四百人到揚州、潤州去迎運糧食，叛賊夾岸攻擊他們，轉戰百里，方才逃出。到達廣陵後，住在公家客館中，不敢回家去，用船裝載鹽和米共二萬石，錢一萬三千緡。四月初八日乙未，返回到斗山。賊將王弘芝帶領部眾一萬多人，在盱眙縣阻擊，密布戰艦二百五十艘用來堵住淮河的航道，又放出火船來迎面而來。辛讜命令用長叉撐開敵船，從卯時戰鬥到未時，由於眾寡不敵，官軍失利。叛賊在戰艦上捆上木條，從兩旁伸出四五尺遠作為戰棚。辛讜叫勇士乘著小船進到戰棚的下面，箭矢和刀刃夠不到他們，然後用槍舉著火牛燒敵人的船。戰艦燃燒後，叛賊全都潰逃了，官軍這才通過，進入泗州城。

龐勛任命他的父親龐舉直為大司馬，和許佶等人留守徐州。有人對龐勛說：「將軍正在顯示兵威，不應當因為父子的親屬關係，失去上下級之間的禮節。」於是讓龐舉直在門庭前向龐勛拜謝，龐勛靠著几案接受了龐舉直的拜見。當時魏博鎮的軍隊多次圍攻豐縣，龐勛想先進擊他們，四月初九日丙申，率軍從徐州出發。

四月十一日戊戌，任命前淮南節度使、同平章事令狐綯為太保、分司東都。

龐勛在夜晚到達豐縣，潛入城內，魏博軍都沒有覺察。魏博軍分為五個營寨，近城的一個寨子屯駐數千人，龐勛派軍隊包圍了它，其他各營寨來救援，龐勛在要道上埋伏了軍隊，殺死官軍二千人，其餘的官兵都逃回去了。叛賊沒有攻下營寨，到了夜間，解除包圍離開了。官軍畏懼叛賊眾多，並且聽說龐勛親自前來，各營寨都在晚上潰退了。曹翔正在包圍滕縣，聽說魏博軍打了敗仗，使帶領軍隊退回兗州守衛。叛賊把城柵都毀掉了，運走官軍的物品和糧食，把捷報傳送給徐州，自己大大誇耀了一番，稱官軍為國賊。

馬舉將精兵三萬救泗州，乙巳❶，分軍三道渡淮，至中流，大譟，聲聞數里。賊大驚，不測眾寡，斂兵屯城西寨。舉就圍之，縱火焚柵，賊眾大敗，斬首數千級，王弘立死，吳迥退保徐城，泗州之圍始解。泗州被圍凡七月，守城者不得寐，面目皆生瘡。

龐勛留豐縣數日，欲引兵西擊康承訓。或曰：「天時向暑❷，蠶麥方急❸，不若且休兵聚食，然後圖之。」或曰：「將軍出師數日，摧❹七萬之眾❺，西軍❻震恐，乘此聲勢，彼破走必矣，時不可失。」龐舉直以書勸勛乘勝進軍，勛意遂決。丁未❼，發豐縣。庚戌❽，至蕭，約襄城、留武、小睢❾諸寨兵合五六萬人，以二十九日遲明攻柳子。淮南敗卒在賊中者，逃詣康承訓，告以其期，承訓得先為之備，秣馬❿整眾，設伏以待之。丙辰⓫，襄城等兵先至柳子，遇伏，敗走。龐勛既自失期，遽引兵自三十里外赴之。比至，諸寨已敗。勛所將皆市井白徒⓬，覘官軍勢盛，皆不戰而潰。承訓命諸將急追之，以騎兵邀其前，步卒蹙其後，賊狼狽不知所之，自相蹈藉，僵尸數十里，死者數萬人。勛解甲服布襦⓭而遁，收散卒，纔及三千人，歸彭城，使其將張實分諸寨兵屯第城驛⓮。

【章　旨】以上為第十一段，寫官軍解圍泗州，大敗龐勛。

【注　釋】❶乙巳　四月十八日。❷向暑　將近伏暑。❸蠶麥方急　正是急於收穫蠶繭和小麥的時節。❹摧　擊敗。❺七萬之眾　指魏博五寨之兵。❻西軍　指康承訓之軍，時屯柳子，在豐縣之西，故稱。❼丁未　四月二十日。❽庚戌　四月二十三日。❾留武小睢　皆寨名，都在今安徽濉溪縣境。❿秣馬　餵飽戰馬。⓫丙辰　四月二十九日。⓬市井白徒　未經軍事訓練的平民百姓。⓭布襦　布製短衣。⓮第城驛　地名，在今安徽宿州西。

【語　譯】馬舉帶領三萬精兵救援泗州，四月十八日乙巳，把軍隊分成三路渡淮河，到中流時，大聲喧叫，聲音在數里外都能聽到。叛賊大驚，不知道官軍多少，收兵屯駐在城西的營寨中。馬舉就地將他們包圍起來，放火焚燒寨柵，賊眾大敗，殺了數千人，王弘立戰死，吳迥退到徐城自衛，泗州之圍這才解除。泗州被圍困總共七個月，守城的人不能夠睡眠，臉上都長了毒瘡。

龐勛在豐縣停留了幾天，想率軍向西攻打康承訓。有人說：「天氣接近暑天，正急於收穫蠶繭和小麥，不如暫時休兵屯聚糧食，然後再作打算。」又有人說：「將軍出兵數日，擊敗了七萬敵軍，西邊康承訓的軍隊震驚恐懼，乘著這種聲勢，他們被打敗逃跑是肯定的了，時機不可失去。」龐舉直寫信勸龐勛乘勝進軍，龐勛於是下定了決心進攻康承訓。四月二十日丁未，從豐縣山發。二十三日庚戌，到達蕭縣，約定襄城、留武、小睢各寨兵共五六萬人，在二十九日黎明時進攻柳子鎮。在叛賊中的淮南敗卒，逃到康承訓那裡，報告了龐勛進攻的日期，康承訓得以預先作好了防備，餵飽了馬，整肅了軍隊，設下埋伏以等龐勛來進攻。二十九日丙辰，襄城等寨的兵先到了柳子，碰上伏兵，戰敗逃走。龐勛自己已經未按時趕到，便匆忙帶兵從三十里外趕來。剛剛到達，各營寨的軍隊已經戰敗。龐勛所帶領的軍隊都是市井中沒有受過軍事訓練的平民，看到官軍勢力強盛，全都沒有交戰就潰敗了。康承訓命令諸將迅速追擊，用騎兵攔在敵人前面，用步兵在後面壓迫追，叛賊慌亂，不知往哪裡跑，隊伍互相踐踏，僵屍數十里，死去的有數萬人。龐勛脫去鎧甲，穿著短布衣逃走，搜集散卒，才到三千人，回到彭城，派將領張實從各寨分出一部分軍隊屯駐第城驛。

勛初起，下邳❶土豪鄭鎰聚眾三千，自備資糧器械以應之。勛以為將，謂之義軍。五月，沂州遣軍圍下邳，勛命鎰救之，鎰帥所部來降。

六月，陝民作亂，逐觀察使崔蕘❷。蕘以器韻❸自矜，不親政事。民訴旱，蕘指庭樹曰：「此尚有葉，何旱之有！」杖之。民怒，故逐之。蕘逃於民舍，渴求飲，民以溺❹飲之。坐貶昭州司馬。

以中書侍郎、同平章事徐商同平章事，充荊南節度使。癸卯❺，以翰林學士承旨、戶部侍郎劉瞻❻同平章事。瞻，桂州人也。

馬舉自泗州引兵攻濠州，拔招義、鍾離、定遠❼。劉行及設寨於城外以拒守，舉先遣輕騎挑戰，賊見其眾少，爭出寨西擊之，舉引大軍數萬自它道擊其東南，遂焚其寨。賊入固守，舉塹其三面❽而圍之，北面臨淮，賊猶得與徐州通。龐勛遣吳迥助行及守濠州，屯兵北津❾以相應。舉遣別將度淮擊之，斬獲數千人[1]，平其寨。

曹翔之退屯兗州也，留滄州卒❿四千人戍魯橋⓫，卒擅還，翔曰：「以龐勛作亂，故討之。今滄卒不從約束，是自亂也！」勒兵迎之，圍於兗州城外，擇違命者二千人悉誅之。朝廷聞魏博軍敗，以將軍宋威為徐州西北面招討使，將兵三萬屯於豐、蕭之間，翔復引兵會之。

秋，七月，康承訓克臨渙⑫，殺獲萬人，遂拔襄城、留武、小睢等寨。曹翔拔滕縣，進擊豐、沛。賊諸寨戍兵多相帥逃匿，保據山林，賊抄掠者過之輒為所殺，而五八村尤甚。有陳全裕者為之帥，凡叛勛者皆歸之，眾至數千人，戰守之具皆備，環地數十[2]里，賊莫敢近。康承訓遣人招之，遂舉眾來降，賊黨益離。蘄縣⑬土豪李袞殺賊守將，舉城降於承訓。沛縣守將李直詣彭城計事，裨將朱玫舉城降於曹翔。直自彭城還，玫逆擊，走之，翔發兵戍沛。玫，邠州人也。勛遣其將孫章、許佶各將數千人攻陳全裕、朱玫，皆不克而還。康承訓乘勝長驅，拔第城⑭，進抵宿州之西，築城而守之。龐勛憂懣不知所為，但禱神飯僧⑮而已。

初，龐勛怒梁丕專殺姚周，黜之，使徐州舊將張玄稔代之治州事⑯，以其黨張儒、張實等將城中兵數萬拒官軍。儒等列寨數重於城外，環水自固⑰，康承訓圍之。張實夜遣人潛出，以書白勛曰：「今國兵⑱盡在城下，西方必虛。將軍宜引兵出其不意，掠宋、亳之郊，彼必解圍而西，將軍設伏要害⑲，迎擊其前，實等出城中兵蹙其後，破之必矣！」時曹翔使朱玫擊豐，破之，乘勝攻徐城、下邳，皆拔之，斬獲萬計。勛方憂懼欲走，得實書，即從其策，使龐舉直、許佶守徐州，引兵而西。

八月壬子⑳，康承訓焚外寨㉑，張儒等入保羅城，官軍攻之，死者數千人，不能克。承訓患之，遣辯士於城下招諭之。張玄稔嘗戍邊有功，雖脅從於賊，心常③憂憤。時將所部兵守子城，夜，召所親數十人謀歸國，因稍令布諭，協同者眾。乃遣腹心張皐夜出，以狀白承訓，約期殺賊將，舉城降，至日，請立青旌為應，使眾心無疑。承訓大喜，從之。九月丁巳㉒，張儒等飲酒於柳溪亭㉓，玄稔使部將董厚④等勒兵於亭西，玄稔先躍馬而前，大呼曰：「龐勛已梟首於僕射㉔寨中，此輩何得尚存！」士卒競進，遂斬張儒等數十人，城中大擾。玄稔諭以歸國之計，及暮而定。戊午㉕，開門出降。玄稔見承訓，肉袒㉖膝行㉗，涕泣謝罪。承訓慰勞，即宣敕，拜御史中丞，賜遺甚厚。

【章旨】以上為第十二段，寫官軍節節勝利，合圍叛賊龐勛。賊將張玄稔請降，叛賊分崩離析。

【注釋】❶下邳　縣名，縣治在今江蘇睢寧西。❷崔蕘　字野夫，衛州（今河南衛輝）人，累官至吏部侍郎、陝州觀察使，終左散騎常侍。傳見《舊唐書》卷一百七十七、《新唐書》卷一百四十四。❸器韻　器度風韻。❹溺　同「尿」。❺癸卯　六月十七日。❻劉瞻　字幾之，彭城（今江蘇徐州）人，咸通十年為相，因上書言事忤旨，貶為州司戶。唐僖宗時復任宰相。傳見《舊唐書》卷一百七十七、《新唐書》卷一百八十一。❼招義鍾離定遠　皆縣名。招義，縣治在今江蘇盱眙西。鍾離，縣治在今安徽鳳陽鍾離故城。定遠，縣治即今安徽定遠。❽塹其三面　在濠州城三面挖壕溝。❾北津　渡口名，在濠州城北，淮水北岸。⑩滄州卒　即義昌之兵。⑪鹵橋　地名，在今山東濟寧東南魯橋鎮。⑫臨渙　縣名，縣治在今安徽宿州西北。⑬蘄縣　縣名，縣治在今安徽宿州南蘄縣集。⑭第城　即第城驛。⑮禱神飯僧　向神祈福和施捨飯食給僧人。⑯治州事　謂治理宿州政事。⑰環水自固　引汴水環繞四周以鞏固自己的營寨。⑱國兵　指官軍。⑲要害　地勢險要之處。⑳壬子　八月二十七日。㉑外寨　宿州城外之寨。㉒丁巳　九月初三日。㉓柳溪亭　亭名，在今宿州城內。㉔僕射　指康承訓。康時為檢校尚書右僕射。㉕戊午　九月初四日。㉖肉袒　裸露上身以示謝罪。㉗膝行　跪地前行以示敬畏。

【校　記】①人　原無此字。據章鈺校，十二行本、乙十一行本皆有此字，張敦仁《通鑑刊本識誤》同，今據補。②十　原誤作「千」。據章鈺校，十二行本、乙十一行本皆作「十」，張敦仁《通鑑刊本識誤》、張瑛《通鑑校勘記》同，今據校正。③常　原作「嘗」。胡三省注云：「當作『常』。」據章鈺校，十二行本、孔天胤本皆作「常」，今據改。④厚　嚴衍《通鑑補》改作「原」。

【語　譯】龐勛開始起兵時，下邳土豪鄭鎰集中了三千人，自己備齊了錢糧、器械來響應他。龐勛任他為將軍，稱他的部隊為義軍。五月，沂州派遣軍隊包圍下邳，龐勛命令鄭鎰去救援，鄭鎰帶領部眾前來投降官軍。

六月，陝民作亂，驅逐觀察使崔蕘。崔蕘自認為有器度風韻而驕矜，不親自處理政事。民眾訴說遭旱災，崔蕘指著庭前的大樹說：「這棵樹上還長著葉子，有什麼旱情呢！」杖擊來告的民眾。民眾憤怒，所以驅逐了他。崔蕘逃到平民家裡，口渴了要水喝，平民拿尿來給他喝。結果他被貶謫為昭州司馬。

任命中書侍郎、同平章事徐商同平章事，充任荊南節度使。六月十七日癸卯，任命翰林學士承旨、戶部侍郎劉瞻同平章事。劉瞻，是桂州人。

馬舉從泗州帶兵攻打濠州，攻下了招義、鍾離、定遠。劉行及在城外設置營寨用來防守，馬舉先派輕騎挑戰，叛賊見他的軍隊少，爭著從寨西出動攻擊官軍，馬舉帶領大軍數萬人從另外一條路攻擊叛賊的東南邊，於是燒掉了叛賊的營寨。叛賊入城固守，馬舉在城的三面挖壕溝包圍它，北面臨近淮河，叛賊還能夠和徐州取得聯繫。龐勛派遣吳迥幫助劉行及守衛濠州，駐兵在北津渡口與劉行及相呼應。馬舉派遣別將渡過淮河攻打吳迥，斬首和俘虜了數千人，剷平了吳迥的營寨。

曹翔退屯兗州的時候，留下滄州士卒四千人戍守魯橋鎮，戍卒擅自返回，曹翔說：「由於龐勛作亂，所以去討伐他。現在滄州士卒不服從管束，這是自身內部叛亂！」於是指揮軍隊迎住叛兵，把他們包圍在兗州城外，挑出違抗命令的二千人全部殺了。朝廷聽說魏博軍戰敗，於是任命將軍宋威為徐州西北面招討使，帶領三萬軍隊駐紮在豐縣和蕭縣之間，曹翔又率軍和他們會合。

秋，七月，康承訓攻下臨渙，殺死和俘虜一萬人，於是攻取了襄城、留武、小睢等營寨。曹翔攻下了滕縣，進軍攻打豐縣和沛縣。叛賊各個寨子的戍兵大多一起逃匿，在山林中盤踞自保，搶掠的叛賊經過那裡每每被他們殺掉，而在五八村尤其厲害。有個叫陳全裕的人是他們的頭領，凡是反叛龐勛的人都歸附於他，部眾達到數千人，作戰和防守的用具全都齊備，周圍數十里，叛賊不敢接近。康承訓派人去招撫陳全裕，於是陳全裕帶著全部兵眾前來投降，叛賊的黨羽更加分崩離析。蘄縣土豪李袞殺死叛賊的守將，全城投降了康承訓。沛縣守將李直前往彭城商量事情，裨將朱玫帶領全城士眾投降了曹翔。李直從彭城回來，朱玫迎頭攻擊，趕走了李直，曹翔就調軍隊戍守沛縣。朱玫，是邠州人。龐勛派遣他的將領孫章、許佶各自帶領數千人進攻陳全裕和朱玫，都沒有取得勝利就退回去了。康承訓乘勝長驅，攻取了第城驛，進兵抵達宿州的西面，築城據守。龐勛憂愁煩悶不知如何是好，只是祈禱神靈施捨飯食給僧侶而已。

當初，龐勛對於梁丕擅自殺害姚周非常生氣，就黜免了梁丕，叫徐州舊將張玄稔接替梁丕管理州事，又任命同黨張儒、張實等帶領城中數萬軍隊抵抗官軍。張儒等人在城外設置多重營寨，四周環水自固，康承訓包圍了他們。張實派人在夜裡偷偷出去，用書信告訴龐勛：「現在官兵都集中在宿州城下，徐州西面必然空虛。將軍應當帶領軍隊出其不意，攻掠宋州和亳州的城郊，他們必定會放棄包圍宿州而引兵向西，將軍在要害地方設下埋伏，在他的前面迎擊，張實等帶領城裡的軍隊在後面追擊他們，就一定可以打敗他們！」當時曹翔派朱玫進攻豐縣，攻下了，便乘勝攻打徐城、下邳，都攻取了，殺死和俘虜的叛賊以萬計。龐勛正憂懼，打算逃跑，收到張實的信，立即聽從他的計策，叫龐舉直和許佶守徐州，自己帶軍隊向西面進發。

八月二十七日壬子，康承訓焚燒宿州城外的寨子，張儒等人就進外城防守，官軍發動進攻，死了幾千人，未能攻下來。康承訓很擔憂，就派遣能言善辯的人在城下對叛賊進行招降勸諭。張玄稔曾經戍守邊疆立了功，雖然被脅迫加入了叛賊，而在心裡常常憂愁不樂。當時他帶領的部隊據守內城，在夜裡，他召集親信數十人商量回到官軍中去，因而叫他們悄悄告訴其他的人，願意跟他一同行動的人很多。於是他派心腹張皐夜裡出城，把情況告訴康承訓，約定日期殺掉賊將，全城投降，到時候，請求樹立青色大旗以為接應，使賊眾心裡不存疑慮。康承訓大喜，接受了這個安排。九月初三日丁巳，張儒等人在柳溪亭飲酒，張玄稔派部將董厚等在亭子西邊部署部隊，張玄稔首先躍馬上前，大聲呼叫說：「龐勛已經在康僕射軍寨中被砍頭了，這班人哪能還存留下來！」士卒爭著上前，就殺了張儒等數十人，城中大亂。張玄稔告訴大家回到朝廷的打算，到傍晚就安定了。初四日戊午，開城門出來投降。張玄稔拜見康承訓，袒露著上身屈膝而行，流著淚請罪。康承訓進行撫慰，隨即宣布朝廷敕命，任命張玄稔為御史中丞，賞賜很豐厚。

玄稔復進言：「今舉城歸國，四遠未知，請詐為城陷，引眾趨苻離及徐州，賊黨不疑，可盡擒也！」承訓許之。宿州舊兵三萬，承訓益以數百騎，皆賞勞而遣之。玄稔復入城，暮發平安火❶如常日。己未向晨❷，玄稔積薪數千束，縱火焚之，如城陷軍潰之狀，直趨苻離，苻離納之。既入，斬其守將，號令城中，皆聽命，收其兵，復得萬人，北趨徐州。龐舉直、許佶聞之，嬰城拒守❸。

辛酉❹，玄稔至彭城，引兵圍之，按兵未攻，先諭城上人曰：「朝廷唯誅逆黨，不傷良人，汝曹柰何為賊城守？若尚狐疑❺，須臾之間，同為魚肉矣！」於是守城者稍稍棄甲投兵而下。崔彥曾故吏路審中開門納官軍，龐舉直、許佶帥其黨保子城。日昃❻，賊黨自北門出，玄稔遣兵追之，斬舉直、佶首，餘黨多赴水死，悉捕戍桂州者親族，斬之，死者數千人，徐州遂平。

龐勛將兵二萬自石山❼西出，所過焚掠無遺。庚申❽，承訓始知之[1]，引步騎八萬西擊之，使朱邪赤心將數千騎為前鋒。勛襲宋州，陷其南城，刺史鄭處沖守其北城。賊知有備，捨去，度汴，南掠亳州，沙陀追及之。勛引兵循渙水而東，將歸彭城，為沙陀所逼，不暇飲食，至蘄，將濟水，李袞發橋❾，勒兵拒之。賊惶惑不知所之，至故[2]縣西，官軍大集，縱擊，殺賊近萬人，餘皆溺死，降者纔及千人。勛亦死，而人莫之識，數日，乃獲其尸。賊宿遷❿等諸寨皆殺其守將而降。宋威亦取蕭縣，吳迥獨守濠州不下。

冬，十月，以張玄稔為右驍衛大將軍、御史大夫。

馬舉攻濠州，自夏及冬不克，城中糧盡，殺人而食之，官軍深塹重圍以守之。辛丑⓫夜，吳迥突圍走。舉勒兵追之，殺獲殆盡，迥死於招義。

以康承訓為河東節度使、同平章事，以杜慆為義成節度使。上嘉朱邪赤心之功，置大同軍⓬於雲州，以赤心為節度使，召見，留為左金吾上將軍，賜姓名李國昌，賞賚⑬甚厚。以辛讜為亳州刺史。讜在泗州，犯圍⑭出迎兵糧，往返凡十二，及除亳州，上表言：「臣之功，非杜慆不能成也！」賜和州刺史崔雍自盡⑮，家屬流康州，兄弟五人皆遠貶。

【章旨】以上為第十三段，寫官軍討滅龐勛之亂，朝廷重賞有功將士。

【注釋】❶平安火　報平安的烽煙。本為邊塞地區烽火臺日暮所放，戰時亦為各據點平安報信之用。❷己未向晨　九月初五日天色將明之時。❸嬰城拒守　環城固守抗拒。❹辛酉　九月初七日。❺狐疑　猶豫不決。❻日昃　日西斜。❼石山　地名，當在徐州與宋州之間。❽庚申　九月初六日。❾發橋　毀壞橋樑。❿宿遷　縣名，寶應元年（西元七六二年）以宿豫縣改名。縣治在今江蘇宿遷東南。⓫辛丑　十月十七日。⓬置大同軍　會昌三年（西元八四三年）已置大同軍團練使，四年升為防禦使，現升為節度使。⓭賞賚　賞賜。⓮犯圍　衝出包圍。⓯賜和州刺史崔雍自盡　治其開城迎賊之罪。

【校記】①之　原無此字。據章鈺校，十二行本、乙十一行本皆有此字，今據補。②故　原無此字。據章鈺校，十二行本有此字，張敦仁《通鑑刊本識誤》同，今據補。

【語譯】張玄稔又對康承訓說：「現在宿州全城回歸朝廷，四境遠處還不知道，請讓我假裝州城陷落，帶領部隊奔往苻離和徐州，賊黨不會懷疑，可以將他們全部擒獲！」康承訓同意了。宿州原有三萬名軍士，康承訓又增加數百名騎兵，都進行了獎賞慰勞後再派遣他們。張玄稔又進到城中，傍晚和平時一樣燃燒平安火。九月初五日己未天將亮，張玄稔堆積了數千捆薪柴，放火焚燒，好像州城陷落軍隊潰敗的樣子，逕直奔往苻離，苻離守軍接納了。入城以後，張玄稔殺了守將，向城中發號施令，全都聽命於他，搜集城裡的軍隊，又得到一萬人，向北奔往徐州。龐舉直、許佶聽說了，環城進行防守。

九月初七日辛酉，張玄稔到達彭城，帶兵包圍了它，按兵未動，先告諭城上的人說：「朝廷只誅殺叛逆的黨徒，不傷害良民百姓，你們為什麼要為賊來守城？如果還猶疑不定，一會兒之後，就要和叛賊一道成為被人宰割的魚肉了！」於是守城的士兵逐漸有人脫去甲冑，放下兵器下了城。崔彥曾的舊官吏路審中打開城門接納官兵，龐舉直、許佶帶領他們的黨徒守衛內城。太陽偏西時，叛賊從北門出來，張玄稔派兵追趕他們，殺了龐舉直和許佶，其餘的叛賊大多投水而死，把戍守桂州士卒的親族全部抓起來，殺掉了，死去的有數千人，於是平定了徐州。

龐勛帶領二萬士兵從石山西邊出發，所過之處焚燒搶掠無遺。到九月初六日庚申，康承訓才知道，便帶領步兵和騎兵八萬人向西追擊龐勛，派朱邪赤心帶領數千騎兵作為前鋒部隊。龐勛襲擊宋州，攻下了南城，刺史鄭處沖據守北城。叛賊知道有了防備，放棄，離開了宋州，渡過汴水，向南搶掠亳州，沙陀兵追上了他們。龐勛帶領部隊沿著渙水東進，將回彭城，被沙陀兵所逼，無暇吃飯，到達蘄縣，即將渡過渙水，李袞毀壞了橋樑，帶兵防守著。叛賊惶懼困惑不知道向哪裡走，到蘄縣故城西邊，官軍大量集中，縱兵進攻，殺死叛賊近萬人，其餘的都淹死了，投降的才千餘人。龐勛也戰死了，但沒有人認識他，幾天後，才找到他的屍體。叛賊據守的宿遷等各兵寨都殺死守將後向官軍投降。宋威也攻取了蕭縣，只有吳迥獨自據守濠州未被攻下。

冬，十月，任命張玄稔為右驍衛大將軍、御史大夫。

馬舉進攻濠州，從夏天一直到冬天也未攻下來，城裡糧食吃完了，殺人而食，官軍深挖壕溝用幾重軍隊圍困著。十月十七日辛丑夜裡，吳迥衝出重圍逃走。馬舉帶兵追趕他，幾乎殺死和俘虜了全部叛賊，吳迥在招義死去。

朝廷任命康承訓為河東節度使、同平章事，任命杜慆為義成節度使。懿宗嘉獎朱邪赤心的功勞，在雲州設置大同軍，任命朱邪赤心為節度使，召見了他，留為左金吾上將軍，賜姓名為李國昌，賞賜非常豐厚。任命辛讜為亳州刺史。辛讜在泗州時，衝出包圍出去迎接援兵和糧食，往返共有十二次，等到任命為亳州刺史時，上表說：「臣子的功勞，沒有杜慆是不能取得的！」賜和州刺史崔雍自殺，家屬被流放到康州，兄弟五人都被貶謫遠地。

上荒宴，不親庶政，委任路巖。巖奢靡，頗通賂遺，左右用事。至德❶令陳蟠叟因上書召對❷，言：「請破邊咸一家，可贍軍二年❸。」上問：「咸為誰？」對曰：「路巖親吏。」上怒，流蟠叟於愛州，自是無敢言者。

初，南詔遣使者楊酋慶來謝釋董成❹之囚，定邊節度使李師望欲激怒南詔以求功，遂殺酋慶。西川大將恨師望分裂巡屬❺，陰遣人致意南詔，使入寇。師望貪殘，聚私貨以百萬計，戍卒怨怒，欲生食之，師望以計免。朝廷徵還，以太府少卿竇滂代之。滂貪殘又甚於師望，故蠻寇未至，而定邊固已困矣。

是月，南詔驃信酋龍傾國入寇，引數萬眾擊董舂烏部❻，破之。十一月，蠻進寇嶲州，定邊都頭安再榮守清溪關，蠻攻之，再榮退屯大渡河北，與之隔水相射九日八夜。蠻密❼分軍伐木[1]開道，逾雪坡❽，奄❾至沐源川❿。滂遣兗海將黃卓帥五百人拒之，舉軍覆沒。十二月丁酉⓫，蠻衣兗海之衣，詐為敗卒，至江⓬岸呼船。已濟，眾乃覺之，遂陷犍為⓭，縱兵焚掠陵、榮二州⓮之境。後數日，蠻軍大集於陵雲寺⓯，與嘉州對岸，刺史楊忞與定邊監軍張允瓊勒兵拒之。蠻潛遣奇兵自東津⓰濟，夾擊官軍，殺忠武都將顏慶師，餘眾皆潰，忞、允瓊脫身走。王子⓱，陷嘉州。慶師，慶復之弟也。

竇滂自將兵拒蠻於大渡河，驃信詐遣清平官數人詣滂結[2]和。滂與語未畢，蠻乘船栰⑱爭渡，忠武、徐宿⑲兩軍結陳⑳抗之。滂懼，自經㉑於帳中。徐州將苗全緒解之，曰：「都統何至於是！」全緒與安再榮及忠武將勒兵出戰，滂遂單騎宵遁。三將謀曰：「今眾寡不敵，明日復戰，吾屬盡矣。不若乘夜攻之，使之驚亂，然後解去。」於是夜入蠻軍。弓弩亂發，蠻大驚，三將乃全軍引去。蠻遂[3]進陷黎、雅，民竄匿山谷，敗軍所在焚掠。滂奔導江㉒。邛州軍資儲偫㉓皆散於亂兵之手，蠻至，城已空，通行無礙矣。

詔左神武將軍顏慶復將兵赴援。

【章旨】以上為第十四段，寫唐懿宗荒宴無節，南詔為禍西疆。

【注釋】❶至德　縣名，縣治在今安徽東至北。❷召對　被皇帝召見而對答。❸贍軍二年　可供應軍隊兩年的糧餉。❹釋董成　董成為南詔所遣入唐使臣，被西川節度使李福所囚，朝廷釋之。事見本書卷二百五十唐懿宗咸通七年。❺分裂巡屬　指分西川所轄邛、巂等七州別立定邊軍。事見本書卷二百五十一咸通九年。巡屬，猶言所轄之地。❻董舂烏部　南蠻之一部，時已內附於西川邊塞一帶。❼密　祕密。❽雪坡　地名，在今四川峨邊西南。❾奄　突然。❿沐源川　水名，在今四川沐川縣境內，為岷江支流。⓫丁酉　十二月十四日。⓬江　謂青衣江。⓭犍為　縣名，縣治在今四川犍為。⓮陵榮二州　陵州，治所仁壽，在今重慶市榮昌。榮州，治所旭川，在今四川榮縣。⓯陵雲寺　寺名，在今四川樂山市南大渡河南岸。⓰東津　渡口名，當在四川樂山市大渡河上游東岸。⓱壬子　十二月二十九日。⓲栰　同「筏」。渡水用的竹木排。⓳徐宿　即原武寧軍所派的軍隊。⓴結陳　列陣相連。㉑自經　自縊；上吊。㉒導江　縣名，縣治在今四川都江堰市東。㉓儲偫　儲備。

【校　記】①伐木　原無此二字。據章鈺校，十二行本、乙十一行本皆有此二字，張敦仁《通鑑刊本識誤》、張瑛《通鑑校勘記》同，今據補。②結　據章鈺校，十二行本、乙十一行本皆作「約」。③遂　原無此字。據章鈺校，十二行本、乙十一行本皆有此字，今據補。

【語　譯】懿宗沉溺於宴樂，不親自處理政事，一切委任路巖。路巖奢侈華靡，大量接受賄賂，身邊的人把持政事。至德縣令陳蟠叟因為給懿宗上書，被召見對答，他說：「請沒收邊咸一家的財產，就可以供軍隊兩年開支。」懿宗問他：「邊咸是什麼人？」陳蟠叟回答說：「是路巖的親近官吏。」懿宗大怒，把陳蟠叟流放到愛州，從此沒有敢說話的人了。

當初，南詔派遣使者楊酋慶來答謝釋放被囚禁的董成，定邊節度使李師望想激怒南詔，然後求取功業，於是把楊酋慶殺掉了。西川大將怨恨李師望分裂西川屬地，暗地派人把想法告訴南詔，叫他前來侵擾。李師望貪婪殘暴，聚斂私財數百萬，戍卒們既怨恨又憤怒，想要活生生地吃掉他，李師望用計謀避免了一死。朝廷徵調他回去，任命太府少卿竇滂代替他的職務。竇滂的貪婪殘暴比李師望更厲害，所以蠻寇未到，而定邊這個地方已經處於困危中了。

這個月，南詔驃信酋龍傾盡全國所有的兵馬前來侵擾，帶領數萬人進擊董春烏部，打敗了他。十一月，蠻軍進入巂州，定邊軍都頭安再榮據守清溪關，蠻人進攻他，安再榮撤退屯駐大渡河北岸，和蠻軍隔著河互相射擊，相持了九天八夜。蠻人祕密地分出一部分軍隊伐木開路，越過雪坡，突然到達了沐源川。竇滂派兗海軍的將領黃卓帶領五百人抵抗，全軍覆沒。十二月十四日丁酉，蠻軍穿著兗海軍兵士的衣服，假稱是敗卒，到江邊叫渡船。已經渡江後，官兵才發覺，於是蠻人攻下了犍為縣，放縱軍隊燒搶陵州、榮州境界。過了幾天後，蠻軍在陵雲寺大量集中，和嘉州只隔著一條江，嘉州刺史楊忞和定邊監軍張允瓊帶兵抵抗蠻人的進攻。蠻人暗地派出一支奇兵從東津渡口過河，兩面夾攻官軍，殺死忠武軍都將顏慶師，其餘的兵眾都潰散了，楊忞和張允瓊脫身逃走。二十九日壬子，蠻軍攻陷嘉州。顏慶師，是顏慶復的弟弟。

竇滂自己帶兵在大渡河抵抗蠻軍，驃信假稱派清平官數人到竇滂這裡來談判媾和事。竇滂和來人話還未講完，蠻軍已經乘著船和木筏爭相渡河，忠武軍和徐宿軍的將士列陣相連抵抗蠻兵。竇滂恐懼，在帳中上吊自殺，徐州將苗全緒解下竇滂，說：「都統何至於此！」苗全緒和安再榮及忠武軍將領率軍出戰，竇滂於是單獨騎著馬在夜晚逃走了。苗全緒等三位將領商量說：「現在敵眾我寡難以抵擋，明天再作戰，我們都要被消滅。不如乘夜進攻蠻人，使他們驚慌混亂，然後我們撤退。」於是在夜裡攻入蠻人軍中，弓弩亂發，蠻軍大驚，三位將領趁機帶領全軍撤離。於是蠻人進兵攻陷黎州、雅州，民眾逃竄藏匿在山谷之中，敗軍所到的地方都被焚燒和搶掠。竇滂奔往導江縣。邛州的軍資儲備都散入亂兵手中，蠻人到達後，城中已空，可以通行無阻了。

朝廷詔令左神武將軍顏慶復帶領軍隊前去援助。

【研　析】本卷研析龐勛叛亂、辛讜、杜慆忠義、肉食之官令狐綯等三事。

龐勛叛亂。本卷主要史事是記載龐勛叛亂以及被剿滅的過程，這是腐朽的政府與野心家之間的殘殺，無辜戍兵與飢民被利用，遭塗炭，其情可憫。龐勛發動的是一場叛亂，不是農民起義。許多正統的歷史作者，稱龐勛領導了徐泗農民起義，是一個錯誤的定性，應予糾正。

龐勛叛亂由兵變引起。咸通四年（西元八六三年），南詔攻下安南，朝廷抽調二千名徐州兵去支援，分八百人別戍桂林，約定三年輪換。到了咸通九年，徐州兵已戍守六年，戍兵多次提出代換，但徐州觀察使崔彥曾為了節省一點軍費，不顧戍兵要求，提出再戍守一年，也不做勸諭工作和發放獎賞。戍兵憤怒，都虞候許佶、軍校趙可立、姚周、張行實等，原本是盜匪出身，趁機煽動戍兵叛亂，殺戍將王仲甫，推舉糧料判官龐勛為主，搶了武庫中的兵器，北還徐州，一路燒殺搶劫，地方州縣無力禁止。

兵變發生在七月。八月朝廷派出高品位的宦官張敬思帶著皇帝敕令向戍兵宣布，護送戍兵回徐州。沿途由政府接待，同時敕令徐泗觀察使崔彥曾做好迎接工作，不許追究戍兵擅自回歸的罪過。朝廷失信，但已做出了糾正，叛亂本可和平解決。可惜朝廷沒有派出強有力的朝官去做戍兵的勸諭工作，也沒派新的將領去統率，於是龐勛一路煽動戍兵反叛，又假傳情報說朝廷有密令，等戍兵回到徐川將全部遭殺戮。戍兵群情激動，過淮西，入淮南，招納亡命，到達泗州時已有千人。龐勛到達宿州，正式反叛，自稱兵馬留後。先前逃避朝廷鎮壓而亡命山澤的徐州銀刀兵紛紛加入叛亂隊伍。龐勛攻破徐州，招募兵員，那些飢民「父遣其子，妻勉其夫」爭相加入，很快叛軍達到二十多萬人，攻下淮南、淮北多座城鎮，切斷了江淮通往長安的漕運線，朝廷震動。

龐勛攻破徐州，並沒有殺害觀察使崔彥曾，也沒有殺監軍張道謹，而是扣為人質，與朝廷討價還價求節鉞，朝廷不允。朝廷征討大軍四面雲集，淮南節度使令狐綯答應為龐勛求節度，龐勛理應請罪改過，或許可得。龐勛自不量力，反其道要挾朝廷，說什麼「臣立於漢王朝興起之地，統領十萬大軍，據有四州之地，聖上若不賜給徐州節度旌節，臣率領的大軍，要不了多久就要抵達京師」，一派野心家的語言，並沒有一絲解救蒼生之情。龐勛已臨近敗亡，做垂死掙扎之際才殺了崔彥曾、張道謹等人，集眾誓師，其父龐舉直任叛軍大司馬，晉見龐勛竟然快步走，跪拜於庭，充分暴露出龐勛夢想做皇帝的心理，哪有一點農民起義的領袖氣質。因而眾叛親離，叛軍將領鄭鎰、張玄稔投降官軍，龐勛在宿縣南全軍覆沒，被官軍殺死。一場驚天動地的反叛被討平。

辛讜、杜慆忠義。辛讜，故太原尹辛雲京之孫，學《詩》、《書》，能擊劍，文武雙全。曾仕大同防禦使李峰幕僚，因事罷職，寓居揚州，目睹政治黑暗，年已五十，不再追求仕進，但仍然心繫國事，尋找機會報效國家。泗州刺史杜慆，杜佑之子，杜悰之弟。杜佑、杜悰父子皆致位三公，入朝為相。龐勛叛亂，杜慆時為泗州刺史。泗州，治所臨淮，在今江蘇盱眙，是徐州東南淮水南岸的市鎮，東南財賦運往京師運輸線上的一個樞紐，影響軍事、政治、經濟極為重大的地理要衝。杜慆及時做好迎擊叛寇的準備，合門百餘口留在泗州與城共存亡，堅定地鼓舞士氣。辛讜聞之，特地從揚州趕來，進入圍城幫助杜慆守城。逃避戰亂的人紛紛向南跑，唯獨辛讜向北走進入危城。杜慆以寡擊眾，死守泗州，辛讜多次突圍請救兵，籌糧餉，抵擋叛賊重兵攻城達七個月之久，有力地支援了官軍困圍徐州之亂，更重要的是阻敵於泗州，成為了江淮大地東南的屏障。

辛讜、杜慆兩位忠義之士，在平亂之戰中應列首功。他們在困難當頭表現出的忠勇與愛國情懷，永垂不朽。

肉食之官令狐綯。令狐綯，字子直，令狐楚之子。父子兩代官至宰相。令狐綯在文宗朝輔政十年，大中十三年（西元八七二年）罷相，又歷官河中尹、河中晉絳節度使、汴州刺史、宣武軍節度使，咸通三年轉淮南節度使。龐勛叛軍過境，都押衙李湘主張設伏截擊。令狐綯說：「彼在淮南不為暴，聽其自過，餘非吾事也。」令狐綯只是把禍水引向鄰郡就沒事了。他說「餘非吾事」，作為國家重臣，國家之事，就是自己的事，怎麼能說與自己無關呢！龐勛反叛後，令狐綯受命為徐州南面招討使，身肩討賊重任，泗州告急，李湘帶兵救援，令狐綯又受龐勛矇騙，龐勛聲稱降朝，令狐綯替龐勛上奏請賜節鉞，通告李湘不要進軍，不准攻賊，不救泗州，等在淮口受降，結果使李湘放鬆戒備，遭到叛軍偷襲，全軍覆沒。龐勛俘虜了數千名官軍，蒸而食之，李湘被切斷手腳，向攻戰的官軍示眾。令狐綯喪師被罷官，徐州亂平，令狐綯又被起用，歷官鳳翔尹、鳳翔隴節度使，封趙國公，食邑三千戶。令狐綯敗軍誤國，縱賊為禍，應當正法。因為他是大官，又依附宦官，依然飛黃騰達。正如春秋時曹劌所說，令狐綯只是吃肉長肉令人可鄙的人。晚唐政治，肉食者當道於朝，宦官掌控皇帝於內，除了滅亡，無路可走。

卷第二百五十二

唐紀六十八

起上章攝提格（庚寅 西元八七〇年），盡柔兆涒灘（丙申 西元八七六年），凡七年。

【題解】本卷記事起西元八七〇年，迄西元八七六年，凡七年。當唐懿宗咸通十一年至唐僖宗乾符三年。七年史事為唐懿宗、僖宗兩代皇帝各三年半。懿宗卒於咸通十四年七月，僖宗繼立，到第二年懿宗咸通十五年十一月才改元乾符。懿宗晚年遊宴、佞佛、濫賞，依然故我，毫無節制。咸通十一年，懿宗長女同昌公主薨，懿宗痛惜不已，厚葬公主，極度揮霍。其時，宰臣互相傾軋，節鎮不聽朝命，唐政治已敗壞到極點。南詔寇西川，一度逼進成都。懿宗死，僖宗立，翰林學士盧攜上奏，藉新君之立，極言民眾生活困苦，希望僖宗改善政治。僖宗年少登基，虛歲十三，在宦官操縱下，只知逸樂，不知治國。悍將高駢入西川，朝廷倚重高駢抗禦南詔，高駢卻排斥異己，濫殺保衛成都，擊退南詔的功臣西川突將數千人，製造了駭人的冤獄，國家綱紀遭破壞。黎民大眾忍無可忍，王仙芝、黃巢領導的農民大起義，在僖宗初即位的乾符元年、二年終於大爆發了。

懿宗昭聖恭惠孝皇帝下

咸通十一年（庚寅　西元八七〇年）

春，正月甲寅朔❶，羣臣上尊號曰睿文英武明德至仁大聖廣孝皇帝，赦天下。西川之民聞蠻寇將至，爭走入成都。時成都但有子城，亦無壕，人所占地各不過一席許，雨則戴箕盎❷以自庇❸。又乏水，取摩訶池❹泥汁，澄而飲之。

將士不習武備，節度使盧耽召彭州❺刺史吳行魯使攝參謀，與前瀘州刺史楊慶復共修守備，選將校，分職事，立戰棚，具礮❻檑❼，造器備，嚴警邏。先是，西川將士多虛職名❽，亦無稟給。至是，揭牓募驍勇之士，補以實職，厚給糧賜，應募者雲集。慶復乃諭之曰：「汝曹皆軍中子弟，年少材勇❾，平居❿無由自進，今蠻寇憑陵⓫，乃汝曹取富貴之秋也，可不勉乎！」皆歡呼踊躍。於是列兵械於庭，使之各試所能，兩兩角勝，察其勇怯而進退之，得選兵三千人，號曰「突將」。行魯，彭州人也。

戊午⓬，蠻至眉州，耽遣同節度副使王偃等齎書見其用事之臣杜元忠，與之約和。蠻報曰：「我輩行止⓭，只繫雅懷⓮。」

路巖、韋保衡上言：「康承訓討龐勛時，逗橈⓯不進，又不能盡其餘黨，又貪虜獲，不時上功⓰。」辛酉⓱，貶蜀王傅、分司，尋再貶恩州司馬。

南詔進軍新津⑱，定邊⑲之北境也。盧耽遣同節度副使譚奉祀致書于杜元忠，問其所以來之意，蠻留之不還。耽遣使告急于朝，且請遣使與和，以紓⑳一時之患。朝廷命知四方館㉑事、太僕卿支詳為宣諭通和使㉒。蠻以耽待之恭，亦為之盤桓㉓，而成都守備由是粗完㉔。

【章　旨】以上為第一段，寫南詔侵犯西川，直逼成都。

【注　釋】❶甲寅朔　正月初一日。❷盎　一種腹大口小的瓦器，即缶。❸庇　遮蓋。❹摩訶池　池名，在今四川成都東南。❺彭州　州名，治所九隴，在今四川彭州。❻礮　指炮石，古代炮車所拋射的石塊。礮，同「炮」。❼樐　樐木，從高處推下以打擊敵人的大木頭。❽虛職名　沒有實際職務的虛設官位。❾材勇　有材力，又勇敢。❿平居　平日。⓫憑陵　同「凴陵」。侵犯；侵陵。⓬戊午　正月初五日。⓭行止　或前行，或停止。即謂行動。⓮只繫雅懷　一定讓你滿意。雅，敬詞。⓯逗撓　逗留拖延。⓰不時上功　不按時呈報功勞。⓱辛酉　正月初八日。⓲新津　縣名，縣治在今四川新津。⓳定邊　即定邊軍。⓴紓　緩解。㉑四方館　官署名，接待四方少數民族使者，負責往來及通商貿易等事。㉒宣諭通和使　官名，朝廷所派遣的宣旨媾和的使臣。㉓盤桓　逗留不進。㉔粗完　粗略完成。

【語　譯】懿宗昭聖恭惠孝皇帝下

咸通十一年（庚寅　西元八七〇年）

春，正月初一日甲寅，群臣奉上尊號稱睿文英武明德至仁大聖廣孝皇帝，大赦天下。

西川的民眾聽說蠻寇就要到來，爭相逃入成都城。當時成都只有內城，也沒有護城河，每人所佔據的地方不過一張席子左右，下雨時就戴箕盤或大缶遮雨。又缺乏生活用水，就提取摩訶池的泥汁，澄清後飲用。

將士們不訓練武事，節度使盧耽召來彭州刺史吳行魯攝代參謀，和前任瀘州刺史楊慶復共同修治防守設備，選擇將校，分配所主事務，建立作戰棚車，準備炮石和櫑木，製造器械，嚴加警戒巡邏。此前，西川將士大多是虛職，也不發糧餉供應。到這時，貼出榜文招募驍勇之士，補任實際職務，發給優厚糧餉和賞賜，應募的人雲集。楊慶復於是曉諭他們說：「你們都是軍隊將士的子弟，年少有材力，又勇敢，平時自己沒有途逕進取，現在蠻寇前來侵擾，正是你們取得富貴的時候，能不努力嗎！」大家都歡呼雀躍。於是在大庭上排列著武器兵械，叫他們各人把自己技藝顯示出來，又兩人一組角鬥勝負，從中察看他們的勇怯情況進行取捨，最後選出了三千名士兵，號稱「突將」。吳行魯，是彭州人。

正月初五日戊午，蠻兵到達眉州，盧耽派遣同節度副使王偃等人帶著書信去謁見蠻人主政大臣杜元忠，和他商談議和之事。蠻人回答說：「我們的行動，一定使你們滿意。」

路巖、韋保衡上奏說：「康承訓在討伐龐勛的時候，逗留拖延不肯進軍，又沒有把龐勛的餘黨全部消滅，又貪圖抓獲俘虜，不按時上報功勞。」正月初八日辛酉，貶謫康承訓為蜀王傅、分司東都，不久，再貶為恩州司馬。

南詔進軍到達新津，這裡是定邊軍的北面邊界。盧耽派遣同節度副使譚奉祀送信給杜元忠，詢問他們領大軍前來的用意，蠻人扣留了譚奉祀不讓他回去。盧耽派遣使者向朝廷告急，並且請求派遣使者與南詔議和，以便緩和一時的禍患。朝廷任命知四方館事、太僕卿支詳為宣諭通和使。蠻人看到盧耽對待他們很恭謹，也就逗留不進，這樣成都的防守準備粗略完成了。

甲子❶，蠻長驅而北，陷雙流❷。庚午❸，耽遣節度副使柳槃往見之。杜元忠授槃書一通，曰：「此通和❹之後，驃信與軍府相見之儀❺也。」其儀皆[1]以王者自處，語極驕慢。又遣人負綵幕❻至城南，云欲張陳蜀王廳❼以居驃信。

癸酉❽，廢定邊軍，復以七州❾歸西川。

是日，蠻軍抵成都城下。前一日，盧耽遣先鋒遊弈使王晝至漢州詗援軍❿，且趣之。時興元六千人、鳳翔四千人已至漢州，會竇滂以忠武、義成、徐宿四千人自導江奔漢州，就援軍以自存。丁丑⓫，王晝以興元、資、簡⓬兵三千餘人軍於毗橋⓭，遇蠻前鋒，與戰不利，退保漢州。時成都日望援軍之至，而竇滂自以失地⓮，欲西川相繼陷沒以分其責，每援軍自北至，輒說之曰：「蠻眾多於官軍數十倍，官軍遠來疲弊⓯，未易遽前。」諸將信之，皆狐疑不進。成都十將李自孝陰與蠻通，欲焚城東倉為內應，城中執而殺之。後數日，蠻果攻城。久之，城中無應而止。

二月癸未朔⓰，蠻合梯⓱衝⓲四面攻成都，城上以鉤繯⓳挽之使近，投火沃油焚之，攻者皆死。盧耽以楊慶復、攝左都押牙李驤各帥突將出戰，殺傷蠻二千餘人，會暮，焚其攻具三千餘物而還。蜀人素怯，其突將新為慶復所獎拔，且利於厚賞，勇氣自倍，其不得出者，皆憤鬱求奮⓴。後數日，賊取民籬，重沓濕而屈之以為蓬㉑，置人其下，舉以抵城而劚之㉒。矢石不能入，火不能然，慶復鎔鐵汁以灌之，攻者又死。

乙酉㉓，支詳遣使與蠻約和。丁亥㉔，蠻斂兵請和。戊子㉕，遣使迎支詳。時顏慶復以援軍將至，詳謂蠻使曰：「受詔詣定邊約和，今雲南乃圍成都，則與鄉日詔旨異矣。且朝廷所以和者，冀其不犯成都也。今矢石晝夜相交，何謂和乎！」蠻見和使不至，庚寅㉖，復進攻城。辛卯㉗，城中出兵擊之，乃退。

初，韋皋招南詔以破吐蕃，既而蠻訴以無甲弩。皋使匠往[2]教之，數歲，蠻中甲弩皆精利。又，東蠻苴那時、勿鄧、夢衝三部助皋破吐蕃有功㉘，其後邊吏遇之無狀，東蠻怨唐深，自附於南詔，每從南詔入寇，為之盡力，得唐人皆虐殺之。

朝廷貶竇滂為康州司戶，以顏慶復為東川節度使，凡援蜀諸軍，皆受慶復節制。癸巳㉙，慶復至新都㉚，蠻分兵往拒之。甲午㉛，與慶復遇，慶復大破蠻軍，殺二千餘人，蜀民數千人爭操芟刀㉜、白棓㉝以助官軍，呼聲震野。乙未㉞，蠻步騎數萬復至，會右武衛上將軍宋威以忠武軍[3]二千人至，即與諸軍會戰，蠻軍大敗，死者五千餘人，退保星宿山㉟。威進軍沱江驛㊱，距成都三十里。蠻遣其臣楊定保詣支詳請和。詳曰：「宜先解圍退軍。」定保還，蠻圍城如故。城中不知援軍之至，但見其數來請和，知援軍必勝矣。戊戌㊲，蠻復請和，使者十返，城中亦依違㊳答之。蠻以援軍在近，攻城尤急，驃信以下親立矢石之間。庚子㊴，官軍至城下與蠻戰，奪其升遷橋㊵。是夕，蠻自燒攻具遁去。比明，官軍乃覺之。

初，朝廷使顏慶復救成都，命宋威屯綿、漢㊶為後繼。威乘勝先至城下，破蠻軍功居多，慶復疾之。威飯士欲追蠻軍，城中戰士亦欲與北軍合勢俱進，慶復牒威，奪其軍，勒歸漢州。蠻至雙流，阻新穿水㊷，造橋未[4]成，狼狽失度㊸。三日，橋成，乃得過，斷橋而去，甲兵服物遺棄於路，蜀人甚恨之。黎州刺史嚴師本收散卒數千保邛州，蠻圍之，二日不克，亦捨去。

顏慶復始教蜀人築壅門城㊹，穿塹引水滿之，植鹿角㊺，分營鋪㊻。蠻知有備，自是不復犯成都矣。

先是，西川牙將有職無官。及拒卻南詔，四人以功授監察御史。堂帖，人輸堂例錢三百緡㊼，貧者苦之。

【章旨】以上為第二段，寫官軍擊退南詔。

【注釋】❶甲子　正月十一日。❷雙流　縣名，縣治在今四川雙流。❸庚午　正月十七日。❹通和　往來和好。❺相見之儀　指信中規定了南詔驃信與西川節度使相見的禮儀，即南詔王以王禮自處。❻綵幕　五彩帳幕。指南詔行軍的將軍營帳。❼張陳蜀王廳　把綵幕設在蜀王廳。蜀王廳，隋蜀王楊秀所築。宏偉壯麗，在成都城內。❽癸酉　正月二十日。❾七州　即邛、眉、蜀、雅、嘉、黎、嶲等七州。❿詗援軍　探問援軍消息。詗，探問。⓫丁丑　正月二十四日。⓬資簡　皆州名。資州治所盤石縣，在今四川資中北。簡州治所陽安，在今四川簡陽。⑬毗橋　橋名，在今四川新都西南。⑭失地　謂喪失定邊軍。⑮疲弊　即疲憊、疲敝。弊，通「敝」。⑯癸未朔　二月初一日。⑰梯　雲梯，攻城用的長梯。⑱衝　衝車，攻城用的戰車。⑲鉤繯　帶繩索的鉤子。鉤，同「鈎」。繯，繩索。⑳求奮　要求奮力出戰。㉑以為蓬　當做帳篷。蓬，同「篷」。㉒斸之　挖城。㉓乙酉　二月初三日。㉔丁亥　二月初五日。㉕戊子　二月初六日。㉖庚寅　二月初八日。㉗辛卯　二月初九日。㉘助皋破吐蕃有功　貞元五年（西元七八九年），劍南節度使韋皋聯合東蠻苴那時等在臺登大破吐蕃青海、臘城二節度使。事見本書卷二百三十三德宗貞元五年。㉙癸巳　二月十一日。㉚新都　縣名，縣治在今四川新都。㉛甲午　二月十二日。㉜梃刀　鐮刀。㉝白棓　大棍；大杖。棓，同「棒」。㉞乙未　二月十三日。㉟星宿山　山名，在今四川成都北。㊱沱江驛　地名，在星宿山西北。㊲戊戌　二月十六日。㊳依違　模稜兩可。㊴庚子　二月十八日。㊵升遷橋　橋名，在成都北，星宿山南。㊶綿漢　皆州名。綿州治所巴西，在今四川綿陽東。漢州治所雒縣，在今四川德陽。㊷新穿水　水名，在今四川新津境。㊸失度　南詔軍紛亂不堪，失去控制。㊹壅門城　遮掩城門的短牆。㊺植鹿角　在空曠的平地上插立木樁設防。㊻分營鋪　分立營房和哨樓。㊼堂帖二句　按照堂帖慣例，升官的四位監察御史要交納堂例錢三百緡。堂帖，宰相所下的判事文書，帖由政事堂出，故稱堂帖。緡，一千錢為一緡，即一貫。

【校　記】1皆　原無此字。據章鈺校，十二行本、乙十一行本皆有此字，今據補。2往　原無此字。據章鈺校，十二行本、乙十一行本、孔天胤本皆有此字，張敦仁《通鑑刊本識誤》同，今據補。3軍　原無此字。據章鈺校，十二行本、乙十一行本、孔天胤本皆有此字，今據補。4未　據章鈺校，此字下十二行本、乙十一行本、孔天胤本皆有「能」字，張敦仁《通鑑刊本識誤》同。

【語　譯】正月十一日甲子，蠻兵長驅北進，攻下了雙流縣。十七日庚午，盧耽派遣節度副使柳槃前往謁見蠻人。杜元忠交給柳槃一卷書，並說：「這是在議和之後，驃信與軍府相見時的禮儀規定。」在那個儀制中驃信都以國王自居，語言極其傲慢。又派人背著五彩的帷幕到達成都南面，說是要設置在蜀王府的廳堂中，以便讓驃信居住。

正月二十日癸酉，撤銷定邊軍，又將這七州歸西川節度使管轄。

這一天，蠻軍抵達成都城下。前一天，盧耽派遣先鋒遊弈使王晝到漢州去探問援軍的消息，並且催促他們。當時興元府的六千人、鳳翔府的四千人已經到達漢州，遇上竇滂也帶領忠武、義成、徐宿的四千人從導江奔赴漢州，到援軍那裡賴以保存自己。正月二十四日丁丑，王晝帶領興元和資州、簡州的三千多人的軍隊駐紮在毗橋，碰上蠻軍的前鋒部隊，和它交戰沒有獲勝，退回漢州自保。當時成都日夜盼望援軍到來，而竇滂自認為丟失了土地，希望西川相繼失陷來分擔自己的罪責，每每援軍從北方到來時，就向他們說：「蠻人的軍隊比官軍要多數十倍，官軍從遠方趕來，很疲勞，不宜匆忙前進。」那些將領相信了他的話，都猶豫不進。成都十將李自孝暗地和蠻人勾通，打算火燒城東倉庫作為內應，城裡而把他抓起來殺掉了。隔了幾天後，蠻兵果然攻城。過了很久，城中沒有人響應就停止了攻城。

二月初一日癸未，蠻軍集中了雲梯、衝車從四面攻打成都城，城上的官軍用帶繩索的鉤子把敵人雲梯、衝車拉近城牆，拋下火炬澆上油燒掉它，攻城的人都被殺死。盧耽派楊慶復、攝左都押牙李驤各自帶領突將出城作戰，殺傷蠻兵二千多人，趕上天色已晚，燒掉了蠻兵的攻城器具三千多件，回到城內。蜀人一向怯懦，這支突將新近受到楊慶復獎勵提拔，並且貪圖厚賞，所以勇氣倍增，那些不能出去作戰的，都忿忿不平要求奮力出戰。隔了幾天，蠻賊拿走民眾的籬笆，重疊起來浸溼再讓它彎曲成為篷子，使人躲在下面，舉起來抵達城下後掘城。箭矢和石頭不能穿透篷子，用火也燒不起來，楊慶復用熔化的鐵汁來灌它，攻城的人又被燒死。

二月初三日乙酉，支詳派使者與蠻人講和。初五日丁亥，蠻人收兵請求和談。初六日戊子，蠻人派使者迎接支詳。當時顏慶復認為援軍即將到來，支詳對蠻人使者說：「我受朝廷詔令到定邊軍談判議和的事，現在雲南的南詔軍隊還包圍著成都，那麼和過去詔令的旨意完全不同了。況且朝廷之所以議和，是希望你們不進犯成都。現在弓矢炮石日夜相交鋒，怎麼能說是講和！」蠻人看到議和的使者沒有到來，初八日庚寅，又進軍攻城。初九日辛卯，城中派兵出來反擊，蠻人才退去。

當初，韋臯招來南詔用他們打敗吐蕃，不久南詔蠻人訴說沒有甲冑和弓弩。韋臯叫工匠前往教他們，幾年以後，蠻人中甲冑弓弩都精良堅利。另外，東蠻苴那時、勿鄧、夢衝三部幫助韋臯打敗吐蕃有功勞，以後邊境地方官對待他們很不友善，因此東蠻深深地怨恨唐人，自己依附於南詔，每次隨從南詔入侵，盡力為他們作戰，抓到了唐人都暴虐地將他們殺害。

朝廷貶竇滂為康州司戶，任命顏慶復為東川節度使，所有援蜀的軍隊，都接受顏慶復調度指揮。二月十一日癸巳，顏慶復到達新都，蠻人分兵前去抵禦。十二日甲午，和顏慶復的軍隊相遇，顏慶復大敗蠻軍，殺死二千多人。蜀地的民眾數千人爭相拿著鐮刀、大棍來幫助官軍，呼號聲震動了原野。十三日乙未，蠻人步兵騎兵數萬人又趕來了，適逢右武衛上將軍宋威帶著忠武軍二千人到達，隨即和各路軍一同與蠻人作戰，蠻軍大敗，死了五千多人，退保星宿山。宋威進駐沱江驛，距離成都三十里。蠻人派他們的大臣楊定保到支詳那裡請求議和。支詳說：「應當先解圍退軍。」楊定保回去後，蠻軍依然包圍著成都城。城裡面不知道援軍到達，只看到蠻人多次來請求議和，知道援軍一定獲勝了。十六日戊戌，蠻人又來請和，使者往返十次，城裡面也就模稜兩可地回答他。蠻人看到官軍援軍到了附近，攻城更加緊急，驃信以下的將吏親自站立在矢石之間。十八日庚子，官軍到城下和蠻兵交戰，奪回被蠻兵佔領的升遷橋。當天晚上，蠻軍自己燒掉攻城器具逃走了。等到天亮時，官軍才發現。

當初，朝廷使顏慶復救援成都，命令宋威屯駐綿州、漢州為後續部隊。宋威乘勝先期到達成都城下，打敗蠻軍的功勞大一些，顏慶復嫉妒他。宋威叫士兵吃飯，想追擊蠻軍，城裡的戰士也想和北軍聯合俱進，顏慶復下文牒給宋威，奪過他的軍隊，勒令他返回漢州。蠻軍到達雙流，為新穿水所阻隔，橋還未造成，混亂失次，過了三天，橋修好了，才得通過，把橋破壞後離去，鎧甲兵器衣服等物都拋棄在路上，蜀地人非常痛恨他們。黎州刺史嚴師本收集流散兵卒數千人守衛邛州，蠻軍包圍了它，過了兩天沒有攻下，也就放棄該城離開了。

顏慶復開始教蜀人修築壅門城，開溝引水灌滿池中，樹立木樁，分設營房和哨樓。蠻人知道有了防守設備，從這以後不再進犯成都了。

此前，西川牙將只有職務沒有官品。等到打退了南詔，有四人因功被授給監察御史官職。照堂帖規定，得官的人每人要交堂例錢三百串，貧窮的人以此為苦。

三月，左僕射、同平章事曹確同平章事，充鎮海節度使。

夏，四月丙午❶，以翰林學士承旨、兵部侍郎韋保衡同平章事。

徐賊❷餘黨猶相聚閭里為羣盜，散居兗、鄆、青、齊之間，詔徐州觀察使夏侯瞳招諭之。

五月丁丑❸，以邛州刺史吳行魯為西川留後。

光州民逐刺史李弱翁，弱翁奔新息❹。左補闕楊堪❺等上言：「刺史不道，百姓負冤，當訴於朝廷，置諸典刑❻，豈得羣黨相聚，擅自斥逐，亂上下之分！此風殆不可長，宜加嚴誅，以懲來者。」

上令百官議處置徐州之宜❼。六月丙午❽，太子少傅李膠等狀，以為：「徐州雖屢搆禍亂❾，未必比屋頑凶，蓋由統御失人，是致姦回❿乘釁。今使名雖降⓫，兵額尚存，以為支郡則糧餉不給，分隸別藩則人心未服，或舊惡相濟⓬，更成披猖⓭。惟泗州向因攻守，結釁已深，宜有更張⓮，庶為兩使。」詔從之，徐州依舊為觀察使，統徐、濠、宿三州，泗州為團練使，割隸淮南。

加幽州節度使張允伸兼侍中。

【章　旨】以上為第三段，寫西川遭南詔侵擾，徐州歷龐勛之亂，朝廷調整人事與行政建制，以為善後。

【注　釋】❶丙午　四月二十四日。❷徐賊　指龐勛叛軍。❸丁丑　五月二十六日。❹新息　縣名，縣治在今河南息縣。❺楊堪　文宗朝京兆尹楊虞卿之子，官至吏部員外郎。事附《舊唐書》卷一百七十六、《新唐書》卷一百七十五〈楊虞卿傳〉。❻典刑　即刑典、刑法。❼宜　事宜。❽丙午　六月二十五日。❾屢搆禍亂　指銀刀等七軍及桂林戍卒之亂。❿姦回　姦邪。⓫使名雖降　謂降節度使為觀察使。按《新唐書・方鎮表》，咸通三年罷武寧軍節度使，置團練防禦使。五年罷防禦使，置觀察使。節度使高於觀察使，觀察使高於團練使。⓬舊惡相濟　原來的壞人相互勾結。⓭披猖　猖狂。⓮宜有更張　謂對泗州歸屬問題應另行處置。

【語　譯】三月，左僕射、同平章事曹確改任同平章事，充任鎮海節度使。

夏，四月二十四日丙午，任命翰林學士承旨、兵部侍郎韋保衡同平章事。

徐州叛賊的餘眾仍然聚集在鄉里為盜賊，分散在兗、鄆、青、齊各州之間，朝廷詔令徐州觀察使夏侯瞳告諭招撫他們。

五月二十六日丁丑，任命邛州刺史吳行魯為西川留後。

光州的民眾趕走了刺史李弱翁，李弱翁逃往新息縣。左補闕楊堪等人上奏說：「刺史無道，百姓遭受冤枉，應當上訴朝廷，按照刑法處置，怎麼能聚眾結黨，擅自趕走上司，擾亂上下級之間的名分！這種風氣恐怕是不應助長的，應當嚴加懲罰，以便警戒後人。」

懿宗叫百官討論處理徐州後事最妥當的辦法。六月二十五日丙午，太子少傅李膠等人進呈奏狀，認為：「徐州地方雖然多次製造禍亂，未必家家都是頑惡兇險的人，大概是由於沒有好的長官，這樣才導致奸邪者乘機起事。現在它的職名雖然降低了，兵員還在，把它作為支郡，那麼供給的糧餉就會不足，如果分屬其他藩鎮，那麼人心又不服，或者原來的壞人互相勾結，就會更加猖狂。只有泗州因為前些時間處在敵我攻守之中，結仇已深，應當改變隸屬關係，使兩方面都滿意。」懿宗下詔聽從李膠等人的意見，徐州依舊設置觀察使，統轄徐、濠、宿三個州，泗州只設團練使，劃歸淮南道管轄。

加授幽州節度使張允伸兼侍中。

秋，八月乙未❶，同昌公主薨。上痛悼不已，殺翰林醫官韓宗劭等二十餘人，悉收捕其親族三百餘人繫京兆獄。中書侍郎、同平章事劉瞻召諫官使言之，諫官莫敢言者，乃自上言，以為：「脩短❷之期，人之定分。昨公主有疾，深軫❸聖慈。宗劭等診療之時，惟求疾愈，備施方術❹，非不盡心，而禍福難移，竟成差跌❺。原❻其情狀，亦可哀矜。而械繫老幼三百餘人，物議沸騰，道路嗟歎。柰何以達理知命之君，涉肆暴❼不明之謗！蓋由安不慮危，忿不思難之故也。伏願少回聖慮❽，寬釋繫者。」上覽疏，不悅。瞻又與京兆尹溫璋力諫於上前。上大怒，叱出之。

魏博節度使何全皞年少，驕暴好殺，又減將士衣糧。將士作亂，全皞單騎走，追殺之，推大將韓君雄❾為留後。成德節度使王景崇為之請旌節。九月庚戌❿，以君雄為魏博留後。

丙辰⓫，以劉瞻同平章事，充荊南節度使，貶溫璋振州司馬。璋歎曰：「生不逢時，死何足惜！」是夕，仰藥⑫卒。庚申⑬[1]，敕曰：「苟無蠹害⑭，何至於斯！惡實貫盈⑮，死有餘責。宜令三日內且於城外權瘞⑯，俟經恩宥⑰，方許歸葬，使中外快心，姦邪知懼。」己巳⑱，貶右諫議大夫高湘⑲、比部郎中・知制誥楊知至⑳、禮部郎中魏簹等於嶺南，皆坐與劉瞻親善，為韋保衡所逐也。知至，汝士之子。簹，扶之子也。保衡又與路巖共奏劉瞻，云與醫官通謀，誤投毒藥㉑。丙子㉒，貶瞻康州刺史。翰林學士承旨鄭畋㉓草瞻罷相制辭曰：「安數畝之居，仍非己有。卻四方之賂，惟畏人知。」巖謂畋曰：「侍郎㉔乃表薦劉相也！」坐貶梧州刺史。御史中丞孫瑝坐為瞻所引[2]用，亦貶汀州刺史。路巖素與劉瞻論議多不叶，瞻既貶康州，巖猶不快，閱十道圖㉕，以驩州去長安萬里，再貶驩州司戶。

冬，十月癸卯㉖，以西川留後吳行魯為節度使。

十一月辛亥㉗，以兵部尚書、鹽鐵轉運使王鐸㉘為禮部尚書、同平章事。鐸，起之兄子也。〇丁卯㉙，復以徐州為感化軍節度。

十二月，加成德節度使王景崇同平章事。以左金吾上將軍李國昌為振武節度使。

【章　旨】以上為第四段，寫唐懿宗憑好惡用刑，宰臣進諫遭排斥，節鎮不斷發生兵變，政治腐敗到極點。

【注　釋】❶乙未　八月十五日。❷脩短　謂人的壽命的長短。❸深軫　深深思念。❹方術　猶醫術。❺差跌　失誤；失敗。差，同「蹉」。❻原　推究。❼肆暴　恣意暴虐。❽少回聖慮　稍微改變一下想法。❾韓君雄　魏州（今河北大名東北）人，官至魏博節度使。唐僖宗賜名允中。傳見《舊唐書》卷一百八十一、《新唐書》卷二百十。❿庚戌　九月初一日。⓫丙辰　九月初七日。⓬仰藥　服毒藥自殺。⓭庚申　九月十一日。⓮蠹害　謂為非作歹。⓯惡實貫盈　即惡貫滿盈。貫盈，積累到極點。⓰城外權瘞　暫時埋葬在京郊。⓱恩宥　即恩赦，皇帝施恩頒布的特赦。⓲己巳　九月二十日。⓳高湘　字浚之，宋州寧陵（今河南寧陵東南）人，唐僖宗時官終江西觀察使。傳見《新唐書》卷一百七十七，事附《舊唐書》卷一百六十八〈高鍇傳〉。⓴楊知至　唐文宗時吏部尚書楊汝士之子，官至戶部侍郎。事附《舊唐書》卷一百七十六、《新唐書》卷一百七十五〈楊汝士傳〉。㉑誤投毒藥　胡注：「譖言誤投毒藥，以致同昌公主於死。然既言誤矣，又安可以為通謀邪！」㉒丙子　九月二十七日。㉓鄭畋　字台文，滎陽（今河南滎陽）人，唐武宗朝給事中鄭亞之子。唐僖宗朝官至宰相。傳見《舊唐書》卷一百七十八、《新唐書》卷一百八十五。㉔侍郎　指鄭畋，畋時為戶部侍郎。㉕十道圖　書名，《新唐書・藝文志》地理類有《十道圖》十卷，李吉甫著。㉖癸卯　十月二十五日。㉗辛亥　十一月初二日。㉘王鐸　字昭範，唐懿宗朝宰相，唐僖宗時再度入相。後出為義成節度使，又徙義昌，過魏州，為魏博節度使樂彥禎之子所劫，遇害死。傳見《舊唐書》卷一百六十四、《新唐書》卷一百八十五。㉙丁卯　十一月十九日。

【校　記】①庚申　原無此二字。據章鈺校，十二行本、乙十一行本、孔天胤本皆有此二字，張瑛《通鑑校勘記》同，今據補。②引　據章鈺校，十二行本、乙十一行本皆作「擢」。

【語　譯】秋，八月十五日乙未，同昌公主去世。懿宗悲痛哀悼不已，殺死翰林醫官韓宗劭等二十多人，又收捕他們的親族三百多人囚禁在京兆府的監獄中。中書侍郎、同平章事劉瞻召集諫官叫他們向皇上進諫，諫官中沒有人敢說話，於是劉瞻親自向懿宗進言，認為：「壽命期限的長短，每人有固定的命運。日前公主得了病，為聖慈深深懷念著。韓宗劭等人在治療的時候，只希望把病治好，用盡了各種藥方，並不是沒有盡心竭力，而是難以改變禍福，終竟造成了治療的失敗。推究他們的情狀，也讓人哀憐。然而用刑具囚禁了老幼三百餘人，人們議論紛紛，行人歎息。為什麼達理知命的君主，卻受到肆暴和不明事理的誹謗！大概是由於在安定中沒有考慮到危險，在忿怒中沒有想到艱難的緣故吧。希望稍微改變聖上的思慮，寬容釋放被囚繫的人。」懿宗看了劉瞻的奏疏，很不高興。劉瞻又和京兆尹溫璋在懿宗面前極力進諫。懿宗大怒，把他們斥責出皇宮。

魏博節度使何全皞年少，驕橫暴虐，喜好殺人，又削減將士衣糧。將士作亂，何全皞一人騎馬逃跑，被將士追上殺死了，推舉大將韓君雄為留後。成德節度使王景崇替韓君雄向朝廷請求節度使的旌節。九月初一日庚戌，朝廷任命韓君雄為魏博留後。

九月初七日丙辰，任命劉瞻同平章事，充荊南節度使，貶溫璋為振州司馬。溫璋歎息說：「生不逢時，生命哪值得珍惜！」當晚，服毒自殺了。十一日庚申，敕命說：「假如沒有為非作歹，何至於如此！實在是惡貫滿盈，死有餘辜。應當命令在三天內暫時掩埋在城外，等到施恩寬宥後，才允許歸葬故鄉，使朝廷內外之人高興，奸邪之人知道畏懼。」二十日己巳，貶謫右諫議大夫高湘、比部郎中・知制誥楊知至、禮部郎中魏簹等人於嶺南，都是因為和劉瞻親善，被韋保衡所趕走的。楊知至，是楊汝士的兒子。魏簹，是魏扶的兒子。韋保衡又和路巖一起彈奏劉瞻，說他與醫官串通謀劃，誤投毒藥。二十七日丙子，貶劉瞻為康州刺史。翰林學士承旨鄭畋起草罷免劉瞻宰相的制辭中說：「安心住在數畝大的宅院中，但不是自己的財產。拒收四方的賄賂，只是怕別人知曉。」路巖對鄭畋說：「侍郎這是表揚推薦劉相吧！」因此鄭畋被貶為梧州刺史。御史中丞孫瑝因為是劉瞻薦引任用的，也貶為汀州刺史。路巖向來和劉瞻討論政事意見不一致，劉瞻貶謫康州以後，路巖還不滿意，閱覽《十道圖》，因為驩州距離長安有一萬里，就再次貶劉瞻為驩州司戶。

冬，十月二十五日癸卯，任命西川留後吳行魯為節度使。

十一月初三日辛亥，任命兵部尚書、鹽鐵轉運使王鐸為禮部尚書、同平章事。王鐸，是王起哥哥的兒子。○十九日丁卯，又把徐州改置為感化軍節度。

十二月，加授成德節度使王景崇同平章事。任命左金吾上將軍李國昌為振武節度使。

十二年（辛卯 西元八七一年）

春，正月辛酉❶，葬文懿公主❷。韋氏之人❸爭取庭祭❹之灰，汰❺其金銀。凡服玩，每物皆百二十輿，以錦繡、珠玉為儀衛、明器❻，輝煥❼三十餘里。賜酒百斛，餅餤❽四十橐駝，以飼体夫❾。上與郭淑妃思公主不已，樂工李可及作歎百年曲，其聲悽惋。舞者數百人，發內庫雜寶❿為其首飾，以絁⓫八百匹為地衣⓬，舞罷，珠璣覆地。

以魏博留後韓君雄為節度使。

門下侍郎、同平章事路巖與韋保衡素相表裏⓭，勢傾天下。既而爭權，浸有隙，保衡遂短巖於上。夏，四月癸卯⓮，以巖同平章事，充西川節度使。巖出城，路人以瓦礫擲之。權京兆尹薛能，巖所擢也，巖謂能曰：「臨行，煩以瓦礫相餞⓯！」能徐舉笏對曰：「鄉來宰相出，府司⓰無例發人防衛。」巖甚慚。能，汾州人也。

五月，上幸安國寺，賜僧重謙、僧澈沈檀講座⓱二，各高二丈，設萬人齋。

秋，七月，以兵部尚書盧耽同平章事，充山南東道節度使。

冬，十月，以兵部侍郎、鹽鐵轉運使劉鄴為禮部尚書、同平章事。

【章旨】以上為第五段，寫唐懿宗厚葬同昌公主，恣意揮霍。同惡相濟的宰臣互相傾軋。

【注釋】❶辛酉 正月十四日。❷文懿公主 同昌公主諡文懿。❸韋氏之人 指韋保衡家族之人。❹庭祭 敕祭之於韋氏之庭，故曰庭祭。❺汰 淘洗。❻明器 即冥器，陪葬器物。❼輝煥 輝煌。❽餅餤 糕餅之類食物。❾体夫 抬運靈柩的人。❿雜寶 各種珠寶。⓫絁 粗綢。⓬地衣 地毯。⓭相表裏 互相呼應。此指路巖、韋保衡兩人狼狽為奸。路、韋兩人，懿宗後期為相，同惡相濟，為時人所忌。後兩人互相傾軋，先後失勢被誅，兩《唐書》均有傳。⓮癸卯 四月二十七日。⓯以瓦礫相餞 用磚頭瓦片送行。⓰府司 指京兆府主管部門。⓱沈檀講座 用沉香木、檀香木製作的講壇。

【語譯】十二年（辛卯 西元八七一年）

春，正月十四日辛酉，將文懿公主下葬。韋家的人爭著收取在庭祭時燒祭物的灰燼，從中淘取金銀。所有服飾珍玩，每一件物品都是一百二十車，用錦繡、珠玉裝飾儀衛隊和陪葬器物，光輝閃耀三十多里。賞賜給役夫酒一百斛，餅品四十駝，讓役夫食用。懿宗和郭淑妃思念公主不已，樂工李可及作〈歎百年曲〉，聲調淒涼哀婉。配舞的有數百人，從內庫取出各種寶物作為他們的首飾，又用粗綢子八百匹為地毯，舞畢，地上布滿了一層珍珠。

任命魏博留後韓君雄為節度使。

門下侍郎、同平章事路巖和韋保衡向來內外勾結，權傾天下。不久彼此爭奪權力，漸漸產生了矛盾，韋保衡於是在懿宗面前說路巖的壞話。夏，四月二十七日癸卯，調任路巖帶同平章事銜，充西川節度使。路巖出城時，路上的行人用瓦片石子投擲他。代理京兆尹薛能，是路巖提拔的，路巖對薛能說：「我臨走時，擔心會有人用瓦片石子送行！」薛能慢慢舉起笏回答說：「向來宰相出外，京兆府主管部門沒有先例派人防衛。」路巖很慚愧。薛能，是汾州人。

五月，懿宗到安國寺，賞賜給僧人重謙和僧澈用沉香、檀木做的講座二個，各高二丈，又擺設萬人的齋飯。

秋，七月，任命兵部尚書盧耽同平章事，充任山南東道節度使。

冬，十月，任命兵部侍郎、鹽鐵轉運使劉鄴為禮部尚書、同平章事。

十三年（壬辰 西元八七二年）

春，正月，幽州節度使張允伸得風疾，請委軍政❶就醫。許之，以其子簡會❷知[1]留後。疾甚，遣使上表納旌節。丙申❸，薨。允伸鎮幽州二十三年，勤儉恭謹，邊鄙❹無警，上下安之。

二月丁巳❺，以兵部侍郎、同平章事于琮為山南東道節度使，以刑部侍郎、判戶部奉天趙隱❻為戶部侍郎、同平章事。

平州刺史張公素❼素有威望，為幽州[2]人所服。張允伸薨，公素帥州兵來奔喪。張簡會懼，三月，奔京師，以為諸衛將軍。

夏，四月，立皇子保為吉王，傑為壽王，倚為睦王。◯以張公素為平盧❽留後。

五月，國子司業❾韋殷裕詣閤門告郭淑妃弟內作坊使❿敬述陰事，上大怒，杖殺殷裕，籍沒其家。乙亥⓫，閤門使田獻銛奪紫⓬，改橋陵使⓭，以其受殷裕狀故也。殷裕妻父太僕[3]少卿崔元應⓮、妻從兄中書舍人崔沆⓯、季父君卿皆貶嶺南官，給事中杜裔休⑯坐與殷裕善，亦貶端州司戶。沆，鉉之子也。裔休，悰之子也。

丙子⑰，貶山南東道節度使于琮為普王⑱傅、分司，韋保衡譖之也。辛巳⑲，貶尚書左丞李當、吏部侍郎王渢、左散騎常侍李都、翰林學士承旨、兵部侍郎張裼⑳、前中書舍人封彥卿、左諫議大夫楊塾。癸未㉑，貶工部尚書嚴祁、給事中李貺、給事中張鐸、左金吾大將軍李敬仲、起居舍人蕭遘㉒、李瀆、鄭彥特、李藻。皆處之湖、嶺㉓之南，坐與琮厚善故也。貺，漢之子。遘，寘之子也。甲申㉔，貶前平盧節度使于琄為涼王府長史、分司，前湖南觀察使于瓌為袁州刺史。瓌、琄，皆琮之兄也。尋再貶琮韶州㉕刺史。

琮妻廣德公主，上之妹也，與琮偕之韶州，行則肩輿門相對，坐則執琮之帶，琮由是獲全。時諸公主多驕縱，惟廣德動遵法度，事于氏宗親尊卑無不如禮，內外稱之。

六月，以盧龍留後張公素為節度使。

韋保衡欲以其黨裴條為郎官㉖，憚左丞李璋方嚴㉗，恐其不放上㉘，先遣人達意㉙。璋曰：「朝廷遷除㉚，不應見問。」秋，七月乙未㉛，以璋為宣歙觀察使。

八月，歸義節度使張義潮薨，沙州長史曹義金代領軍府，制以義金為歸義節度使。是後中原多故，朝命不及，回鶻陷甘州，自餘㉜諸州隸歸義者多為羌、胡所據。

冬，十二月，追上宣宗謚曰元聖至明成武獻文睿智章仁神聰懿道大孝皇帝。振武節度使李國昌恃功恣橫，專殺長吏㉝。朝廷不能平㉞，徙國昌為大同軍防禦使，國昌稱疾不赴。

【章旨】以上為第六段，寫唐懿宗護短，宰相韋保衡專權，朝廷黜陟不公，地方藩鎮橫恣，不聽朝命。

【注釋】❶委軍政　把軍政事務託付別人。❷簡會　張簡會，盧龍節度使張允伸之子，任盧龍節度副使。允伸死，為留後。平州刺史張公素率兵赴喪，簡會力不能制，即出奔。傳見《舊唐書》卷一百八十、《新唐書》卷二百十二〈張允伸傳〉。❸丙申　正月二十五日。❹邊鄙　即邊境。❺丁巳　二月十七日。❻趙隱　字大隱，京兆奉天（今陝西乾縣）人，唐宣宗時官至兵部侍郎，唐懿宗咸通末為宰相，唐僖宗時官終吏部尚書。傳見《舊唐書》卷一百七十八、《新唐書》卷一百八十二。❼張公素　范陽（今河北涿州）人，原盧龍節度使張允伸軍校，累遷至平州刺史。允伸卒，任節度使。無幾，為盧龍將李茂勳奪其位，貶復州司戶參軍。傳見《舊唐書》卷一百八十、《新唐書》卷二百十二。❽平盧　胡注：「當作『盧龍』。」❾國子司業　官名，國子監副長官，協助祭酒掌儒學訓導之政。❿內作坊使　官名，掌造內庫軍器。⓫乙亥　五月初六日。⓬奪紫　即削除三品之級。紫色為三品之服。⓭橋陵使　官名，掌管皇帝陵園墓寢維修守衛等事。⓮崔元應　據《舊唐書・懿宗紀》「太僕少卿崔元應州司戶」，當作「崔元」。⓯崔沆　字內融，宣宗宰相崔鉉之子。僖宗時任宰相。傳見《舊唐書》卷一百六十三、《新唐書》卷一百六十。⓰杜裔休　憲宗宰相杜佑曾孫，懿宗宰相杜悰之子。懿宗朝歷官翰林學士、給事中，貶端州司馬。傳見《新唐書》卷一百六十六。⓱丙子　五月初七日。⓲普王　指李儇，唐懿宗子，初封普王，咸通十四年（西元八七三年）

即位，是為唐僖宗。⑲辛巳　五月十二日。⑳張裼　（西元八一三—八七七年）字公表，河間（今河北河間）人，唐懿宗時累官至兵部侍郎、翰林學士承旨。唐僖宗時官終天平軍節度使。傳見《舊唐書》卷一百七十八。㉑癸未　五月十四日。㉒蕭遘　蘭陵（今山東蒼山縣西南）人，乾符初任翰林學士、中書舍人、兵部侍郎。黃巢入長安，唐僖宗奔蜀，任為宰相。後為同列孔緯所譖，貶官賜死。傳見《舊唐書》卷一百七十九、《新唐書》卷一百一。㉓湖嶺　湖，指湖南節度使。嶺，指嶺南節度使。㉔甲申　五月十五日。㉕韶州　州名，治所曲江，在今廣東韶關市西南。㉖郎官　唐代稱尚書省六部各司的長官郎中、員外郎為郎官。㉗方嚴　方正嚴明。㉘不放上　謂不令赴省供職。唐制，尚書左、右丞分管六部二十四司。對郎官的除授，如非其人，可以糾劾，不令其赴任就職。㉙達意　表達意思。㉚遷除　對官員的升遷除授。㉛乙未　七月二十七日。㉜自餘　其餘。㉝長吏　即大吏。指六百石以上的官吏。㉞不能平　極不滿意。平，滿意。

【校　記】[1]知　據章鈺校，十二行本、乙十一行本皆作「為」。[2]州　原無此字。據章鈺校，孔天胤本有此字，張敦仁《通鑑刊本識誤》同，今據補。[3]太僕　原誤作「太府」。據章鈺校，十二行本、乙十一行本皆作「太僕」，當是，今據改。按，《舊唐書》卷十九上〈懿宗紀〉作「太僕」。

【語　譯】十三年（壬辰　西元八七二年）

春，正月，幽州節度使張允伸得了風病，請求卸任軍政就醫。朝廷同意了，任命張允伸的兒子張簡會主持留後職務。病情嚴重時，就派遣使者上表交出節度使旌節。二十五日丙申，張允伸去世。張允伸鎮守幽州二十三年，勤儉恭謹，邊境很安定，軍民上下相安無事。

二月十七日丁巳，任命兵部侍郎、同平章事于琮為山南東道節度使，任命刑部侍郎、判戶部奉天人趙隱為戶部侍郎、同平章事。

平州刺史張公素向來享有威望，為幽州人所信服。張允伸去世後，張公素帶領本州的士兵前來弔喪。張簡會很恐懼，三月，跑往京師，朝廷任命為諸衛將軍。

夏，四月，冊立皇子李保為吉王，李傑為壽王，李倚為睦王。○任命張公素為平盧留後。

五月，國子司業韋殷裕到閤門控告郭淑妃的弟弟內作坊使郭敬述陰祕的事情，懿宗大怒，用刑杖打死了韋殷裕，沒收了他的家產。初六日乙亥，閤門使田獻銛被奪去紫服，改任橋陵使，這是由於他接收韋殷裕訴狀的緣故。韋殷裕的岳父太僕少卿崔元應、妻從兄中書舍人崔沆、叔父韋君卿都貶任嶺南地方官職，給事中杜裔休因為與韋殷裕關係好，也被貶為端州司戶。崔沆，是崔鉉的兒子。杜裔休，是杜悰的兒子。

五月初七日丙子，貶謫山南東道節度使于琮為普王傅、分司東都，這是因為韋保衡進讒言的緣故。十二日辛巳，貶謫尚書左丞李當、吏部侍郎王渢、左散騎常侍李都、翰林學士承旨兵部侍郎張裼、前中書舍人封彥卿、左諫議大夫楊塾。十四日癸未，貶謫工部尚書嚴祁、給事中李貺、給事中張鐸、左金吾大將軍李敬仲、起居舍人蕭遘、李瀆、鄭彥特、李藻。全都安置在湖南、嶺南的南邊，因為和于琮關係深厚的緣故。李貺，是李漢的兒子。蕭遘，是蕭寘的兒子。十五日甲申，貶謫前平盧節度使于琄為涼王府長史、分司東都，前湖南觀察使于瓌為袁州刺史。于瓌和于琄都是于琮的哥哥。不久再次貶謫于琮為韶州刺史。

于琮的妻子廣德公主，是懿宗的妹妹，和于琮一道去韶州，行走時就讓肩輿的門互相對著，坐下時公主就執著于琮的衣帶，因此，于琮保住了性命。當時的公主們多半驕橫放縱，只有廣德公主一舉一動奉法守度，侍奉于家的親屬，不論尊卑大小，都按規定的禮節進行，朝廷內外之人都稱讚她。

六月，任命盧龍留後張公素為節度使。

韋保衡想讓同黨裴條擔任郎官，畏懼尚書左丞李璋正直嚴明，擔心李璋不讓赴省供職，便先派人表達意見。李璋說：「朝廷對官員的升遷除授，不應當探問我。」秋，七月二十七日乙未，調李璋為宣歙觀察使。

八月，歸義節度使張義潮去世，沙州長史曹義金代領軍府的職務，朝廷詔令曹義金為歸義節度使。從這以後中原內地多次發生變故，朝廷的命令到達不了邊遠地區，回鶻攻陷了甘州，其他隸屬歸義軍的各州多半被羌、胡等族所據有。

冬，十二月，追上宣宗的諡號稱元聖至明成武獻文睿智章仁神聰懿道大孝皇帝。

振武節度使李國昌恃功恣縱，擅自殺害大吏。朝廷極不滿意，調任李國昌為大同軍防禦使，李國昌藉口有病不去上任。

十四年（癸巳　西元八七三年）

春，三月癸巳❶，上遣敕使詣法門寺迎佛骨。羣臣諫者甚眾，至有言憲宗迎佛骨❷尋晏駕❸者。上曰：「朕生得見之，死亦無恨！」廣造浮圖❹、寶帳、香轝、幡花❺、幢蓋❻以迎之，皆飾以金玉、錦繡、珠翠。自京城至寺三百里間，道路車馬，晝夜不絕。夏，四月壬寅❼，佛骨至京師，導以禁軍兵仗❽、公私音樂，沸天燭地，綿亙數十里，儀衞之盛，過於郊祀，元和之時不及遠矣。富室夾道為綵樓及無遮會❾，競為侈靡。上御安福門，降樓膜拜❿，流涕霑臆⓫，賜僧及京城耆老⓬嘗見元和事者金帛。迎佛骨入禁中，三日，出置安國崇化寺。宰相已下競施金帛，不可勝紀。因下德音⓭，降中外繫囚⓮。

【章　旨】以上為第七段，寫唐懿宗佞佛，極度鋪張，近乎痴迷。

【注　釋】❶癸巳　三月二十九日。❷憲宗迎佛骨　元和十四年（西元八一九年）憲宗遣中使從法門寺迎佛骨至京師。事見本書卷二百四十憲宗元和十四年。❸晏駕　諱言帝王死亡，稱晏駕，謂宮車當駕而晚出。❹浮圖　梵文音譯，佛塔。❺幡花　彩花。❻幢蓋　羽毛裝飾的車蓋。❼壬寅　四月初八日。此日為佛祖生日，故此日迎佛骨，禮極隆重。❽兵仗　兵器。❾無遮會　佛教舉行的所謂免除災難的法會。❿膜拜　禮拜神佛或崇敬者的一種儀式。合掌加額，伏地跪拜。⓫霑臆　浸溼前胸。⓬耆老　老人。六十曰耆，七十曰老。⓭德音　唐時的一種恩詔、特赦。⓮降中外繫囚　對中央和地方囚犯減罪。

【語　譯】十四年（癸巳　西元八七三年）

春，三月二十九日癸巳，懿宗派敕使前往法門寺迎接佛骨。群臣中有很多人諫阻，甚至有說憲宗迎佛骨後不久就死去的人。懿宗說：「朕在活著時能看到它，死了也沒有遺憾！」廣造佛塔、寶帳、香車、幡花、幢蓋用來迎接佛骨，都用金玉、錦繡、珠翠裝飾起來。從京城到法門寺三百里內，道路上往來車馬，日夜不斷。夏，四月初八日壬寅，佛骨到了京師，用禁軍兵仗、公私樂隊為先導，樂聲振天，燭光照地，綿延數十里，儀仗護衛的盛況，超過了祭天的儀式，元和年間的情況是遠遠比不上的了。有錢的人家在道路兩邊搭建綵樓並舉辦無遮會，競相奢華。懿宗到安福門，下樓向佛骨膜拜，激動得眼淚浸溼了胸前，賞賜金帛給僧眾和京城中那些曾看見過元和年間迎佛骨的老人。把佛骨迎入宮中，過了三天，送出安置在安國崇化寺。宰相以下的百官爭著施捨金帛，數目無法統計。接著懿宗頒下德詔，減輕中外囚徒的刑罰。

五月丁亥❶，以西川節度使路巖兼中書令。

南詔寇西川，又寇黔南❷。黔中經略使❸秦匡謀兵少不敵，棄城奔荊南，荊南節度使杜悰囚而奏之。六月乙未❹，敕斬匡謀，籍沒其家貲，親族應緣坐❺者，令有司搜捕以聞。匡謀，鳳翔人也。

以中書侍郎、同平章事王鐸❻同平章事，充宣武節度使。時韋保衡挾恩弄權，以劉瞻、于琮先在相位不禮於己，譖而逐之。王鐸，保衡及第❼時主文❽也，蕭遘❾，同年進士也，二人素薄保衡之為人，保衡皆擯斥之。

秋，七月戊寅❿，上疾大漸，左軍中尉劉行深、右軍中尉韓文約立少子普王儼。庚辰⑪，制：「立儼為皇太子，權句當軍國政事。」辛巳⑫，上崩于咸寧殿，遺詔以韋保衡攝冢宰。僖宗即位。八月丁未⑬，追尊母王貴妃為皇太后，劉行深、韓文約皆封國公⑭。○關東、河南大水。

九月，有司上先太后⑮謚曰惠安。

司徒、門下侍郎、同平章事韋保衡怨家⑯告其陰事⑰，貶保衡賀州刺史。

樂工李可及流嶺南。可及有寵於懿宗，嘗為子娶婦，懿宗賜之酒二銀壺，啓之無酒而中實⑱。右軍中尉西門季玄屢以為言，懿宗不聽。可及嘗大受賜物，載以官車。季玄謂曰：「汝它日破家⑲，此物復應以官車載還，非為受賜，徒煩牛足耳。」及流嶺南，籍沒其家，果如季玄言。

以西川節度使路巖兼侍中，加成德節度使王景崇中書令，魏博節度使韓君雄、盧龍節度使張公素、天平節度使高駢並同平章事。君雄仍賜名允中。

冬，十月乙未⑳，以左僕射蕭倣為門下侍郎、同平章事。

韋保衡再貶崖州澄邁㉑令，尋賜自盡。又貶其弟翰林學士、兵部侍郎保乂㉒為賓州司戶，所親翰林學士、戶部侍郎劉承雍㉓為涪州司馬。承雍，禹錫之子也。

癸卯㉔，赦天下。

西川節度使路巖喜聲色遊宴，委軍府政事於親吏邊咸、郭籌，皆先行後申㉕，上下畏之。嘗大閱㉖，二人議事，默書紙相示而焚之。軍中以為有異圖，驚懼不安。朝廷聞之，十一月戊辰㉗，徙巖荊南節度使。咸、籌潛知其故，遂亡命。

以右僕射蕭鄴同平章事，充河東節度使。

十二月己亥㉘，詔送佛骨還法門寺。〇再貶路巖為新州㉙刺史。

【章旨】 以上為第八段，寫唐懿宗崩，宦官擁立僖宗，年少即位，斥逐韋保衡等權奸。

【注釋】 ❶丁亥 五月二十四日。❷黔南 貴州省的別稱。貴州本簡稱黔，因位於國土之南，故名。❸黔中經略使 方鎮名，開元二十六年（西元七三八年）置五溪經略使，大曆十二年（西元七七七年）改為黔中經略使。大順元年（西元八九〇年）賜號武泰軍。❹乙未 六月初二日。❺緣坐 猶連坐，因受牽連而入罪。❻王鐸 字昭範，文宗朝宰相王播之孫。官至宰相，為門生韋保衡排擠出朝。傳見《舊唐書》卷一百六十四、《新唐書》卷一百八十五。❼及第 科舉考中進士。❽主文 主考官。❾蕭遘 唐玄宗朝宰相蕭嵩第五代孫。高祖蕭復，德宗朝宰相。父蕭寘，懿宗朝宰相。遘與韋保衡同年進士，才貌出眾，遭同門韋保衡排斥，由起居舍人貶為播州司馬。僖宗時官至宰相。傳見《舊唐書》卷一百七十九、《新唐書》卷一百一。❿戊寅 七月十六日。⑪庚辰 七月十八日。⑫辛巳 七月十九日。⑬丁未 八月十五日。⑭國公 爵名，位在郡王之下，郡公之上。⑮先太后 即僖宗生母王貴妃。咸通七年死，故先追尊皇太后，再上諡號。傳見《新唐書》卷七十七。⑯怨家 仇人。⑰陰事 隱祕之事。⑱中寘 《舊唐書・曹確傳》：「可及嘗為子娶婦，帝賜酒二銀樽，啟之非酒，乃金翠也。」⑲破家 家庭破敗，指被抄家。⑳乙未 十月初四日。㉑澄邁 縣名，縣治在今海南澄邁東北。㉒保乂 韋保乂，累官至兵部侍郎。傳見《舊唐書》卷一百七十七、《新唐書》卷一百八十四。㉓劉承雍 唐代著名詩人劉禹錫之子，累官至刑部侍郎，後為王仙芝所殺。事附《舊唐書》卷一百六十〈劉禹錫傳〉。㉔癸卯 十月十二日。㉕先行後申 先處理政事，然後向節度使呈報。㉖大閱 大規模檢閱軍隊。㉗戊辰 十一月初七日。㉘己亥 十二月初八日。㉙新州 州名，治所新興，在今廣東新興。

【語　譯】五月二十四日丁亥，任命西川節度使路巖兼中書令。

南詔入侵西川，又進犯黔南。黔中經略使秦匡謀軍隊少抵擋不了敵人，棄城逃往荊南，荊南節度使杜悰把秦匡謀囚禁起來並奏報朝廷。六月初二日乙未，懿宗下詔殺掉秦匡謀，沒收他的家產，親族應牽連定罪的，命令有關部門搜捕並奏報朝廷。秦匡謀，是鳳翔人。

任命中書侍郎、同平章事王鐸同平章事，充任宣武節度使。當時韋保衡利用懿宗的恩寵任意行使權力，因為劉瞻、于琮先在相位對自己不禮貌，就譖毀他們，趕出了朝廷。王鐸是韋保衡考中進士時的主考官，蕭遘是與韋保衡同年的進士，這兩個人向來看不起韋保衡的為人，韋保衡就把他們兩人都排斥掉了。

秋，七月十六日戊寅，懿宗病危，左軍中尉劉行深、右軍中尉韓文約擁立懿宗少子普王李儼。十八日庚辰，制命說：「立儼為皇太子，暫時處理軍國政事。」十九日辛巳，懿宗在咸寧殿去世，遺詔要韋保衡擔任冢宰。僖宗即皇帝位。八月十五日丁未，追尊僖宗的生母王貴妃為皇太后，劉行深、韓文約都被封為國公。

○關東、河南地方發生大水。

九月，有關部門奉上先太后的諡號稱惠安。

司徒、門下侍郎、同平章事韋保衡的仇人告發他暗中的壞事，於是貶韋保衡為賀州刺史。

樂工李可及被流放到嶺南。李可及很得懿宗寵愛，曾經為兒子娶婦，懿宗賞賜他兩銀壺酒，揭開壺蓋，裡面沒有酒，而是裝滿寶物。右軍中尉西門季玄屢次勸懿宗不要寵信李可及，懿宗不聽。李可及曾大量接受賞賜物品，用官車裝載。西門季玄對李可及說：「你有一天家庭破敗，這些東西又當用官車運回來，你不是在接受賞賜，是白白浪費牛力而已。」等到李可及流放嶺南，抄沒其家，果然像西門季玄所說。

任命西川節度使路巖兼任侍中，加授成德節度使王景崇中書令，魏博節度使韓君雄、盧龍節度使張公素、天平節度使高駢同平章事的官銜。韓君雄仍賜名韓允中。

冬，十月初四日乙未，任命左僕射蕭倣為門下侍郎、同平章事。

韋保衡再貶為崖州澄邁縣令，不久賜他自殺。又貶謫他的弟弟翰林學士、兵部侍郎韋保乂為賓州司戶，他所親近的翰林學士、戶部侍郎劉承雍為涪州司馬。劉承雍，是劉禹錫的兒子。

十月十二日癸卯，大赦天下。

西川節度使路巖喜歡聲色遊宴，把軍府中的政事委任親信府吏邊咸和郭籌，他們都是先辦事，後呈報，上下的人都懼怕他們。曾經大規模舉行軍事檢閱，二人在商量政事，默默地交換寫了字的紙條看後隨即燒了。軍隊中認為他倆可能有什麼不可告人的陰謀，都驚懼不安。朝廷知道了這件事，十一月初七日戊辰，調路巖為荊南節度使。邊咸和郭籌暗中知道路巖調職的原因，就逃走了。

任命右僕射蕭鄴同平章事，充任河東節度使。

十二月初八日己亥，詔令把佛骨送回法門寺。○再貶路巖為新州刺史。

僖宗❶惠聖恭定孝皇帝上之上

乾符元年（甲午　西元八七四年）

春，正月丁亥❷，翰林學士盧攜❸上言，以為：「陛下初臨大寶❹，宜深念黎元。國家之有百姓，如草木之有根柢❺，若秋冬培溉，則春夏滋榮❻。臣竊見關東去年旱災，自虢❼至海❽，麥纔半收，秋稼幾無，冬菜至少，貧者磑❾蓬實❿為麪，蓄槐葉為齏⓫。或更衰羸，亦難采[1]拾⓬。常年不稔⓭，則散之鄰境。今所在皆饑，無所依投，坐守鄉閭，待盡溝壑。其蠲免餘稅，實無可徵；而州縣以有上供⓮及三司錢⓯，督趣甚急，動加捶撻，雖撤屋伐木，雇妻鬻子⓰，止可供所由⓱

酒食之費，未得至於府庫也。或租稅之外，更有他傜。朝廷儻不撫存，百姓實無生計。乞敕州縣，應所欠殘稅，並一切停徵，以俟蠶麥。仍發所在義倉⑱，亟加賑給。至深春之後，有草[2]葉木牙⑲，繼以桑椹，漸有可食。在今數月之間，尤為窘急，行之不可稽緩⑳。」敕從其言，而有司竟不能行，徒為空文而已。

【章　旨】以上為第九段，寫盧攜上奏，極言當時民眾生活之慘狀。

【注　釋】❶僖宗　初名儼，後改名儇，唐懿宗第五子，唐朝第十九位皇帝，西元八七三—八八八年在位。❷丁亥　正月二十七日。❸盧攜　字子升，范陽（今河北涿州）人，乾符元年任翰林學士，四年為相。排斥異己，任人唯親。黃巢破潼關，罷相，服毒自殺。傳見《舊唐書》卷一百七十八、《新唐書》卷一百八十四。❹大寶　指帝位。❺根柢　草木的根。柢亦根。❻春夏滋榮　春季滋生，夏天茂盛。❼虢　州名，治所弘農，在今河南靈寶。❽海　指東海。❾磑　磨。❿蓬實　蓬草之籽。⓫齏　切碎的醃菜。⓬或更衰羸二句　有的百姓更為衰弱，連採集這些東西也很困難。⓭常年不稔　平常年分無收成。稔，穀熟。⓮上供　指地方應上交朝廷的賦稅。唐憲宗時分天下之賦以為三：一曰上供，二曰送使，三曰留州。⓯三司錢　此指戶部、度支、鹽鐵使所徵收的商稅、雜稅，以及糧、鹽的賒賣款。⓰雇妻鬻子　賣妻子、兒女。⓱所由　即所由吏。此指催督租稅的差役。⓲義倉　國家或地方儲糧備荒的倉庫。⓳木牙　樹芽。牙，同「芽」。⓴稽緩　延遲。

【校　記】[1]采　原作「收」。據章鈺校，十二行本、乙十一行本皆作「采」，張瑛《通鑑校勘記》同，今從改。[2]草　原作「菜」。據章鈺校，孔天胤本作「草」，張敦仁《通鑑刊本識誤》同，今據改。

【語　譯】僖宗惠聖恭定孝皇帝上之上

乾符元年（甲午　西元八七四年）

春，正月二十七日丁亥，翰林學士盧攜呈上奏表，認為：「陛下剛剛登上帝位，應當深切關心黎民百姓。

國家有老百姓，就像草木有根柢，如果秋冬培土灌溉，那麼春季滋生，夏季茂盛。臣看到關東地區去年遭受旱災，從虢州一直到海邊，麥子才收穫五成，秋天的莊稼幾乎全沒有了，冬天的瓜菜也極少，貧窮的人把蓬草的種子磨碎來當麵粉，蓄積槐樹葉子做成切碎的醃菜。有些百姓更為衰弱，連採集這些東西也很困難。平常年分沒有收成，就到鄰近地方去謀生。現在到處都在鬧饑荒，沒有地方投靠，坐守鄉閭，等待死於溝壑。那些蠲免的稅收，其實是沒有可以徵收的；然而州縣由於要上供和交三司的稅錢，督促催迫非常緊急，動不動就用鞭子抽打，雖然拆房屋、砍樹木，賣妻鬻子，籌得一點錢只能應付稅吏的酒飯費用，不可能送到國家的倉庫。有時在租稅之外，還有其他傜役。朝廷倘若不加撫恤，百姓實在是沒有生路。請敕令各州縣，所有拖欠的殘稅，一切停止徵收，等到蠶麥收成以後再說。還應打開各地的義倉，立即加以賑濟。等到深春以後，有了草葉木芽，接著又有了桑椹，逐漸有了可吃的東西。現在這幾個月時間，尤其困窘急迫，採取的措施不能拖延。」朝廷敕令照盧攜的意見去辦，但是有關部門並沒有照著執行，只是一紙空文而已。

路巖行至江陵❶，敕削官爵，長流儋州。巖美姿儀，囚於江陵獄再宿，須髮皆白。尋賜自盡，籍沒其家。巖之為相也，密奏：「三品以上賜死，皆令使者剔取結喉三寸以進，驗其必死。」至是，自罹其禍，所死之處，乃楊收賜死之榻也。邊咸、郭籌捕得，皆伏誅。

初，巖佐崔鉉於淮南，為支使❷。鉉知其必貴，曰：「路十❸終須作彼一官❹。」既而入為監察御史，不出長安城，十年至宰相。其自監察入翰林也，鉉猶在淮南，聞之，曰：「路十今已入翰林，如何得老❺！」皆如鉉言。

以太子少傅于琮同平章事，充山南東道節度使。

二月甲午❻，葬昭聖恭惠孝皇帝于簡陵❼，廟號懿宗。

以中書侍郎、同平章事趙隱同平章事，充鎮海節度使，以華州刺史裴坦為中書侍郎、同平章事。

以虢州刺史劉瞻為刑部尚書。瞻之貶❽也，人無賢愚，莫不痛惜。及其還也，長安兩市❾人率錢❿雇百戲⓫迎之。瞻聞之，改期，由它道而入。

夏，五月乙未⓬，裴坦薨。以劉瞻為中書侍郎、同平章事。初，瞻南遷，劉鄴附於韋、路⓭，共短之⓮。及瞻還為相，鄴內懼。秋，八月丁巳朔⓯，鄴延瞻，置酒於鹽鐵院⓰。瞻歸而遇疾，辛未⓱，薨，時人皆以為鄴鴆⓲之也。

以兵部侍郎、判度支崔彥昭⓳為中書侍郎、同平章事。彥昭，羣之從子也。

兵部侍郎王凝⓴，正雅之從孫也，其母，彥昭之從母㉑。凝、彥昭同舉進士，凝先及第，嘗衩衣㉒見彥昭，且戲之曰：「君不若舉明經㉓。」彥昭怒，遂為深仇。及彥昭為相，其母謂侍婢曰：「為我多作襪履，王侍郎㉔母子必將竄逐㉕，吾當與妹偕行。」彥昭拜且泣，謝曰：「必不敢！」凝由是獲免。

【章　旨】以上為第十段，寫奸相路巖害人害己得惡報，正人劉瞻遭小人暗算，王凝僥倖免遭報復。由此可見當時官場險惡。

【注　釋】❶江陵　縣名，縣治在今湖北江陵。❷支使　官名，為節度使、觀察使的僚屬，掌文書之事。❸路十　唐人習慣稱排行，路巖排行第十，故稱。❹彼一官　指宰相。❺如何得老　怎能到老。路巖為相時僅三十六歲，謂年少得志，如何能善終。❻甲午　二月初五日。❼簡陵　唐懿宗陵，在今陝西富平。❽瞻之貶　咸通十一年（西元八七〇年），劉瞻為冤獄囚徒請命而遭路巖排斥，貶為康州刺史，再貶驩州司戶。今還京，人人稱頌。❾兩市　長安城中有東、西兩市。❿率錢　按比例出錢，即出分子。⓫百戲　歌舞雜技總稱。⓬乙未　五月初八日。⓭韋路　指韋保衡、路巖。⓮短之　言其短處；說他的壞話。⓯丁巳朔　八月初一日。⓰鹽鐵院　官署名，掌全國鹽鐵的生產徵榷。劉鄴咸通十二年以鹽鐵使為相，故宴於鹽鐵院。⓱辛未　八月十五日。⓲鴆　以毒酒殺人。⓳崔彥昭　字思文，憲宗、穆宗兩朝宰相崔羣之姪。懿宗時任中書舍人、戶部侍郎、河陽、河東等節度使。僖宗立，召為兵部侍郎、鹽鐵轉運使，隨即拜相。彥昭長於經濟，精於吏事，所在頗有政績。傳見《舊唐書》卷一百七十八、《新唐書》卷一百八十三。⓴王凝　（西元八二〇—八七八年）字致平，累官至兵部侍郎、領鹽鐵轉運使。以不附權貴，出為宣歙觀察使。傳見《舊唐書》卷一百六十五、《新唐書》卷一百四十三。㉑從母　姨母。㉒衩衣　便服。㉓明經　唐代科舉取士的科目之一，主要考試經義。唐代重進士而輕明經，故下文說「彥昭怒」。㉔王侍郎　謂王凝。㉕竄逐　放逐；流放。

【語　譯】路巖走到江陵，敕命削去官爵，長期流放儋州。路巖的儀表姿態俊美，囚禁在江陵監獄有兩個晚上，鬍鬚頭髮都全部變白了。不久，賜他自殺，抄沒全部家產。在路巖任宰相的時候，曾祕密上奏說：「三品以上的官員賜死，都要叫使者剝取三寸長的喉管子進呈朝廷，來驗證該人是一定死了。」到這個時候，自己也要遭割取喉管的災禍，他所死的地方，就是楊收被賜死的同一張床。邊咸和郭籌被捕以後，都被誅殺。

當初，路巖在淮南輔佐崔鉉，擔任支使。崔鉉知道路巖將來一定會高貴，說：「路十這個人終究會當宰相。」不久路巖到朝廷去任監察御史，沒有離開長安城，十年官至宰相。路巖從監察御史升任翰林學士時，崔鉉仍在淮南節度使任上，聽到路巖升了翰林學士，就說：「路十現在已經擔任翰林學士了，如何能夠活到老啊！」結果都和崔鉉說的一樣。

任命太子少傅于琮同平章事，充任山南東道節度使。

二月初五日甲午，將昭聖恭惠孝皇帝葬於簡陵，廟號懿宗。

任命中書侍郎、同平章事趙隱同平章事，充任鎮海節度使，任命華州刺史裴坦為中書侍郎、同平章事。

任命虢州刺史劉瞻為刑部尚書。劉瞻被貶官的時候，人們不論賢愚，沒有不痛惜的。等到他要回到朝廷時，長安東西兩市民眾出分子錢請來歌舞雜技人員演出節目來歡迎他。劉瞻聽到這個消息，改變了回京日期，從另外一條路進入長安。

夏，五月初八日乙未，裴坦去世。任命劉瞻為中書侍郎、同平章事。當初，劉瞻被貶去南方，劉鄴依附於韋保衡和路巖，共同說劉瞻的壞話。等到劉瞻返京任宰相，劉鄴內心恐懼。秋，八月初一日丁巳，劉鄴迎請劉瞻，在鹽鐵轉運使大院設酒宴。劉瞻回去後就得了病，十五日辛未，去世，當時人們都認為劉瞻是劉鄴毒死的。

任命兵部侍郎、判度支崔彥昭為中書侍郎、同平章事。崔彥昭，是崔羣的姪子。兵部侍郎王凝，是王正雅的姪孫；王凝的母親，是崔彥昭的姨母。王凝和崔彥昭同年考進士，王凝先考取了，曾經穿著便服去會見崔彥昭，並且對他開玩笑說：「君不如去考明經科。」崔彥昭大怒，於是結下深仇。等到崔彥昭做了宰相，崔彥昭的母親對侍婢們說：「幫我多做一些襪子和鞋子，王侍郎母子一定會被流竄放逐，我要與妹妹一同去。」崔彥昭下拜，並且哭泣，謝罪說：「一定不敢報復王凝！」王凝由此得以免罪。

冬，十月，以門下侍郎、同平章事劉鄴同平章事，充淮南節度使。以吏部侍郎鄭畋為兵部侍郎，翰林學士承旨、戶部侍郎盧攜守本官，並同平章事。

十一月庚寅❶，日南至❷，羣臣上尊號曰聖神聰睿仁哲孝皇帝，改元❸。〇魏博節度使韓允中薨，軍中立其子節度副使簡❹為留後。

南詔寇西川，作浮梁❺，濟大度河。防河都知兵馬使、黎州刺史黃景復俟其半濟，擊之，蠻敗走，斷其浮梁。蠻以中軍多張旗幟當其前，而分兵潛出上、下流各二十里，夜，作浮梁，詰朝❻，俱濟，襲破諸城柵，夾攻景復。力戰三日，景復陽❼敗走，蠻盡銳追之。景復設三伏以待之，蠻過三分之二，乃發伏擊之，蠻兵大敗，殺二千餘人，追至大度河南而還，復修完城柵而守之。蠻歸，至之羅谷❽，遇國中發兵繼至，新舊❾相合，鉦❿鼓聲聞數十里，復寇大度河，與唐夾水而軍，詐云求和，又自上下流潛濟，與景復戰連日。西川援軍[1]不至，而蠻眾日益，景復不能支，軍遂潰。

十二月，党項、回鶻寇天德軍。〇感化軍奏羣盜⓫寇掠，州縣不能禁，敕兗、鄆等道出兵討之。

南詔乘勝陷黎州，入邛崍關，攻雅州。大度河潰兵⓬奔入邛州，成都驚擾，民爭入城，或北奔它州，城中大為守備，而塹壘比緜時嚴固。驃信使其坦綽⓭遺節度使牛叢書云：「非敢為寇也，欲入見天子，面訴數十年為讒人離間冤抑⓮之事。儻蒙聖恩矜恤⑮，當還與尚書⑯永敦鄰好。今假道貴府，欲借蜀王廳留止數日，即東上。」叢素懦怯，欲許之。楊慶復以為不可，斬其使者，留二人，授以書，遣還，書辭極數其罪，詈辱之，蠻兵及新津而還。叢恐蠻至，豫焚城外，民居蕩盡⑰，蜀人尤之⑱。詔發河東、山南西道、東川兵援之，仍命天平節度使高駢詣西川制置蠻事。

以韓簡為魏博留後。

商州刺史王樞以軍州空窘⑲，減折糴錢⑳，民相帥以白梃毆之，又毆殺官吏二人。朝廷更除刺史李詥到官，收捕民李叔汶等三十餘[2]人斬之。

初，回鶻屢求冊命，詔遣冊立使郗宗莒詣其國。會回鶻為吐谷渾、嗢末所破，逃遁不知所之，詔宗莒以玉冊㉑、國信㉒授靈鹽節度使唐弘夫掌之，還京師。

上年少，政在臣下，南牙、北司互相矛楯㉓。自懿宗以來，奢侈日甚，用兵不息，賦斂愈急。關東㉔連年水旱，州縣不以實聞，上下相蒙，百姓流殍㉕，無所控訴，相聚為盜，所在蜂起。州縣兵少，加以承平㉖日久，人不習戰，每與盜遇，官軍多敗。是歲，濮州人王仙芝㉗始聚眾數千，起於長垣㉘。

【章旨】以上為第十一段，寫南詔再度侵擾西川。朝廷內外不協，南牙北司，勢同水火。

【注釋】❶庚寅　十一月初五日。❷日南至　即冬至日。夏至以後，日自北而南；冬至以後，又自南而北。故稱冬至為日南至。❸改元　此月始改元乾符。❹簡　韓簡，魏博節度使韓允中（舊名君雄）之子。父死，襲留後，不久為節度使。後為黃巢所署河陽節度使諸葛爽擊敗，憂憤病死。傳見《舊唐書》卷一百八十一、《新唐書》卷二百十。❺浮梁　浮橋。❻詰朝　明晨。❼陽　通「佯」。假裝。❽之羅谷　地名，位置不詳，疑在黎、嶲二州之間。❾新舊　新指南詔新發之兵，舊乃敗歸之兵。❿鉦　古代行軍時用的一種打擊樂器。形似鐘而狹長，有柄可執，銅製。⓫羣盜　此指龐勛餘部。⓬大度河潰兵　即黃景復之軍。⓭坦綽　南詔清平官首稱坦綽，次稱布燮，再次稱久贊。⓮冤抑　冤屈。⓯矜恤　憐惜。⓰尚書　指牛叢。⓱民居蕩盡　民房被燒光。⓲蜀人尤之　西川人極為痛恨牛叢。尤，切齒痛恨。⓳空窘　軍州府庫空乏窘困。⓴減折糴錢　壓低對實物的折價，官府從中漁利。折糴，把農民交納的各種實物折成所應徵收的米粟價款。㉑玉冊　玉製的簡冊。用於祭祀、封禪、冊命等。㉒國信　兩國通使作為憑證的符節文書。㉓楯　同「盾」。㉔關東　地區名，指潼關或函谷關以東廣大中原地區。㉕流殍　流浪餓死。㉖承平　太平。㉗王仙芝　（？—西元八七八年）濮州（今山東鄄城）人，乾符元年聚眾起事，稱天補平均大將軍。乾符五年，在蘄州黃梅（今湖北黃梅）兵敗被殺。㉘長垣　縣名，縣治在今河南長垣東北。

【校記】[1]軍　據章鈺校，十二行本、乙十一行本皆作「兵」。[2]餘　據章鈺校，十二行本、乙十一行本皆無此字。

【語譯】冬，十月，任命門下侍郎、同平章事劉鄴同平章事，充任淮南節度使。任命吏部侍郎鄭畋為兵部侍郎，翰林學士承旨、戶部侍郎盧攜仍任本官，都為同平章事。

十一月初五日庚寅，冬至，群臣給僖宗加尊號稱聖神聰睿仁哲孝皇帝，改年號為乾符。○魏博節度使韓允中去世，軍中擁立他的兒子節度副使韓簡為留後。

南詔入侵西川，建造浮橋，準備渡過大渡河。防河都知兵馬使、黎州刺史黃景復等到蠻軍渡了一半人馬時，就進攻他們，蠻軍敗逃，官軍破壞掉了浮橋。蠻人又在中軍打出很多旗幟部署在官軍前面，而暗地分調軍隊從上游和下游各相距二十里的地方，在夜裡建造浮橋，到明天清早，都渡過了大渡河，偷襲攻破了各個護城寨，夾攻黃景復。拼力戰鬥了三天，黃景復假裝敗逃，蠻兵用全部精銳部隊追趕黃景復。景復設下三處埋伏等待著蠻軍，等到蠻軍過了三分之二，就命伏兵起來進攻蠻軍，蠻軍大敗，被殺了二千餘人，官軍追到大渡河南邊才返回，又把城下寨柵修好據守著。蠻軍回去時，到達之羅谷，碰上國內派來的軍隊相繼到來，新舊兩支軍隊會合在一起，鉦鼓聲聞數十里，又來進攻大渡河，和唐朝的軍隊隔著大渡河駐紮，假稱求和，又從上下游暗中渡河，與黃景復交戰了好幾天。西川節度使的援軍沒有到達，而蠻軍不斷增加，黃景復不能支持，軍隊就潰散了。

十二月，党項和回鶻入侵天德軍。○感化軍上奏說群盜侵擾搶掠，州縣制止不了，朝廷敕命兗州和鄆州等道出兵討伐他們。

南詔蠻軍乘勝攻陷黎州，進入邛崍關，攻打雅州。大渡河潰敗下來的官兵逃入邛州，成都驚擾不安，民眾爭相進城，有的向北逃到其他州去了。城中大力加強防守設備，塹壕兵壘比過去嚴密鞏固。驃信派遣他的坦綽給西川節度使牛叢寫信說：「不是我們敢於作亂，是想到朝廷去謁見天子，當面訴說數十年來被讒人離間而受冤屈之事。倘若得到皇上聖恩矜恤，就回來與尚書結成永遠友好的鄰邦。現在借道貴府，想利用蜀王府的廳堂住上幾天，立即東上長安。」牛叢向來懦弱膽小，想答應蠻人的要求。楊慶復認為不能答應，於是把他們的使者殺了，只留下兩個人，交給他們一封信函，打發回去，信中極力數說蠻人的罪惡，並辱罵了他們，蠻兵到達新津就退回去了。牛叢害怕蠻軍到來，預先焚燒城外，民眾的房子燒光了，蜀人痛恨牛叢。朝廷下詔調發河東、山南西道、東川的軍隊去支援西川，還任命天平節度使高駢前往西川處置與蠻人的事宜。

任命韓簡為魏博留後。

商州刺史王樞因為軍州府庫空竭，就降低實物折稅錢的比例，民眾便相互集結起來用白木棒毆打王樞，又打死官吏二人。朝廷改任李誥為商州刺史，逮捕李叔汶等三十餘人殺死了。

當初，回鶻多次請求冊命，於是下詔派遣冊立使郗宗莒到回鶻去。恰好遇上回鶻被吐谷渾、嗢末所打敗，逃跑以後不知道到哪裡去了，詔令郗宗莒把玉冊、國信交給靈鹽節度使唐弘夫掌管，自己返回京師。

僖宗年紀輕，政權掌握在臣下手中，南牙和北司之間互相矛盾。自從懿宗即位以來，奢侈浪費一天比一天厲害，又連年打仗，徵收賦稅越來越急。關東地區連年發生水災和旱災，州縣不如實報告朝廷，上下互相蒙混，百姓流浪餓死，無處訴說，相聚在一起當盜賊，各地紛紛出現。州縣兵力不足，加上長期國家太平，人們都不熟悉戰鬥，每次和盜賊遭遇，官軍大多失敗。這一年，濮州人王仙芝開始聚集數千人，在長垣縣起事。

二年（乙未　西元八七五年）

春，正月丙戌❶，以高駢為西川節度使。○辛卯❷[1]，上祀圜丘，赦天下。

高駢至劍州，先遣使走馬開成都門❸。或曰：「蠻寇逼近成都，相公❹尚遠，萬一豨突❺，柰何？」駢曰：「吾在交趾破蠻❻二十萬眾，蠻聞我來，逃竄不暇，何敢輒犯成都！今春氣向暖，數十萬人蘊積城中，生死共處，污穢鬱蒸❼，將成癘疫❽，不可緩也。」使者至成都，開城縱民出，各復常業，乘城者皆下城解甲，民大悅。蠻方攻雅州，聞之，遣使請和，引兵去。駢又奏：「南蠻小醜，易以枝梧。今西川新舊兵已多，所發長武、鄜坊、河東兵，徒有勞費，並乞勒還。」敕止河東兵而已❾。

上之為普王也，小馬坊使❿田令孜⓫有寵。及即位，使知樞密，遂擢為中尉。上時年十四，專事遊戲，政事一委令孜，呼為「阿父」。令孜頗讀書，多巧數⓬，招權納賄，除官及賜緋紫皆不關白於上。每見，常自備果食兩盤，與上相對飲啗⑬，從容良久而退。上與內園小兒狎暱⑭，賞賜樂工、伎兒，所費動以萬計，府藏空竭。令孜說上籍兩市商旅寶貨悉輸內庫⑮，有陳訴者，付京兆杖殺之。宰相以下，鉗口⑯莫敢言。

高駢至成都，明日，發步騎五千追南詔，至大渡河，殺獲甚眾，擒其酋長數十人，至成都，斬之。修復邛崍關、大渡河諸城柵，又築城於戎州馬湖鎮⑰，號平夷軍，又築城於沐源川，皆蠻入蜀之要路[2]也，各置兵數千戍之，自是蠻不復入寇。駢召黃景復，責以大渡河失守，腰斬之。駢又奏請自將本管⑱及天平、昭義、義成等軍共六萬人擊南詔，詔不許。

先是，南詔督爽⑲屢牒中書⑳，辭語怨望㉑，中書不答。盧攜奏稱：「如此，則蠻益驕，謂唐無以答，宜數其十代㉒受恩以責之。然自中書發牒，則嫌於體敵㉓，請賜高駢及嶺南西道節度使辛讜詔，使錄詔白㉔，牒與之㉕。」從之。

【章旨】以上為第十二段，寫高駢入西川，鎮攝南詔。宦官田令孜得勢，專擅朝政。

【注釋】❶丙戌　正月初二日。❷辛卯　正月初七日。❸成都門　指成都城各城門。❹相公　謂高駢。❺豨突　豬被驚駭而奔突。這裡指南蠻突至。豨，豕。❻交趾破蠻　唐懿宗咸通七年（西元八六六年），高駢大破南詔蠻於交趾。事見本書卷二百五十唐懿宗咸通七年。❼鬱蒸　悶熱。❽癘疫　瘟疫。❾敕止河東兵而已　朝廷下令只讓河東兵回歸本鎮罷了。❿小馬坊使　官名，掌小馬坊養馬之事。⓫田令孜　宦官。咸通時任小馬坊使，累遷神策軍中尉、觀軍容使，威權震天下。宰相蕭遘率群臣上表劾其專國煽禍，請誅之。令孜懼，求為劍南西川監軍使。後為養子永平節度使王建所殺。傳見《舊唐書》卷一百八十四、《新唐書》卷二百八。⓬巧數　機巧權術。⓭啗　吃。⓮狎昵　親昵戲耍。⓯籍兩市商旅寶貨悉輸內庫　沒收長安東、西兩市商賈的珍寶奇物，全部收藏入宮中內庫。⓰鉗口　閉口。⓱馬湖鎮　鎮名，在今四川宜賓西南。⓲本管　謂西川節度使所管轄之軍。⓳督爽　南詔官名，總管三省官，相當於唐之宰相。⓴屢牒中書　多次致函唐中書宰相。㉑怨望　怨恨。㉒十代　指酋龍、豐祐之前十代國王，皆受唐恩澤。㉓體敵　地位相等。㉔錄詔白　以兩鎮地方官的口吻抄錄詔書，回答南詔。㉕牒與之　以節度使公文形式送遞南詔。

【校　記】①辛卯　原作「辛巳」。嚴衍《通鑑補》改作「辛卯」，今據改。按，正月乙酉朔，無辛巳。《新唐書》卷九〈僖宗紀〉載：乾符二年正月「辛卯，有事于南郊，大赦。」嚴衍校改當即本此。②路　據章鈺校，十二行本、乙十一行本皆作「道」。

【語　譯】二年（乙未　西元八七五年）

春，正月初二日丙戌，任命高駢為西川節度使。〇初七日辛卯，僖宗在圜丘祭天，大赦天下。

高駢到達劍州，先派使者驅馬去打開成都各城門。有人說：「蠻寇逼近成都，相公離成都還很遠，萬一敵人衝來攻城，那怎麼辦？」高駢說：「我在交趾打敗了蠻軍二十萬人，蠻人聽說我來了，逃跑還來不及，哪裡敢隨便進犯成都！現在春天來了氣候轉暖，數十萬人聚集在城裡面，生人和死者處在一起，汙穢悶熱，將要形成瘟疫，不可延緩了。」使者到了成都，打開城門，放老百姓出入，各人恢復生業，在城上守衛的人都下城脫掉鎧甲，民眾大為高興。蠻軍正在進攻雅州，聽到成都的消息，派使者來請求講和，並帶領軍隊走了。高駢又上奏說：「南蠻小醜，容易對付。現在西川新舊兵已經很多了，朝廷調發的長武、鄜坊、河東三鎮的軍隊，只會增加辛勞和耗費，請求都命令返回本地。」敕命只停止調發河東鎮的軍隊。

僖宗為普王時，小馬坊使田令孜受到寵愛。等到登上皇位，任命他為樞密使，接著提升為神策軍中尉。

僖宗當時十四歲，一心遊戲，政事全部交給田令孜，稱他為「阿父」。田令孜讀了很多書，多計巧和權術，攬權受賄，任用官吏和賜官封爵都不向僖宗打招呼。每次晉見僖宗，常常自己準備果食兩盤，和僖宗相對食用，閒處很久以後才退出來。僖宗和內園小兒親暱，賞賜樂工、伎兒，花費的錢動不動以萬計，府庫中的錢財都被用光了。田令孜勸說僖宗沒收長安東、西兩市商家的寶物財貨全部送交內庫，如有陳訴的人，就交給京兆府用刑杖打殺。宰相以下的官員，都閉嘴不敢說話。

高駢到達成都，第二天，派出步兵騎兵五千人追趕南詔兵，到達大渡河，殺死和俘虜了很多敵人，抓到他們的酋長數十人，押到成都，都斬首了。修復了邛崍關和大渡河各城柵，又在戎州馬湖鎮修築城池，稱為平夷軍，又在沐源川築城，這些地方都是蠻人進入蜀地的重要通道，每處派兵數千人據守，從此蠻人不再入侵。高駢召來黃景復，追究他沒有守住大渡河的責任，腰斬了他。高駢又奏請自己帶領本部人馬和天平、昭義、義成等軍共六萬人攻打南詔，朝廷下詔不同意。

此前，南詔的督爽官多次送文牒給中書省，辭語中多怨恨的話，中書省沒有回覆。盧攜上奏說：「像這樣下去，蠻人就會更加驕傲，以為我唐朝沒有話可回答，應當歷數他們十代受到唐朝的恩遇來責備他們今天的背叛。然而如果由中書省發去文牒，那麼朝廷與南詔有地位相等的嫌疑，請求賜高駢和嶺南西道節度使辛讜詔書，讓他們以自己的口氣抄錄詔書，回答南詔，用節度使公文形式送給南詔。」僖宗聽從了。

三月，以魏博留後韓簡為節度使。

去歲，感化軍❶發兵詣靈武防秋，會南詔寇西川，敕往救援❷。未至成都[1]，蠻退，遣還。至鳳翔，不肯詣靈武，欲擅歸徐州。內養❸王裕本、都將劉逢搜擒唱帥者胡雄等八人，斬之，眾然後定。

初，南詔圍成都，楊慶復以右職❹優給募突將以禦之，成都由是獲全。及高駢至，悉令納牒❺。又託以蜀中屢遭蠻寇，人未復業，停其稟給，突將皆忿怨。駢好妖術，每發兵追蠻，皆夜張旗立隊，對將士焚紙畫人馬，散小豆，曰：「蜀兵懦怯，今遣玄女❻神兵前行。」軍中壯士皆恥之。又索閭境官有出於胥吏❼者，皆停之。今民間皆用足陌錢❽，陌不足者皆執之，劾以行賂，取與皆死。刑罰嚴酷，由是蜀人皆不悅。

夏，四月，突將作亂，大譟突入府廷。駢走匿於廁間，突將索之，不獲。天平都將❾張傑帥所部數百人被甲入府擊突將，突將撤牙前[2]儀注兵仗❿，無者奮梃揮拳，乘怒氣力鬭。天平軍不能敵，走歸營。突將追之，營門閉，不得入。監軍使人招諭，許以復職名稟給⓫，久之，乃肯還營。天平軍復開門出，為追逐之勢，至城北，時方脩毬場，役者數百人，天平軍悉取其首，還詣府，云「已誅亂者」。駢出見之，厚以金帛賞之。明日，牓謝突將，悉還其職名、衣糧。自是日令諸道將士從己來者更直⓬府中，嚴兵自衛。

加成德節度使王景崇兼侍中。

浙西狼山⓭鎮遏使王郢等六十九人有戰功，節度使趙隱賞以職名，而不給衣糧。郢等論訴不獲⑭，遂劫庫兵⑮作亂，行收黨眾近萬人，攻陷蘇、常，乘舟往來，泛江入海，轉掠二浙，南及福建，大為人患。

五月，以太傅、分司令狐綯同平章事，充鳳翔節度使。○司空、同平章事蕭倣薨⑯。

六月，以御史大夫李蔚⑰為中書侍郎、同平章事。

辛未⑱，高駢陰籍突將之名，使人夜掩捕之，圍其家，排⑲[3]牆壞戶而入，老幼孕病，悉驅去殺之，嬰兒或撲⑳於階，或擊於柱，流血成渠，號哭震天，死者數千人，夜，以車載尸投之於江。有一婦人，臨刑，戟手大罵曰：「高駢！汝無故奪有功將士職名、衣糧，激成眾怒。幸而得免，不省己自咎，乃更以詐殺無辜近萬人，天地鬼神，豈容汝如此！我必訴汝於上帝，使汝它日舉家屠滅如我今日！冤抑汙辱如我今日！驚憂惴恐㉑如我今日！」言畢，拜天，怫然㉒就戮。久之，突將有自戍役㉓歸者，駢復欲盡族之。有元從㉔親吏王殷諫曰：「相公奉道㉕，宜好生惡殺，此屬在外，初不同謀，若復誅之，則自危者多矣。」駢乃止。

【章旨】以上為第十三段，寫高駢濫殺有功突將，國家綱紀蕩然無存。

【注　釋】❶感化軍　方鎮名，咸通十一年（西元八七〇年），徐州觀察使升為感化軍節度使，天復二年（西元九〇二年）廢。❷赦往救援　詔命前往救援成都。❸內養　監軍宦官職名。❹右職　高級職位。❺納牒　交出授官文牒。❻玄女　即九天玄女，道教尊奉的神仙。❼胥吏　小吏。❽足陌錢　每貫十足為一千文，稱足陌錢。❾天平都將　隨高駢自天平軍調入西川的隨從部將。❿牙前儀注兵仗　節度使衙前為顯示威儀而陳列的兵器。⓫復職名稟給　恢復官職和薪俸。⓬更直　輪流值班。直，同「值」。⓭狼山　山名，在今江蘇南通南。⓮論訴不獲　申辯訴說得不到解決。⓯劫庫兵　搶劫武器庫的兵器。兵，兵器。⓰蕭倣薨　蕭倣時為嶺南節度使，卒於任上。⓱李蔚（？—西元八七九年）字茂休，隴西（今甘肅臨洮）人，唐懿宗時累官至宣武、淮南等節度使。唐僖宗即位，召為吏部尚書，乾符二年為宰相。後出為東都留守，六年任河東節度使。傳見《舊唐書》卷一百七十八、《新唐書》卷一百八十一。⓲辛未　六月二十日。⓳排　推。⓴撲　謂撲殺，即誅殺。㉑惴恐　恐懼。㉒怫然　憤然；怨恨的樣子。㉓戍役　駐守邊境。㉔元從　從開始就相隨從的人。㉕奉道　信奉道教。

【校　記】①未至成都　原無此四字。據章鈺校，十二行本、乙十一行本皆有此四字，張瑛《通鑑校勘記》同，今據補。②牙前　據章鈺校，十二行本、乙十一行本二字互乙。③排　原作「挑」。胡三省注云：「蜀本作『排』。」據章鈺校，十二行本亦作「排」，於義較長，今從改。

【語　譯】三月，任命魏博留後韓簡為節度使。

去年，感化軍調軍隊往靈武防秋，恰遇南詔入侵西川，朝廷命令他們前去救援。沒有到達成都，蠻兵退走了，調遣他們返回戍地。到達鳳翔時，他們不肯前往靈武，想擅自回到徐州，內養王裕本和都將劉逢搜捕擒獲首先帶頭的胡雄等八人，殺了他們，之後兵眾才安定下來。

當初，南詔包圍成都，楊慶復用高官厚祿招募突將來防守，成都由此才得以保全。等高駢來到，讓突將都上交授官文牒。又藉口蜀地屢遭蠻人侵擾，人們沒有恢復生產，停止對突將的供給，突將們都很憤恨。高駢喜好妖術，每次出兵追擊蠻軍，都要在夜裡樹立旗幟，排列軍隊，對著將士們焚燒紙畫的人馬，拋撒小豆，並說：「蜀兵懦弱膽小，現在派九天玄女神兵在前面開路。」軍中的壯士都感到恥辱。又檢查全境內的官員，如發現有人是從小員吏出身的，都停掉他們的職務。又命令民間都用足陌錢，凡是使用陌數不足的人，都抓起來，加給他們行賄的罪，買賣雙方都處以死刑。刑罰嚴酷，由此，蜀人都不高興。

夏，四月，突將作亂，大聲呼喊衝入節度使府廷堂。高駢逃到廁所裡躲起來，突將搜索他，沒有找到。天平軍都將張傑帶領他的部下數百人穿上鎧甲進入府中攻擊突將，突將奪取衙門前的儀仗作為武器，沒有武器的人就用木棒、拳頭迎擊，乘著憤怒的情緒盡力拼搏。天平軍打不過他們，逃回營去了。突將追趕他們，營門關上了，不能進去。監軍派人招呼告諭他們，答應恢復他們的職位和糧餉，相持了很久，才肯回營。天平軍又開門出來，做出追趕突將的樣子，到了城北，當時正在修建毬場，有數百人服役，天平軍把他們全部殺掉，返回後前往軍府，說「已經殺掉了作亂的人」。高駢出來接見他們，用豐厚的金帛獎賞他們。第二天，貼出文告向突將道歉，全部歸還他們的職名和衣糧。從這以後，高駢從各道將士中選擇同自己一道來成都的人，輪流到軍府中值班，整兵自衛。

加授成德節度使王景崇兼侍中。

浙西狼山鎮遏使王郢等六十九人有戰功，節度使趙隱賞給他們職名，而不發給衣糧。王郢等人論爭申訴，得不到解決，於是搶了國家兵器庫裡的武器發動暴亂，在進兵過程中招納黨徒近一萬人，攻陷蘇州和常州，他們乘船往來，渡江到海上，輾轉搶掠兩浙，南邊到達了福建，大為民患。

五月，任命太傅、分司令狐綯同平章事，充任鳳翔節度使。〇司空、同平章事蕭倣去世。

六月，任命御史大夫李蔚為中書侍郎、同平章事。

六月二十日辛未，高駢暗地登記突將的姓名，派人在夜裡突然逮捕他們，包圍他們的家，推牆破門而入，不論男女老幼、孕婦病人，全部驅離殺死，嬰兒有的被撲殺在石階上，有的撞死在柱子下，流血成渠，號哭震天，死了數千人，在夜晚，用車子裝著屍體拋到江裡。有一個婦人，在被處死時，舉起手大罵說：「高駢！你無故剝奪有功將士的職名和衣糧，激起眾怒。你僥倖免於一死，不去反省自責，反而又用欺詐的手段，殺死無辜近一萬人，天地鬼神，怎麼會容許你這樣！我一定要在上帝面前控訴你，使你將來如同我現在一樣全家被屠殺！如同我現在一樣遭受冤屈和汙辱！如同我現在一樣驚恐憂懼！」說完，向天跪拜，憤然接受刑戮。

過了一些時，有突將從戍守邊地回成都來，高駢又想把他們全家都殺掉。有一個從開始就跟隨高駢的親信官吏王殷諫阻說：「相公信奉道教，應當好生惡殺，這些突將在外地，當初不是同謀作亂，如果又殺掉他們，那麼自危的人就會很多了。」高駢這才罷休。

王仙芝及其黨尚君長攻陷濮州、曹州，眾至數萬，天平節度使薛崇出兵擊之，為仙芝所敗。

冤句人黃巢❶亦聚眾數千人應仙芝。巢少與仙芝皆以販私鹽為事，巢善騎射，喜任俠❷，粗涉書傳，屢舉進士不第，遂為盜，與仙芝攻剽州縣，橫行山東，民之困於重斂❸者爭歸之，數月之間，眾至數萬。

盧龍節度使張公素性暴戾，不為軍士所附。大將李茂勳❹本回鶻阿布思之族，回鶻敗，降於張仲武，仲武使戍邊，屢有功，賜姓名。納降軍❺使陳貢言者，幽之宿將，為軍士所信服。茂勳潛殺貢言，聲云貢言，舉兵向薊。公素出戰而敗，奔京師。茂勳入城，眾乃知非貢言也，不得已，推而立之，朝廷因以茂勳[1]為留後。

秋，七月，蝗自東而西，蔽日，所過赤地。京兆尹楊知至奏：「蝗入京畿❻，不食稼，皆抱荊棘而死。」宰相皆賀。

八月⑦，李茂勳為盧龍節度使。

九月，右[2]補闕董禹諫上遊畋、乘驢擊毬，上賜金帛以褒之。○邠寧節度使李侃奏為假父⑧華清宮使⑨道雅求贈官，禹上疏論之，語頗侵⑩宦官。樞密使楊復恭⑪等列訴⑫於上，冬，十月，禹坐貶郴州司馬。復恭，欽義之養孫也。

昭義軍亂，大將劉廣逐節度使高湜⑬，自為留後。以左金吾大將軍曹翔為昭義節度使。

回鶻還至羅川⑭。十一月，遣使者同羅榆祿入貢，賜拯接絹⑮萬匹。

羣盜侵淫⑯，剽掠十餘州，至于淮南，多者千餘人，少者數百人。詔淮南、忠武、宣武、義成、天平五軍節度使、監軍亟加討捕及招懷⑰。

十二月，王仙芝寇沂州，平盧節度使宋威表請以步騎五千別為一使，兼帥本道兵所在討賊。乃[3]以威為諸道行營招討草賊使，仍給禁兵三千、甲騎⑱五百。因詔河南方鎮所遣討賊都頭並取威處分⑲。

【章旨】以上為第十四段，寫王仙芝、黃巢起義。

【注釋】❶黃巢（?—西元八八四年）曹州冤句（今山東菏澤）人，唐末率眾起事。一度攻入長安，建立政權，國號大齊。傳見《舊唐書》卷二百、《新唐書》卷二百二十五。❷任俠　以行俠自任。❸重斂　繁重的賦稅。❹李茂勳　回鶻人，唐武宗會昌年間投降盧龍節度使張仲武，為邊將，以功賜姓名李茂勳。官至盧龍節度使。傳見《新唐書》卷二百十二。❺納降軍　軍鎮名，戍守於納降城，在昔宛平境內。❻蝗入京畿　蝗蟲進入京都地區。❼八月　胡三省注：「『八月』之下當有『以』字。」❽假父　義父。❾華清宮使　官名，管理華清宮事務，用宦官擔仕。❿侵　觸犯；冒犯。⓫楊復恭　宦官頭目，官至樞密使、神策中尉、六軍十二衛觀軍容使。唐僖宗去世，擁立唐昭宗而把持朝政。後被斬首。傳見《舊唐書》卷一百八十四、《新唐書》卷二百八。⓬列訴　陳訴。列，陳。⓭高湜　高湘堂兄，官至禮部侍郎、昭義節度使。傳見《舊唐書》卷一百六十八、《新唐書》卷一百七十七。⓮羅川　縣名，縣治在今甘肅正寧西北。⓯拯接絹　為救援接濟而賜與的絹。⓰侵淫　亦作「浸淫」，逐漸擴展。⓱招懷　招撫；招安。⓲甲騎　身披鎧甲的騎兵。⓳取威處分　聽從宋威指揮。

【校　記】[1]茂勳　原無此二字。據章鈺校，十二行本、乙十一行本皆有此二字，今據補。[2]右　據章鈺校，十二行本、乙十一行本皆作「左」。[3]乃　原作「仍」。據章鈺校，十二行本、乙十一行本皆作「乃」，張敦仁《通鑑刊本識誤》同，今據改。

【語　譯】王仙芝和他的同黨尚君長攻陷濮州、曹州，部眾達到數萬人，天平節度使薛崇出兵攻打他們，被王仙芝打敗了。

冤句人黃巢也聚眾數千人響應王仙芝。黃巢少年時和王仙芝都是以販賣私鹽為職業，黃巢善於騎馬射箭，喜歡做俠義之事，粗涉典籍，多次投考進士沒有被錄取，於是做了強盜，和王仙芝一起攻打搶掠州縣，橫行於山東一帶，被繁重的賦稅所困的民眾爭相歸附他們，在幾個月之內，部眾達到數萬人。

盧龍節度使張公素性情暴戾，軍士都不依附他。大將李茂勳本來是回鶻阿布思族人，回鶻戰敗時，投降了張仲武，張仲武派他去戍邊，多次立功，賜姓名叫李茂勳。納降軍使陳貢言這個人，是幽州的老將，被軍士們所信服。李茂勳暗中殺了陳貢言，聲稱陳貢言的指令，率軍向薊州出發。張公素出兵應戰被打敗，逃往京師。李茂勳進城後，軍士們才知道不是陳貢言，不得已，推舉他為頭領，朝廷因而任命李茂勳為盧龍留後。

秋，七月，蝗蟲從東方飛向西方，遮天蔽日，所經過的地方一片精光。京兆尹楊知至上奏說：「蝗蟲進入京畿地區，不吃莊稼，都抱著荊棘死去。」宰相們都向僖宗道賀。

八月，任命李茂勳為盧龍節度使。

九月，右補闕董禹諫阻僖宗遊玩打獵，乘驢擊毬，僖宗賞賜金帛來褒獎他。〇邠寧節度使李侃上奏為他的義父華清宮使道雅請求贈官，董禹上疏彈劾他，言詞上對宦官多有冒犯。樞密使楊復恭等人向僖宗控訴董禹，冬，十月，董禹因此被貶為郴州司馬。楊復恭，是宦官楊欽義的養孫。

昭義軍中發生叛亂，大將劉廣驅逐了節度使高湜，自己當了留後。朝廷任命左金吾大將軍曹翔為昭義節度使。

回鶻回到羅川縣。十一月，派使者同羅楡祿入朝進貢，朝廷賞賜拯接絹一萬匹。

群盜逐漸擴展，搶掠十多個州，到達了淮南地方，多的一夥有一千多人，少的數百人。詔令淮南、忠武、宣武、義成、天平五軍節度使和監軍迅速加以討伐收捕和招安。

十二月，王仙芝侵犯沂州，平盧節度使宋威上表奏請帶領步兵騎兵五千人另立一個使節稱號，同時帶領本道兵在各處討伐盜賊。朝廷於是任命宋威為諸道行營招討草賊使，還給他禁兵三千名、甲騎五百名。接著詔令河南地區方鎮所派出的討賊都頭都要聽從宋威指揮。

三年（丙申　西元八七六年）

春，正月，天平軍奏遣將士張晏等救沂州，還，至義橋❶，聞北境復有盜起，留使扞禦。晏等不從，喧譟趣鄆州。都將張思泰、李承祐走馬出城，裂袖❷與盟，以俸錢備酒殽❸慰諭，然後定。詔本軍宣慰一切，無得窮詰❹。

二月[1]，敕❺福建、江西、湖南諸道觀察、刺史皆訓練士卒，又令天下鄉村各置弓刀鼓板❻，以備羣盜。〇賜兗海節度號泰寧軍。

三月，盧龍節度使李茂勳請以其子幽州左司馬可舉❼知留後，自求致仕❽。詔茂勳以左僕射致仕，以可舉為盧龍留後。

門下侍郎、同平章事崔彥昭罷為太子太傅，以左僕射王鐸兼門下侍郎、同平章事。

南詔遣使者詣高駢求和，而盜邊不息，駢斬其使者。蠻之陷交趾❾也，虜安南經略判官杜驤妻李瑤。瑤，宗室之疏屬❿也。蠻遣瑤還，遞木夾⓫以遺駢，稱「督爽牒西川節度使」，辭極驕慢。駢送瑤京師。甲辰⓬，復牒南詔，數其負累聖⓭恩德，暴犯邊境，殘賊⓮欺詐之罪，安南、大度覆敗之狀⓯，折辱之。

【章旨】以上為第十五段，寫南詔與唐相互敵對冷戰。

【注釋】❶義橋　地名，位於沂州之西，在今山東臨沂西。❷裂袖　猶袒臂。盟誓時的一種動作。❸殽　同「肴」。魚肉類葷菜。❹窮詰　尋根問底，追究原委。❺敕　詔令。❻鼓板　戰鼓及盾牌。❼可舉　李可舉，盧龍節度使李茂勳之子。茂勳致仕，可舉繼任。後為部將所攻，登樓自焚。傳見《舊唐書》卷一百八十、《新唐書》卷二百十二。❽致仕　辭官退休。❾蠻之陷交趾　指南詔攻沒交趾。事見本書卷二百五十唐懿宗咸通六年。❿疏屬　遠族。⓫木夾　遞送文件所用的木製夾板。⓬甲辰　三月二十六日。⓭累聖　指歷代皇帝。⓮殘賊　殘害殺戮。⓯覆敗之狀　指南詔兩次被高駢所摧敗的情況。

【校記】①二月　原無此二字。據章鈺校，十二行本、乙十一行本、孔天胤本皆有此二字，張敦仁《通鑑刊本識誤》同，今據補。

【語譯】三年（丙申　西元八七六年）

春，正月，天平軍上奏派遣將士張晏等人去援救沂州，回來時走到義橋，聽說北邊又有盜賊興起，要留下他們去抵禦。張晏等沒有聽從，喧鬧著趕往鄆州。都將張思泰、李承祐騎馬跑出城去，裂袖袒臂和張晏等立下盟約，用自己的俸錢備辦酒食慰勞他們，之後才安定下來。朝廷詔令天平軍一律加以告諭安慰，不要追究他們的過錯。

二月，敕命福建、江西、湖南各道觀察使、刺史都要訓練士卒，又命令天下所有鄉村都要置辦弓箭、刀槍、戰鼓、盾牌等，用來防備群盜。○賜兗海節度名為泰寧軍。

三月，盧龍節度使李茂勳請求任命他的兒子幽州左司馬李可舉為留後，自己請求退休。朝廷下詔李茂勳由左僕射的官位退休，任命李可舉為盧龍留後。

門下侍郎、同平章事崔彥昭被免職，改任太子太傅，任命左僕射王鐸兼門下侍郎、同平章事。

南詔派遣使者到高駢那裡求和，卻又不停地侵擾邊界，高駢殺了它的使者。蠻兵攻下交趾的時候，俘虜了安南經略判官杜驤的妻子李瑤。李瑤是唐宗室的遠族。蠻人遣送李瑤回來，遞上用木夾夾著的文牒給高駢，上面寫著「督爽牒西川節度使」字樣，言詞極為驕慢。高駢送李瑤回京師。三月二十六日甲辰，又送給南詔文牒，列舉他們背棄唐朝歷代皇帝的恩德，肆暴犯邊、殘害欺詐的罪行，在安南、大渡河覆滅慘敗的情況，以羞辱他們。

原州刺史史懷操貪暴，夏，四月，軍亂，逐之。

賜宣武、感化節度、泗州防禦使密詔，選精兵數百人於巡內❶遊弈，防衛綱船❷，五日一具上供錢米平安狀聞奏。

五月，昭王汭❸薨。○以盧龍留後李可舉為節度使。

六月，撫王紘❹薨。○雄州❺地震裂，水涌，壞州城及公私廬舍俱盡。

秋，七月，以前巖州刺史高傑為左驍衛將軍，充沿[1]海水軍都知兵馬使，以討王郢。○鄂王潤❻薨。○加魏博節度使韓簡同平章事。

宋威擊王仙芝於沂州❼城下，大破之，仙芝亡去。威奏仙芝已死，縱遣諸道兵，身還青州。百官皆入賀。居三日，州縣奏仙芝尚在，攻剽如故。時兵始休，詔復發之，士皆忿怨思亂。

八月，仙芝陷陽翟、郟城❽，詔忠武節度使崔安潛❾發兵擊之。安潛，慎由之弟也。又命[2]昭義節度使曹翔將步騎五千及義成兵衛東都宮，以左散騎常侍曾元裕為招討副使，守東都。又詔山南東道節度使李福選步騎二千守汝、鄧要路。仙芝進逼汝州，詔邠寧節度使李侃、鳳翔節度使令狐綯選步兵一千、騎兵五百守陝州、潼關。

加成德節度使王景崇兼中書令。

九月乙亥朔❿，日有食之。

丙子⓫，王仙芝陷汝州⓬，執刺史王鐐⓭。鐐，鐸之從父兄弟也。東都大震，士民挈家逃出城。乙酉⓮，敕赦王仙芝、尚君長罪，除官，以招諭之。仙芝陷陽武⑮，攻鄭州。昭義監軍判官雷殷符屯中牟，擊仙芝，破走之。冬，十月，仙芝南攻唐、鄧。

【章旨】以上為第十六段，寫地方官吏貪暴，激起兵變，王仙芝戰敗隨即勢力更盛。

【注釋】❶巡內　轄境之內。❷綱船　運送大宗貨物的船隊。❸昭王汭　昭王李汭，唐宣宗第八子，大中八年（西元八五四年）封。傳見《舊唐書》卷一百七十五、《新唐書》卷八十二。❹撫王紘　撫王李紘，唐順宗第十七子，貞元二十一年（西元八〇五年）封。歷官司空、司徒、太尉。傳見《舊唐書》卷一百五十、《新唐書》卷八十二。❺雄州　州名，位於靈州西南一百八十里，在今寧夏靈武西南。❻鄂王潤　鄂王李潤，宣宗第六子。大中五年封。傳見《舊唐書》卷一百七十五、《新唐書》卷八十二。❼沂州　州名，治所在今山東臨沂。❽郟城　縣名，縣治在今河南郟縣。❾崔安潛　字進之，清河武城（今河北張家口西）人，累官至忠武、西川等節度使。傳見《舊唐書》卷一百七十七、《新唐書》卷一百十四。❿乙亥朔　九月初一日。⓫丙子　九月初二日。⓬汝州　州名，治所在東都洛陽南一百六十里。⓭王鐐　宰相王鐸堂弟，累官至汝州刺史。王仙芝破汝州城，貶為韶州司馬。官終太子賓客。傳見《舊唐書》卷一百六十四、《新唐書》卷一百八十五。⓮乙酉　九月十一日。⓯陽武　縣名，縣治在今河南原陽。

【校記】①沿　據章鈺校，十二行本、乙十一行本皆作「緣」。②命　原無此字。據章鈺校，十二行本、乙十一行本、孔天胤本皆有此字，張敦仁《通鑑刊本識誤》同，今據補。

【語譯】原州刺史史懷操貪婪暴虐，夏，四月，軍隊叛亂，趕走了他。

給宣武、感化兩節度使和泗州防禦使發去密詔，要他們選精兵數百人在轄境之內巡行，保衛運輸貨物的船隊，五天就要向朝廷詳細報告一次關於上供錢米運送情況。

五月，昭王李汭去世。〇任命盧龍留後李可舉為節度使。

六月，撫王李紘去世。〇雄州發生地震，地面開裂，有水湧出，州城和公私房屋全部毀壞。

秋，七月，任命前巖州刺史高傑為左驍衛將軍，充任沿海水軍都知兵馬使，以便討伐王郢。〇鄂王李潤去世。〇加授魏博節度使韓簡同平章事官銜。

宋威在沂州城下進攻王仙芝，把他打得大敗，王仙芝逃走了。宋威上奏說王仙芝已經死了，便把各道援兵打發走了，自己返回了青州。百官全都入朝向僖宗道賀。過了三天，州縣奏報說王仙芝還在世，攻掠如故。當時軍隊剛休息，朝廷又下詔調發他們，士卒都很忿怒，想發動叛亂。

八月，王仙芝攻下陽翟和郟城，朝廷詔令忠武節度使崔安潛發兵攻打王仙芝。崔安潛，是崔慎由的弟弟。又命昭義節度使曹翔帶領步兵騎兵五千人和義成軍一道保衛東都宮城，任命左散騎常侍曾元裕為招討副使，守衛東都。又詔令山南東道節度使李福選步騎二千人守衛汝州和鄧州交通要道。王仙芝逼近汝州，詔令邠寧節度使李侃、鳳翔節度使令狐綯選步兵一千人，騎兵五百人守衛陝州和潼關。

加授成德節度使王景崇兼中書令官銜。

九月初一日乙亥，發生日蝕。

九月初二日丙子，王仙芝攻陷汝州，抓住了刺史王鐐。王鐐，是王鐸的叔伯兄弟。東都大為震動，士民帶著家小逃出城去。十一日乙酉，朝廷敕令赦免王仙芝、尚君長的罪過，授給官職，用以招撫他們。王仙芝攻下陽武縣，進擊鄭州。昭義監軍判官雷殷符屯駐在中牟縣，攻打王仙芝，把他打敗了。冬，十月，王仙芝南進攻打唐州和鄧州。

西川節度使高駢築成都羅城，使僧景仙❶規度❷，周二十五里，悉召縣令庀徒賦役❸，吏受百錢以上皆死。蜀土疏惡❹，以甓甃之❺，環城十里內取土，皆剗丘垤平之❻，無得為坎埳以害耕種❼。役者不過十日而代，眾樂其均，不費扑撻❽

而功辦❾。自八月癸丑❿築之，至十一月戊子⓫畢功。

役之始作也，駢恐南詔揚聲⓬入寇，雖不敢決來，役者必驚擾。乃奏遣景仙託遊行⓭入南詔，說諭驃信使歸附中國，仍許妻以公主，因與議二國禮儀，久之不決。駢又聲言欲巡邊，朝夕通烽火，至大度河，而實不行，蠻中惴恐。由是訖於城成，邊候⓮無風塵⓯之警。先是，西川將吏入南詔，驃信皆坐受其拜。駢以其俗尚浮屠⓰，故遣景仙往，驃信果帥其大臣迎拜，信用其言。

【章　旨】以上為第十七段，寫高駢施巧計加固成都城防。

【注　釋】❶景仙　僧人名。❷規度　規劃計算。❸庀徒賦役　準備民工，分配勞役。成都領十縣，高駢將修城工程分攤十縣承包。❹蜀土疏惡　蜀中土質疏鬆。❺以甓甃之　將土製成磚，再用以修建城牆。❻剗丘垤平之　鏟取小丘之土將原取土處填平。丘垤，小山丘。❼無得為坎埳以害耕種　不得將農田造成坑窪，從而損害農耕。❽扑撻　笞打。❾功辦　事成。❿癸丑　八月初九日。⓫戊子　十一月十五日。⓬揚聲　聲言；宣揚。⓭遊行　出遊；雲遊。⓮邊候　邊境瞭望哨。⓯風塵　比喻戰爭。⓰浮屠　佛。

【語　譯】西川節度使高駢修築成都外城，叫僧人景仙規劃計算，周長二十五里，並把成都府所屬各縣全都召集起來，命令他們準備民工並分配勞役，徵集民工時有接受了一百錢以上的官吏都要被處以死刑。蜀地土質疏惡，就用磚砌築，在環城十里內取土，再鏟取小丘之土把取土處填平，不得造成坑窪損害耕種。服役的人不超過十天就輪換，民眾都為分派勞役平均而高興，不用鞭打就把事情辦成了。從八月初九日癸丑開工，到十一月十五日戊子就完工了。

在開始築城的時候，高駢擔心南詔揚言前來侵犯，雖然不敢說一定來，但是服役的民工必定會受到驚擾。於是他就上奏朝廷，建議派遣景仙假託出遊進入南詔，勸說驃信，讓他歸附中國，還答應把公主嫁給他為妻，接著就商議兩國間的禮儀，此事很久決定不下來。高駢又揚言打算巡視邊地，早晚烽火相連，直至大渡河，其實他沒有出發，蠻人惴恐不安。這樣到外城修好為止，邊境上的哨兵沒有發出戰爭的警報。此前，西川將吏去南詔，驃信都是坐著接受拜謁。高駢因為他們習俗信奉佛教，所以就派僧人景仙前去，驃信果然帶領他的大臣們迎拜景仙，相信景仙說的話。

王仙芝攻郢、復二州，陷之。

王郢因溫州❶刺史魯寔請降，寔屢為之論奏❷，敕郢詣闕。郢擁兵遷延❸，半年不至，固求望海鎮使。朝廷不許，以郢為右率府率❹，仍令左神策軍補以重職，其先所掠之財，並令給與。

十二月，王仙芝攻申❺、光、廬、壽、舒、通❻等州。淮南節度使劉鄴奏求益兵，敕感化節度使薛能選精兵數千助之。

鄭畋以言計不行，稱疾遜位❼，不許，乃上言：「自沂州奏捷❽之後，仙芝愈肆猖狂，屠陷五六州，瘡痍❾數千里。宋威衰老多病，自妄奏❿以來，諸道尤所不服。今淹留亳州，殊無進討之意。曾元裕擁兵蘄、黃，專欲望風退縮。若使賊陷揚州，則江南亦非國有。崔安潛威望過人，張自勉驍雄良將，宮苑使李瑑，西平王晟⓫之孫，嚴而有勇。請以安潛為行營都統，瑑為招討使代威，自勉為副使代元裕。」上頗采其言。

青、滄⓬軍士戍安南，還，至桂州，逐觀察使李瓚⓭。瓚，宗閔之子也。以右諫議大夫張禹謨為桂州觀察使。

桂管監軍李維周驕橫，瓚曲奉⓮之，浸不能制⓯。桂管有兵八百人，防禦使纔得百人，餘皆屬監軍。又預於逐帥⓰之謀，強取兩使印⓱，擅補知州官，奪昭州送使錢⓲。詔禹謨并按之。禹謨，徹⓳之子也。

招討副使、都監楊復光⓴奏尚君長弟讓據查牙山㉑，官軍退保鄧州。復光，玄价㉒之養子也。

王仙芝攻蘄州。蘄州刺史裴渥[1]，王鐸知舉㉓時所擢進士也。王鐐在賊中，為仙芝以書說渥。渥與仙芝約，斂兵不戰，許為之奏官，鐐亦說仙芝許以如約。渥乃開城延仙芝及黃巢輩三十餘人入城，置酒，大陳貨賄以贈之，表陳其狀。諸宰相多言：「先帝不赦龐勛，期年卒誅之。今仙芝小賊，非龐勛之比，赦罪除官，益長㉔姦宄。」王鐸固請，許之。乃以仙芝為左神策軍押牙兼監察御史，遣中使以告身即蘄州授之。仙芝得之甚喜，鐐、渥皆賀。未退，黃巢以官不及己，大怒，曰：「始者共立大誓，橫行天下。今獨取官赴左軍，使此五千餘眾㉕安所歸乎！」因毆仙芝，傷其首，其眾諠譟不已。仙芝畏眾怒，遂不受命，大掠蘄州，城中之人，半驅半殺，焚其廬舍。渥奔鄂州，敕使㉖奔襄州，鐐為賊所拘。賊乃分其軍三千餘人從仙芝及尚君長，二千餘人從巢，各分道而去㉗。

【章旨】以上為第十八段，寫朝廷招撫王仙芝失敗，賠了夫人又折兵。

【注釋】❶溫州 州名，治所永嘉，在今浙江溫州。❷論奏 論列情由，呈奏朝廷。❸遷延 拖延。❹右率府率 官名，太子率府分左右，掌兵仗、儀衛，其長官為率、副率。❺申 州名，治所義陽，在今河南信陽。❻通 胡注：「唐時淮南道未有通州，此必誤。參考下文，『通』當作『蘄』。」❼遜位 讓位；退位。❽沂州奏捷 指宋威奏破王仙芝於沂州城下。❾瘡痍 戰爭給地方所造成的創傷。❿妄奏 謂奏王仙芝已死。⓫西平王晟 即李晟，字良器，洮州臨潭（今甘肅臨洮）人，唐名將。德宗時討平朱泚叛亂，收復長安，拜鳳翔、隴右、涇原三鎮節度使，封西平郡王。官至太尉兼中書令。傳見《舊唐書》卷一百三十三、《新唐書》卷一百五十四。⓬青滄 指平盧軍和義昌軍。⓭李瓚 唐文宗宰相李宗閔之子。歷任中書舍人、翰林學士，出為桂管觀察使。為士卒所逐，貶死。事附《舊唐書》卷一百七十六、《新唐書》卷一百七十四〈李宗閔傳〉。⓮曲奉 曲意奉承。⓯浸不能制 逐漸不能控制。⓰逐帥 指驅逐觀察使李瓚。⓱兩使印 觀察使和防禦使官印。⓲送使錢 諸州稅錢三分之一送節度、觀察使，稱送使錢。⓳徹 張徹，唐穆宗長慶時盧龍節度使判官，死於朱克融之亂。事見本書卷二百四十二唐穆宗長慶元年。⓴楊復光 楊復恭堂弟。任忠武軍監軍，與黃巢軍作戰有功，授天下兵馬都監。招安黃巢大將朱溫，出謀召李克用之兵攻黃巢而收復長安，隨即病死。傳見《舊唐書》卷一百八十四、《新唐書》卷二百七。㉑查牙山 山名，亦作喳蚜山，在今河南遂平西。㉒玄价　楊玄价，宦官。唐懿宗咸通時任左神策軍中尉。㉓知舉　即知貢舉。主持進士考試。㉔益長　更加助長。㉕五千餘眾　王仙芝、黃巢初起時，數月之間眾至數萬。至此才有五千餘人，因遊動作戰，聚散無常之故。㉖敕使　指授告身之中使。㉗分道而去　從此王仙芝、黃巢分兵作戰。王仙芝轉戰蘄、鄂，死於黃梅。黃巢北攻齊、魯，轉向淮南、浙西，進入閩、廣。復回師北上，攻陷東都洛陽。又向西進軍，攻入長安，稱帝。

【校　記】1渥　原作「偓」。據章鈺校，十二行本、乙十一行本、孔天胤本皆作「渥」，今據改。下同。按，《舊唐書》卷十九下〈僖宗紀〉、《新唐書》卷二百二十五下〈逆臣下・黃巢傳〉亦皆作「渥」。

【語　譯】王仙芝攻打郢、復二州，攻了下來。

王郢通過溫州刺史魯寔請求投降，魯寔多次為王郢上奏論說，朝廷敕令王郢前往京師。王郢擁兵拖延時間，半年沒有到達，堅持要求擔任望海鎮使。朝廷不答應，任命他為右率府率，還要左神策軍補他一個重要職位，他先前所搶掠的財物，命令一併給予他。

十二月，王仙芝攻打申、光、廬、壽、舒、通等州。淮南節度使劉鄴上奏請求增加援兵，朝廷敕令感化節度使薛能選精兵數千人援助淮南。

鄭畋由於自己所說的籌劃沒有採納，藉口有病要辭去相位，僖宗不答應，於是上奏說：「自從沂州報告打了勝仗以後，王仙芝更加猖狂，攻陷屠戮五、六個州，數千里滿目瘡痍。宋威衰老多病，自從虛妄地奏報軍情以後，各道更加不服從指揮。現在滯留在亳州，完全沒有進攻征討盜賊的打算。曾元裕擁兵駐紮在蘄州和黃州，一心觀望形勢退縮不前。倘若叛賊攻下了揚州，那麼整個江南地區就不屬於國家所有了。崔安潛威望超過他人，張自勉是驍勇的良將，宮苑使李瑑是西平王李晟之孫，既威嚴又勇敢。請求任命崔安潛為行營都統，李瑑為招討使取代宋威，張自勉為副使取代曾元裕。」僖宗採納了鄭畋的意見。

青州和滄州的軍隊戍守安南，返回時，到了桂州，趕走了桂州觀察使李瓚。李瓚，是李宗閔的兒子。朝廷任命右諫議大夫張禹謨為桂州觀察使。

桂管監軍李維周驕橫，李瓚曲意奉承他，逐漸不能控制。桂管有軍隊八百人，防禦使才得到一百人，其餘的人都歸屬監軍。李維周又參與了趕走觀察使的謀劃，強力奪取了觀察使和防禦使的印信，擅自增補知州官，奪取昭州送交給觀察使的稅錢。詔令張禹謨一併審理李維周的案件。張禹謨，是張徹的兒子。

招討副使、都監楊復光上奏說尚君長的弟弟尚讓據守在查牙山，官軍退保鄧州。楊復光，是楊玄价的養子。

王仙芝進攻蘄州。蘄州刺史裴渥是王鐸知貢舉時錄取的進士。王鐐在叛賊裡面，替王仙芝寫信遊說裴渥。裴渥和王仙芝約定，收兵停戰，答應為王仙芝奏請官職，王鐐也勸說王仙芝答應裴渥的條件。裴渥於是打開城門迎接王仙芝和黃巢等三十餘人進城，設置酒宴，擺放了很多財貨贈送他們，還上表陳述王仙芝等接受安撫的情形。各宰相多數說：「先帝不赦免龐勛，一年後終於誅殺了他。現在的王仙芝是個小盜賊，不能和龐勛相比，赦了他的罪，任命他做官，更加助長了壞人為惡。」王鐸堅決請求，僖宗同意了。於是任命王仙芝為左神策軍押牙兼監察御史，派中使到蘄州把告身送給王仙芝。

王仙芝得到告身很高興，王鐐和裴渥都向他道賀。還沒有退出城，黃巢因為自己沒有得到官職，大怒，說道：「開始起事的時候共同立下誓言，橫行天下。現在你獨自得到官職去左神策軍上任，讓這五千多人到何處去呢！」接著就毆打王仙芝，打傷了他的頭，他的部下也喧鬧不已。王仙芝害怕部眾憤怒，就不接受朝廷的任命，在蘄州大肆搶掠，城裡面的人，一半趕走，一半殺掉，把房屋焚燒。裴渥逃往鄂州，敕使跑往襄州，王鐐被叛賊拘留。叛賊把他們的軍隊進行分割，三千多人隨從王仙芝和尚君長，二千多人隨從黃巢，各自分道離去。

【研析】唐懿宗、僖宗交替之際，正是黃巢大起義的前夜。此時唐王朝君不君，臣不臣，朋黨交爭，喪失人性，政治腐敗到極點，人民生活在水深火熱之中。本卷研析幾件細事，以見當時人心世態之一斑。

文人相輕。唐代科舉有進士與明經兩個途徑。考進士用詩賦、對策，重文采，每年一科只取二、三十人。明經考經學，明經進士每年每科一百人，容易考取。在仕途上進士與明經待遇不同，入翰林做學士，入閣為相，多取進士出身。王凝和崔彥昭兩人是姨表兄弟。兩人母親鄭氏，崔彥昭之母為姐，王凝之母是妹。王凝年十五就明經及第，再登進士甲科，崔彥昭進士落第。王凝給彥昭開了一個玩笑說：「你去考明經吧。」崔彥昭大怒。崔彥昭比王凝升遷快。懿宗晚年，兩人同任兵部侍郎。僖宗即位，乾符元年（西元八七四年）崔彥昭升任宰相。崔彥昭的母親立即對侍婢們說：「趕快給我多做一些鞋襪，王侍郎母子即將有難，要流配外地，我要去陪伴妹妹。」崔彥昭明白母親話中所指，哭著下跪對母親發誓，「絕不報復王凝」。由於崔彥昭母親的智慧和親情，才化解了崔彥昭與王凝兩人的矛盾，王凝這才免遭報復打擊。當時朋黨結派，文人相輕發展到深仇大恨。有許多人沒有王凝那樣幸運，不知哪一天，天外橫禍就要飛來，自己還不知道是怎麼一回事。

官場險惡。王鐸、劉瞻、于琮、路巖、韋保衡五人，在懿宗朝後期同朝為相。路巖、韋保衡兩人品格低下，韋保衡更其次。懿宗卻最寵幸這兩人。兩人狼狽為奸，權傾天下，把王鐸、劉瞻、于琮都排斥出朝。王鐸是韋保衡進士及第的主考官，起居舍人蕭遘是韋保衡的同年，亦在韋保衡的排斥之列。蕭遘才能優異，為韋保衡所忌。蕭遘又與于琮交好。一大批朝官，凡與于琮交好者都被貶官。有尚書左丞李當、吏部侍郎王渢、左散騎常侍李都、兵部侍郎張裼、前中書舍人封彥卿、左諫議大夫楊塾，同日遭貶。又貶工部尚書嚴祁、給事中李貺、張鐸、左金吾大將軍李敬仲、起居舍人李瀆、鄭彥特、李藻等。後路巖與韋保衡兩人交惡，韋保衡打小報告給懿宗，路巖被貶出京。路巖名聲太臭，出京之日，長安市人圍觀，向他投擲瓦片。京兆尹薛能是路巖提拔的人，路巖提出要薛能保護他，薛能翻臉不認人，說：「宰相出京，京兆府派人保護，沒有這個慣例。」劉瞻被排斥出京，劉鄴說了壞話。韋保衡倒臺，劉瞻回京，劉鄴內心不安，請劉瞻作客，疑在酒中暗中下毒，劉瞻回家後不久就死了。路巖、韋保衡多行不義，犯了眾怒，失勢後連續遭貶逐，最後被賜死。路巖任宰相時曾密奏，說：「三品以上官賜死，要使者割取三寸長的喉管進呈朝廷，用以驗證該人確實已死。」路巖被貶儋州，走到江陵被囚禁在獄中，有詔賜死。這時路巖自己也要被割取三寸喉管，而且所死的獄室，恰是當年路巖害死楊收的地方，路巖也死在楊收的那一張床上，得了現世報。

唐朝後期的朋黨鬥爭，彼此尋找藉口，互相排斥，分裂成粉碎狀態，崩潰是不可避免的了。

無行朝官的拍馬術。僖宗乾符二年秋七月，蝗蟲由東向西鋪天蓋地飛來，蝗蟲所過之地，寸草不留，禾稼吃光，一片赤地。京兆尹楊知至上奏朝廷說：「蝗蟲侵入京郊，不吃禾稼，成群的闖向荊棘而死。」宰相百官都向僖宗慶賀。胡三省評論說：「楊國忠上奏連日大雨不傷害禾稼，韓晃上奏連日大雨沒損害鹽場。現今楊知至上奏蝗蟲出不吃禾稼自抱荊棘而死。唐室的朝官欺騙皇上成了積習，由來已久。」如此這般瘋狂的拍馬術，已喪失了人性。秦朝趙高指鹿為馬，朝官在高壓下說謊，還得有幾分人性，晚唐君臣自欺說謊，喪盡了人性。唐之朝官，還不如秦末之朝官。「指鹿為馬」與「蝗不食禾」，都是亡國之音。沒有了真假是非，國不亡何待！

無德武人便是屠夫。懿宗咸通十一年（西元八七〇年），南詔侵犯西川，成都兵力不足，楊慶復出賞金招募勇敢之士三千人，號為「突將」，即衝鋒陷陣之將，今謂之「敢死隊」。楊慶復依靠這支鄉土生力軍打退了南詔，立下赫赫戰功，保衛了成都。突將經過實踐洗禮正式編入了官軍。僖宗乾符二年，南詔再次大舉入侵西川，朝廷調天平節度使高駢為西川節度使進駐成都。高駢曾任安南打敗南詔，朝廷是賴，高駢也自以為能，驕橫不可一世。南詔退兵以後，高駢裁減突將復員，引起突將不滿。四月，部分突將要驅逐高駢，監軍出面平息騷亂，高駢答應不裁減突將，卻暗中布置軍力，屠殺突將。過了兩個月，在六月二十日辛未那一天夜裡，高駢採取突襲行動，不但包圍突擊將軍營，而且包圍突將的家屬，軍士越牆破門而入，不分男女老幼、孕婦病人，全部抓去殺死，連嬰兒也不能幸免，有的被撲殺在石階上，有的摔死在柱子下，血流成河，號哭之聲震天動地，一共殺了數千人。有一個婦女憤怒地大罵高駢不得好死。作為一鎮節度使的高駢，完全是一個屠夫。朝廷後來任命高駢為揚州大都督府長史、淮南節度使，與黃巢作戰，欲行割據，失去朝廷信任，為其部將所殺，遭族滅。

盧攜上奏，人民深陷塗炭。盧攜，字子升，范陽人。大中九年進士及第，授集賢校理。咸通中為右拾遺、殿中侍御史，歷官長安縣令、鄭州刺史、諫議大夫，乾符初任翰林學士，拜中書舍人。乾符四年入相。盧攜內侍宦官田令孜，外結高駢為援，掌控朝政，隨心所欲，是一個權奸。黃巢入長安，盧攜罷相，當夜服毒自殺。即使是這樣一個權奸，他目睹當時戰亂中黎民深重災難，為了維護唐王室的統治，也上書言事。乾符元年正月，盧攜上奏新皇帝僖宗，深以國事為憂。盧攜上奏說：「陛下剛登上帝位，要關心百姓。去年關東地區大旱，秋天莊稼沒有收成。貧窮的人把蓬蒿的種子舂碎當麵粉，把槐樹葉子採來當糧食。現在到處都在鬧饑荒，討飯都沒地方，飢民只好坐守在鄉間，等待死於溝壑。可是州縣官府要上供和交三司的稅錢，他們就用鞭子去抽打飢民，拆房砍樹，逼交稅錢。租稅之外，還有徭役。朝廷再不愛惜百姓，百姓一點謀生的辦法也沒有。希望皇上敕令各州縣立即停收拖欠的殘稅，還要打開各地的義倉賑濟飢民。」朝廷雖然發下照辦的敕令，但是各部門並不執行，賑濟成了一紙空文。朝命失去了權威，統治不能照舊進行下去，人民沒法生活，大起義的條件完全成熟。盧攜上奏的當年，淮州人王仙芝在長垣起義。明年，冤句縣人黃巢也聚眾起義，響應王仙芝。黃巢攻擊唐州縣，數月間眾至數萬。唐末黃巢大起義，就這樣爆發了。

卷第二百五十三

唐紀六十九

起強圉作噩（丁酉　西元八七七年），盡上章困敦（庚子　西元八八〇年）十月，凡三年有奇。

【題　解】本卷記事起西元八七七年，迄西元八八〇年十月，凡三年又十個月。當唐僖宗乾符四年至廣明元年十月。這一時期最重大的事件是朝廷圍剿王仙芝、黃巢農民軍，王仙芝和黃巢在大江南北、東南浙閩，乃至嶺南，在唐境的大半個中國流動作戰。西元八七八年，王仙芝犯江陵，先勝後敗，官軍追剿，在今湖北黃梅大破王仙芝軍，殺了王仙芝。第二年，黃巢退出唐朝重兵設防的河南，轉戰東南，打擊唐朝財賦所出的生命線。黃巢在蘄州渡長江，被官軍打得大敗，官軍留賊以為自存之資，縱賊東走。黃巢率領農民軍走遍長江、閩江、珠江，在大範圍流動作戰。西元八八〇年，黃巢從廣州北上，又回到河南，眾數十萬，唐軍望風潰逃。在黃巢縱橫江南之時，北方沙陀人李國昌、李克用父子又反於代地，打擊唐王朝，使之雪上加霜。唐王朝已處在風雨飄搖之中，而唐僖宗仍遊宴無度，好走馬擊毬，甚至以擊毬勝負選節度，任用大將如同兒戲。宦官田令孜專權，宰臣不以國事民生為憂。唐室之危，危如累卵。

僖宗惠聖恭定孝皇帝上之下

乾符四年（丁酉 西元八七七年）

春，正月，王郢誘魯寔❶入舟中，執之，將士從寔者皆奔潰。朝廷聞之，以右龍武大將軍宋皓為江南諸道招討使，先徵諸道兵外，更發忠武・宣武・感化三道、宣・泗二州兵，新舊合萬五千餘人，並受皓節度。二月，郢攻陷望海鎮，掠明州，又攻台州，陷之，刺史王葆退守唐興。詔二浙、福建❷各出舟師以討之。

王仙芝陷鄂州❸。○黃巢陷鄆州❹，殺節度使薛崇。

南詔酋龍嗣立以來，為邊患殆二十年❺，中國為之虛耗，而其國中亦疲弊。酋龍卒，諡曰景莊皇帝。子法立，改元貞明、承智、大同❻，國號鶴拓❼，亦號大封人。法好畋獵酣飲，委國事於大臣。閏月，嶺南西道節度使辛讜奏南詔遣陁西❽段瑳寶等來請和，且言：「諸道兵戍邕州歲久，餽餉之費，疲弊中國，請許其和，使羸瘵❾息肩。」詔許之。讜遣大將杜弘等齎書幣，送瑳寶還南詔，但留荊南、宣歙數軍戍邕州，自餘諸道兵什減其七。

王郢橫行浙西，鎮海節度使裴璩嚴兵設備，不與之戰，密招其黨朱實降之，散其徒六七千人，輸器械二十餘萬，舟航❿、粟帛稱是。敕以實為金吾將軍。於是郢黨離散。郢收餘眾，東至明州，甬橋鎮遏使劉巨容⓫以筒箭⓬射殺之，餘黨皆平。璩，諝⑬之從曾孫也。

【章　旨】以上為第一段，寫官軍剿滅叛賊王郢。

【注　釋】❶王郢誘魯寔　乾符二年（西元八七五年）原浙西狼山鎮遏使王郢，因節度使處事不公而率眾叛亂。三年，王郢通過溫州刺史魯寔請降，求望海鎮使，朝廷不許，故有此舉。❷二浙福建　方鎮名，二浙為浙江東道節度使、浙江西道節度使，福建為觀察使。二浙、福建，由江南東道分出，當今江蘇、浙江、福建地區。❸鄂州　州名，州治江夏，在今湖北武昌縣治。屬江南西道。❹鄆州　州名，州治鄆城縣，在今山東鄆城東。屬河南道。❺殆二十年　南詔國酋龍於唐宣宗大中十三年（西元八五九年）嗣位，至乾符四年已十八年。❻貞明承智大同　是南詔法王即位後使用的三個年號。❼鶴拓　南詔的別稱，法王的後裔所稱，也自稱為大封人。胡注認為是「以封為國號」。❽陁西　南詔官名，軍府設陁西，相當於中國的判官。❾瘵　病。❿舟航　連浮橋用的船隻。⓫劉巨容　徐州人，為州大將，累官至山南東道節度使。黃巢入長安，授南面行營招討使，後兵敗入蜀為田令孜所害。傳見《新唐書》卷一百八十六。⓬筒箭　長尺餘，納於竹筒內，箭力迅疾。⓭諝　裴諝，字士明，絳州聞喜（今山西聞喜）人，歷仕唐代宗、唐德宗兩朝，累官至兵部侍郎、河南尹、東都副留守。傳見《舊唐書》卷一百二十六、《新唐書》卷一百三十。

【語　譯】僖宗惠聖恭定孝皇帝上之下

乾符四年（丁酉　西元八七七年）

春，正月，王郢把魯寔引誘到船上，把他抓了起來，跟隨魯寔的將士都逃散了。朝廷聽到這個消息後，任命右龍武大將軍宋皓為江南諸道招討使，先徵發各道兵以外，再調發忠武、宣武、感化三道和宣、泗兩州的軍隊，新舊共一萬五千多人，都交給宋皓指揮。二月，王郢攻下了望海鎮，搶掠明州，又攻打台州，攻了下來，刺史王葆退守唐興縣。朝廷詔令兩浙和福建各調派舟師進討王郢。

王仙芝攻下鄂州。〇黃巢攻下鄆州，殺死了節度使薛崇。

南詔酋龍繼位以來，在邊疆為害將近二十年，國家因此財力空虛，而南詔國內也疲弊不堪。酋龍死後，謚號稱景莊皇帝。他的兒子法繼立，改年號為貞明、承智、大同，國號鶴拓，也稱大封人。法喜歡打獵飲酒，把國事交給大臣。閏二月，嶺南西道節度使辛讜上奏說南詔派陁西段瑳寶等人來請和，並且說：「各道兵調來戍守邕州的時間太長了，糧餉的耗費，使國家很疲弊，請求答應和他們媾和，讓貧弱多病的民眾得到喘息之機。」朝廷下詔答應了。辛讜派遣大將杜弘等人帶著書信和禮物，送段瑳寶返回南詔，只留下荊南和宣歙幾支軍隊戍守邕州，其餘各道派來的軍隊十成減去七成。

王郢橫行於浙西，鎮海節度使裴璩嚴兵防守，不和他交戰，祕密招降他的同黨朱實，解散了他的徒眾六七千人，交來器械二十多萬件，舟船、糧食、綢帛等同樣很多。朝廷敕令任命朱實為金吾將軍。這樣王郢的黨羽離散了。王郢收攏餘下的部眾，向東到了明州，甬橋鎮遏使劉巨容用筒箭射死了王郢，其餘的同黨全部平定。裴璩，是裴諝的姪曾孫。

三月，黃巢陷沂州。

夏，四月壬申朔❶，日有食之。○賊帥柳彥璋剽掠江西。○陝州軍亂，逐觀察使崔碣❷。貶碣懷州司馬。○黃巢與尚讓合兵保查牙山。

五月甲子❸，以給事中楊損❹為陝虢觀察使。損至官，誅首亂者。損，嗣復之子也。

初，桂管觀察使李瓚失政❺，支使薛堅石屢規正❻之，瓚不能從。及瓚被逐，堅石攝留務，移牒鄰道，禁遏❼亂兵，一方以安。詔擢堅石為國子博士。

六月，柳彥璋襲陷江州，執刺史陶祥，使祥上表，彥璋亦自附降狀。敕以彥璋為右監門將軍，令散眾赴京師，以左武衛將軍劉秉仁為江州刺史。彥璋不從，以戰艦百餘固[8]湓江[9]為水寨，剽掠如故。

忠武都將李可封戍邊還，至邠州，迫脅主帥，索舊欠糧鹽，留止四日，闔境震驚。秋，七月，還至許州，節度使崔安潛悉按誅之。

庚申[10]，王仙芝、黃巢攻宋州，三道兵[11]與戰，不利，賊遂圍宋威於宋州。甲寅[12]，右[1]威衛上將軍張自勉將忠武兵七千救宋州，殺賊二千餘人，賊解圍遁去。

王鐸、盧攜欲使張自勉以所將兵受宋威節度，鄭畋以為威與自勉已有疑忿，若在麾下，必為所殺，不肯署奏[13]。八月辛未[14]，鐸、攜訴於上，求罷免，庚辰[15]，畋請歸滻川[16]養疾，上皆不許。

王仙芝陷安州。

鹽州軍亂，逐刺史王承顏，詔高品牛從珪往慰諭之，貶承顏象州司戶。承顏及崔碣素有政聲[17]，以嚴肅為驕卒所逐，朝廷與貪暴致亂者同貶，時人惜之。從珪自鹽州還，軍中請以大將王宗誠為刺史。詔宗誠詣闕，將士皆釋罪，仍加優給。

乙卯⑱，王仙芝陷隨州，執刺史崔休徵。山南東道節度使李福遣其子將兵救隨州，戰死。福奏求援兵，遣左武衛大將軍李昌言將鳳翔五百騎赴之，仙芝遂轉掠復、郢⑲。忠武大將張貫等四千人與宣武兵援襄州，自申、蔡間道逃歸⑳。詔忠武節度使崔安潛、宣武節度使穆仁裕遣人約還㉑。

冬，十月，邠寧節度使李侃奏遣兵討王宗誠，斬之，餘黨㉒悉平。

鄭畋㉓與王鐸、盧攜爭論用兵於上前，畋不勝，退，復上奏，以為：「自王仙芝俶擾㉔，崔安潛首請會兵討之，繼發士卒，罄竭[2]資糧㉕。賊往來千里，塗炭諸州，獨不敢犯其境。又以本道兵授張自勉，解宋州圍，使江、淮漕運流通，不輸寇手。今蒙盡以自勉所將七千兵令張貫將之，隸宋威。自勉獨歸許州，威復奏加誣毀。因功受辱，臣竊痛之。安潛出師，前後克捷非一，一旦彊兵盡付他人，良將空還，若勍敵㉖[3]忽至，何以枝梧！臣請以忠武四千人授威，餘三千人使自勉將之，守衛其境，既不侵宋威之功，又免使安潛愧恥。」時盧攜不以為然，上不能決。畋復上言：「宋威欺罔朝廷，敗衄狼藉。又聞王仙芝七狀㉗請降，威不為聞奏，朝野切齒，以為宜正軍法。迹狀如此，不應復典兵權，願與內大臣㉘參酌，早行罷黜。」不從。

河中軍亂，逐節度使劉侔，縱兵焚掠。以京兆尹竇璟為河中宣慰制置使。

黃巢寇掠蘄、黃，曾元裕擊破之，斬首四千餘[4]級，巢遁去。

十一月己酉㉙，以竇璟為河中節度使。

招討副使、都監楊復光遣人說諭王仙芝，仙芝遣尚君長等請降於復光㉚，宋威遣兵於道中劫取君長等。十二月，威奏與君長等戰於潁州西南，生擒以獻。復光奏君長等實降，非威所擒。詔侍御史歸仁紹等鞫㉛之，竟不能明。斬君長等於狗脊嶺。

黃巢陷匡城㉜，遂陷濮州。詔潁州刺史張自勉將諸道兵擊之。

江州刺史劉秉仁乘驛之官，單舟入柳彥璋水寨。賊出不意，即迎拜，秉仁斬彥璋，散其眾。

王仙芝寇荊南。節度使楊知溫㉝，知至之兄也，以文學進，不知兵，或告賊至，知溫以為妄，不設備。時漢水淺狹，賊自賈塹㉞度。

【章旨】以上為第二段，寫宰相不和，唐僖宗無識斷，詔令是非顛倒，功臣受屈，奸人得勢，賊亂難平，兵變不斷。

【注釋】❶壬申朔　四月初一日。❷崔碣　字東標，博陵安平（今河北安平）人，德宗京兆尹崔縱之孫。歷任商州刺史、河南尹、陝虢觀察使。軍亂，貶懷州司馬。傳見《新唐書》卷一百二十。❸甲子　五月二十四日。❹楊損　字文默，唐文宗宰相楊嗣復之子。唐懿宗時官至殿中侍御史，唐僖宗時官至陝虢觀察使、淄青節度使。傳見《舊唐書》卷一百七十六、《新唐書》卷一百七十四。❺失政　失理政事；政治混亂。❻規正　勸其改正。❼禁遏　禁止；阻止。❽固　固守；堅守。❾湓江　水名，源出江西瑞昌西南青江，東流至九江西北入長江。此處指九江城外一段。❿庚申　七月二十一日。⓫三道兵　即平盧、宣武、忠武所派之兵。⓬甲寅　七月十五日。⓭署奏　在奏章上署名。⓮辛未　八月初三日。⓯庚辰　八月十二日。⓰滻川　地名，在今陝西西安東。⓱政聲　政治聲譽。⓲乙卯　九月十七日。⓳郢　州名，治所京山，在今湖北京山縣。⓴自申蔡間道逃歸　謂忠武與宣武兵自許昌開赴襄陽，行至半路，即從申、蔡二州之間小路逃回本鎮。㉑約還　約束將士，使還軍赴援襄州。㉒餘黨　逐王承顏之黨羽。㉓鄭畋　字台文，滎陽人，年十八進士及第。懿宗朝遭白敏中、令狐綯排斥，久不得意。僖宗立，入朝官至宰相，後出為鳳翔節度使，阻擊黃巢不得西出關中，屏障西川，唐室得以苟延殘喘。傳見《舊唐書》卷一百七十八、《新唐書》卷一百八十五。㉔俶擾　開始動亂。俶，始。㉕罄竭資糧　竭盡所有的物資糧食。㉖勍敵　勁敵；強敵。㉗七狀　七次上表。㉘內大臣　指兩樞密使和左右神策護軍中尉。時謂之四貴。㉙己酉　十一月十二日。㉚請降於復光　向楊復光請求投降。楊復光時屯鄧州，王仙芝在郢州。尚君長請降，中途須經穎州。㉛鞫　審訊。㉜匡城　縣名，即長垣縣，武德八年（西元六二五年）改稱匡城縣，縣治在今河南長垣東北。㉝楊知溫　文宗朝刑部尚書楊汝士之子，官終荊南節度使。傳見《舊唐書》卷一百七十六、《新唐書》卷一百七十五。㉞賈塹　地名，在今湖北鍾祥南漢水北岸。

【校　記】①右　原作「左」。據章鈺校，十二行本、乙十一行本、孔天胤本皆作「右」，今據改。按，《舊唐書》卷九〈僖宗紀〉、《新唐書》卷二百二十五下〈逆臣下・黃巢傳〉皆載張自勉為右威衛上將軍。②竭　據章鈺校，十二行本、乙十一行本皆作「供」，張敦仁《通鑑刊本識誤》同。③敵　據章鈺校，十二行本、乙十一行本皆作「寇」。④餘　原無此字。據章鈺校，十二行本、乙十一行本、孔天胤本皆有此字，今據補。

【語　譯】三月，黃巢攻陷沂州。

夏，四月初一日壬申，發生日蝕。〇賊帥柳彥璋劫掠江西地區。〇陝州軍隊叛亂，趕走了觀察使崔碣。朝廷貶崔碣為懷州司馬。〇黃巢和尚讓合兵守衛查牙山。

五月二十四日甲子，任命給事中楊損為陝虢觀察使。楊損到任後，誅殺首倡叛亂的人。楊損，是楊嗣復的兒子。

當初，桂管觀察使李瓚政事混亂，支使薛堅石多次規勸改正，李瓚不能聽從。等到李瓚被趕走，薛堅石代理留後事務，送文牒到相鄰各道，要他們制止亂兵橫行，使桂州一帶得以平安。朝廷詔令提拔薛堅石為國子博士。

六月，柳彥璋攻下了江州，抓了刺史陶祥，叫陶祥向朝廷上奏，柳彥璋把自己投降的狀文附在後面。敕命柳彥璋為右監門將軍，命令他解散部眾前往京師，任命左武衛將軍劉秉仁為江州刺史。柳彥璋不服從朝廷命令，用戰艦一百多艘為水寨固守湓江，劫掠依舊。

忠武都將李可封戍邊回來，到邠州時，逼迫邠州主帥，索取舊日拖欠的糧鹽，停留四天，全境都震驚。秋，七月，回到許州，節度使崔安潛經過審問後將他們全部殺掉。

七月二十一日庚申，王仙芝、黃巢攻打宋州，平盧、宣武、忠武三道的軍隊和他們交戰，沒有取勝，叛賊便把宋威包圍在宋州城。十五日甲寅，右威衛上將軍張自勉帶領忠武道的軍隊七千人救援宋州，殺死賊軍二千餘人，叛賊撤除包圍逃走了。

王鐸和盧攜想使張自勉把他所帶領的軍隊接受宋威指揮，鄭畋認為宋威和張自勉已經有了猜疑和怨憤，若是把張自勉分在宋威部下，一定被宋威殺掉，因此不肯在奏章上署名。八月初三日辛未，王鐸和盧攜在僖宗面前申訴，要求免官，十二日庚辰，鄭畋請求返回滻川養病，僖宗都沒有答應。

王仙芝攻陷安州。

鹽州軍隊叛亂，趕走了刺史王承顏，朝廷詔令高品牛從珪前去安撫告諭他們，貶王承顏為象州司戶。王承顏和崔碣一向有政治聲譽，由於辦事嚴格被驕橫的士卒趕走，朝廷把他們和那些因為貪暴而引起叛亂的人同樣貶謫，當時的人都惋惜他們。牛從珪從鹽州返回時，軍隊中請求以大將王宗誠為刺史。朝廷詔令王宗誠入朝，將士都免罪，還給他們優裕的賞賜。

九月十七日乙卯，王仙芝攻下隨州，抓了刺史崔休徵。山南東道節度使李福派他的兒子帶兵救援隨州，在戰鬥中陣亡。李福上奏請求援兵，朝廷派左武衛大將軍李昌言帶領鳳翔的五百名騎兵前往支援，王仙芝就轉攻復州和郢州。忠武軍的大將張貫等四千人和宣武鎮的軍隊支援襄州，他們從申州和蔡州的小路逃回本州。朝廷詔令忠武節度使崔安潛和宣武節度使穆仁裕派人去約束將士，回軍救援襄州。

冬，十月，邠寧節度使李侃上奏說已派兵討伐王宗誠，把他殺了，其餘黨徒全部平定。

鄭畋和王鐸、盧攜在僖宗面前爭論用兵的計畫，鄭畋沒有爭贏，退了出來，再次上奏，認為：「自從王仙芝開始動亂，崔安潛最先請求會合兵力討伐叛亂者，接著調發士卒，拿出所有的物資糧食來支持。賊軍往來千里，塗炭各州，唯獨不敢進犯崔安潛所統轄的忠武軍境內。崔安潛又把本道兵交給張自勉，解救宋州的圍困，使得江、淮之間的漕運暢通，沒有落入敵人手中。現在蒙恩要將張自勉帶領的七千名將士全部交給張貫帶領，隸屬於宋威。張自勉獨自返回許州，宋威又上奏加以誣陷和詆毀。因為立了功反而受侮辱，臣私下感到很痛心。崔安潛出兵以來，前後打了不少勝仗，一旦把精銳部隊全部交給別人，良將空手回來，倘若強敵突然到來，利用什麼去抵禦！臣請求把忠武軍中的四千人分給宋威，其餘三千人仍由張自勉帶領，守衛他所統轄的州境，這樣既不侵佔宋威的功勞，又避免了使崔安潛感到恥辱。」當時盧攜不贊成這樣辦，僖宗不能決定下來。鄭畋又上奏說：「宋威欺騙了朝廷，敗軍之將的名聲遠揚。又聽說王仙芝七次上表請求投誠，宋威不為王仙芝上奏，朝野之人切齒痛恨，認為應當用軍法處置他。宋威的行為表現這個樣子，不應該再掌握兵權。希望和內大臣參議商酌，盡早罷免他。」僖宗不聽從。

河中鎮軍隊叛亂，趕走了節度使劉侔，放縱士卒焚燒搶掠。朝廷任命京兆尹竇璟為河中宣慰制置使。

黃巢侵掠蘄州和黃州，曾元裕打敗了他，斬殺四千餘人，黃巢退走。

十一月十二日己酉，任命竇璟為河中節度使。

招討副使、都監楊復光派人勸諭王仙芝，王仙芝派尚君長等向楊復光請降，宋威派軍隊在路上劫走了尚君長等人。十二月，宋威上奏說和尚君長等在潁州西南作戰，活捉了尚君長等人獻給朝廷。楊復光上奏說尚君長等人其實是投降，不是宋威擒獲的。詔令侍御史歸仁紹等人審問這件事，最終沒有弄明白。在狗脊嶺殺了尚君長等人。

黃巢攻陷匡城縣，接著攻陷濮州。朝廷詔令穎州刺史張自勉帶領各道人馬攻打黃巢。

江州刺史劉秉仁乘驛站車船去上任，單獨乘船進入柳彥璋的水寨。叛賊沒有預料到他突然到來，立即迎拜，劉秉仁殺了柳彥璋，解散了他的部眾。

王仙芝進犯荊南。節度使楊知溫，是楊知至的哥哥，由於文學優異被提拔，不懂得用兵，有人告訴他叛賊將要打來，楊知溫以為是瞎說的，不作防備。當時漢水水淺河狹，叛賊從賈塹渡過了漢水。

五年（戊戌　西元八七八年）

春，正月丁酉朔❶，大雪，知溫方受賀❷，賊已至城下，遂陷羅城，將佐共治子城而守之。及暮，知溫猶不出。將佐請知溫出撫士卒，知溫紗帽皁裘而行，將佐請知溫擐甲以備流矢。知溫見士卒拒戰❸，猶賦詩示幕僚，遣使告急於山南東道節度使李福，福悉其眾自將救之。時有沙陀五百在襄陽，福與之俱，至荊門❹，遇賊，沙陀縱騎奮擊，破之。仙芝聞之，焚掠江陵而去。江陵城下舊三十萬戶，至是死者什三四。

壬寅❺，招討副使曾元裕大破王仙芝於申州東，所殺萬人，招降散遣者亦萬人。敕以宋威久病，罷招討使，還青州❻。以曾元裕為招討使，穎州刺史張自勉為副使。

庚戌⑦，以西川節度使高駢為荊南節度使兼鹽鐵轉運使。

振武節度使李國昌之子克用⑧為沙陀副兵馬使，戍蔚州。時河南盜賊⑨蠭起，雲州沙陀兵馬使李盡忠與牙將康君立、薛志勤、程懷信、李存璋等謀曰：「今天下大亂，朝廷號令不復行於四方，此乃英雄立功名富貴之秋也。吾屬雖各擁兵眾，然李振武⑩功大官高，名聞天下，其子勇冠諸軍，若輔以舉事，代北不足平也。」眾以為然。君立，興唐⑪人。存璋，雲州人。志勤，奉誠⑫人也。

會大同防禦使段文楚兼水陸發運使，代北荐饑⑬，漕運不繼，文楚頗減軍士衣米，又用法稍峻，軍士怨怒。盡忠遣君立潛詣蔚州說克用起兵，除文楚而代之。克用曰：「吾父在振武，俟我稟之。」君立曰：「今機事已泄，緩則生變，何暇千里稟命乎！」於是盡忠夜帥牙兵攻牙城，執文楚及判官柳漢璋等[1]繫獄，自知軍州事，遣召克用。克用帥其眾趣雲州，行收兵。二月庚午⑭，至城下，眾且萬人，屯於鬪雞臺⑮下。壬申⑯，盡忠遣使送符印，請克用為防禦留後。癸酉⑰，盡忠械文楚等五人送鬪雞臺下，克用令軍士冎⑱而食之，以騎踐其骸。甲戌⑲，克用入府舍視事，令將士表求敕命，朝廷不許。

李國昌上言：「乞朝廷速除大同防禦使，若克用違命，臣請帥本道兵討之，終不愛一子以負國家。」朝廷方欲使國昌諭克用，會得其奏，乃以司農卿支詳為大同軍宣慰使，詔國昌語克用，今迎候如常儀，除克用官，必令稱愜⑳。又以太僕卿盧簡方㉑為大同防禦使。

貶楊知溫為郴州司馬㉒。

曾元裕奏大破王仙芝於黃梅㉓，殺五萬餘人，追斬仙芝，傳首㉔，餘黨散去。

【章旨】以上為第三段，寫賊寇禍亂江陵。官軍調整部署，破斬王仙芝。

【注釋】❶丁酉朔　正月初一日。❷受賀　凡元旦、冬至，諸州鎮長官皆在衙門接受屬下將吏祝賀。❸拒戰　禦敵作戰。❹荊門　縣名，縣治在今湖北荊門。❺壬寅　正月初六日。❻還青州　宋威本平盧節度使，故令還其治所。❼庚戌　正月十四日。❽克用　李克用（西元八五六－九〇八年），沙陀人，以鎮壓黃巢有功，授河東節度使，封晉王。以後割據一方，長期與朱溫混戰。死後其子存勗建立後唐，被尊為太祖。事見《新唐書》卷二百十八、《舊五代史》卷二、《新五代史》卷一。❾河南盜賊　謂王仙芝、黃巢等。❿李振武　即李國昌，李克用之父，因其為振武節度使，故稱。⓫興唐　縣名，至德二載（西元七五七年）改安邊縣置，縣治在今河北蔚縣。⓬奉誠　即饒樂都督府，貞元二十二年（西元六四八年）在奚族地置，治所在今內蒙古寧城。開元二十三年（西元七三五年）改名奉誠都督府。⓭荐饑　五穀連年不熟，即連年災荒。⓮庚午　二月初四日。⓯鬭雞臺　地名，在今山西大同城北。⓰壬申　二月初六日。⓱癸酉　二月初七日。⓲冎　同「剮」。⓳甲戌　二月初八日。⓴愜　快意；滿意。㉑盧簡方　史失其世系。盧鈞鎮太原，表為節度府判官。累遷江州刺史，擢義昌節度使，入拜太僕卿。出為大同防禦使。傳見《新唐書》卷一百八十二。㉒貶楊知溫為郴州司馬　因為王仙芝攻江陵，江陵幾乎失守，士民多為殺掠。㉓黃梅　縣名，縣治在今湖北黃梅。㉔傳首　將首級傳送京師。

【校記】1等 原無此字。據章鈺校，十二行本、乙十一行本、孔天胤本皆有此字，張敦仁《通鑑刊本識誤》同，今據補。

【語譯】五年（戊戌 西元八七八年）

春，正月初一日丁酉，大雪，楊知溫正在接受僚屬的拜賀，叛賊已到達城下，攻下了外城，將佐們一起修治內城據守。到傍晚時，楊知溫還沒有出衙。將佐請求楊知溫出來安撫士卒，楊知溫戴著烏紗帽，穿著黑皮袍來了，將佐請他穿上鎧甲以防備流矢。楊知溫看到戍卒們禦敵作戰，還作詩出示給幕僚，同時派遣使者向山南東道節度使李福告急，李福親自帶領他的全部人馬前來救援。當時在襄陽有沙陀兵五百人，李福和他們一道去荊南，到荊門時，遇到賊軍，沙陀放縱騎兵勇猛進擊，打敗了賊軍。王仙芝聽到被打敗的消息後，在江陵城外焚燒搶掠後離去。江陵城下原來有三十萬戶人家，在這次戰爭中死了十分之三四。

正月初六日壬寅，招討副使曾元裕在申州東大敗王仙芝軍，殺死了一萬人，招降遣散的也有一萬人。朝廷敕命說，由於宋威長久患病，免去了他的招討使職務，讓他返回青州。任命曾元裕為招討使，潁州刺史張自勉為副招討使。

正月十四日庚戌，任命西川節度使高駢為荊南節度使兼鹽鐵轉運使。

振武節度使李國昌的兒子李克用為沙陀副兵馬使，戍守蔚州。當時在黃河以南盜賊蜂起，雲州沙陀兵馬使李盡忠和牙將康君立、薛志勤、程懷信、李存璋等人商議說：「現今天下大亂，朝廷號令已不被各地奉行，這正是英雄們建功立業得富貴的時機。我們雖各自擁有兵眾，而振武節度使李國昌功勞大，官位高，天下知名，他兒子勇冠諸軍，如果輔助他們起事，代北地方就很容易平定了。」大家都認為是這樣。康君立，是蔚州興唐縣人。李存璋，是雲州人。薛志勤，是奉誠都督府人。

適逢大同防禦使段文楚兼水陸發運使，代北地方連年饑荒，漕運供應不上，段文楚就減少了軍士的衣服和糧食，另外執行法令又較嚴峻，軍士既怨恨又惱怒。李盡忠派康君立暗地到蔚州勸說李克用起兵，除掉段文楚並取代他的職務。李克用說：「我父親在振武，等我稟告他。」康君立說：「現在機密事情已經洩露，延緩就會發生變故，哪裡有時間到千里之外去請示父命呢！」於是李盡忠夜裡帶領牙兵進攻雲州防禦使府的牙城，抓住段文楚和判官柳漢璋等人關進監獄，自己主持大同軍雲州的政事，派人叫來李克用。李克用帶領他的部眾奔赴雲州，一路上又招收兵員。二月初四日庚午，到達雲州城下，軍隊將近一萬人，屯駐在鬬雞臺下。初六日壬申，李盡忠派使者將符節印信送給李克用，請他擔任大同防禦使留後。初七日癸酉，李盡忠把段文楚等五人戴上刑械送到鬬雞臺下，李克用命令軍士剮了他們的肉吃掉，用騎兵踐踏他們的屍骨。初八日甲戌，李克用進入州刺史府處理政事，叫將士向朝廷上奏表請求任職的敕命，朝廷沒有答應。

李國昌上奏說：「請求朝廷趕快任命大同防禦使，如果李克用違抗命令，臣請求帶領本道兵去討伐他，我最終不會為了愛惜一個兒子而背棄國家的。」朝廷正打算讓李國昌曉諭李克用，恰好收到他的奏表，就任命司農卿支詳為大同軍宣慰使，詔令李國昌告訴李克用，讓他用常規禮儀迎接宣慰使，授任李克用的官職，必會讓他滿意。又任命太僕卿盧簡方為大同防禦使。

貶楊知溫為郴州司馬。

曾元裕上奏說在黃梅縣大敗王仙芝，殺了五萬多人，追擊斬殺了王仙芝，傳首京師，餘黨逃散而去。

黃巢方攻亳州未下，尚讓帥仙芝餘眾歸之，推巢為王，號衝天大將軍，改元王霸，署官屬❶。巢襲陷沂州、濮州，既而屢為官軍所敗，乃遣天平節度使張裼❷[1]書，請奏之。詔以巢為右衛將軍，令就鄆州解甲❸，巢竟不至。

加山南東道節度使李福同平章事，賞救荊南之功也。

三月，羣盜陷朗州、岳州。招討使[2]曾元裕屯荊、襄，黃巢自滑州[3]略宋、汴，乃以副使張自勉充東南面行營招討使。黃巢攻衛南❹，遂攻葉❺、陽翟。詔發河陽兵千人赴東都，與宣武、昭義兵二千人共衛宮闕❻。以左神武大將軍劉景仁充東都應援防遏使，并將三鎮❼兵，仍聽於東都募兵二千人。景仁，昌❽之孫也。又詔曾元裕將兵徑還東都，發義成兵三千守轘轅、伊闕❾、河陰❿、武牢⓫。

王仙芝餘黨王重隱陷洪州，江西觀察使高湘奔湖口⓬。賊轉掠湖南，別將曹師雄掠宣、潤，詔曾元裕、楊復光引兵救宣、潤。

湖南軍亂，都將高傑逐觀察使崔瑾⓭。瑾，鄲之子也。

黃巢引兵度江，攻陷虔、吉、饒⓮、信等州。

【章　旨】以上為第四段，寫黃巢為起義軍首領，在河南流竄作戰。

【注　釋】❶署官屬　設置屬吏。❷張裼　字公表，歷官戶部侍郎、吏部侍郎、京兆尹等，乾符四年卒於天平軍節度使任上，傳見《舊唐書》卷一百七十八。❸解甲　脫去鎧甲，謂投降。❹衛南　縣名，縣治在今河南滑縣東北。❺葉　縣名，縣治在今河南葉縣西南舊縣鎮。❻共衛宮闕　共同守衛東都宮闕。❼三鎮　指河陽、宣武、昭義。❽昌　劉昌，字公明，汴州開封（今河南開封）人，唐德宗時官至四鎮、北庭行營兼涇原節度使。四鎮為唐西域四鎮，龜茲、于闐、焉耆、疏勒。傳見《舊唐書》卷一百五十二、《新唐書》卷一百七十。❾轘轅伊闕　皆關名，轘轅關在今河南偃師南轘轅山上，伊闕關在今河南洛陽南伊闕山上。❿河陰　縣名，縣治在今河南滎陽東北。⓫武牢　關名，武牢關即虎牢關，唐避先祖李虎諱，改「虎」為「武」，在今河南滎陽西北汜水鎮。⓬湖口　地名，即今江西鄱陽湖入長江之口。⓭崔瑾　唐文宗朝浙西觀察使崔鄲第三子，官至湖南觀察使。事附《舊唐書》卷一百五十五、《新唐書》卷一百六十三〈崔鄲傳〉。⓮饒　州名，治所鄱陽，在今江西鄱陽。

【校記】①張裼 「裼」字原作「褐」。章鈺校云：「十二行本「楊」作「裼」，乙十一行本同，孔本同，熊校同。」是章鈺所據胡克家刻本作「楊」，與校者所見不同。按，《舊唐書》卷十九上〈懿宗紀〉、卷十九下〈僖宗紀〉、卷一百七十八張裼本傳，以及《新唐書》卷九〈僖宗紀〉，皆作「裼」，當是，今據改。裼，裘服上覆加的華美外衣。張裼字公表，「裼」字與「公表」義相屬，符合古人取名取字的習慣。又本卷下文正作「裼」，字尚不誤。②招討使 原無此三字。據章鈺校，十二行本、乙十一行本、孔天胤本皆有此三字，張敦仁《通鑑刊本識誤》、張瑛《通鑑校勘記》同，今據補。③滑州 據章鈺校，十二行本、乙十一行本、孔天胤本皆作「濮州」，張敦仁《通鑑刊本識誤》同。按，疑「濮州」是。當時黃巢破考城，取濮州，所以才能自濮州出兵略地宋、汴。而滑州尚被唐滑州節度使李嶧控制，黃巢無緣從滑州出兵略地宋、汴。事見《新唐書》卷二百二十五下〈逆臣下・黃巢傳〉。

【語譯】黃巢正在攻打亳州，尚未攻下來，尚讓帶領王仙芝的餘眾歸附他，推舉黃巢為首領，號衝天大將軍，改年號為王霸，建置官屬。黃巢襲取了沂州和濮州，不久多次被官軍打敗，於是就給天平節度使張裼一封信，請他上奏朝廷。朝廷下詔任命黃巢為右衛將軍，命令他在鄆州解甲投降，黃巢最終沒有到朝廷。

加授山南東道節度使李福同平章事官銜，是獎賞他救援荊南的功勞。

三月，群盜攻陷朗州和岳州。招討使曾元裕屯駐在荊州和襄州，黃巢從滑州侵掠宋州和汴州，朝廷於是任命招討副使張自勉擔任東南面行營招討使。黃巢進攻衛南縣，接著攻打葉縣和陽翟縣。下詔調發河陽鎮軍隊一千人前往東都，和宣武、昭義的軍隊二千人共同保衛東都的宮殿。任命左神武大將軍劉景仁為東都應援防遏使，並統領三鎮的軍隊，還讓他在東都招募二千兵員。劉景仁，是劉昌的孫子。又詔令曾元裕帶領部隊直接返回東都，調發義成軍三千人守衛轘轅、伊闕、河陰、武牢。

王仙芝的餘黨王重隱攻陷洪州，江西觀察使高湘跑往湖口鎮。叛賊轉掠湖南，別將曹師雄搶掠宣州和潤州，朝廷詔令曾元裕和楊復光帶兵救援宣州和潤州。

湖南的官軍叛亂，都將高傑趕走了觀察使崔瑾。崔瑾，是崔郾的兒子。

黃巢帶兵渡過長江，攻陷虔、吉、饒、信等州。

朝廷以李克用據雲中，夏，四月，以前大同軍防禦使盧簡方為振武節度使，以振武節度使李國昌為大同節度使，以為克用必無以拒也。

詔以東都軍儲不足，貸商旅富人錢穀，以供數月之費。仍賜空名❶殿中侍御史告身五通❷、監察御史告身十通，有能出家財助國稍多者賜之。時連歲旱、蝗，寇盜充斥，耕桑半廢，租賦不足，內藏虛竭❸，無所佽助❹。兵部侍郎、判度支楊嚴❺三表自陳才短，不能濟辦❻，乞解使務[1]，辭極哀切，詔不許。

曹師雄寇湖州，鎮海節度使裴璩遣兵擊破之。○王重隱死，其將徐唐莒據洪州。○饒州將彭幼璋合義營兵❼克復饒州。

南詔遣其酋望❽趙宗政來請和親，無表，但令督爽牒中書，請為弟而不稱臣。詔百僚議之。禮部侍郎崔澹❾等以為：「南詔驕僭無禮，高駢不識[2]大體，反因一僧❿呫囁⓫卑辭誘致其使。若從其請，恐垂笑後代。」高駢聞之，上表與澹爭辯，詔諭解之。澹，璵之子也。

五月丙申朔⓬，鄭畋、盧攜議蠻事，攜欲與之和親，畋固爭以為不可。攜怒，拂衣起，袂罥⓭硯墮地，破之。上聞之，曰：「大臣相詬，何以儀刑四海⓮！」丁酉⓯，畋、攜皆罷為太子賓客、分司，以翰林學士承旨、戶部侍郎豆盧瑑⓰為兵部侍郎，吏部侍郎崔沆為戶部侍郎，並同平章事。

時宰相有好施者，常使人以布囊貯錢自隨，行施匄者，每出，襤褸盈路。有朝士以書規之曰：「今百姓疲弊，寇盜充斥，相公宜舉賢任能，紀綱⑰庶務，捐不急之費⑱，杜私謁之門，使萬物各得其所，則家給人足，自無貧者，何必如此行小惠乎！」宰相大怒。

邕州大將杜弘送段瑳寶至南詔，踰年而還。甲辰⑲，辛讜復遣攝巡官⑳賈宏、大將左瑜、曹朗使於南詔。

【章旨】以上為第五段，寫朝廷羈縻南詔。宰臣好施捨，務虛譽，不以國事民生為憂。

【注釋】❶空名　指空白告身。告身，委任狀。❷通　量詞。一份。❸內藏虛竭　指各家各戶積蓄耗盡。❹無所佽助　無人出來應詔資助。❺楊嚴　字凜之，唐懿宗宰相楊收之弟。咸通中歷任給事中、工部侍郎。楊收為相，請外職，任浙東觀察使。乾符中以兵部侍郎判度支。傳見《舊唐書》卷一百七十七、《新唐書》卷一百八十四。❻濟辦　辦得成功。❼義營兵　地方志願組織的武裝。此指饒州的起義者。❽酋望　南詔清平官之一，位在大軍將之下，久贊之上。❾崔澹　唐武宗宰相崔珙之姪，位終吏部侍郎。傳見《舊唐書》卷一百七十七、《新唐書》卷一百八十二。❿僧　指景仙。景仙出使南詔見本書卷二百五十二唐僖宗乾符三年。⓫呫囁　低聲絮語。⓬丙申朔　五月初一日。⓭罥　掛；纏繞。⓮儀刑四海　為天下的楷模。⓯丁酉　五月初二日。⓰豆盧瑑　字希真，歷仕翰林學士、戶部侍郎。乾符五年與崔沆同日拜相。黃巢入長安，被殺。傳見《舊唐書》卷一百七十七、《新唐書》卷一百八十三。⓱紀綱　治理。⓲捐不急之費　裁減不急需的費用。⓳甲辰　五月初九日。⓴攝巡官　官名，節度、觀察、防禦諸使的幕僚，位在判官、推官之下。

【校記】①乞解使務 原無此四字。據章鈺校，十二行本、乙十一行本、孔天胤本皆有此四字，張敦仁《通鑑刊本識誤》、張瑛《通鑑校勘記》同，今據補。②識 據章鈺校，十二行本、乙十一行本、孔天胤本皆作「達」。

【語譯】朝廷因李克用據有雲中，夏，四月，就任命前大同軍防禦使盧簡方為振武節度使，任命振武節度使李國昌為大同節度使，認為這樣做李克用一定沒有理由拒絕。

朝廷下詔說，由於東都軍隊所需的儲備不充足，向商人和富有之家借貸錢穀，以供數月的費用。又賜與空白殿中侍御史委任狀五份、監察御史委任狀十份，以便賞給那些能拿出較多家財幫助國家的人。當時連年發生旱災和蝗災，地方上寇盜充斥，農耕和桑蠶多半荒廢，租賦收不上來，各家各戶的倉庫空虛了，沒有財物用來資助。兵部侍郎、判度支楊嚴三次上奏表自我陳說才能淺薄，不能將事辦好，請求解除他的判度支職務，辭語非常哀痛懇切，詔令沒有答應。

曹師雄寇掠湖州，鎮海節度使裴璩派軍隊打敗了他。〇王重隱去世，他的將領徐唐莒據守洪州。〇饒州將領彭幼璋聯合義營兵收復了饒州。

南詔派遣酋望趙宗政向唐政府請求和親，沒有奏表，只是叫督爽給中書省寫了文牒，請求做弟弟而不稱臣下。詔令百官們商議這件事。禮部侍郎崔澹等人認為：「南詔驕傲僭越，沒有禮貌，高駢不識大體，反而通過一個和尚低聲卑辭引誘南詔使者來到朝廷。如果答應了他們的請求，擔心給後代留下笑柄。」高駢聽到了這種議論，上表和崔澹爭辯，僖宗下詔曉諭調解他們。崔澹，是崔璵的兒子。

五月初一日丙申，鄭畋和盧攜討論關於南詔蠻的事情，盧攜想與南詔和親，鄭畋堅決爭辯認為不能那麼辦。盧攜大怒，拂衣站起來，衣袖掛著硯臺掉在地上，打破了。僖宗聽說了這件事，說：「大臣互相詬罵，怎麼做全國的榜樣！」初二日丁酉，鄭畋和盧攜都被降職為太子賓客、分司東都，任命翰林學士承旨、戶部侍郎豆盧瑑為兵部侍郎，吏部侍郎崔沆為戶部侍郎，二人同時都擔任同平章事。

當時宰相中有喜歡施捨的人，常常叫人用布袋子裝些錢跟隨自己，施捨給乞丐們，每次外出，穿著破衣服的乞丐擠滿了道路。有朝廷官員寫信規勸他們說：「現在老百姓很貧困，強盜充斥，相公們應當舉賢任能，治理國家各項工作，減少不急需的費用，堵塞徇私舞弊的門路，使各種事務處置恰當，各得其所，那麼人人有飯吃，就沒有貧窮之人，又何必這樣施捨小恩小惠呢！」宰相們大怒。

邕州大將杜弘送段瑳寶到南詔，過了一年才返回。五月初九日甲辰，辛讜又派攝巡官賈宏、大將左瑜、曹朗出使南詔。

李國昌欲父子并據兩鎮，得大同制書，毀之，殺監軍，不受代，與李克用合兵陷遮虜軍❶，進擊寧武及岢嵐軍❷。盧簡方赴振武，至嵐州❸而薨。丁巳❹，河東節度使竇澣發民塹晉陽❺。己未❻，以都押牙[1]康傳圭為代州刺史，又發土團千人赴代[2]州。土團至城北，娖隊不發❼，求優賞。時府庫空竭，澣遣馬步都虞候鄧虔往慰諭之。土團冎虔，牀舁❽其尸入府。澣與監軍自出慰諭，人給錢三百，布一端，眾乃定。押牙田公鍔給亂軍錢布，眾遂劫之以為都將，赴代州，澣借商人錢五萬緡以助軍。朝廷以澣為不才❾，六月，以前昭義節度使曹翔為河東節度使。

王仙芝餘黨剽掠浙西。朝廷以荊南節度使高駢先在天平有威名❿，仙芝黨多鄆人，乃徙駢為鎮海節度使。

沙陀焚唐林、崞縣⑪，入忻州境。

秋，七月，曹翔至晉陽。己亥⑫，捕土團殺鄧虔者十三人，殺之。義武兵至晉陽，不解甲，讙譟求優賞。翔斬其十將一人，乃定。發義成、忠武、昭義、河陽兵會于晉陽，以禦沙陀。八月戊寅⑬，曹翔引兵救忻州。沙陀攻岢嵐軍，陷其羅城。敗官軍于洪谷⑭，晉陽閉門城守。黃巢寇宣州，宣歙觀察使王凝拒之，敗於南陵⑮。巢攻宣州不克，乃引兵入[3]浙東，開山路七百里，攻剽福建諸州。

九月，平盧軍奏節度使宋威薨。○辛丑⑯，以諸道行營招討使曾元裕領平盧節度使。○壬寅⑰，曹翔暴薨⑱。○丙午⑲，昭義兵大掠晉陽，坊市⑳民自共擊之㉑，殺千餘人，乃潰。

中書侍郎、同平章事李蔚罷為東都留守，以吏部尚書鄭從讜㉒為中書侍郎、同平章事。從讜，餘慶㉓之孫也。○以戶部尚書、判戶部事李都同平章事兼河中節度使。

冬，十月，詔昭義節度使李鈞、幽州節度使李可舉與吐谷渾酋長赫連鐸、白義誠、沙陀酋長安慶、薩葛酋長米海萬，合兵討李國昌父子於蔚州。十一月甲午㉔[4]，岢嵐軍翻城應沙陀。丁未㉕，以河東宣慰使崔季康為河東節度、代北行營招討使。沙陀攻石州。庚戌㉖，崔季康救之。

十二月甲戌㉗，黃巢陷福州，觀察使韋岫㉘棄城走。

南詔使者趙宗政還其國。中書不答督爽牒，但作西川節度使崔安潛書意，使安潛答之。

崔季康及昭義節度使李鈞與李克用戰於洪谷，兩鎮兵敗，鈞戰死。昭義兵還至代州，士卒剽掠。代州民殺之殆盡，餘眾自鴉鳴谷㉙走歸上黨。

王郢之亂，臨安人董昌㉚以土團討賊有功，補石鏡㉛鎮將。

是歲，曹師雄寇掠[5]二浙，杭州募諸縣鄉兵各千人以討之。昌與錢塘劉孟安、阮結、富陽聞人宇、鹽官徐及、新城杜稜、餘杭凌文舉、臨平曹信各為之都將，號杭州八都，昌為之長。其後宇卒，錢塘人成及代之。臨安人錢鏐㉜以驍勇事昌，以功為石鏡都知兵馬使。

【章　旨】以上為第六段，寫賊亂未平，沙陀部李國昌、李克用父子又反於代北。

【注　釋】❶遮虜軍　軍鎮名，治所在今山西五寨西北。❷寧武及岢嵐軍　皆軍鎮名，寧武軍治所在今山西寧武，岢嵐軍治所在今山西岢嵐。❸嵐州　州名，治所宜芳，在今山西嵐縣北。❹丁巳　五月二十二日。❺晉陽　縣名，縣治在今山西太原南。❻己未　五月二十四日。❼娖隊不發　整理好隊伍，卻不向前進發。娖，持整；整齊。❽舁　抬。❾不才　沒有才幹。❿在天平有威名　高駢之威名在於交趾破南蠻，以其聲威徙鎮天平軍，故鄆人畏懼。⓫唐林崞縣　皆縣名，唐林縣治在今山西原平東南唐林崗，崞縣縣治在今山西原平北崞陽鎮。⓬己亥　七月初五日。⓭戊寅　八月十五日。⓮洪谷　地名，即今山西岢嵐東南洪谷堡。⓯南陵　縣名，縣治在今安徽南陵。⓰辛丑　九月初九日。⓱壬寅　九月初十日。⓲暴薨　突然死亡。⓳丙午　九月十四日。⓴坊市　街市。㉑自共擊之　自發地一起攻擊亂兵。㉒鄭從讜　字正求，咸通中歷任吏部侍郎、河東、宣武、嶺南東道等節度使。唐僖宗時任刑部尚書、宰相、河東節度使。傳見《舊唐書》卷一百五十八、《新唐書》卷一百六十五。㉓餘慶　鄭餘慶，字居業，鄭州滎陽（今河南滎陽）人，唐德宗、唐憲宗兩朝宰相，封滎陽郡公。傳與從讜同卷。㉔甲午　十一月初三日。㉕丁未　十一月十六日。㉖庚戌　十一月十九日。㉗甲戌　十二月十三日。㉘韋岫　字伯起，京兆萬年（今陝西西安）人，父丹、兄宙皆以廉吏聞名。岫官至福建觀察使。傳見《新唐書》卷一百九十七。㉙鵶鳴谷　地名，在今山西壽陽東北。㉚董昌　杭州臨安（今浙江臨安北）人，本石鏡鎮將，中和元年（西元八八一年）拒杭州刺史路審中到任，即自領州事，進義勝軍節度使。乾寧二年（西元八九五年）稱帝，國號大越羅平。鎮海節度使錢鏐出兵討伐，斬昌，夷其族。傳見《新唐書》卷二百二十五下。㉛石鏡　軍鎮名，治所在今浙江臨安東南。㉜錢鏐　（西元八五二—九三二年）字具美，杭州臨安人，唐昭宗朝官至鎮海節度使，唐亡，被梁太祖朱溫封為吳越王，是為十國之一。傳見《舊五代史》卷一百三十三、《新五代史》卷六十七。

【校　記】①牙　據章鈺校，十二行本、乙十一行本皆作「衙」，二字通。②代　據章鈺校，十二行本、乙十一行本、孔天胤本皆作「戍」，張敦仁《通鑑刊本識誤》同。③入　原作「攻」。據章鈺校，十二行本、乙十一行本、孔天胤本皆作「入」，張敦仁《通鑑刊本識誤》同，今據改。④甲午　原無此二字。據章鈺校，十二行本、乙十一行本、孔天胤本皆有此二字，張敦仁《通鑑刊本識誤》、張瑛《通鑑校勘記》同，今據補。⑤掠　原無此字。據章鈺校，十二行本、乙十一行本、孔天胤本皆有此字，張敦仁《通鑑刊本識誤》同，今據補。

【語　譯】李國昌想父子同時據有兩個方鎮，收到委任為大同節度使的詔書後，把它撕毀了，殺死監軍，不接受替代，和李克用合兵攻下遮虜軍，進擊寧武軍和岢嵐軍。盧簡方前往振武軍，到嵐州後去世。

五月二十二日丁巳，河東節度使竇澣調發民伕挖掘晉陽城護城河。二十四日己未，任命都押牙康傳圭為代州刺史，又調發當地士兵一千人前往代州。當地士兵到達晉陽城北，整頓好隊伍，卻不出發，要求豐厚的賞賜。當時府庫空竭，竇澣派遣馬步都虞候鄧虔前去安慰曉諭他們。士兵們把鄧虔凌遲處死，用床抬著鄧虔的屍體進入節度使府。竇澣和監軍親自出來安慰曉諭，每人發給三百文錢，一端布，當地士兵才安定下來。押牙田公鍔給亂軍發錢和布，兵眾就劫持他，要他擔任都將，開赴代州。竇澣向商人借了五萬串錢用來補助軍費。朝廷認為竇澣沒有才幹，六月，任命前昭義節度使曹翔為河東節度使。

王仙芝餘黨搶掠浙西一帶。朝廷認為荊南節度使高駢原先在天平軍任職時有威名，而王仙芝的黨羽大多是鄆州人，於是就調高駢為鎮海節度使。

沙陀軍焚燒了唐林和崞縣，進入忻州境內。

秋，七月，曹翔到達晉陽。初五日己亥，拘捕了殺鄧虔的十三個當地士兵，把他們殺掉了。義武軍的士兵到達晉陽後，不脫下鎧甲，喧鬧著要求豐厚的賞賜。曹翔殺了一名十將，於是軍隊安定下來。朝廷調發義成、忠武、昭義、河陽各鎮的軍隊到晉陽會合，用以抵禦沙陀兵。八月十五日戊寅，曹翔帶兵援救忻州。沙陀攻打岢嵐軍，攻陷外城，在洪谷打敗了官軍，晉陽關閉城門進行防守。

黃巢寇掠宣州，宣歙觀察使王凝進行抵抗，在南陵打敗了黃巢。黃巢沒有攻下宣州，於是帶兵進入浙東，開闢山路七百里，攻掠福建各州。

九月，平盧軍奏報說節度使宋威去世。〇初九日辛丑，任命諸道行營招討使曾元裕兼任平盧節度使。〇初十日壬寅，曹翔突然去世。〇十四日丙午，昭義兵大肆搶掠晉陽，街市民眾自動組織起來攻擊他們，殺死一千多人，亂兵潰散。

中書侍郎、同平章事李蔚免官，擔任東都留守，任命吏部尚書鄭從讜為中書侍郎、同平章事。鄭從讜，是鄭餘慶的孫子。〇任命戶部尚書、判戶部事李都同平章事兼河中節度使。

冬，十月，詔令昭義節度使李鈞、幽州節度使李可舉和吐谷渾酋長赫連鐸、白義誠、沙陀酋長安慶、薩葛酋長米海萬，在蔚州會合軍隊討伐李國昌父子。十一月初二日甲午，岢嵐軍翻出城接應沙陀軍。十六日丁末，任命河東宣慰使崔季康為河東節度使、代北行營招討使。沙陀軍攻打石州。十九日庚戌，崔季康救援石州。

十二月十三日甲戌，黃巢攻陷福州，觀察使韋岫丟下州城逃走了。

南詔使者趙宗政返回他的國家。中書省沒有文牒回覆督爽，只是用西川節度使崔安潛寫信的方式，崔安潛回覆南詔。

崔季康和昭義節度使李鈞與李克用在洪谷交戰，河東、昭義兩鎮兵戰敗，李鈞死去。昭義兵回到代州，士卒搶掠。代州的民眾把他們差不多都殺掉了，殘餘兵士從鴉鳴谷跑回上黨。

王郢叛亂的時候，臨安人董昌領導土團討賊立了功，補授董昌為石鏡鎮鎮將。

這一年，曹師雄寇掠兩浙，杭州招募各縣鄉兵各一千人來討伐他。董昌和錢塘人劉孟安、阮結、富陽人聞人宇、鹽官人徐及、新城人杜稜、餘杭人淩文舉、臨平人曹信等擔任各部鄉兵的都將，號稱杭州八都，董昌為八都的首領。後來聞人宇死了，由錢塘人成及接替他。臨安人錢鏐以驍勇侍奉董昌，因功擔任石鏡都知兵馬使。

六年（己亥　西元八七九年）

春，正月，魏王佾❶薨。

鎮海節度使高駢遣其將張璘、梁纘分道擊黃巢，屢破之，降其將秦彥❷、畢師鐸❸、李罕之❹、許勍等數十人，巢遂趣廣南❺。彥，徐州人。師鐸，冤句人。罕之，項城人也。

賈宏等未至南詔，相繼卒於道中，從者死亦太半❻。時辛讜已病風痹❼，召攝巡官徐雲虔，執其手曰：「讜已奏朝廷發使入南詔，而使者相繼物故，柰何？吾子既仕則思徇國❽，能為此行乎？讜恨風痹不能拜耳！」因嗚咽流涕。雲虔曰：「士為知己死！明公見辟❾，恨無以報德，敢不承命！」讜喜，厚具資裝而遣之。

二月丙寅❿，雲虔至善闡城，驃信見大使抗禮，受副使已下拜。己巳⓫，驃信使慈雙羽、楊宗就館謂雲虔曰：「貴府牒欲使驃信稱臣，奉表貢方物，驃信已遣人自西川入唐，與唐約為兄弟，不⓬則舅甥。夫兄弟舅甥，書幣⓭而已，何表貢之有？」雲虔曰：「驃信既欲為弟、為甥，驃信景莊⓮之子，景莊豈無兄弟，於驃信為諸父，驃信為君，則諸父皆稱臣，況弟與甥乎！且驃信之先，由大唐之命，得合六詔為一⓯，恩德深厚，中間小忿，罪在邊鄙⓰。今驃信欲修舊好，豈可違祖宗之故事乎！順祖考⓱，孝也；事⓲大國，義也；息戰爭，仁也；審⓳名分，禮也。四者皆令德⓴也，可不勉乎！」驃信待雲虔甚厚。雲虔留善闡十七日而還。驃信以木夾二授雲虔，其一上中書門下，其一牒嶺南西道，然猶未肯奉表稱貢㉑。

【章旨】以上為第七段，寫南詔拒絕稱臣納貢。

【注 釋】❶魏王佾 魏王李佾，唐懿宗子，咸通三年（西元八六二年）封。傳見《舊唐書》卷一百七十五、《新唐書》卷八十二。❷秦彥 本名立，原為徐州軍卒，加入黃巢軍，後降於高駢，歷任和州刺史、宣歙觀察使。光啟三年（西元八八七年）入揚州，自立為帥。後被殺。傳附《舊唐書》卷一百八十二〈高駢傳〉。❸畢師鐸 本為揚州牙將，光啟三年囚其帥高駢，迎秦彥入揚州，被署為行軍司馬，後被殺。傳與秦彥同卷。❹李罕之 陳州項城（今河南沈丘）人，初隨黃巢起事，後投降高駢，任光州刺史。此後依違於李克用、朱全忠之間。傳見《新唐書》卷一百八十七。❺廣南 即嶺南。❻太半 大半。❼風痹 手腳麻木之病。❽徇國 為國捐軀。❾見辟 意謂召我做官。❿丙寅 二月初六日。⓫己巳 二月初九日。⓬不 同「否」。⓭書幣 書信和禮物。⓮景莊 即景莊皇帝，酋龍諡號景莊。⓯合六詔為一 開元二十六年（西元七三八年）唐玄宗賜南詔王皮邏閣名蒙歸義，封為雲南王，准許其合六詔為一。事見本書卷二百十四唐玄宗開元二十六年。⓰罪在邊鄙 謂南詔與西川因邊境小事而動干戈，責任不在朝廷。⓱祖考 祖先。⓲事 侍奉。⓳審 明悉。⓴令德 美德。㉑稱貢 進貢。

【語 譯】六年（己亥 西元八七九年）

春，正月，魏王李佾去世。

鎮海節度使高駢派遣他的屬將張璘和梁纘分路進攻黃巢，多次打敗了黃巢，使黃巢的將領秦彥、畢師鐸、李罕之、許勍等數十人投降，黃巢於是跑到廣南。秦彥，是徐州人。畢師鐸，是冤句人。李罕之，是項城人。

賈宏等人沒有到達南詔，相繼死在路上，跟隨的人也多半死了。當時辛讜已經得了風痹病，叫來攝巡官徐雲虔，拉著他的手說：「我辛讜已經上奏朝廷派遣使者去南詔，然而使者在路上相繼死去，怎麼辦呢？先生既然做了官，那麼就要想到為國捐軀，能不能擔任出使南詔的任務？我辛讜遺憾得了風痹病不能向你下拜了！」接著低聲哭泣流淚。徐雲虔說：「士為知己死！明公召我做官，只恨未能報答你的恩德，怎敢不接受你的託付！」辛讜很高興，具備了豐厚的錢物和行裝打發他啟程了。

二月初六日丙寅，徐雲虔到達南詔的善闡城，驃信接見大使時採用平等的禮儀，並接受副使以下的人行拜見禮。初九日己巳，驃信使慈雙羽、楊宗到客館對徐雲虔說：「貴府牒文的意思是想使驃信稱臣，奉表進貢地方特產，驃信已派人從西川去唐朝，與唐約定為兄弟關係，不然就稱舅甥關係。兄弟或舅甥關係，來往只須書信、禮物而已，為什麼還要奏表、貢物呢？」徐雲虔回答說：「驃信既然想為弟或為甥，驃信是景莊帝的兒子，景莊帝難道沒有兄弟嗎，他們對於驃信來說就是伯父或叔父，驃信做了國君，那麼伯父或叔父都要稱臣，何況是弟弟或外甥呢！況且驃信的祖先，由大唐冊命，使六詔統一為一個國家，恩德深厚，中間發生過小的糾紛，過錯在於邊界地區的官吏。現在驃信想恢復舊日的友好關係，怎麼可以違背祖宗的舊例不稱臣呢！順應祖考的舊規是孝，侍奉大國是義，停止戰爭是仁，明白名分是禮。這四個方面都是美德，能不努力去做嗎！」驃信接待徐雲虔很優厚。徐雲虔在善闡停留了十七天後返回。驃信交給徐雲虔兩個裝文件的木夾，其中一個是給朝廷中書門下省的，一個是給嶺南西道的，然而還是不肯答應奉表稱臣納貢。

辛未❶，河東軍至靜樂❷，士卒作亂，殺孔目官❸石裕等。壬申❹，崔季康逃歸晉陽。甲戌❺，都頭張鍇、郭昢帥行營兵攻東陽門❻，入府，殺季康。辛巳❼，以陝虢觀察使高潯為昭義節度使，以邠寧節度使李侃為河東節度使。

三月，天平軍節度使張裼薨，牙將崔君裕自知州事❽，淄州刺史曹全晸討誅之。

夏，四月庚申朔❾，日有食之。

西川節度使崔安潛到官不詰盜❿，蜀人怪之。安潛曰：「盜非所由通容則不能為⓫，今窮覈⓬則應坐者眾，搜捕則徒為煩擾。」甲子⓭，出庫錢千五百緡，分置三市⓮，置牓其上曰：「有能告捕一盜，賞錢五百緡。盜不能獨為，必有侶⓯，侶者告捕，釋其罪，賞同平人。」未幾，有捕盜而至者。盜不服，曰：「汝與我同為盜十七年，贓皆平分，汝安能捕我！我與汝同死耳。」安潛曰：「汝既知吾有牓，何不捕彼以來！則彼應死，汝受賞矣。汝既為所先，死復何辭⑯！」立命給捕者錢，使盜視之，然後冎盜於市⑰，并滅其家。於是諸盜與其侶互相疑，無地容足，夜不及旦，散逃出境，境內遂無一人之盜。

安潛以蜀兵怯弱，奏遣大將齎牒詣陳、許諸州[1]募壯士，與蜀人相雜，訓練用之，得三千人，分為三軍，亦戴黃帽，號黃頭軍⑱。又奏乞洪州弩手，教蜀人用弩走丸⑲而射之，選得千人，號神機弩營，蜀兵由是浸彊⑳。

【章旨】以上為第八段，寫西川節度使崔安潛智計除盜，強化蜀兵。

【注釋】❶辛未　二月十一日。❷靜樂　縣名，縣治在今山西靜樂。❸孔目官　官名，掌管文書檔案。❹壬申　二月十二日。❺甲戌　二月十四日。❻東陽門　晉陽城河東節度府門。❼辛巳　二月二十一日。❽自知州事　自行執掌州府政事。州，指鄆州，天平軍治所。❾庚申朔　四月初一日。❿詰盜　審訊盜賊；查究盜賊。⓫盜非所由通容則不能為　指盜賊如無地方官吏的通容是不能為所欲為的。所由，指地方官吏。通容，默許；放縱。⓬窮覈　徹底核查。⓭甲子　四月初五日。⓮三市　指成都城中的蠶市、藥市和七寶市。⓯侶　同夥。⓰汝既為所先二句　你既然被同夥搶先告發捕獲，按榜文應處死，還有什麼話可說。⓱冎盜於市　在鬧市把盜賊凌遲處死。冎，同「剮」。古代的一種酷刑，將人一刀刀割死。⓲黃頭軍　忠武黃頭軍以勇聞名，故襲其號。⓳走丸　滾動的圓形物，用以為箭靶。⓴浸彊　逐漸強悍起來。

【校記】[1]諸州　原無此二字。據章鈺校，十二行本、乙十一行本、孔天胤本皆有此二字，張敦仁《通鑑刊本識誤》同，今據補。

【語　譯】二月十一日辛未，河東軍到達靜樂，士卒叛亂，殺死孔目官石裕等人。十二日壬申，崔季康逃回晉陽。十四日甲戌，都頭張鍇、郭昢帶領行營兵進攻晉陽東陽門，進入節度使府，殺了崔季康。二十一日辛巳，朝廷任命陝虢觀察使高潯為昭義節度使，任命邠寧節度使李侃為河東節度使。

三月，天平軍節度使張裼去世，牙將崔君裕自己主持州中政事，淄州刺史曹全晸討伐並殺了崔君裕。

夏，四月初一日庚申，發生日蝕。

西川節度使崔安潛上任後沒有查究盜賊，蜀人對此很奇怪。崔安潛說：「強盜如果沒有地方官吏包容就不能有所作為，現在如果徹底查究，那麼應該牽連獲罪的人會很多，進行搜捕，則是徒然煩擾地方。」四月初五日甲子，從官庫取出一千五百串錢，分別放置在三個市場，在上面掛出告示，說：「有能夠告發捕獲一名強盜的，賞錢五百串。強盜不能一個人幹，一定有同夥，同夥的人告發捕獲，免掉他本人的罪，賞錢同平常人一樣。」沒有多久，有捕盜的人來了。被捕的強盜不服氣，說：「你和我一同做強盜有十七年，搶到的贓物都平分，你怎麼能抓捕我！我和你一起處死。」崔安潛說：「你已經知道我貼出了告示，為什麼不把他抓捕送來！那麼他應當被處死，你就要得到賞錢了。你既然被他搶先了一步，被處死還有什麼可說的！」立刻命令給捕盜的人賞錢，讓強盜看著，然後把強盜在市場凌遲處死，並且殺掉了他的全家。於是那些強盜和同夥互相猜疑，沒有地方可以立足，等不到天亮，就分散逃出本地境界，境內便一個強盜也沒有了。

崔安潛認為蜀兵膽小軟弱，上奏朝廷後派大將帶著文牒到陳、許諸州招募壯士，和蜀人混雜在一起，經過訓練後調用，得到三千人，分為三個軍營，也和忠武軍一樣戴黃帽，號稱黃頭軍。又奏請洪州的弓弩手，教蜀人用弩箭射滾動的圓靶子，挑選得到一千人，號稱神機弩營，蜀兵由此逐漸強大起來。

涼王侹❶薨。

上以羣盜為憂，王鐸曰：「臣為宰相之長❷，在朝不足分陛下之憂，請自督諸將討之。」乃以鐸守司徒兼侍中，充荊南節度使、南面行營招討都統。

五月辛卯❸，敕賜河東軍士銀。牙將賀公雅所部士卒作亂，焚掠三城❹，執孔目官王敬送馬步司。節度使李侃與監軍自出慰諭，為之斬敬於牙門，乃定。

泰寧節度使李係，晟之曾孫也，有口才而實無勇略。王鐸以其家世良將，奏為行營副都統兼湖南觀察使，使將精兵五萬并土團屯潭州，以塞嶺北❺之路，拒黃巢。

河東都虞候每夜密捕賀公雅部卒作亂者[1]，族滅之。丁巳❻，餘黨近百人稱「報冤將」，大掠三城，焚馬步都虞候張鍇、府城❼都虞候郭昢家。節度使李侃下令，以軍府不安，曲順軍情，收鍇、昢，斬於牙門，并逐其家，以賀公雅為馬步都虞候。鍇、昢臨刑，泣言於眾曰：「所殺皆捕盜司❽密申，今日冤死，獨無烈士❾相救乎！」於是軍士復大譟，篡取❿鍇、昢歸都虞候司。尋下令，復其舊職，并召還其家，收捕盜司元義宗等三十餘家誅滅之。己未⓫，以馬步都教練使朱玫⓬等為三城斬斫使⓭，將兵分捕報冤將，悉斬之，軍城始定。

黃巢與浙東觀察使崔璆⓮、嶺南東道節度使李迢書，求天平節度使，二人為之奏聞，朝廷不許。巢復上表求廣州節度使⓯，上命大臣議之。左僕射于琮以為：「廣州市舶⓰寶貨所聚，豈可令賊得之！」亦不許，乃議別除官。六月，宰相請除巢率府率⓱[2]，從之。

河東節度使李侃以軍府數有亂，稱疾，請尋醫。敕以代州刺史康傳圭為河東行軍司馬，徵侃詣京師。秋，八月甲子⓲，侃發晉陽。尋以東都留守李蔚同平章事，充河東節度使。

【章旨】以上為第九段，寫河東節度使李侃無威略，多次發生兵變。

【注釋】❶涼王侹　涼王李侹，唐懿宗子，咸通三年（西元八六二年）封。傳見《舊唐書》卷一百七十五、《新唐書》卷八十二。❷宰相之長　即首相。❸辛卯　五月初二日。❹三城　晉陽有東、西、中三城。東城在汾水之東，北齊時築；西城在汾水之西，春秋時築；中城在東西二城之間，唐時所築。❺嶺北　地區名，指五嶺之北，今湖南、江西南部。❻丁巳　五月二十八日。❼府城　節度使府城，即牙城。❽捕盜司　官署名，節度府屬下機構，掌督捕盜賊。❾烈士　此指仗義勇為的人。❿篡取　強力奪取。此指軍士劫法場，救下張鍇、郭昢兩都虞候，送歸主管部門都虞候司處理。⓫己未　五月三十日。⓬朱玫　原為州戍將，累官至邠寧節度使。光啓二年（西元八八六年）立嗣襄王熅為帝，自稱大丞相，為部將王行瑜所殺。傳見《舊唐書》卷一百七十五、《新唐書》卷二百二十四下。⓭斬斫使　臨時設置的官名，掌行刑。⓮崔璆　文宗朝浙西觀察使崔鄲之子，官至浙東觀察使。事附《舊唐書》卷一百五十五、《新唐書》卷一百六十三〈崔鄲傳〉。⓯廣州節度使　即嶺南東道節度使，治廣州，故稱。⓰市舶　指外國商船。⓱率府率　官名，即太子率府率，分左右，掌東宮兵仗、儀衛。⓲甲子　八月初七日。

【校記】[1]作亂者　原無此三字。據章鈺校，十二行本、乙十一行本、孔天胤本皆有此三字，張敦仁《通鑑刊本識誤》同，今據補。②率府率　原「府」上脫「率」字。據章鈺校，十二行本、乙十一行本、孔天胤本皆不脫，張敦仁《通鑑刊本識誤》同，今據補。按，《考異》引《實錄》、《舊唐書》之〈黃巢傳〉、〈盧攜傳〉皆作「率府率」。下文云「黃巢得率府率告身」，尚未脫「率」字。

【語　譯】涼王李侹去世。

僖宗因群盜的事而憂慮，王鐸說：「臣為宰相的首腦，在朝廷不能夠分擔陛下的憂慮，請求親自去監督諸將討伐群盜。」於是任命王鐸守司徒兼侍中，充任荊南節度使、南面行營招討都統。

五月初二日辛卯，敕令賞賜河東軍士銀兩。牙將賀公雅所轄士卒叛亂，焚燒搶掠晉陽三城，抓了孔目官王敬送到馬步司。節度使李侃和監軍親自出來慰問告諭，又為了他們在牙門前殺了王敬，才使亂兵們安定下來。

泰寧軍節度使李係，是李晟的曾孫，口才很好而實際上無勇無謀。王鐸因他家世代都是良將，上奏推舉他擔任行營副都統兼湖南觀察使，讓他帶領精兵五萬人和地方武裝駐紮在潭州，用以堵塞嶺北的通道，抵禦黃巢。

河東都虞候每夜祕密抓捕賀公雅的作亂士卒，將他們全家殺掉，五月二十八日丁巳，餘黨近百人號稱「報冤將」，大肆劫掠晉陽三城，放火燒了馬步都虞候張鍇和府城都虞候郭昢的家。節度使李侃下令說，由於軍府不安，需要委曲順從軍心，收捕了張鍇和郭昢，在牙門前處斬，並驅逐了他們的家屬，任命賀公雅為馬步都虞候。張鍇、郭昢臨刑，哭著對大家說：「我們所殺的人都是捕盜司祕密命令幹的，現在被冤屈而死，難道就沒有仗義勇為的人相救嗎！」於是軍士們又大鬧起來，劫走了張鍇和郭昢回到都虞候司。李侃不久下令，恢復張鍇和郭昢原來的官職，並把他們的家屬召回來，收捕捕盜司元義宗等三十多家全部殺掉。三十日己未，任命馬步都教練使朱玫等為三城斬斫使，帶兵分頭抓捕報冤將，把他們全部殺了，軍城才安定下來。

黃巢寫信給浙東觀察使崔璆和嶺南東道節度使李迢，索要天平節度使的職務，二人為黃巢奏報了朝廷，朝廷沒有答應。黃巢又上奏表索求廣州節度使的職務，僖宗命令大臣討論這件事。左僕射于琮認為：「廣州是海外商船和財貨聚積之地，怎麼能讓叛賊得到它！」也不答應，於是討論給黃巢另一個官職。六月，宰相請求任命黃巢為率府率，僖宗聽從了。

河東節度使李侃由於軍府多次叛亂，藉口有病，請求尋醫。朝廷下詔任命代州刺史康傳圭為河東行軍司馬，徵調李侃前往京師。秋，八月初七日甲子，李侃從晉陽出發。不久，任命東都留守李蔚同平章事，充任河東節度使。

鎮海節度使高駢奏：「請以權舒州刺史郎幼復充留後，守浙西，遣都知兵馬使張璘將兵五千於郴州守險，兵馬留後王重任將兵八千於循、潮二州邀遮，臣將萬人自大庾嶺❶趣廣州擊黃巢。巢聞臣往，必當遁逃，乞敕王鐸以所部兵三萬於梧、桂、昭[1]、永四州守險。」詔不許。

九月，黃巢得率府率告身，大怒，詬執政，急攻廣州，即日陷之，執節度使李迢，轉掠嶺南州縣。巢使迢草表述其所懷，迢曰：「予代受國恩❷，親戚滿朝，腕可斷，表不可草。」巢殺之。

冬，十月，以鎮海節度使高駢為淮南節度使，充鹽鐵轉運使，以涇原節度使周寶❸為鎮海節度使，以山南東道行軍司馬劉巨容為節度使。寶，平州人也。

黃巢在嶺南，士卒罹瘴疫死者什三四，其徒勸之北還，以圖大事，巢從之。

自桂州編大桴數千[2]，乘暴水，沿湘江而下，歷衡、永州，癸未❹，抵潭州城下。李係嬰城不敢出戰，巢急攻，一日陷之，係奔朗州。巢盡殺戍兵，流尸蔽江而下。尚讓乘勝進逼江陵，眾號五十萬。時諸道兵未集，江陵兵不滿萬人，王鐸留其將劉漢宏❺守江陵，自帥眾趣襄陽，云欲會劉巨容之師。鐸既去，漢宏大掠江陵，焚蕩❻殆盡，士民逃竄山谷。會大雪，僵尸滿野。後旬餘，賊乃至。漢宏，兗州人也，帥其眾北歸為羣盜。

閏月丁亥朔❼，河東節度使李蔚有疾，以供軍副使李邵權觀察留後，監軍李奉皋權兵馬留後。己丑❽，蔚薨。都虞候張鍇、郭昢等[3]署狀絀邵❾，以少尹丁球知觀察留後。

十一月戊午❿，以定州已來制置使⓫萬年王處存⓬為義武節度使，河東行軍司馬、鴈門關已來制置使康傳圭為河東節度使。

黃巢北趣襄陽，劉巨容與江西招討使淄州刺史曹全晸合兵屯荊門以拒之。賊至，巨容伏兵林中，全晸以輕騎逆戰，陽不勝而走。賊追之，伏發，大破賊眾，乘勝逐北，比至江陵，俘斬其什七八，巢與尚讓收餘眾渡江東走。或勸巨容窮追，賊可盡也。巨容曰：「國家喜負人⓭，有急則撫存將士，不愛官賞⓮，事寧⓯則棄之，或更得罪，不若留賊以為富貴之資。」眾乃止。全晸度江追賊，會朝廷以泰寧都將段彥謨代為招討使，全晸亦止。由是賊勢復振，攻鄂州，陷其外郭，轉掠饒、信、池、宣、歙、杭十五州，眾至二十萬。

康傳圭自代州赴晉陽，庚辰⑯，至烏城驛⑰。張鍇、郭昢出迎，亂刀斫殺之，至府，又族其家⑱。

十二月，以王鐸為太子賓客、分司⑲。

初，兵部尚書盧攜嘗薦高駢可為都統，至是，駢將張璘等屢破黃巢，乃復以攜為門下侍郎、平章事，凡關東節度使，王鐸、鄭畋所除者，多易置⑳之。

是歲，桂陽㉑賊陳彥謙陷郴州，殺刺史董岳。

【章旨】以上為第十段，寫黃巢下廣州，北上中原，一路勢如破竹。官軍大勝於江陵，縱寇東走，留賊以為自存之資。

【注釋】❶大庾嶺　山名，在今江西大餘、廣東南雄二縣之間，歷為南北交通要隘。❷代受國恩　世代蒙受國恩。❸周寶　字上圭，平州盧龍（今河北盧龍）人，累官至涇原、鎮海等節度使，後為錢鏐所殺。傳見《新唐書》卷一百八十六。❹癸未　十月二十七日。❺劉漢宏　王鐸部將，大掠江陵後為群盜，後降於崔鍇，表為宿州刺史，官至浙東節度使。傳見《新唐書》卷一百九十。❻焚蕩　燒毀。❼丁亥朔　閏十月初一日。❽己丑　閏十月初三日。❾絀卲　謂罷黜李卲。❿戊午　十一月初三日。⓫制置使　武官名，唐宣宗大中五年（西元八五一年）始置，為方面軍征討的最高指揮官，相當於前線總指揮。白敏中首任此職征討党項人。⑫王處存　京兆萬年（今陝西西安）人，官至義武節度使。傳見《舊唐書》卷一百八十二、《新唐書》卷一百八十六。⑬國家喜負人　指朝廷賞罰不公，常常言而無信。⑭不愛官賞　不吝惜官爵和賞賜。愛，吝惜。⑮寧　安定；平安。⑯庚辰　十一月二十五日。⑰烏城驛　地名，在今山西盂縣西北。⑱族其家　康傳圭至烏城驛，即殺張鍇、郭昢；到節度使府，又族滅二人之家。⑲為太子賓客分司　因江陵之敗而撤王鐸都統之職，置之散地。⑳易置　改換另置。㉑桂陽　縣名，縣治在今廣東連州。

【校記】[1]桂昭　據章鈺校，十二行本、乙十一行本、孔天胤本皆作「昭桂」。[2]數千　原作「數十」。據章鈺校，十二行本、乙十一行本、孔天胤本皆作「數千」，今據改。按，黃巢當時擁兵號稱數十萬，在桂州編大栰數十，斷不能轉徙全軍，「十」必是「千」字殘破字。[3]等　原無此字。據章鈺校，十二行本、乙十一行本、孔天胤本皆有此字，今據補。

【語　譯】鎮海節度使高駢上奏說：「請求任命暫代的舒州刺史郎幼復擔任鎮海留後，據守浙西，派遣都知兵馬使張璘帶領五千軍隊在郴州守衛險要地方，兵馬使留後王重任帶領八千軍隊在循州和潮州一帶攔擊敵人，臣自己帶領一萬人從大庾嶺趕往廣州進擊黃巢。黃巢聽說臣前往，一定會逃跑，請求朝廷命令王鐸率領他的部下三萬人在梧州、桂州、昭州和永州據守險要之地。」僖宗下詔沒有答應。

九月，黃巢得到朝廷率府率的委任狀，大怒，辱罵宰相，急攻廣州，當天攻陷了州城，抓住了節度使李迢，轉而劫掠嶺南州縣。黃巢讓李迢草擬奏表述說他的胸懷，李迢說：「我世代蒙受國恩，親戚滿朝，可以砍斷我的手腕，奏表不能草擬。」黃巢把他殺了。

冬，十月，任命鎮海節度使高駢為淮南節度使，充任鹽鐵轉運使，任命涇原節度使周寶為鎮海節度使，任命山南東道行軍司馬劉巨容為節度使。周寶，是平州人。

黃巢在嶺南，士卒中得瘴疫病死的十人中就有三四人，他的部眾勸他回到北方，圖謀大業，黃巢聽從了他們的意見。他們在桂州編紮大木排數千個，乘著漲大水，沿湘江而下，經過衡州和永州，十月二十七日癸未，抵達潭州城下。湖南觀察使李係環城據守不敢出戰，黃巢快速進攻，一天攻下了潭州，李係逃往朗州。黃巢把守城的士卒都殺了，漂浮的屍體遮蓋著江面順流而下。尚讓乘勝進逼江陵，徒眾號稱五十萬。當時各道援軍沒有集中趕來，江陵的士卒不到一萬人，王鐸留下他的部將劉漢宏守衛江陵，自己帶領一部分軍隊趕往襄陽，說是想和劉巨容會師。王鐸離開了以後，劉漢宏大肆搶掠江陵，幾乎焚燒光了，士民逃竄山谷。適逢下大雪，僵屍滿野。後來過了十多天，叛賊才到達。劉漢宏是兗州人，他帶領部下回到北方做了強盜。

閏十月初一日丁亥，河東節度使李蔚得了病，任命供軍副使李邵代理觀察留後，監軍李奉皋代理兵馬留後。初三日己丑，李蔚去世。都虞候張鍇和郭昢等人連名簽署奏狀罷免李邵，任命少尹丁球知觀察留後。

十一月初三日戊午，任命定州已來制置使萬年人王處存為義武節度使，河東行軍司馬、雁門關已來制置使康傳圭為河東節度使。

黃巢向北面的襄陽進發，劉巨容和江西招討使淄州刺史曹全晸會合駐紮在荊門抵禦黃巢。叛賊到達時，劉巨容在叢林中設下伏兵，曹全晸派輕騎迎戰，假裝被打敗逃走。叛賊追趕他們，伏兵突然出現，大破賊眾，乘勝追擊他們，等到達江陵時，俘虜和殲滅了黃巢部隊的十分之七八，黃巢和尚讓收集餘眾渡過長江，向東逃去。有人勸劉巨容盡力追趕黃巢，可以把叛賊全部消滅。劉巨容說：「國家喜歡做對不起人的事，有了緊急情況就對將士安撫存問，不吝惜官爵和賞賜，事情安定以後就拋棄了他們，有的還獲罪，不如留著叛賊作為我們取得富貴的一種憑藉。」眾人就停止了追擊。曹全晸渡江追擊叛賊，遇上朝廷任命泰寧都將段彥謨接替他為招討使，曹全晸也停止了追擊黃巢。這樣一來，叛賊的勢力又振興起來，進攻鄂州，攻陷了外城，轉掠饒、信、池、宣、歙、杭等十五州，部眾達到了二十萬人。

康傳圭從代州趕往晉陽，十一月二十五日庚辰，到達烏城驛。張鍇和郭昢出去迎接，被亂刀砍死，康傳圭到軍府後，又把他們全家殺了。

十二月，任命王鐸為太子賓客、分司東都。

當初，兵部尚書盧攜曾推薦高駢為都統，到這時，高駢的將領張璘等人多次打敗黃巢，於是又任命盧攜為門下侍郎、平章事，關東各地的節度使，凡是王鐸、鄭畋所任命的，多半都改換了職任。

這一年，桂陽賊陳彥謙攻下郴州，殺掉了刺史董岳。

廣明元年（庚子　西元八八〇年）

春，正月乙卯朔❶，改元。

沙陀入鴈門關，寇忻、代。二月庚戌❷，沙陀二萬餘人逼晉陽。辛亥❸，陷太谷❹。遣汝州防禦使博昌諸葛爽❺帥東都防禦兵救河東。

河東節度使康傳圭專事威刑，多復仇怨，強取富人財。遣前遮虜軍使蘇弘軫擊沙陀於太谷，至秦城❻，遇沙陀，戰不利而還。傳圭怒，斬弘軫。時沙陀已還代北，傳圭遣都教練使張彥球將兵三千追之。壬戌❼，至百井❽，軍變，還趣晉陽。傳圭閉城拒之，亂兵自西明門入，殺傳圭。監軍周從寓自出慰諭，乃定，以彥球為府城都虞候。朝廷聞之，遣使宣慰曰：「所殺節度使，事出一時，各宜自安，勿復憂懼。」

左拾遺侯昌業以盜賊滿關東，而上不親政事，專務遊戲，賞賜無度，田令孜專權無上，天文變異❾，社稷將危，上疏極諫。上大怒，召昌業至內侍省賜死。

上善[1]騎射、劍槊、法筭❿，至於音律⓫、蒱博⓬，無不精妙。好蹴鞠、鬭雞，與諸王賭鵝，鵝一頭至直[2]五十緡。尤善擊毬，嘗謂優人石野猪曰：「朕若應擊毬進士舉，須為狀元。」對曰：「若遇堯、舜作禮部侍郎，恐陛下不免駁放⓭。」

上笑而已。

度支以用度不足，奏借富戶及胡商貨財，敕借其半。鹽鐵轉運使高駢上言：「天下盜賊蜂起，皆出於飢寒，獨富戶、胡商未耳。」乃止。

高駢奏改揚子院⓮為發運使。

【章　旨】以上為第十一段，寫沙陀擾邊、節鎮兵變、關東流寇猖獗，唐僖宗仍遊宴無度，殺戮諫官，田令孜專權，唐王室已在風雨飄搖中。

【注　釋】❶乙卯朔　正月初一日。❷庚戌　二月二十六日。❸辛亥　二月二十七日。❹太谷　縣名，縣治在今山西太谷縣。❺諸葛爽　青州博昌（今山東博興）人，原為縣吏，趁戰亂之機，先投龐勛，後降黃巢，又歸附朝廷。官終河陽節度使。傳見《舊唐書》卷一百八十二、《新唐書》卷一百八十七。❻秦城　地名，在今山西太谷縣西南。❼壬戌　三月初九日。❽百井　地名，即今山西陽曲東北柏井村。❾天文變異　天象變化異常。如乾符五年發生旱災，六年出現日蝕等。❿法筭　算學；數學。筭，同「算」。⓫音律　音樂。⓬蒱博　賭博。⓭駁放　斥責貶黜。⓮揚子院　官署名，即鹽鐵轉運使揚州巡院的簡稱。在今江蘇揚州南揚子橋附近。舊以留後主持院事，現改名為轉運使。楊，當作「揚」。

【校　記】①善　原作「好」。據章鈺校，十二行本、乙十一行本、孔天胤本皆作「善」，張敦仁《通鑑刊本識誤》同，今據改。②直　原無此字。據章鈺校，十二行本、乙十一行本、孔天胤本皆有此字，張敦仁《通鑑刊本識誤》同，今據補。直，通「值」。

【語　譯】廣明元年（庚子　西元八八〇年）

春，正月初一日乙卯，改年號為廣明。

沙陀軍隊進入雁門關，侵擾忻州、代州。二月二十六日庚戌，沙陀兵二萬餘人逼近晉陽。二十七日辛亥，攻佔了太谷縣。朝廷派遣汝州防禦使博昌人諸葛爽帶領東都防禦兵救援河東鎮。

河東節度使康傳圭一心使用嚴刑峻法，大肆復仇報怨，強取富人財物。康傳圭派遣前遮虜軍使蘇弘軫在太谷攻擊沙陀軍隊，到秦城時，遭遇沙陀兵，作戰失利後返回。康傳圭發怒，殺了蘇弘軫。當時沙陀兵已經返回到代北，康傳圭派遣都教練使張彥球帶領士兵三千人追擊他們。三月初九日壬戌，到達百井，軍隊發生變亂，趕回晉陽。康傳圭關閉城門抵禦亂兵，亂兵從西明門攻入城，殺了康傳圭。監軍周從寓親自出來撫慰曉諭他們，才安定下來，任命張彥球為府城都虞候。朝廷聽到這個消息，派遣使者宣慰說：「所殺節度使，事情出於一時的激憤，各人應自己安定下來，不要再憂心恐懼。」

左拾遺侯昌業因盜賊遍布關東各地，而僖宗又不親理政事，一味遊玩，賞賜無度，田令孜獨掌大權，不把僖宗放在眼裡，天象變化異常，國家即將傾覆，他便上疏直言進諫。僖宗大怒，把侯昌業召到內侍省命他自殺。

僖宗擅長騎馬射箭，玩劍弄槊，算數計度，至於音樂和博戲，無不精通。愛好踢球、鬥雞，與諸王賭鵝，鵝一頭值五十串錢。尤其擅長打馬毬，他曾經對優人石野猪說：「我要是參加打馬毬進士的考試，應是狀元。」石野猪回答說：「要是遇上堯、舜擔任禮部侍郎，恐怕陛下難免要被斥責放黜。」僖宗笑笑罷了。

度支由於用度不足，上奏要求借富戶和胡商的貨財，敕命向他們借一半。鹽鐵轉運使高駢上奏說：「天下盜賊蜂起，都是由於飢寒，只有富戶和胡商沒有因飢寒而動亂。」於是這事就作罷了。

高駢上奏改楊子院為發運使。

三月庚午❶，以左金吾大將軍陳敬瑄❷為西川節度使。敬瑄，許州人，田令孜之兄也。

初，崔安潛鎮許昌❸，令孜為敬瑄求兵馬使，安潛不許。敬瑄因令孜得隸左神策軍，數歲，累遷至大將軍。令孜見關東羣盜日熾，陰為幸蜀之計，奏以敬瑄及其腹心左神策大將軍楊師立、牛勗、羅元杲鎮三川❹。上令四人擊毬賭三川，敬瑄得第一籌❺，即以為西川節度使，代安潛。

辛未❻，以門下侍郎、同平章事鄭從讜同平章事，充河東節度使。康傳圭既死，河東兵益驕，故以宰相鎮之，使自擇參佐。從讜奏以長安令王調為節度副使，前兵部員外郎、史館修撰劉崇龜❼為節度判官，前司勳員外郎、史館修撰趙崇為觀察判官，前進士❽劉崇魯❾為推官，時人謂之小朝廷，言名士之多也。崇龜、崇魯，政會❿之七世孫也。時承晉陽新亂之後，日有殺掠。從讜貌溫而氣勁⓫，多謀而善斷，將士欲為惡者，從讜輒先覺，誅之，奸軌⓬[1]惕息⓭。為善者撫待無疑，知[2]張彥球有方略，百井之變，非其本心，獨推首亂者殺之，召彥球慰諭，悉以兵柄委之，軍中由是遂安。彥球為從讜盡死力，卒獲其用。

【章　旨】以上為第十二段，寫權奸專政，唐僖宗以擊毬勝負選節度，如同兒戲。

【注　釋】❶庚午　三月十七日。❷陳敬瑄　田令孜胞兄。令孜本姓陳，咸通中隨義父入內侍省為宦者，遂冒姓田。田令孜有寵於僖宗，以故敬瑄得累官至左金吾大將軍，遷劍南西川節度使。傳見《新唐書》卷二百二十四。❸許昌　指許州，時為忠武軍治所。❹三川　指劍南東川、西川和山南西道。❺敬瑄得第一籌　陳敬瑄首先把毬擊入毬門，獲勝，得到第一籌。籌，即籌碼。竹、木製成，用來計數或記勝負的工具。❻辛未　三月十八日。❼劉崇龜　字子長，官終清海軍節度使。傳見《舊唐書》卷一百七十九、《新唐書》卷九十。❽前進士　進士及第而未做官稱前進士。❾劉崇魯　字郊文，崇龜之弟。昭宗時官至水部郎中，知制誥。傳與崇龜同卷。❿政會　即劉政會，滑州胙縣（今河南延津東北）人，仕唐高祖、唐太宗兩朝，官至洪州都督。傳見《舊唐書》卷五十八、《新唐書》卷九十。⓫氣勁　氣勢剛勁。⓬奸軌　即奸宄。⓭惕息　恐懼。

【校　記】①軌　據章鈺校，十二行本、乙十一行本、孔天胤本皆作「猾」，張敦仁《通鑑刊本識誤》同。②知　原作「如」，形近致誤。據章鈺校，十二行本、乙十一行本、孔天胤本皆作「知」，張敦仁《通鑑刊本識誤》同，今據校正。

【語　譯】三月十七日庚午，任命左金吾大將軍陳敬瑄為西川節度使。陳敬瑄，是許州人，為田令孜的哥哥。

當初，崔安潛鎮守許昌，田令孜為陳敬瑄請求擔任兵馬使，崔安潛不同意。陳敬瑄通過田令孜得到左神策軍的職務，數年間，累遷到大將軍。田令孜看到關東群盜一天比一天多起來，暗地裡謀劃到蜀地避亂，上奏請求任命陳敬瑄和他的心腹左神策大將軍楊師立、牛勗、羅元杲鎮守三川。僖宗命令四人通過打馬毬比賽得到三川的職位，陳敬瑄得到第一籌，就任命他為西川節度使，取代崔安潛。

三月十八日辛未，任命門下侍郎、同平章事鄭從讜同平章事，充任河東節度使。康傳圭死了以後，河東兵更加驕橫，所以用宰相去鎮守那個地方，讓他自己選擇僚屬。鄭從讜奏請任命長安令王調為節度副使，前兵部員外郎、史館脩撰劉崇龜為節度判官，前司勳員外郎、史館脩撰趙崇為觀察判官，前進士劉崇魯為推官，當時人稱這套班子為小朝廷，是說其中名士很多。劉崇龜和劉崇魯，都是劉政會的第七代孫。當時緊接晉陽新亂之後，每天都有殘殺搶掠。鄭從讜表面溫和而氣勢剛勁，多謀而善斷，將士中想做壞事的人，鄭從讜每每事先覺察，把他們殺掉，奸邪之人很恐懼。鄭從讜對於做好事的人安撫接待，不加猜疑，他知道張彥球有謀略，百井的兵變，不是張彥球的本意，於是只查出首先倡亂的人處死，把張彥球召來安慰和曉諭，又把兵權全部交給了他，軍隊因此就安定了。張彥球為鄭從讜竭盡死力，最終發揮了很大的作用。

淮南節度使高駢遣其將張璘等擊黃巢屢捷，盧攜奏以駢為諸道行營兵馬[1]都統。駢乃傳檄徵天下兵，且廣召募，得土客之兵❶共七萬，威望大振，朝廷深倚之。

安南軍亂，節度使曾衮出城避之，諸道兵戍邕管者往往自歸。

夏，四月丁酉❷，以太僕卿李琢❸為蔚、朔等州招討都統、行營節度使。琢，聽之子也。

張璘度江擊賊帥王重霸，降之。屢破黃巢軍，巢退保饒州，別將常宏以其眾數萬降。璘攻饒州，克之，巢走。時江、淮諸軍屢奏破賊，率皆不實，宰相已[2]下表賀，朝廷差❹以自安。

以李琢為蔚朔節度使，仍充都統。○以楊師立為東川節度使，牛勗為山南西道節度使。○以諸葛爽為北面行營副招討。

初，劉巨容既還襄陽❺，荊南監軍楊復光以忠武都將宋浩權知府事，泰寧都將段彥謩以兵守其城。詔以浩為荊南安撫使❻，彥謩恥居其下。浩禁軍士翦伐街中槐柳，彥謩部卒犯令，浩杖其背。彥謩怒，挾刃馳入，并其二子殺之。復光奏浩殘酷，為眾所誅，詔以彥謩為朗州刺史，以工部侍郎鄭紹業為荊南節度使。

五月丁巳❼，以汝州防禦使諸葛爽為振武節度使。

劉漢宏之黨浸盛，侵掠宋、兗。甲子❽，徵東方諸道❾兵討之。

黃巢屯信州，遇疾疫，卒徒多死。張璘急擊之，巢以金啗❿璘，且致書請降於高駢，求駢③保奏。駢欲誘致之，許為之求節鉞。時昭義、感化⓫、義武等軍皆至淮南，駢恐分其功，乃奏賊不日當平，不煩諸道兵，請悉遣歸，朝廷許之。賊詗知諸道兵已北度淮，乃告絕⓬於駢，且請戰。駢怒，令璘擊之。兵敗，璘死，巢勢復振。

【章旨】以上為第十三段，寫高駢貪功縱賊，遺害無窮。

【注釋】❶土客之兵　土兵與客兵。土兵謂淮南本地之兵，客兵謂諸道派遣之兵。❷丁酉　四月十四日。❸李琢　名將李晟之孫。沙陀數寇邊，琢乃宿將，故授蔚、朔等州招討都統、行營節度使、蔚朔節度使，以防禦沙陀。傳見《新唐書》卷一百五十四。❹差　略微；尚可。❺還襄陽　乾符六年以山南東道行軍司馬劉巨容為該道節度使，故還歸治所襄陽。❻安撫使　官名，唐代前期為朝廷所派遣巡視戰爭或水旱災害地區的使節，後期則為掌管一方軍事和民政的大員。❼丁巳　五月初四日。❽甲子　五月十一日。❾東方諸道　指宣武、忠武、義成、天平、泰寧、平盧、感化等節度使。❿啗　以利誘人。⓫感化　方鎮名，咸通三年（西元八六二年）罷武寧節度使，五年置徐泗觀察使，十一年賜號感化軍，治所徐州，在今江蘇徐州。⓬告絕　宣告決裂。

【校記】①兵馬　原無此二字。據章鈺校，十二行本、乙十一行本、孔天胤本皆有此二字，張敦仁《通鑑刊本識誤》同，今據補。②已　據章鈺校，十二行本、乙十一行本皆作「以」。按，二字通。③駢　原無此字。據章鈺校，十二行本、乙十一行本、孔天胤本皆有此字，今據補。

【語譯】 淮南節度使高駢派遣他的將領張璘等攻打黃巢，多次獲勝，盧攜上奏任命高駢為諸道行營兵馬都統。高駢於是傳檄徵調天下兵馬，並且廣為召募兵員，獲得士兵和客兵共七萬人，聲威大振，朝廷深深地倚靠他。

安南軍隊叛亂，節度使曾袞出城躲避，派去戍守邕管地方的各道士兵往往自動返回本道。

夏，四月十四日丁酉，任命太僕卿李琢為蔚、朔等州招討都統、行營節度使。李琢，是李聽的兒子。張璘渡過長江攻打賊帥王重霸，使他投降了。多次打敗黃巢的軍隊，黃巢退守饒州，別將常宏帶領部下數萬人投降官軍。張璘攻打饒州，攻下來了，黃巢逃走。當時江、淮各路軍隊屢次上奏說打敗了賊軍，大多不是事實，宰相以下的官員上奏表道賀，朝廷略微自感安穩一些。

任命李琢為蔚朔節度使，仍然擔任都統職務。〇任命楊師立為東川節度使，牛勗為山南西道節度使。〇任命諸葛爽為北面行營副招討。

當初，劉巨容回襄陽以後，荊南監軍楊復光用忠武軍都將宋浩暫時主持節度使府的政事，泰寧軍都將段彥暮帶兵守護江陵城。朝廷詔令宋浩為荊南安撫使，段彥暮恥居宋浩之下。宋浩禁止軍士砍伐街道中的槐樹和柳樹，段彥暮的部卒違犯禁令，宋浩用刑杖擊他的背。段彥暮很生氣，帶著刀子跑進宋浩家，把宋浩及其兩個兒子都殺了。楊復光上奏說宋浩殘酷，被士兵誅殺，詔令任命段彥暮為朗州刺史，任命工部侍郎鄭紹業為荊南節度使。

五月初四日丁巳，任命汝州防禦使諸葛爽為振武節度使。

劉漢宏的黨徒逐漸強盛，侵掠宋州和兗州。五月十一日甲子，徵調東方各道的軍隊討伐劉漢宏。

黃巢屯駐信州，遇上了傳染病，士卒多半死了。張璘加緊進攻他，黃巢用金錢引誘張璘，並且寫信請求向高駢投降，要求高駢保舉他。高駢想用引誘的辦法抓住黃巢，答應為他請求節度使官職。當時昭義、感化、義武等軍都到了淮南，高駢擔心他們分享了自己的功勞，於是上奏說叛賊不多久應會平定，不需煩擾各道的軍隊，請求全部調遣返回本道，朝廷答應了。叛賊探聽到各道的軍隊北去並已渡過淮河，就和高駢宣告決裂，並且向他挑戰。高駢大怒，命令張璘進擊黃巢。官軍敗北，張璘戰死，黃巢的勢力又振興起來了。

乙亥❶，以樞密使西門思恭為鳳翔監軍。丙子❷，以宣徽使李順融為樞密使。皆降白麻，於閤門出案，與將相同❸。

西川節度使陳敬瑄素微賤，報至蜀，蜀人皆驚，莫知為誰。有青城❹妖人乘其聲勢，帥其黨詐稱陳僕射，止逆旅，呼巡虞候索白馬甚急[1]。馬步使❺瞿大夫❻覺其妄，執之，沃以狗血，即引服❼，悉誅之。六月庚寅❽，敬瑄至成都。

黃巢別將陷睦州、婺州。

盧攜病風不能行，謁告❾。己亥❿，始入對，敕勿拜，遣二黃門掖之⓫。攜內挾田令孜，外倚高駢，上寵遇甚厚。由是專制朝政，高下在心⓬。既病，精神不完⓭，事之可否決於親吏楊溫、李修，貨賂公行。豆盧瑑無他才[2]，專附會攜。崔沆時有啓陳，常為所沮。

庚子⓮，李琢奏沙陀二千來降。琢時將兵萬人屯代州，與盧龍節度使李可舉、吐谷渾都督赫連鐸共討沙陀。李克用遣大將高文集守朔州，自將其眾拒可舉於雄武軍。鐸遣人說文集歸國，文集執克用將傅文達，與沙陀酋長李友金、薩葛都督米海萬、安慶都督史敬存皆降於琢，開門迎官軍。友金，克用之族父也。

庚戌⑮，黃巢攻宣州，陷之。○劉漢宏南掠申、光。

趙宗政之還南詔也，西川節度使崔安潛表以崔澹之議⑯[3]為是，且曰：「南詔小蠻，本雲南⑰一郡之地。今遣使與和，彼謂中國為怯，復求尚主，何以拒之！」上命宰相議之。盧攜、豆盧瑑上言：「大中之末，府庫充實。自咸通以來，蠻兩陷安南、邕管⑱，一入黔中⑲，四犯西川⑳，徵兵運糧，天下疲弊，踰十五年，租賦太半不入京師，三使㉑、內庫由茲空[4]竭，戰士死於瘴癘，百姓困為盜賊，致中原榛杞㉒，皆蠻故也。前歲冬，蠻不為寇，由趙宗政未歸。去歲冬，蠻不為寇，由徐雲虔復命，蠻尚有覬[5]望㉓。今安南子城為叛卒所據，節度使㉔攻之未下，自餘戍卒㉕，多已自歸，邕管客軍，又減其半。冬期且至，儻蠻寇侵軼，何以枝梧！不若且遣使臣報復㉖，縱未得其稱臣奉貢，且不使之懷怨益深，堅決犯邊，則可矣。」乃作詔賜陳敬瑄，許其和親，不稱臣，令敬瑄錄詔白，并移書與之，仍增賜金帛。以嗣曹王龜年為宗正少卿充使，以徐雲虔為副使，別遣內使㉗，共齎詔詣南詔。

【章　旨】以上為第十四段，寫官軍打敗李克用父子，代北暫安。唐與南詔以平等禮媾和。

【注　釋】❶乙亥　五月二十二日。❷丙子　五月二十三日。❸皆降白麻三句　指對西門思恭、李順融的任命，都是由閤門出案降白麻，即與朝官將相任命的手續相同。閤門出案，指任命文書由中書省頒出。按唐制故事，凡任命將相，前一日由中書省奏進，第二日降白麻出案。宦官任命由樞密院出令，降黃麻。現宦官任命用將相禮儀，表明唐末宦官的恣橫侵權。❹青城　縣名，縣治在今四川都江堰市東南。❺馬步使　官名，節度使屬下武官，掌馬步軍。❻瞿大夫　人名，姓瞿，名大夫。❼引服　認罪；服罪。❽庚寅　六月初八日。❾謁告　告假；請假。❿己亥　六月十七日。⓫掖之　扶掖盧攜。⓬高下在心　隨心所欲。⓭不完　不健全。⓮庚子　六月十八日。⓯庚戌　六月二十八日。⓰崔澹之議　指崔澹不贊成南詔以兄弟之稱與唐和親，遭到當時西川節度使高駢的反對。事見本書卷二百五十三唐僖宗乾符五年。⓱雲南　郡名，三國蜀漢建興三年（西元二二五年）置，治所弄棟縣，在今雲南姚安。南朝齊廢。⓲兩陷安南邕管　陷安南，在咸通元年（西元八六〇年）、四年。陷邕管，在咸通二年。五年又圍邕州。⓳一入黔中　事在咸通十四年。⓴四犯西川　實為六次：咸通二、四、六、十、十一年和乾符元年（西元八七四年）。㉑三使　即戶部、度支、鹽鐵。㉒榛杞　榛杞叢生，比喻荒蕪。㉓覬望　希圖。㉔節度使　指曾袞時為安南節度使。㉕自餘戍卒　指諸道派戍邕管的士兵。自餘，其餘；其他。㉖報復　回覆；答覆。㉗內使　即中使。

【校　記】①止逆旅二句　原無此二句。據章鈺校，十二行本、乙十一行本、孔天胤本皆有此二句，張敦仁《通鑑刊本識誤》、張瑛《通鑑校勘記》同，今據補。②才　原作「材」。據章鈺校，十二行本、乙十一行本皆作「才」，今從改。③議　原作「說」。據章鈺校，十二行本、乙十一行本、孔天胤本皆作「議」，張敦仁《通鑑刊本識誤》同，今據改。④空　據章鈺校，十二行本、乙十一行本皆作「虛」。⑤覬　據章鈺校，十二行本、乙十一行本、孔天胤本皆作「冀」。

【語　譯】五月二十二日乙亥，任命樞密使西門思恭為鳳翔鎮監軍。二十三日丙子，任命宣徽使李順融為樞密使。都是用白麻紙書寫詔命，由中書省頒出，和任命將相時的規格一樣。

西川節度使陳敬瑄一向微賤，任職公報傳到蜀地，蜀人全都吃驚，不知道陳敬瑄是什麼人。有一個青城縣妖人利用陳敬瑄的聲勢，帶領他的黨徒假稱是陳僕射，停留在旅舍，呼喚巡虞候，十分緊急地索要白馬。馬步使瞿大夫察覺他們是假裝的，把他們抓了起來，用狗血淋頭，這些人立即服罪，把他們全殺了。六月初八日庚寅，陳敬瑄到達成都。

黃巢另外一支部隊的將領攻下睦州和婺州。

盧攜得了風痛病不能行走，請假在家養病。六月十七日己亥，才入朝問對，敕令不要下拜，派了兩個黃門官扶著他。盧攜在朝廷內仗恃田令孜，在朝廷外倚靠高駢，僖宗對他給以優厚的待遇。這樣一來他專斷朝廷大政，隨心所欲。得了病以後，精神不好，政事完全由他的親信官員楊溫和李修裁決，賄賂公行。豆盧瑑沒有其他才幹，一心附會盧攜。崔沆不時有所陳奏，常常被豆盧瑑阻斷。

六月十八日庚子，李琢上奏說沙陀有二千人前來投降。李琢當時帶領軍隊一萬人屯駐代州，與盧龍節度使李可舉、吐谷渾都督赫連鐸共同討伐沙陀。李克用派遣大將高文集據守朔州，親自帶領部下在雄武軍抵禦李可舉。赫連鐸派人去勸說高文集回歸朝廷，高文集抓住了李克用的將領傅文達，和沙陀酋長李友金、薩葛都督米海萬、安慶都督史敬存都向李琢投降，打開城門迎接官軍。李友金，是李克用的族父。

六月二十八日庚戌，黃巢進攻宣州，攻下了宣州。〇劉漢宏向南搶掠申州和光州。

趙宗政回南詔的時候，西川節度使崔安潛上表認為崔澹的建議是正確的，並且說：「南詔小蠻，本來是雲南一郡之地。現在派使者去與他們議和，他們會以為中國膽怯，如果又要求娶公主，我們怎麼拒絕他們呢！」僖宗命令宰相們討論這個問題。盧攜和豆盧瑑上奏說：「大中末年，府庫充實。從咸通年間以來，蠻人兩次攻下安南和邕管，一次侵入黔中，四次進犯西川，國家徵兵運糧，全國疲弊，超過十五年，全國的租賦大半不能送到京師去，掌管財賦的三使和內庫由此枯竭，戰士們因患瘴癘之病而死去，老百姓因貧困而成為盜賊，使得中原地區榛杞叢生，這都是由於和蠻人作戰帶來的惡果。前年冬天，蠻人沒有做侵掠之事，是由於趙宗政沒有回去。去年冬天，蠻人沒有做侵掠之事，是由於徐雲虔回來覆命，蠻人還抱有希望。現在安南的內城被叛卒所據有，節度使進攻沒有攻下，其餘的戍卒，大多自己返回本道，邕管的外地軍隊，又減少了一半。冬天即將到來，倘若蠻人發動進攻，怎樣來抵禦他們呢！不如暫且派遣使臣去回覆，即使未能使他們稱臣奉貢，也不致使他們懷怨更深，堅決犯邊，這樣也就可以了。」於是作詔賜給陳敬瑄，答應南詔的和親要求，不稱臣，叫陳敬瑄把詔書抄出來，連同書信送給南詔，還增加賞賜金帛。任命嗣曹王李龜年為宗正少卿擔任使者，任命徐雲虔為副使，另外派遣內使，共同帶著書信財物往南詔。

秋，七月，黃巢自采石❶度江，圍天長、六合❷，兵勢甚盛。淮南將畢師鐸言於高駢曰：「朝廷倚公為安危，今賊數十萬眾乘勝長驅，若涉無人之境，不據險要之地以擊之，使踰長淮❸，不可復制，必為中原大患。」駢以諸道兵已散，張璘復死，自度力不能制，畏怯不敢出兵，但命諸將嚴備，自保而已；且上表告急，稱：「賊六十餘萬屯天長，去臣城無五十里。」先是，盧攜謂「駢有文武長才❹，若悉委以兵柄❺，黃巢不足平。」朝野雖有謂駢不足恃者，然猶庶幾望之。及駢表至，上下失望，人情大駭。詔書責駢散遣諸道兵，致賊乘無備度江。駢上表言：「臣奏聞遣歸，亦非自專。今臣竭力保衛一方，必能濟辦。但恐賊迤邐❻過淮，宜急敕東道❼將士善為禦備。」遂稱風痹，不復出戰。

詔河南諸道發兵屯溵水❽，泰寧節度使齊克讓屯汝州，以備黃巢。

辛酉❾，以淄州刺史曹全晸為天平節度使，兼東面副都統。○劉漢宏請降，戊辰❿，以為宿州刺史。

李克用自雄武軍引兵還擊高文集於朔州，李可舉遣行軍司馬韓玄紹邀之於藥兒嶺⑪，大破之，殺七千餘人，李盡忠、程懷信⑫皆死。又敗之於雄武軍之境，殺萬人。李琢、赫連鐸進攻蔚州，李國昌戰敗，部眾皆潰，獨與克用及宗族北入達靼。詔以鐸為雲州刺史、大同軍防禦使，吐谷渾白義成為蔚州刺史，薩葛米海萬為朔州刺史，加李可舉兼侍中。

達靼本靺鞨⑬之別部也，居于陰山。後數月，赫連鐸陰賂達靼，使取李國昌父子。李克用知之，時與其豪帥⑭游獵，置馬鞭、木葉或懸針，射之無不中，豪帥心服。又置酒與飲，酒酣，克用言曰：「吾得罪天子，願效忠而不得。今聞黃巢北來，必為中原患，一旦天子若赦吾罪，得與公輩南向共立大功，不亦快乎！人生幾何，誰能老死沙磧邪！」達靼知無留意⑮，乃止。

八月甲午⑯，以前西川節度使崔安潛為太子賓客、分司。

九月，東都奏：「汝州所募軍李光庭等五百人自代州還，過東都，燒安喜門⑰，焚掠市肆，由長夏門⑱去。」

黃巢眾號十五萬，曹全晸以其眾六千與之戰，頗有殺獲。以眾寡不敵，退屯泗上⑲，以俟諸軍至，并力擊之。而高駢竟不之救，賊遂擊全晸，破之。

徐州遣兵三千赴溵水，過許昌。徐卒素名凶悍，節度使薛能⑳自謂前鎮彭城，有恩信於徐人，館之毬場。及暮，徐卒大譟，能登子城樓問之，對以供備疏闕㉑，慰勞久之，方定，許人大懼。時忠武亦遣大將周岌詣溵水，行未遠，聞之，夜，引兵還，比明，入城，襲擊徐卒，盡殺之；且怨能之厚徐卒也，遂逐之。能將奔襄陽，亂兵追殺之，并其家。岌自稱留後。汝、鄭把截制置使齊克讓恐為岌所襲，引兵還兗州㉒，於是[1]諸道屯兵[2]溵水者皆散。黃巢遂悉眾度淮，所過不虜掠，惟取丁壯以益兵。

先是，徵振武節度使吳師泰為左金吾大將軍，以諸葛爽代之。師泰見朝廷多故，使軍民上表留己。冬，十月，復以師泰為振武節度使，以爽為夏綏節度使。

黃巢陷申州，遂入潁、宋、徐、兗之境，所至吏民逃潰。

羣盜陷澧州，殺刺史李詢、判官皇甫鎮。鎮舉進士二十三上㉓，不中第，詢辟之。賊至，城陷，鎮走，問人曰：「使君㉔免乎？」曰：「賊執之矣！」鎮曰：「吾受知㉕若此，去將何之！」遂還詣賊，竟與同死。

【章旨】以上為第十五段，寫黃巢渡長江，過淮河，縱橫河南。

【注　釋】❶采石　地名，即采石戍，在今安徽馬鞍山市南長江南岸。❷天長六合　皆縣名，天長縣治在今安徽天長，六合縣治在今江蘇六合。❸長淮　關名，在今安徽鳳陽西北淮河南岸。❹長才　英才；高才。❺悉委以兵柄　即以高駢為諸道行營都統。兵柄，兵權。❻迤邐　連續不斷。❼東道　關東諸道。❽溵水　縣名，縣治在今河南商水縣南。❾辛酉　七月初九日。❿戊辰　七月十六日。⓫藥兒嶺　山名，在今河北宣化東。⓬李盡忠程懷信　皆沙陀將，與李克用同在蔚朔起兵。⓭靺鞨　即「靺鞨」。少數民族名，周稱肅慎，漢魏曰挹婁，北魏稱勿吉，隋唐曰靺鞨。唐時分為黑水靺鞨與粟末靺鞨二部。黑水靺鞨居住在黑龍江下游；粟末靺鞨於武后聖曆元年（西元六九八年）建立渤海國，位於松花江和牡丹江流域。⓮豪帥　主帥。⓯知無留意　知其志大，不肯久留而吞併其部落。⓰甲午　八月十三日。⓱安喜門　洛陽東北門。⓲長夏門　洛陽東南門。⓳泗上　即泗州。⓴節度使薛能　薛能時為忠武節度使，駐節許昌。㉑供備疏闕　供應準備粗劣不全。㉒還兗州　齊克讓本泰寧節度使，故還本鎮治所。㉓舉進士二十三上　入京參加進士科考試二十三次。上，謂上京城應禮部試。㉔使君　指刺史李詢。㉕受知　謂受知遇之恩。

【校　記】①於是　原無此二字。據章鈺校，十二行本、乙十一行本、孔天胤本皆有此二字，張敦仁《通鑑刊本識誤》同，今據補。②兵　原無此字。據章鈺校，十二行本、乙十一行本皆有此字，今據補。

【語　譯】秋，七月，黃巢從采石戍渡過長江，包圍了天長縣、六合縣，兵勢極為強盛，淮南將畢師鐸對高駢說：「朝廷倚靠你來決定國家的安危，現在叛賊的數十萬軍隊乘勝長驅直入，就如同進入無人之地，如果不據守在險要的地方來打擊他們，讓他們渡過了長淮關，就不能再控制他們了，必為中原大患。」高駢因為各道的軍隊都散去了，張璘又戰死，自己估量沒有力量制止黃巢，畏懼不敢出兵，只是命令各將領嚴加防備，自我保存力量罷了；並且上奏表告急，說：「賊軍六十多萬屯駐天長縣，離臣所在的城不到五十里。」此前，盧攜稱「高駢有文武英才，如果把兵權都交給他，黃巢是很容易平定的。」朝廷內外雖然有人認為高駢是不可依靠的，然而還是希望他有所作為。等到高駢的奏表到來，朝廷上上下下大失所望，人心大為驚駭。詔書責備高駢遣散各道的軍隊，致使叛賊乘官軍沒有防備渡過了長江。高駢上奏表說：「臣奏聞朝廷以後才遣歸各道的軍隊，也不是自己一人所為。現在臣竭力保衛一方，一定能辦成功。只是擔心叛賊連續不斷地渡過淮河，應當趕緊命令關東各道將士好好地進行防備。」高駢就說得了風痹病，不再出兵作戰。

朝廷詔令河南各道發兵屯駐溵水，泰寧節度使齊克讓屯駐汝州，用以防禦黃巢。

七月初九日辛酉，任命淄州刺史曹全晸為天平節度使兼東面副都統。〇劉漢宏請求投降，十六日戊辰，任命他為宿州刺史。

李克用從雄武軍帶兵返回，在朔州攻打高文集，李可舉派遣行軍司馬韓玄紹在藥兒嶺攔擊他，大敗李克用，殺死七千餘人，李盡忠、程懷信都戰死了。又在雄武軍境內打敗他，殺死一萬人。李琢和赫連鐸進攻蔚州，李國昌戰敗，部眾都潰散了，他獨自和李克用以及宗族向北進入達靼境內。朝廷下詔任命赫連鐸為雲州刺史、大同軍防禦使，吐谷渾白義成為蔚州刺史，薩葛米海萬為朔州刺史，加授李可舉兼侍中。

達靼本來是靺鞨的別部，居住在陰山。此後幾個月，赫連鐸暗地賄賂達靼，叫他們捉拿李國昌父子。李克用知道了這件事，當時他和達靼部的豪帥遊獵，放置馬鞭、木葉或者懸針作射靶，沒有射不中的，豪帥內心佩服他。又設置酒宴和豪帥對飲，酒意正濃，李克用說：「我得罪於天子，願為國家效忠而不可能。現在聽說黃巢向北打來，一定成為中原地區的禍患，一旦天子要是赦免了我的罪過，就能夠和你們一道到南方去共立大功，不是很快意的事嗎！人生在世有多少時間，哪個能老死在砂磧啊！」達靼知道李國昌父子沒有留下來的想法，就沒有捉拿他們。

八月十三日甲午，任命前西川節度使崔安潛為太子賓客、分司東都。

九月，東都奏稱：「汝州所招募的軍隊中李光庭等五百人從代州回來，經過東都，焚燒了安喜門，焚燒搶劫商店，從長夏門離去。」

黃巢的軍隊號稱十五萬人，曹全晸用他的部眾六千人和黃巢作戰，斬殺俘獲頗多。由於眾寡不敵，撤退後屯駐在泗州，以等待其他各支援軍的到來，合力攻打黃巢。但是高駢竟然不去救援他，賊軍於是進擊曹全晸，打敗了他。

徐州派遣軍隊三千人趕往溵水，經過許昌。徐州的士卒向來以兇悖出名，節度使薛能自己認為從前鎮守彭城，對於徐州人有恩信，把徐州士卒安置在毬場。到傍晚時，徐州士卒大聲喧鬧，薛能登上子城樓詢問發生了什麼事，回答說是供應粗劣不全，薛能慰勞了很久，才安定下來，許昌人大為恐懼。當時忠武軍也派遣了大將周岌到溵水，行進了沒多遠，聽到徐卒鬧事的消息，夜裡，帶兵返回，黎明，進入城中，襲擊徐州士卒，把他們全都殺了；並且埋怨薛能對待徐州士卒優厚，於是把薛能趕走了。薛能將要跑往襄陽，亂兵追上去把他殺了，連家屬也不放過。周岌自稱忠武軍留後。汝、鄭把截制置使齊克讓擔心被周岌襲擊，帶兵返回兗州，於是各道駐防溵水的軍隊全部散去。黃巢於是命令全部人馬渡過淮河，所經過之處不擄掠，只選取壯年男子來增加兵員。

此前，徵調振武節度使吳師泰為左金吾大將軍，由諸葛爽接替他為振武節度使。吳師泰看到朝廷變故太多，讓軍民上奏表挽留自己。冬，十月，朝廷又任命吳師泰為振武節度使，任命諸葛爽為夏綏節度使。

黃巢攻陷申州，於是進入潁、宋、徐、兗各州的境內，所到之處，官吏士民都逃散了。

群盜攻陷澧州，殺死刺史李詢和判官皇甫鎮。皇甫鎮到禮部考進士二十三次，沒有考取，李詢聘請他為判官。叛賊到達，澧州城被攻下，皇甫鎮逃走時，詢問別人說：「刺史脫身了嗎？」別人說：「叛賊抓住他了！」皇甫鎮說：「我這樣受刺史的知遇之恩，離開他又到什麼地方去呢！」於是返回前往叛賊那裡，最終與李詢一同死去。

【研　析】本卷研析王仙芝之死、黃巢流動作戰、劉巨容縱寇以為資、僖宗遊宴等四事。

王仙芝之死。王仙芝是唐末大起義的發難者。僖宗乾符元年（西元八七四年）底，王仙芝在長垣（在今河南長垣東北）起義，有眾數千。王仙芝自稱天補平均大將軍兼海內諸豪都統，傳檄諸道，指陳吏貪賦重，賞罰不平，切中當時弊病，各地民眾紛紛響應。第二年六月，王仙芝與其黨尚君長攻破濮、曹二州，又打敗天平節度使薛崇。這時冤句人黃巢起義響應，聲勢大振。當時淮南、忠武、宣武、義成、天平五鎮地方，民眾同時起義，攻擊州縣，拖住各鎮的官軍。乾符二年，唐朝廷下令天下鄉村各備弓刀器械，組織地方土團配合官軍圍剿。官軍諸道行營招討草賊使宋威在沂州打敗王仙芝，起義軍轉入河南，攻破汝州，東都大震。隨後南下攻唐州、鄧州，關東各州縣守城自保，起義軍各個擊破，攻下郢州、復州，又攻申、光、盧、壽、舒等州，淮南告急。

起義軍形勢高漲，朝廷害怕失去揚州，貢賦斷絕，惶恐失措之時，蘄州刺史裴偓開門請王仙芝、黃巢進城，遊說王仙芝歸唐，裴偓向朝廷上奏請求官位。朝廷派中使授給王仙芝左神策軍押牙監察御史，黃巢不從，責罵王仙芝背叛，王仙芝不敢接受唐官，但兩人關係破裂，起義軍分為兩部，王仙芝、黃巢各率領一部，分頭轉戰。

乾符四年，王仙芝攻破鄂州，又破安州、隨州。王仙芝雖然取得勝利，但已無鬥志，七次向官軍提出投降，招討使宋威都不向朝廷轉奏。宋威看不起王仙芝，決心打敗王仙芝立功。招討副使宦官楊復光暗中聯絡王仙芝，王仙芝派尚君長直接向朝廷投降。宋威派兵截擊俘獲尚君長，虛報戰勝擒獲賊首。王仙芝請降，遭到了官軍的愚弄。起義軍分裂，勢力削弱，王仙芝向官軍搖尾，士氣低落，朝廷將尚君長正法。乾符五年，官軍在申州大破王仙芝，追擊到黃梅斬殺了王仙芝。一個起義軍首領，變節利用起義軍的鮮血來染紅一頂官帽，結果可恥地失敗了。王仙芝轟轟烈烈鬧了五年，給了唐政權以沉重的打擊，卻又因為他自己的背叛行為，葬送了這一支起義軍，大大削弱了對唐朝的攻擊力，起義轉入低潮。

黃巢流動作戰。黃巢和王仙芝都是販私鹽出身。鹽鐵專賣，是封建專制政權的一大經濟支柱。鹽是生活必需品，鹽利是朝廷的重要收入。唐玄宗時，鹽價每斗十錢，唐肅宗時加到一百錢，漲了十倍。唐德宗時漲到每斗三百七十錢。鹽稅從每歲四十萬緡開始，到唐代宗時已增到每歲達六百萬緡，佔朝廷賦稅之半，宮廷費用、軍隊糧餉，百官俸祿都靠鹽稅支撐。在重利之下，販私鹽猖獗。從唐德宗時起，課以重罰，朝廷派大批官吏查禁私鹽，凡賣私鹽一石以上，處以死刑，一斗以上，處以杖刑，賣鹽一升，也要處罰。道高一尺，魔高一丈。販私鹽的人結夥成群與官府鬥爭，必須有計謀和勇力，長期的鬥爭，產生了領袖。王仙芝和黃巢都是私鹽犯，在與官府鬥爭中積累了經驗，尤其是黃巢，善騎射，喜任俠，有勇有謀，是一位傑出的首領。

黃巢能文能武，他涉獵經傳，屢次舉進士不第，於是聚眾響應王仙芝。私鹽販與起義群眾相結合，成了一支有組織的隊伍，因此官軍屢討不勝。

唐中期以後，府兵制破壞，雇傭兵成為唐政權的支柱。各地的雇傭兵分為三種情況。河北、河南軍事重鎮是驕兵悍將，特別是節度使的親兵衛隊，更是一群亡命之徒，往往一個人倡亂，群起附和。各節度時常發生的兵變，就是這群驕兵悍將發起。驕兵悍將紀律差，但戰鬥力強。龐勛的骨幹就是這樣一群武裝。再一類是弱兵，軍事上次要的鎮，如淮南各道，有兵有將，戰鬥力不強，能聽從朝廷指揮。第三類是虛兵，軍事上不重要的地方，兵不足額，少訓練，根本沒有戰鬥力，江南東道、西道各鎮就多虛兵，尤以江南東道為最。例如浙江東道設都團練觀察使，治越州，轄有越、台、明等八州，各州兵都不滿三百。黃巢針對這種情況，他出擊避實就虛，採取大範圍流動作戰與官軍周旋，力量壯大向中原進攻，作戰不利向江淮以南轉移，不守城池，流動就食。歷代農民起義，總是以流動形式蓄聚力量，被稱為流寇。但是黃巢流動作戰，在中國農民戰爭史上空前絕後。他從山東轉戰河南，王仙芝戰死，起義軍轉入低潮。黃巢渡過長江，轉戰江南東、西兩道，縱橫今江、浙、閩地區，然後進入嶺南，下廣州，力量壯大，北上中原，再入河南，最後破兩京，在長安建立政權。黃巢流動作戰，在大半個中國橫衝直闖，行程數萬里，創造了農民起義運動戰的奇觀。

劉巨容縱寇以為資。劉巨容，徐州人，行伍出身為州大將。龐勛叛亂，劉巨容逃出投歸官軍，授甬橋鎮遏使，以討浙西王郢功，徙楚州團練使。黃巢亂江淮，朝廷任命劉巨容為襄州行軍司馬，不久升任山南東道節度使。乾符元年，黃巢由廣州北上，劉巨容阻擊黃巢於荊門關，大破黃巢，起義軍全軍覆沒。劉巨容生俘起義軍將領十三人，黃巢乘船順江東走，諸將乘勝追擊，要擒斬黃巢。劉巨容制止追擊，對諸將說：「朝廷經常忘恩負義，有事時就加官厚賞，國家無事就忘了功臣，不如留下黃巢，作為寶貴的資本。」諸將認為說得對，放跑了黃巢。王夫之認為，武人驕悍而愚笨，不懂得國家沒有了，個人身家性命也保不住，痛斥劉巨容的行為是奸巧人的藉口，懿宗、僖宗雖然無道，但也沒有濫殺功臣，而是劉巨容負國，將遭天誅地滅。後來黃巢入長安，僖宗逃奔四川，劉巨容兵敗入蜀，被田令孜所殺。王夫之所云，劉巨容將遭「天憲」即指此

（《讀通鑑論》卷二十七）。

僖宗遊宴。僖宗李儇，唐懿宗第五子。李儇，原名李儼，封普王，即位後改名李儇。李儇即位時只有十二歲，還是一個嬉遊無節制的少年，在宦官引導下，整天的縱樂遊宴擊毬，不知治國為何物。朝政先被宦官左軍中尉劉行深、右軍中尉韓文約隨後是田令孜掌控，小人當道，是非顛倒。當時中外大臣，只有宰相鄭畋一人憂心國事，與王鐸、盧攜兩相政見不合，常常在僖宗面前激烈爭論。招討使宋威無能，征討失敗，被黃巢圍困於宋州，忠武大將張自勉率領忠武兵救援，解了宋州之圍，宋威反而嫉妒，要兼統張自勉的忠武兵。王鐸、盧攜支持宋威，鄭畋堅決反對，如果讓張自勉隸屬宋威，功臣將要受害。僖宗不辨是非，支持王鐸、盧攜，站在了奸佞一邊。王鐸、盧攜、宋威等，均依附宦官，常常使是非顛倒，英雄奪氣。劉巨容縱寇以為資，不無原因。僖宗愛好騎射，舞槍弄棒，算術、音律，樣樣精通，尤長於擊毬，常與諸王鬥雞鬥鵝，整天嬉遊無度，就是不關心國事。僖宗對身邊的人說：「朕要是參加擊毬考試，一定是狀元。」身邊的人開玩笑回答說：「要是堯、舜在世當主考，陛下一定要被放黜。」僖宗聽了，哈哈大笑。

由於僖宗只是一個玩耍的頑童，被宦官看中，懿宗病危，宦官殺了太子及年長的諸王，立了僖宗。自幼與僖宗「同臥起」的宦官田令孜，青雲直上，僖宗呼之為「阿父」，把「政事一委之」，田令孜為中尉，掌控了朝政。田令孜，蜀郡人，本姓陳，字仲則，隨義父改為田姓入宮為宦官。田令孜替其兄陳敬瑄謀求為西川節度使，慫恿僖宗擊毬定勝負。左神策大將楊師立、牛勗、羅元杲三人都是田令孜的心腹，由他們三人與陳敬瑄一起擊毬，三人故意輸給了陳敬瑄，就這樣陳敬瑄得了西川節度使。田令孜已經在安排逃蜀計畫，唐王室處於風雨飄搖之中。

卷第二百五十四

唐紀七十

起上章困敦（庚子　西元八八〇年）十一月，盡玄黓攝提格（壬寅　西元八八二年）四月，凡一年有奇。

【題解】本卷記事起西元八八〇年十一月，迄西元八八二年四月，凡一年又六個月。當唐僖宗廣明元年十一月至中和元年四月。此時期，黃巢高奏凱歌，破東都，入長安，稱帝建國號大齊，起義農民軍勢力達於巔峰。宦官田令孜劫持僖宗效唐玄宗入蜀。西川節度使陳敬瑄為田令孜兄，故田令孜入蜀，作威作福，禍害西川，陳敬瑄為虎作倀，驅良為盜。流亡的唐王室，走到哪裡，把腐敗帶到哪裡。鳳翔節度使鄭畋心向王室，阻擊黃巢，傳檄諸鎮兵連手討賊，諸鎮響應，一度攻入長安。官軍紀律敗壞，入京師大肆搶劫，黃巢乘機殺回馬槍，再入長安。黃巢初入長安紀律嚴明，受到京師民眾歡迎。黃巢大殺百官，滅唐宗室，煽起了部屬流寇氣息，失去了民心。黃巢再入長安，於是大殺士民，註定了他的失敗。唐王室氣數將盡，黃巢又非真龍天子，各地擁有強兵的藩鎮，野心日熾，軍閥割據稱雄的局面正悄悄到來。高駢據揚州按兵不出，是最早的一個野心家。可他好神仙，受巫師控制，註定了沒有好下場。

僖宗惠聖恭定孝皇帝中之上

廣明元年（庚子　西元八八〇年）

十一月，河中都虞候王重榮❶作亂，剽掠坊市俱空。○宿州刺史劉漢宏怨朝廷賞薄，甲寅❷，以漢宏為浙東觀察使。○詔河東節度使鄭從讜以本道兵授諸葛爽及代州刺史朱玫，使南討黃巢。○乙卯❸，以代北都統李琢為河陽節度使❹。

初，黃巢將度淮，豆盧瑑請以天平節鉞授巢，俟其到鎮討之。盧攜曰：「盜賊無厭❺，雖與之節，不能止其剽掠。不若急發諸道兵扼泗州，汴州節度使為都統，賊既前不能入關，必還掠淮、浙，偷生海渚❻耳。」從之。既而淮北❼相繼告急，攜稱疾不出，京師大恐。庚申❽，東都奏黃巢入汝州境。

辛酉❾，以王重榮權知河中留後，以河中節度使、同平章事李都為太子少傅。汝、鄭把截制置都指揮使❿齊克讓奏黃巢自稱天補大將軍，轉牒諸軍云：「各宜守壘，勿犯吾鋒！吾將入東都，即至京邑⓫，自欲問罪⓬，無預⓭眾人。」上召宰相議之。豆盧瑑、崔沆請發關內諸鎮及兩神策軍守潼關。壬戌⓮，日南至，上開延英，對宰相泣下。觀軍容使田令孜奏：「請選左右神策軍弓弩手守潼關，臣自為都指揮制置把截使。」上曰：「侍衛將士，不習征戰，恐未足用。」令孜曰：「昔安祿山搆逆⓯，玄宗幸蜀以避之。」崔沆曰：「祿山眾纔五萬，比之黃巢，不足言矣！」豆盧瑑曰：「哥舒翰⑯以十五萬眾不能守潼關，今黃巢眾六十萬，而潼關又無哥舒之兵⑰。若令孜為社稷計，三川帥臣⑱皆令孜腹心，比於玄宗則有備矣。」上不懌，謂令孜曰：「卿且為朕發兵守潼關。」是日，上幸左神策軍，親閱將士。令孜薦左軍馬軍將軍張承範、右軍步軍將軍王師會、左軍兵馬使趙珂，上召見三人，以承範為兵馬先鋒使兼把截潼關制置使，師會為制置關塞糧料使，珂為句當寨柵使⑲，令孜為左右神策軍內外八鎮及諸道兵馬都指揮制置招討等使，飛龍使楊復恭為副使。

【章旨】以上為第一段，寫黃巢進逼東都，田令孜動議僖宗效唐玄宗入蜀，註定了兩京不守。

【注釋】❶王重榮　（？—西元八八七年）太原祁（今山西祁縣）人，官終河中節度使。因鎮壓黃巢軍有功，封琅邪郡王。傳見《舊唐書》卷一百八十二、《新唐書》卷一百八十七。❷甲寅　十一月初四日。❸乙卯　十一月初五日。❹以代北都統李琢為河陽節度使　代北已定，李琢內徙，亦以防備黃巢。❺無厭　不滿足。❻海渚　海邊。❼淮北　地區名，指今浙江、安徽、河南三省淮河以北之地。❽庚申　十一月初十日。❾辛酉　十一月十一日。❿把截制置都指揮使　官名，臨時設置的軍隊指揮官，以堵截黃巢軍。⓫京邑　京師長安。⓬問罪　譴責朝廷的罪惡。⓭無預　無關；無涉。⓮壬戌　十一月十二日。⓯搆逆　叛逆；反叛。⓰哥舒翰　突厥人。官至隴右節度使，後兼河西節度使。天寶十四載（西元七五五年）安祿山反，哥舒翰守潼關，兵敗，被叛軍所俘，後為安慶緒殺害。⓱無哥舒之兵　謂連十五萬兵也沒有。⓲三川帥臣　指西川節度使陳敬瑄、東川節度使楊師立、山南西道節度使牛勗。⓳句當寨柵使　官名，臨時因事命官，掌防禦工事。句當，掌管；主持。句，同「勾」。

【語　譯】僖宗惠聖恭定孝皇帝中之上

廣明元年（庚子　西元八八〇年）

十一月，河中都虞候王重榮作亂，把坊市都搶掠光了。〇宿州刺史劉漢宏埋怨朝廷賞賜微薄，初四日甲寅，任命劉漢宏為浙東觀察使。〇朝廷詔令河東節度使鄭從讜把本道的軍隊交給諸葛爽和代州刺史朱玫，讓他們南去討伐黃巢。〇初五日乙卯，任命代北都統李琢為河陽節度使。

當初，黃巢將要渡過淮河，豆盧瑑請求把天平節度使的節鉞授給黃巢，等到黃巢赴鎮後再討伐他。盧攜說：「盜賊沒有滿足，雖然給他節度使之職，也不能制止他們搶掠。不如趕緊調發各道的軍隊扼守泗州，以汴州節度使為都統，賊軍既然不能前進入關，一定返回搶掠淮南、兩浙地區，在海邊偷生罷了。」僖宗聽從了盧攜的意見。不久淮北各地相繼告急，盧攜藉口有病不再出面，京師大為恐懼。十一月初十日庚申，東都奏報說黃巢進入汝州境內。

十一月十一日辛酉，任命王重榮暫時擔任河中留後，任命河中節度使、同平章事李都為太子少傅。

汝、鄭把截制置都指揮使齊克讓奏報：黃巢自稱天補大將軍，轉發文牒給各路官軍說：「各部應當守衛營壘，不得侵犯我的軍鋒！我將要進入東都，隨即到達京城，只想向朝廷問罪，與眾人無關。」僖宗召集宰相商量對策。豆盧瑑、崔沆請求調派關內各鎮和左右神策軍防守潼關。十一月十二日壬戌，冬至，僖宗在延英殿召開會議，對著宰相們流下了眼淚。觀軍容使田令孜上奏說：「請選左右神策軍弓弩手守衛潼關，臣親自擔任都指揮制置把截使。」僖宗說：「擔任侍衛的將士，不熟悉征戰之事，恐怕不能承擔重任。」田令孜說：「從前安祿山反叛，玄宗到蜀地躲避戰亂。」崔沆說：「安祿山的軍隊才五萬人，與黃巢相比，不值得說了！」豆盧瑑說：「哥舒翰帶領十五萬人馬沒有守住潼關，現在黃巢有六十萬人馬，而潼關又沒有哥舒翰那樣數量的軍隊。如果田令孜為國家著想，三川地方的帥臣都是田令孜的心腹，和玄宗那時相比，是更有準備了。」僖宗很不高興，對田令孜說：「你暫且為我調軍隊守衛潼關。」當天，僖宗到了左神策軍，親自檢閱將士。田令孜推薦左軍馬軍將軍張承範、右軍步軍將軍王師會、左軍兵馬使趙珂，僖宗召見了這三個人，任命張承範為兵馬先鋒使兼把截潼關制置使，王師會為制置關塞糧料使，趙珂為句當寨柵使，田令孜為左右神策軍內外八鎮和諸道兵馬都指揮制置招討等使，飛龍使楊復恭為副使。

癸亥❶，齊克讓奏：「黃巢已入東都境，臣收軍退保潼關，於關外置寨。將士屢經戰鬬，久乏資儲，州縣殘破，人煙殆絕，東西南北不見王人❷，凍餒交逼，兵械刓弊❸，各思鄉閭，恐一旦潰去，乞早遣資糧及援軍。」上命選兩神策弩手得二千八百人，令張承範等將以赴之。

丁卯❹，黃巢陷東都，留守劉允章❺帥百官迎謁。巢入城，勞問❻而已，閭里晏然。允章，迺❼之曾孫也。○田令孜奏募坊市人數千以補兩軍。

辛未❽，陝州奏東都已陷。壬申❾，以田令孜為汝、洛❿、晉、絳、同、華都統，將左、右軍⓫東討。是日，賊陷虢州。

以神策將羅元杲為河陽節度使。○以周岌為忠武節度使。初，薛能遣牙將上蔡秦宗權⓬調發至蔡州，聞許州亂，託云赴難，選募蔡兵，遂逐刺史，據其城。及周岌為節度使，即以宗權為蔡州刺史。

乙亥⓭，張承範等將神策弩手發京師。神策軍士皆長安富家子，賂宦官竄名⓮

軍籍，厚得稟賜，但華衣怒馬⑮，憑勢使氣⑯，未嘗更戰陳⑰。聞當出征，父子聚泣，多以金帛雇病坊⑱貧人代行，往往不能操兵⑲。是日，上御章信門樓臨遣之。承範進言：「聞黃巢擁數十萬之眾，鼓行而西⑳。齊克讓以飢卒萬人依託關外，復遣臣以二千餘人屯於關上，又未聞為饋餉之計，以此拒賊，臣竊寒心。願陛下趣諸道精兵早為繼援。」上曰：「卿輩第行，兵尋至矣！」丁丑㉑，承範等至華州。會刺史裴虔餘徙宣歙觀察使，軍民皆逃入華山㉒，城中索然㉓，州庫唯塵埃鼠迹，賴倉中猶有米千餘斛，軍士裹三日糧而行。

十二月庚辰朔㉔，承範等至潼關，搜菁中㉕，得村民百許，使運石汲水，為守禦之備。與齊克讓軍皆絕糧，士卒莫有鬬志。是日，黃巢前鋒軍抵關下，白旗滿野，不見其際。克讓與戰，賊小卻。俄而巢至，舉軍大呼，聲振河、華㉖。克讓力戰，自午至酉㉗始解，士卒飢甚，遂諠譟，燒營而潰，克讓走入關。關左有谷，平日禁人往來，以榷征稅，謂之「禁阬」。賊至倉猝，官軍忘守之，潰兵自谷而入，谷中灌木壽藤㉘茂密如織，一夕踐為坦塗。承範盡散其輜囊㉙以給士卒，遣使上表告急，稱：「臣離京六日，甲卒未增一人，饋餉未聞影響㉚。到關之日，巨寇已來，以二千餘人拒六十萬眾，外軍㉛飢潰，蹋㉜開禁阬。臣之失守，鼎鑊㉝

甘心，朝廷謀臣，愧顏何寄！或聞陛下已議西巡㉞，苟鑾輿一動，則上下土崩。臣敢以猶生之軀奮冒死之語，願與近密㉟及宰臣熟議㊱，未可輕動[1]，急徵兵以救關防，則高祖、太宗之業庶幾猶可扶持，使黃巢繼安祿山之亡，微臣勝哥舒翰之死㊲！」

辛巳㊳，賊急攻潼關，承範悉力拒之，自寅及申㊴，關上矢盡，投石以擊之。關外有天塹，賊驅民千餘人入其中，掘土填之，須臾即平，引兵而度。夜，縱火焚關樓俱盡。承範分兵八百人，使王師會守禁阬，比至，賊已入矣。壬午㊵旦，賊夾攻潼關，關上兵皆潰，師會自殺，承範變服㊶帥餘眾脫走。至野狐泉㊷，遇奉天㊸援兵二千繼至。承範曰：「汝來晚矣！」博野、鳳翔軍還至渭橋㊹，見所募新軍衣裘溫鮮，怒曰：「此輩何功而然，我曹反凍餒！」遂掠之，更為賊鄉導，以趣長安。

賊之攻潼關也，朝廷以前京兆尹蕭廩㊺為東道轉運糧料使。廩稱疾，請休官，貶賀州司戶。

黃巢入華州，留其將喬鈐守之。河中留後王重榮請降於賊。○癸未㊻，制以巢為天平節度使。

甲申㊼，以翰林學士承旨、尚書左丞王徽㊽為戶部侍郎，翰林學士、戶部侍郎裴澈為工部侍郎，並同平章事。以盧攜為太子賓客、分司。田令孜聞黃巢已入關，恐天子責己，乃歸罪於攜而貶之，薦徽、澈為相。是夕，攜飲藥死。澈，休之從子也。

百官退朝，聞亂兵入城，布路㊾竄匿。田令孜[2]帥神策兵五百奉帝自金光門㊿出，惟福、穆、澤、壽四王及妃嬪數人從行，百官皆莫知之。上奔馳晝夜不息，從官多不能及。車駕既去，軍士及坊市民競入府庫盜金帛。

【章　旨】以上為第二段，寫黃巢陷東都，破潼關，唐僖宗與宦官倉皇出逃，百官皆莫知之。

【注　釋】❶癸亥　十一月十三日。❷王人　王之微官。指官府之吏員。❸兵械刓弊　兵器損壞，鋒刃用鈍。❹丁卯　十一月十七日。❺劉允章　歷官翰林學士承旨、禮部侍郎，遷東都留守。傳見《舊唐書》卷一百五十三、《新唐書》卷一百六十。❻勞問　慰問。❼迺　劉迺，字永夷，河南伊闕（今河南伊川縣）人，德宗時任兵部侍郎。朱泚反，召迺，不從。後絕食死。傳見《舊唐書》卷一百五十三、《新唐書》卷一百九十三。❽辛未　十一月二十一日。❾壬申　十一月二十二日。❿洛州　州名，唐初置，治所洛陽，在今河南洛陽東北。開元元年（西元七一三年）改為河南府。⓫左右軍　即左、右神策軍。⓬秦宗權　上蔡（今河南上蔡）人，原為忠武軍牙將，累官至蔡州刺史、奉國軍節度使。中和三年（西元八八三年）因戰敗投降黃巢。巢死，稱帝。後為部將申叢所囚，解至京師處死。傳見《舊唐書》卷二百、《新唐書》卷二百二十五。⓭乙亥　十一月二十五日。⓮竄名　掛名。⓯華衣怒馬　鮮豔的衣服，健壯的馬匹。⓰憑勢使氣　憑藉宦官的勢力而氣焰囂張。⓱更戰陳　經歷過戰鬥。陳，同「陣」。⓲病坊　唐代公家所設收養病人的處所。⓳不能操兵　拿不動武器。⓴鼓行而西　整隊向西行進，直指長安。鼓，擊鼓進軍。㉑丁丑　十一月二十七日。㉒華山　山名，在今陝西華陰南。㉓索然　空寂。㉔庚辰朔　十二月一日。㉕菁中　林草茂盛之處。㉖聲振河華　謂黃巢軍隊聲勢之盛，震撼了黃河和華山。㉗自午至酉　從上午十一時至下午七時。㉘壽藤　一種蔓生植物。㉙輜囊　輜謂輜重，隨軍公用物資。囊謂私囊，個人的行裝物品。㉚影響　消息。㉛外軍　指齊克讓的泰寧軍。㉜躡　踏。㉝鼎鑊　謂受鼎鑊之刑，即被烹。㉞西巡　謂西行入蜀。㉟近密　指兩中尉、兩樞密。㊱熟議　周密地商議。㊲微臣勝哥舒翰之死　我為國捐軀重於哥舒翰被俘投降而死。㊳辛巳　十二月二日。㊴自寅及申　從半夜三點至午後四點。㊵壬午　十二月三日。㊶變服　換上便衣。㊷野狐泉　地名，在今陝西潼關縣東北舊潼關之西。㊸奉天　縣名，縣治在今陝西乾縣。㊹渭橋　橋名，又名中渭橋，在今陝西咸陽東渭河上。㊺蕭廩　字富侯，懿宗宰相蕭倣之子。官至諫議大夫知制誥、京兆尹。傳見《舊唐書》卷一百七十二、《新唐書》卷一百一。㊻癸未　十二月四日。㊼甲申　十二月五日。㊽王徽　（？—西元八九〇年）字昭文，京兆杜陵（今陝西長安東北）人，歷任翰林學士承旨、戶兵二部侍郎、尚書左丞，廣明元年十二月拜相。是日黃巢入潼關，僖宗出奔，故未能治事。昭宗時任吏部尚書，進右僕射。傳見《舊唐書》卷一百七十八、《新唐書》卷一百八十五。㊾布路　分路。㊿金光門　長安城西面有三座門，中門名金光門。

【校　記】[1]未可輕動　原無此四字。據章鈺校，十二行本、乙十一行本、孔天胤本皆有此四字，張敦仁《通鑑刊本識誤》同，今據補。[2]田令孜　原無「田」字。據章鈺校，十二行本、乙十一行本、孔天胤本皆有「田」字，今據補。

【語　譯】十一月十三日癸亥，齊克讓上奏說：「黃巢已經進入東都境界，臣收軍退保潼關，在關外安營紮寨。將士經過多次戰鬥，早就沒有儲備的資糧了，州縣殘破，人煙幾盡斷絕，東西南北，看不見官府吏員，士兵們凍餓交迫，兵器損壞，每人思念家鄉，恐怕他們會一旦潰散，請求早日派人運送資糧和調發援軍。」僖宗命令選取兩神策軍的弓弩手，得到二千八百人，命令張承範等人帶領前去支援。

十一月十七日丁卯，黃巢攻下東都，留守劉允章帶領百官迎接拜見。黃巢進城，只是勞問一下而已，閭里平安。劉允章，是劉迺的曾孫。〇田令孜上奏招募坊市中數千人用來補充左、右神策軍。

十一月二十一日辛未，陝州上奏說東都已被黃巢攻下。二十二日壬申，任命田令孜為汝、洛、晉、絳、同、華六州都統，帶領左、右神策軍東進討伐黃巢。當天，賊軍攻下了虢州。

任命神策軍將軍羅元杲為河陽節度使。〇任命周岌為忠武節度使。當初，薛能派遣牙將上蔡人秦宗權到蔡州去調派軍隊，秦宗權聽說許州動亂，藉口說前去救難，在蔡州選募軍隊，於是趕走了刺史，佔據了蔡州城。等到周岌擔任了節度使，就任命秦宗權為蔡州刺史。

十一月二十五日乙亥，張承範等帶領神策軍弓弩手從京師出發。神策軍士卒都是長安富家子弟，通過賄賂宦官掛名軍籍，得到了優厚的餉給和賞賜，他們只是有華麗的軍裝，健壯的馬匹，憑藉宦官的權勢，氣焰囂張，從未經歷過作戰之事。聽說要出征，父子們聚集在一起哭泣，多用金帛雇請病坊中的貧窮人代替他們前去，那些人往往拿不動兵器。當天，僖宗到章信門城樓給他們送行。張承範向僖宗進言說：「聽說黃巢擁有數十萬人馬，擊鼓西進。齊克讓帶著一萬名飢餓的士卒駐紮在關外，又派臣帶領二千餘人屯駐在關上，又沒有聽說安排供應糧餉的辦法，就這樣抵禦賊軍，臣私下感到很寒心。希望陛下催促各道精兵早來支援。」僖宗說：「你們只管前去，援軍不久就會到達！」二十七日丁丑，張承範等到達華州。適遇刺史裴虔餘改任宣歙觀察使，軍民都逃入華山，城中空蕩蕩的，州中庫房只有灰塵鼠跡，幸好糧倉中還有米一千餘斛，軍士帶著三天的糧食向潼關前進。

十二月初一日庚辰，張承範等到達潼關，在林草茂盛之處找到村民一百人左右，叫他們運石頭汲水，為守禦關塞作準備。張承範和齊克讓的軍隊都斷了糧，士卒沒有鬥志。當天，黃巢的前鋒部隊抵達關下，白色的旗幟布滿原野，看不到邊際。齊克讓和他們接戰，叛賊稍微後退。一會兒黃巢到了，全軍大聲歡呼，聲音振動了黃河和華山。齊克讓拼力戰鬥，從午時戰鬥到酉時才停下來，士卒們極為飢餓，於是就喧鬧起來，燒掉營房後潰散了，齊克讓逃入潼關。關的左邊有山谷，平日禁止人們從谷中通過，以便徵收關稅，稱這條谷為「禁阬」。賊軍倉猝到來，官軍忘了守禦它，潰散的官兵從谷中進入，谷中的灌木藤蘿茂密如織，一個夜晚就被踐踏成了平坦的道路。張承範把輜重和私財全部分給了士卒，並派遣使者上表告急，說：「臣離京六天，甲卒沒有增加一個人，饋餉沒有聽到消息。到達潼關時，巨寇已經來到關下，用二千餘人抵禦六十萬人，關外的官軍由於飢餓而潰散，踏開了禁阬。臣失守，受鼎鑊之刑也心甘情願，只是朝廷的謀臣，把羞愧的顏面放在何處！有人聽說陛下已經討論西行，假若皇上的鑾輿一動，那麼朝廷上下就會土崩瓦解。臣大膽地以暫且活著的身軀奮勇地冒著死罪說幾句話，希望陛下和親近的侍臣及宰相周密地商議，不可輕易行動，趕緊徵調軍隊來援救關防，那麼高祖、太宗的基業或許還能夠維持下來，使黃巢繼安祿山之後滅亡，小臣之死勝過哥舒翰！」

十二月初二日辛巳，賊軍急攻潼關，張承範全力抵禦，從凌晨一直戰鬥到下午，關上的箭沒有了，就投下石頭來打擊敵人。關外有一條天然壕溝，叛賊將一千多名老百姓驅趕到裡面，掘土填溝，不一會兒就把溝填平了，帶軍隊渡過壕溝。到夜晚，叛賊放火燒城樓，關樓被全部燒壞。張承範分出士兵八百人，派王師會帶領防守禁阬，等到他們趕到時，賊軍已經進入禁阬了。初三日壬午的早晨，賊軍夾攻潼關，關上的官兵都潰散了，王師會自殺，張承範換上便服帶領殘餘部眾逃走了。到野狐泉，碰上奉天援兵二千人相繼到來。張承範說：「你們來得太晚了！」博野、鳳翔軍回到渭橋，看到所招募的新軍衣裘既保暖又鮮豔，憤怒地說：「這些人有什麼功勞而這個樣子，我們反而挨餓受凍！」於是搶掠了他們，又為賊軍作嚮導，前往長安城。

賊軍攻打潼關時，朝廷任命前京兆尹蕭廩為東道轉運糧料使。蕭廩藉口有病，請求辭去官職，因而被貶為賀州司戶。

黃巢進入華州，留下將領喬鈐據守。河中留後王重榮向叛賊請求投降。〇十二月初四日癸未，下詔任命黃巢為天平節度使。

十二月初五日甲申，任命翰林學士承旨、尚書左丞王徽為戶部侍郎，翰林學士、戶部侍郎裴澈為工部侍郎，二人都同平章事。貶盧攜為太子賓客、分司東都。田令孜聽說黃巢已經入關，害怕天子責備自己，於是把罪責都推到盧攜身上而貶謫了他，薦舉王徽、裴澈為宰相。當晚，盧攜服毒死去。裴澈，是裴休的姪子。

百官退朝時，聽說亂兵進入城內，於是分路逃竄躲藏起來。田令孜帶領五百名神策軍兵士簇擁著僖宗從金光門逃出，只有福、穆、澤、壽四王和妃嬪數人隨行，百官們都沒有人知道這回事。僖宗奔馳晝夜不停，跟隨的官員大多不能趕上。僖宗離開京城後，軍士和街坊民眾爭著到府庫中去盜取金銀布帛。

晡時❶，黃巢前鋒將柴存入長安，金吾大將軍張直方帥文武數十人迎巢於霸上❷。巢乘金裝肩輿❸，其徒皆被髮，約❹以紅繒，衣錦繡，執兵以從，甲騎如流，輜重塞塗，千里絡繹不絕。民夾道聚觀，尚讓歷諭之曰：「黃王起兵，本為百姓，非如李氏不愛汝曹，汝曹但安居無恐。」巢館于田令孜第。其徒為盜久，不勝富❺，見貧者，往往施與之。居數日，各出大掠，焚市肆❻，殺人滿街，巢不能禁。尤憎官吏，得者皆殺之。

上趣駱谷❼，鳳翔節度使鄭畋謁上於道次❽，請車駕留鳳翔。上曰：「朕不欲密邇❾巨寇，且幸興元，徵兵以圖收復。卿東扞賊鋒，西撫諸蕃，糾合鄰道，勉建大勳。」畋曰：「道路梗澀❿，奏報難通，請得便宜從事。」許之。

戊子⓫，上至壻水⓬，詔牛勗、楊師立、陳敬瑄，諭以京城不守，且幸興元，若賊勢猶盛，將幸成都，宜豫為備擬⓭。

庚寅⓮，黃巢殺唐宗室在長安者無遺類。辛卯⓯，巢始入宮。壬辰⓰，巢即皇帝位于含元殿，畫皂繒為袞衣⓱，擊戰鼓數百以代金石之樂。登丹鳳樓，下赦書，國號大齊，改元金統。謂廣明之號⓲，去唐下體而著黃家日月，以為己符瑞。唐官三品以上悉停任，四品以下位如故。以妻曹氏為皇后。以尚讓為太尉兼中書令，趙璋兼侍中，崔璆、楊希古⑲並同平章事，孟楷、蓋洪為左右僕射、知左右軍事⑳，費傳古為樞密使。以太常博士皮日休㉑為翰林學士。璆，邠[1]之子也㉒，時罷浙東觀察使，在長安，巢得而相之。

諸葛爽以代北行營兵屯櫟陽㉓，黃巢將碭山朱溫㉔屯東渭橋㉕，巢使溫誘說之，爽遂降於巢。溫少孤貧，與兄昱、存隨母王氏依蕭縣劉崇家，崇數笞辱之，崇母獨憐之，戒家人曰：「朱三，非常人也，汝曹善遇之。」巢以諸葛爽為河陽節度使。爽赴鎮，羅元杲發兵拒之，士卒皆棄甲迎爽，元杲逃奔行在。

鄭畋還鳳翔，召將佐議拒賊，皆曰：「賊勢方熾，宜且從容以俟兵集，乃圖收復。」畋曰：「諸君勸畋臣賊乎！」因悶絕仆地，甃傷其面㉖，自午至明旦，尚未能言。會巢使者以赦書至，監軍袁敬柔與將佐序立㉗宣示，代畋草表署名以謝巢。監軍與巢使者宴，樂奏，將佐以下皆哭。使者怪之，幕客孫儲㉘曰：「以相公風痹㉙不能來，故悲耳。」民間聞者無不泣。畋聞之曰：「吾固知人心尚未厭唐，賊授首㉚無日矣！」乃刺指血為表，遣所親間道詣行在。召將佐諭以逆順，皆聽命，復刺血與盟，然後完城塹，繕器械，訓士卒，密約鄰道合兵討賊，鄰道皆許諾發兵，會於鳳翔。時禁兵[2]分鎮關中者㉛尚數萬，聞天子幸蜀，無所歸，畋使人招之，皆往從畋。畋分財以結其心，軍勢大振。

丁酉[32]，車駕至興元，詔諸道各出全軍收復京師。

己亥[33]，黃巢下令，百官詣趙璋第投名銜[34]者，復其官。豆盧瑑、崔沆及左僕射于琮、右僕射劉鄴、太子少師裴諗、御史中丞趙濛、刑部侍郎李溥、京兆尹李湯[35]扈從不及，匿民間，巢搜獲，皆殺之。廣德公主[36]曰：「我唐室之女，誓與于僕射俱死！」執賊刃不置[37]，賊并殺之。發盧攜尸，戮之於市。將作監鄭綦、庫部郎中鄭係義不臣賊，舉家自殺。左金吾大將軍張直方雖臣於巢，多納亡命，匿公卿於複壁，巢殺之。

初，樞密使楊復恭薦處士河間張濬[38]，拜太常博士，遷度支員外郎。黃巢逼潼關，濬避亂商山[39]。上幸興元，道中無供頓[40]。漢陰[41]令李康以騾負糗糧[42]數百馱[43]獻之，從行軍士始得食。上問康：「卿為縣令，何能如是？」對曰：「臣不及此，乃張濬員外教臣。」上召濬詣行在，拜兵部郎中。

義武節度使王處存聞長安失守，號哭累日，不俟詔命，舉軍入援，遣二千人間道詣興元衛車駕。

黃巢遣使調發河中，前後數百人，吏民不勝其苦。王重榮謂眾曰：「始吾屈節㊹以紓㊺軍府之患，今調財不已，又將徵兵，吾亡無日矣！不如發兵拒之。」眾皆以為然，乃悉驅巢使者殺之。巢遣其將朱溫自同州、弟黃鄴自華州合兵擊河中。重榮與戰，大破之，獲糧仗㊻四十餘船，遣使與王處存結盟，引兵營於渭北㊼。

陳敬瑄聞車駕出幸，遣步騎三千奉迎，表請幸成都。時從兵浸多，興元儲偫㊽不豐，田令孜亦勸上，上從之。

【章旨】以上為第三段，寫黃巢破長安，稱帝建國號大齊，大殺百官和唐宗室。唐僖宗蒙塵至興元。

【注釋】❶晡時　午後申時，當下午三點至五點。❷霸上　地名，在今陝西西安東灞河西岸。霸，一作「灞」。❸金裝肩輿　用黃金裝飾以人工扛抬的交通工具，猶今滑竿。❹約　束；纏。❺不勝富　非常富有。❻市肆　市中店鋪。❼駱谷　谷名，關中通往漢中的谷道之一，在今陝西周至南。❽道次　路上臨時停留之所。❾密邇　切近；靠近。❿梗澁　梗塞。澁，「澀」的異體字。⓫戊子　十二月初九日。⓬壻水　水名，源出陝西佛坪，流經城固入漢水。今稱湑水。⓭備擬　備待，作好準備以待需時。⓮庚寅　十二月十一日。⓯辛卯　十二月十二日。⓰壬辰　十二月十三日。⓱畫皁繒為袞衣　在黑色綢緞上畫出龍紋圖案作為皇帝的禮服。⓲廣明之號　廣明這個年號，是將「唐」字去「丰」、「口」而加「黃」字為「廣」，合「日」、「月」而為「明」；亦即「廣明」乃黃家日月，表明「黃」當代「唐」。故黃巢認為廣明之號是自己的符瑞。⓳崔璆楊希古　唐降官。⓴知左右軍事　黃巢之軍分左右，交付二人分別掌管。㉑皮日休　字襲美，晚唐詩人。咸通中官太常博士，投降黃巢，任翰林學士。《新唐書・藝文志》著錄《皮日休集》十卷。㉒璆二句　璆，崔邠之子。據兩《唐書・崔鄲傳》，璆為鄲之少子。邠，鄲之兄。《通鑑》誤。㉓櫟陽　縣名，縣治在今陝西臨潼北。㉔朱溫　（西元八五二—九一二年）宋州碭山（今安徽碭山縣）人，乾符四年（西元八七七年）參加黃巢軍，任同州防禦使。中和二年（西元八八二年）降唐，官至宣武節度使。天祐元年（西元九〇四年）殺唐昭宗，立哀帝。四年廢帝自立，國號梁。傳見兩《五代史》卷一。㉕東渭橋　橋名，在今陝西西安東北渭河上。㉖毀傷其面　鄭畋仆地時臉被瓦礫刺傷。㉗序立　按官職高低以次站立。㉘孫儲　人名，歷官天雄節度使、兵部尚書兼京兆尹。事附《新唐書》卷一百八十三〈孫偓傳〉。㉙風痺　得了中風的病。㉚授首　被殺。㉛禁兵分鎮關中者　即駐紮好時、麟遊等關中八處之神策兵。㉜丁酉　十二月十八日。㉝己亥　十二月二十日。㉞名銜　名帖，上書其官位姓名。㉟李湯　（？—西元八八〇年）唐文宗宰相李宗閔之姪。累官給事中、京兆尹。事附《舊唐書》卷一百七十六、《新唐書》卷一百七十四〈李宗閔傳〉。㊱廣德公主　宣宗女，于琮之妻。傳見《新唐書》卷八十三。㊲不置　不放。㊳張濬　字禹川，河間（今河北河間）人，歷任太常博士、諫議大夫、兵部侍郎、宰相。後討李克用，兵敗，貶連州刺史，官終尚書右僕射。傳見《舊唐書》卷一百七十九、《新唐書》卷一百八十五。㊴商山　山名，一名商洛山，在今陝西商縣東南。㊵供頓　食宿供應。㊶漢陰　縣名，縣治在今陝西石泉縣東南漢江西南岸石泉嘴。㊷糗糧　乾糧。㊸馱　牲畜負載之物曰馱。亦作量詞，一馱百斤。㊹屈節　折節。㊺紓　緩解。㊻糧仗　糧食與兵器。㊼渭北　渭水北岸。㊽儲偫　儲備。

【校　記】①邠　嚴衍《通鑑補》改作「豳」。②兵　據章鈺校，十二行本、乙十一行本皆作「軍」。

【語　譯】下午三四點鐘的時候，黃巢的前鋒將領柴存進入長安，金吾大將軍張直方帶領文武百官數十人到霸上迎接黃巢。黃巢乘坐金裝肩輿，他的隨從人員都披著髮，用紅綢子紮著，穿著錦繡衣服，拿著武器跟隨，甲士和騎兵如同流水一般，輜重車輛堵塞了道路，千里長的路上接連不斷。民眾夾道聚觀，尚讓在他經過的地方告訴老百姓說：「黃王起兵，本為百姓，不像李氏那樣不愛護你們，大家儘管安居，不用恐懼。」黃巢住在田令孜的府宅中。他的徒屬為盜時間長，很是富有，看到貧窮的人，往往施捨錢物。過了幾天，各自出去大肆搶掠，焚燒坊市店鋪，在街上殺了很多人，黃巢也禁止不了。尤其憎恨官吏，抓到了就殺死。

僖宗奔赴駱谷，鳳翔節度使鄭畋在路上暫停之處拜見了僖宗，請求僖宗留在鳳翔。僖宗說：「朕不想靠近巨寇，暫時到興元，徵調各道人馬以圖收復京師。你東邊要抵禦叛賊的兵鋒，西邊要安撫各少數民族，聯合鄰近各道，努力建立大功業。」鄭畋說：「道路梗塞，奏報難通，請求讓我能夠乘便見機行事。」僖宗答應了。

十二月初九日戊子，僖宗到達壻水，下詔給牛勗、楊師立和陳敬瑄，通告京城失守，皇上暫時幸臨興元，倘若叛賊勢力還強大的話，將到成都，你們要預先準備。

十二月十一日庚寅，黃巢屠殺留在長安的唐宗室，一個也不留。十二日辛卯，黃巢才進入皇宮。十三日壬辰，黃巢即帝位於含元殿，在黑色綢緞上繪畫龍紋圖案作為皇帝的禮服，擊戰鼓數百通以代替金石樂器。登上丹鳳門城樓，頒下赦書，國號大齊，改年號為金統。說唐的廣明年號，是去掉「唐」字的下半部分，然後加上黃家日月，認為這是自己當皇帝的預兆。唐朝的官吏三品以上的全部停止任職，四品以下的仍舊擔任原來的職位。封妻子曹氏為皇后。任命尚讓為太尉兼中書令，趙璋兼侍中，崔璆、楊希古並同平章事，孟楷、蓋洪為左右僕射、知左右軍事，費傳古為樞密使。任命太常博士皮日休為翰林學士。崔璆，是崔邠的兒子，當時被罷免了浙東觀察使，人在長安，黃巢得到他任命他為宰相。

諸葛爽帶領代北行營的軍隊屯駐在櫟陽，黃巢的將領碭山人朱溫屯駐在東渭橋，黃巢叫朱溫去勸說諸葛爽歸順，諸葛爽於是投降了黃巢。朱溫年少時父親去世，家境貧窮，和哥哥朱昱、朱存跟隨母親王氏依靠蕭縣劉崇家生活，劉崇多次鞭辱朱溫，只有劉崇的母親憐惜朱溫，告誡家人說：「朱三，不是平常人，你們要好好對待他。」黃巢任命諸葛爽為河陽節度使。諸葛爽去上任，原任節度使羅元杲派軍隊抗拒他，士卒們都拋掉鎧甲迎接諸葛爽，羅元杲逃往僖宗的駐地。

鄭畋返回鳳翔，召集將佐商議抵禦叛賊，將佐們都說：「叛賊的勢力正強大，應當從容等待各方軍隊聚集後，再圖謀收復京師。」鄭畋說：「你們勸我向叛賊稱臣嗎！」接著昏倒在地，臉上也被瓦礫刺傷了，從午間到第二天早晨，還不能說話。適遇黃巢的使者帶著赦書到來，監軍袁敬柔和將佐們依次站立接受宣布赦令，代替鄭畋寫奏表簽名以答謝黃巢。監軍和黃巢的使者宴飲，奏起了音樂，將佐以下的官吏都哭了。使者感到奇怪，幕客孫儲說：「由於相公得了中風病不能前來，所以悲傷而已。」民間聽到這事的人沒有不涕泣的。鄭畋得知此事說：「我本來就知道人心尚未厭棄唐朝，叛賊不要很久就會被消滅了！」於是刺指血寫成奏表，派遣親信抄小路送到僖宗那裡。召集將佐說明逆順的道理，將佐都聽從鄭畋的命令，鄭畋又刺血和他們立下盟誓，然後修繕好城牆和護城河，修理兵器軍械，訓練士卒，祕密相約鄰道合兵討賊，鄰道都答應發兵，在鳳翔會合。當時分鎮關中的禁衛兵還有數萬人，聽說天子到蜀地去了，無處歸依，鄭畋派人招集他們，都前往依從鄭畋。鄭畋分財物給他們，用以團結他們，軍隊的勢力大大振興起來。

十二月十八日丁酉，僖宗到達興元，下詔各道出動全部軍隊收復京師。

十二月二十日己亥，黃巢下令，到趙璋的住宅來交名帖的百官，就恢復官職。豆盧瑑、崔沆和左僕射于琮、右僕射劉鄴、太子少師裴諗、御史中丞趙濛、刑部侍郎李溥、京兆尹李湯來不及跟隨僖宗逃走，藏匿民間，黃巢搜查抓到了他們，全部殺死。廣德公主說：「我是唐朝皇室之女，發誓要和于僕射一道死！」抓著叛賊的刀不放下，叛賊把她一起殺了。又把盧攜的屍體挖出來，在鬧市陳列示眾。將作監鄭綦和庫部郎中鄭係堅守節義不做叛賊的臣子，全家自殺。左金吾大將軍張直方雖然向黃巢稱臣，但是接納了很多逃亡的士大夫，把公卿們藏在夾壁中，黃巢發現後把張直方殺了。

當初，樞密使楊復恭推薦處士河間人張濬，授予太常博士，遷升為度支員外郎。黃巢逼近潼關時，張濬跑到商山避亂。僖宗到興元去時，路上沒有食宿供應。漢陰縣令李康用騾子運了數百馱食品獻給僖宗，跟隨僖宗的軍士才得到飯食。僖宗問李康：「你擔任縣令，怎麼會這樣做？」李康回答說：「臣想不到這一點，是張濬員外郎教臣這樣做的。」僖宗召張濬到住地，授給他兵部郎中。

義武節度使王處存聽說長安失守，幾天號哭，不等到朝廷的詔命，率領全軍前去援救，又派二千人從小路到興元去保衛僖宗。

黃巢派遣使者到河中鎮調運物資，前後去了數百人，吏民受不了徵調之苦。王重榮對眾人說：「開始時我屈節藉以緩解軍府的災患，現在徵調財物沒完沒了，又將徵兵，我不要多久就消亡了！不如發兵抗拒他們。」大家都認為應當這樣，於是全部驅除黃巢的使者，把他們殺了。黃巢派遣他的將領朱溫從同州、他的弟弟黃鄴從華州合兵進攻河中鎮。王重榮和他們交戰，大敗黃巢軍，繳獲糧食兵器四十多船，派遣使者和王處存結成同盟，帶領軍隊在渭北安營紮寨。

陳敬瑄聽說僖宗出走，就派遣步兵和騎兵共三千人前去迎接，上表請求僖宗幸臨成都。當時隨從的士兵漸漸多了，興元地方儲備的物資不豐足，田令孜也勸僖宗去成都，僖宗聽從了。

中和元年（辛丑　西元八八一年）

春，正月，車駕發興元。加牛勗同平章事。陳敬瑄以扈從之人驕縱難制，有內園小兒❶先至成都，遊於行宮，笑曰：「人言西川是蠻，今日觀之，亦不惡。」敬瑄執而杖殺之，由是眾皆肅然。敬瑄迎謁於鹿頭關❷。辛未❸，上至綿州，東川節度使楊師立謁見。壬申❹，以兵部侍郎、判度支蕭遘同平章事。

鄭畋約前朔方節度使唐弘夫[1]、涇原節度使程宗楚同討黃巢。巢遣其將王暉齎詔召畋，畋斬之，遣其子凝績詣行在，凝績追及上於漢州。

丁丑❺，車駕至成都，館於府舍。◯上遣中[2]使趣高駢討黃巢，道路相望，駢終不出兵。上至蜀，猶冀駢立功，詔駢巡內刺史及諸將有功者，自監察至常侍，聽❻以墨敕❼除訖奏聞。

裴澈自賊中奔詣行在。時百官未集，乏人草制。右拾遺樂朋龜謁田令孜而拜之，由是擢為翰林學士。張濬先亦拜令孜。令孜嘗召宰相及朝貴❽飲酒，濬恥於眾中拜令孜，乃先謁令孜謝酒❾。及賓客畢集❿，令孜言曰：「令孜與張郎中清濁異流⓫，嘗蒙中外，既慮玷辱⓬，何憚改更，今日於隱處謝酒則又不可。」濬慚懼無所容。

二月己卯朔⑬[3]，以太子少師王鐸守司徒兼門下侍郎、同平章事。○丙申⑭，加鄭畋同平章事。

加淮南節度使高駢東面都統，加河東節度使鄭從讜兼侍中，依前行營招討使。代北監軍陳景思帥沙陀酋長李友金及薩葛、安慶、吐谷渾諸部入援京師。至絳州，將濟河，絳州刺史瞿稹，亦沙陀也，謂景思曰：「賊勢方盛，未可輕進，不若且還代北募兵。」遂與景思俱還鴈門。○以樞密使楊復光為京西南面行營都監。

黃巢以朱溫為東南面行營都虞候，將兵攻鄧州。三月辛亥⑮，陷之，執刺史趙戎[4]，因戍鄧州以扼荊、襄。

壬子⑯，加陳敬瑄同平章事。甲寅⑰，敬瑄奏遣左黃頭軍⑱使李鋋將兵擊黃巢。

辛酉⑲，以鄭畋為京城四面諸軍行營都統。賜畋詔：「凡蕃、漢將士赴難有功者，並聽以墨敕除官。」畋奏以涇原節度使程宗楚為副都統，前朔方節度使唐弘夫為行軍司馬。黃巢遣其將尚讓、王播⑳帥眾五萬寇鳳翔。畋使弘夫伏兵要害，自以兵數千，多張旗幟，疏陳㉑於高岡。賊以畋書生，輕之，鼓行而前，無復行伍㉒。伏發，賊大敗於龍尾陂㉓，斬首二萬餘級，伏尸數十里。

有書尚書省門為詩以嘲賊者，尚讓怒，應㉔在省官及門卒，悉抉目㉕倒懸之。大索城中能為詩者，盡殺之，識字者給賤役，凡殺三千餘人。

瞿稹、李友金至代州，募兵踰旬，得三萬人，皆北方雜胡，屯於崞西㉖，獷悍暴橫，稹與友金不能制。友金乃說陳景思曰：「今雖有眾數萬，苟無威望[5]之將以統之，終無成功。吾兄司徒㉗父子，勇略過人，為眾所服。驃騎㉘誠奏天子赦其罪，召以為帥，則代北之人一麾響應㉙，狂賊不足平也。」景思以為然，遣使詣行在言之，詔如所請。友金以五百騎齎詔詣達靼迎之，李克用帥達靼諸部㉚萬人赴之。

羣臣追從車駕者稍[6]集成都，南北司朝者近二百人，諸道及四夷貢獻不絕，蜀中府庫充實，與京師無異，賞賜不乏，士卒欣悅。

黃巢得王徽，逼以官。徽陽瘖㉛，不從，月餘，逃奔河中，遣人間道奉絹表詣行在。詔以徽為兵部尚書。

前夏綏節度使諸葛爽復自河陽奉表自歸㉜，即以為河陽節度使。

宥州㉝刺史拓跋思恭㉞，本党項羌也，糾合夷、夏兵會鄜延節度使㉟李孝昌於鄜州，同盟討賊。

奉天鎮使齊克儉遣使詣鄭畋求自效。甲子㊱，畋傳檄天下藩鎮，合兵討賊。時天子在蜀，詔令不通，天下謂朝廷不能復振，及得畋檄，爭發兵應之。賊懼，不敢復窺京西。

【章旨】以上為第四段，寫鳳翔節度使鄭畋阻擊黃巢，傳檄諸鎮，合兵討賊，防止了局勢崩潰。

【注釋】❶內園小兒　在皇宮園圃種植瓜果蔬菜及服雜役的年少宦者。❷鹿頭關　關名，在今四川德陽東北鹿頭山上。❸辛未　正月二十二日。❹壬申　正月二十三日。❺丁丑　正月二十八日。❻聽　聽任；同意。❼墨敕　本指皇帝不經外廷而親筆書寫下達的詔令，此指授權高駢先以墨敕除授官職，事畢奏報。❽朝貴　朝中有權勢的貴官。❾先謁令孜謝酒　張濬在宴會前獨自去拜見田令孜謝酒。❿賓客畢集　賓客全部到齊。⓫清濁異流　進士及第做官稱清流，依托宦官做官為濁流。濁流官出身不正，受人輕視。⓬既慮玷辱　既然顧慮受牽連被玷汙。田令孜不滿張濬偷偷摸摸的巴結自己，於是在大庭廣眾中揭露張濬說：你既然顧慮向我跪拜玷汙了你的清名，何必害怕改弦更張，可今日在隱蔽處向我跪拜謝酒，這是不可以的。⓭己卯朔　二月初一日。⓮丙申　二月十八日。⓯辛亥　三月初三日。⓰壬子　三月初四日。⓱甲寅　三月初六日。⓲黃頭軍　此為崔安潛所置西川黃頭軍。⓳辛酉　三月十三日。⓴王播　《新唐書》作「王璠」，當是。㉑疏陳　布陣。㉒無復行伍　不再排成隊列。㉓龍尾陂　地名，一作龍尾坡，在今陝西岐山縣東。㉔應　一應；一切。㉕抉目　挖出眼珠。㉖崞西　崞縣之西。㉗司徒　指李國昌。李國昌以平龐勛功檢校司徒。㉘驃騎　驃騎大將軍從一品，為武散官第一等。自高力士以來，宦者多加此官。這裡借以稱陳景思。㉙一麾響應　一招手，人們就像回聲一樣立即應和。㉚李克用帥達靼諸部　陳景思請赦李國昌父子，而克用獨至，因國昌已老之故。㉛陽瘖　裝啞。㉜自歸　廣明元年諸葛爽投降黃巢，現又歸附朝廷。㉝宥州　州名，治所長澤，在今內蒙古鄂托克旗東南。㉞拓跋思恭　党項人。咸通末竊據宥州，稱刺史。黃巢入長安，出兵鎮壓，唐僖宗任命為左武衛將軍，權知夏綏節度使。巢平，封夏國公，賜姓李。事附《新唐書》卷二百二十一上〈党項傳〉。㉟鄜延節度使　方鎮名，上元元年（西元七六〇年）置，領鄜、坊、丹、延四州。中和二年（西元八八二年）賜號保大軍，治所鄜州，在今陝西富縣。㊱甲子　三月十六日。

【校　記】①唐弘夫　據章鈺校，十二行本、乙十一行本、孔天胤本皆作「田弘夫」。按，《新唐書》卷九〈僖宗紀〉、卷二百二十五下〈逆臣下・黃巢傳〉皆載「朔方節度使唐弘夫」，底本應不誤。②中　原無此字。據章鈺校，十二行本、乙十一行本、孔天胤本皆有此字，張敦仁《通鑑刊本識誤》同，今據補。③二月己卯朔　「己」字原作「乙」，誤。二月朔日為己卯。《新唐書・僖宗紀》載，中和元年二月己卯，太子少師王鐸為司徒，兼門下侍郎、同中書門下平章事。嚴衍《通鑑補》已改作「己卯」，當是，今據校正。④戎　原誤作「戒」。據章鈺校，十二行本、乙十一行本、孔天胤本皆作「戎」，張瑛《通鑑校勘記》同，今據校正。按，《新唐書・僖宗紀》作「戎」。⑤望　原作「信」。據章鈺校，十二行本、乙十一行本、孔天胤本皆作「望」，義長，今從改。⑥稍　據章鈺校，十二行本、乙十一行本皆重「稍」字。

【語　譯】中和元年（辛丑　西元八八一年）

春，正月，僖宗車駕從興元出發。加授牛勗同平章事。陳敬瑄認為僖宗的侍從人員驕橫難以控制，有內園小兒先來到成都，在行宮中遊玩，笑著說：「人們說西川是蠻地，現在看起來，也不壞。」陳敬瑄把小兒抓起來用刑杖打死了，從此隨從的人都不敢胡鬧了。陳敬瑄在鹿頭關迎接僖宗。二十二日辛未，僖宗到達綿州，東川節度使楊師立拜見了僖宗。二十三日壬申，任命兵部侍郎、判度支蕭遘同平章事。

鄭畋邀約前朔方節度使唐弘夫、涇原節度使程宗楚一起討伐黃巢。黃巢派遣他的將領王暉帶著詔書去招撫鄭畋，鄭畋殺了王暉，派兒子鄭凝績到僖宗那裡去，鄭凝績在漢州追上了僖宗。

正月二十八日丁丑，僖宗抵達成都，住在西川節度使府。○僖宗派遣中使催促高駢討伐黃巢，使者在道路上前後相望，高駢始終不出兵。僖宗到西川以後，還希望高駢立功，詔令高駢在自己管轄範圍內的刺史和各將領有建立了功勞的人，從監察到常侍官，聽任他用墨敕任命後奏聞朝廷。

裴澈從賊軍中跑往僖宗住地。當時百官還沒有集中，缺乏人起草詔書。右拾遺樂朋龜謁見田令孜並下拜，於是被提升為翰林學士。張濬原先也拜見過田令孜。田令孜曾經召集宰相和朝貴飲酒，張濬恥於在眾人中向田令孜下拜，於是事先拜謁田令孜謝酒。等到賓客全都到齊了，田令孜說道：「我田令孜和張郎中清濁不同流品，曾經承蒙不棄與我建立了交情，既然擔心受到玷辱，怕什麼改弦更張，今天在隱蔽的地方敬酒是要不得的。」張濬羞慚恐懼到無地自容。

二月初一日己卯，任命太子少師王鐸守司徒兼門下侍郎、同平章事。○十八日丙申，加授鄭畋同平章事。

加授淮南節度使高駢為東面都統，加授河東節度使鄭從讜兼侍中，依舊擔任前行營招討使。代北監軍陳景思率領沙陀酋長李友金和薩葛、安慶、吐谷渾各部入援京師。到絳州，將要渡河，絳州刺史瞿稹，也是沙陀人，對陳景思說：「叛賊勢力正強大，不能輕率前進，不如暫時回到代北招募兵員。」於是就和陳景思一同返回雁門。○任命樞密使楊復光為京西南面行營都監。

黃巢任命朱溫為東南面行營都虞候，帶兵攻打鄧州；三月初三日辛亥，攻陷鄧州，抓住了刺史趙戎，於是駐守在鄧州，用來控制荊州和襄州。

三月初四日壬子，加授陳敬瑄同平章事。初六日甲寅，陳敬瑄奏請委派左黃頭軍使李鋋帶兵攻打黃巢。

三月十三日辛酉，任命鄭畋為京城四面諸軍行營都統。賜鄭畋的詔書中說：「凡是赴難有功的蕃、漢將士，都聽憑你用墨敕任命他們官職。」鄭畋上奏任命涇原節度使程宗楚為副都統，前朔方節度使唐弘夫為行軍司馬。黃巢派遣他的將領尚讓、王播帶領五萬軍隊進攻鳳翔。鄭畋派唐弘夫在要害地方埋伏士兵，自己帶領數千士兵，布置了很多旗幟，列陣於山崗上。叛賊認為鄭畋是書生，很輕視他，擊鼓前進，軍隊不再有隊形。伏兵突然衝出，賊軍在龍尾陂大敗，殺死了二萬多人，在數十里長路上都躺著賊軍的屍體。

有人在尚書省的門上寫詩來嘲諷叛賊，尚讓憤怒，把所有在尚書省的官吏和守門的兵卒，全都挖掉眼珠倒掛著。大肆搜索城中能寫詩的人，把他們都殺了，讓認識字的人去服賤役，共殺了三千多人。

瞿稹和李友金到了代州，募兵十多天，得到三萬人，都是北方的雜胡，屯駐在崞縣西邊，所招募的兵士剽悍橫暴，瞿稹和李友金不能駕御他們。李友金於是勸陳景思說：「現在雖然擁有數萬軍隊，假如沒有有威望的將領來統領他們，最終還是不能成功。我的族兄李國昌司徒父子，智勇和謀略超過常人，為士眾所信服。驃騎將軍能夠奏明天子，赦免他們的罪過，召來擔任統帥，那麼代北地方的群眾都會馬上響應他的號召，狂賊是不難平定的。」陳景思認為對，於是派使者到僖宗駐地去說明這件事，僖宗答應陳景思等人的請求。李友金率領五百名騎兵，帶著僖宗詔書，前往達靼部迎接李氏父子，李克用率領達靼各部一萬人前來應詔。

追隨僖宗的群臣逐漸集中到成都，來朝見的南衙北司官員接近二百人，各道和四夷進貢連續不斷，蜀中府庫充實，和京師沒有不同，賞賜也不缺乏，士卒們很高興。

黃巢找到了王徽，逼迫他做官。王徽裝啞，不聽從，過了一個多月，逃往河中鎮，派人從小路送去絹表給僖宗。僖宗下詔任命王徽為兵部尚書。

前夏綏節度使諸葛爽又從河陽送上奏表說自己回歸朝廷，立即任命他為河陽節度使。

宥州刺史拓跋思恭，本來是党項羌族人，糾合夷、夏兵和鄜延節度使李孝昌在鄜州會合，共同盟誓討伐黃巢。

奉天鎮使齊克儉派遣使者前往鄭畋那裡要求為國家效力。三月十六日甲子，鄭畋向全國各藩鎮送去檄文，集合兵力討伐黃巢。當時天子在蜀地，詔令不通，全國各地以為朝廷再也振興不起來了，等到收到鄭畋的檄文後，競相發兵響應他的號召。叛賊恐懼了，不敢再窺視京西。

夏，四月戊寅朔❶，加王鐸兼侍中。○以拓跋思恭權知夏綏節度使。

黃巢以其將王玫為邠寧節度使。邠州通塞鎮❷將朱玫起兵誅之，讓別將李重古為節度使，自將兵討巢。

是時，唐弘夫屯渭北，王重榮屯沙苑❸，王處存屯渭橋，拓跋思恭屯武功❹，鄭畋屯盩厔❺。弘夫乘龍尾之捷，進薄長安。

壬午❻，黃巢帥眾東走。程宗楚先自延秋門❼入，弘夫繼至，處存帥銳卒五千夜入城。坊市民喜，爭讙呼出迎官軍，或以瓦礫擊賊，或拾箭以供官軍。宗楚等恐諸將分其功，不報鳳翔、鄜、夏❽。軍士釋兵入第舍，掠金帛、妓妾。處存令軍士首[1]繫白繻❾為號，坊市少年或竊其號以掠人。賊露宿霸上，詗知官軍不整，且諸軍不相繼，引兵還襲之，自諸門分入，大戰長安中。宗楚、弘夫死，軍士重負❿不能走，是以甚敗，死者什八九，處存收餘眾還營。

丁亥⓫，巢復入長安，怒民之助官軍，縱兵屠殺⓬，流血成川，謂之洗城。

於是諸軍皆退，賊勢愈熾。

賊所署同州刺史王溥、華州刺史喬謙、商州刺史宋巖聞巢棄長安，皆率眾奔鄧州。朱溫斬溥、謙，釋巖，使還商州。

庚寅⓭，拓跋思恭、李孝昌與賊戰於王橋⓮[2]，不利。○詔以河中留後王重榮為節度使。

【章旨】以上為第五段，寫官軍克長安，軍紀敗壞而敗。黃巢再入長安，大殺士民。

【注釋】❶戊寅朔　四月初一日。❷通塞鎮　軍鎮名，治所在今陝西彬縣。❸沙苑　地名，又名沙阜、沙窩，在今陝西大荔南洛、渭二河之間，東西八十里，南北三十里。❹武功　縣名，縣治在今陝西眉縣東四十里渭河南岸。❺盩厔　縣名，縣治在今陝西周至。❻壬午　四月初五日。❼延秋門　長安禁苑城西之門。❽不報鳳翔鄜夏　不向鳳翔節度使鄭畋和鄜延節度使李孝昌及夏綏節度使拓跋思恭通報進城之事。❾繻　束髮用的絲帶。❿重負　士兵掠奪財物甚多，負擔沉重。⓫丁亥　四月初十日。⓬縱兵屠殺 據《新唐書・黃巢傳》載「殺八萬人」。⓭庚寅 四月十三日。⓮王橋 地名，在今陝西西安西北漢長安城東。

【校 記】①首 原無此字。據章鈺校，十二行本、乙十一行本、孔天胤本皆有此字，張敦仁《通鑑刊本識誤》同，今據補。②王橋 原作「土橋」。據章鈺校，十二行本、乙十一行本、孔天胤本皆作「王橋」，熊羅宿《胡刻資治通鑑校字記》同，今據改。

【語 譯】夏，四月初一日戊寅，加授王鐸兼任侍中。〇任命拓跋思恭暫時擔任夏綏節度使。

黃巢任命他的將領王玫為邠寧節度使。邠州通塞鎮將朱玫發兵殺了王玫，讓別將李重古擔任邠寧節度使，自己率軍討伐黃巢。

當時，唐弘夫屯駐在渭北，王重榮屯駐在沙苑，王處存屯駐在渭橋，拓跋思恭屯駐在武功，鄭畋屯駐在盩厔。唐弘夫乘著龍尾陂的勝利氣勢，進逼長安。

四月初五日壬午，黃巢率軍東去。程宗楚先從延秋門進入長安，唐弘夫相繼到達，王處存帶領銳卒五千人夜裡進入長安城。街坊中的市民很高興，爭相歡呼著出來迎接官軍，有的人用瓦片磚頭打擊叛賊，有的人撿箭供官軍使用。程宗楚等擔心其他將領分去了他們入城的功勞，沒有把入城的事報告鳳翔和鄜、夏節度使。軍士們放下了武器，進入富人宅舍，搶掠金帛和伎妾。王處存命令軍士頭上用絲帶束髮作為標誌，街坊中有的少年也利用這種標誌去搶劫他人。賊軍露宿在霸上，探知官軍紀律很壞，並且各路軍隊不相接續，就領兵返回襲擊官軍，他們分頭從各門進入，在長安城中大戰。程宗楚和唐弘夫戰死，官軍士兵背著搶來的重東西不能奔跑，因此大敗，死去的有十分之八九，王處存收集殘餘部隊回到軍營。

四月初十日丁亥，黃巢又回到長安，對民眾幫助官軍大為憤怒，放縱士兵屠殺民眾，血流成河，稱之為洗城。於是各路官軍都撤退了，賊軍勢力更加強大。

叛賊所任命的同州刺史王溥、華州刺史喬謙和商州刺史宋巖聽說黃巢放棄了長安，都帶領部眾奔往鄧州。朱溫殺了王溥和喬謙，釋放了宋巖，讓他返回商州。

四月十三日庚寅，拓跋思恭、李孝昌與賊軍在王橋交戰，沒有取勝。〇朝廷下詔任命河中留後王重榮為節度使。

賊眾上黃巢尊號曰承天應運啟聖睿文宣武皇帝。

有雙雉❶集廣陵府舍，占者以為野鳥來集，城邑將空之兆。高駢惡之，乃移檄四方，云將入討黃巢，悉發巡內兵八萬，舟二千艘，旌旗甲兵甚盛。五月己未❷[1]，出屯東塘❸。諸將數請行期，駢託風濤為阻，或云時日不利，竟不發。

李克用牒河東，稱奉詔將兵五萬討黃巢，令具頓遞❹，鄭從讜閉城以備之。克用屯於汾東，從讜犒勞，給其資糧，累日不發。克用自至城下大呼，求與從讜相見，從讜登城謝之。癸亥❺，復求發軍賞給❻，從讜以錢千緡、米千斛遺之。甲子❼，克用縱沙陀剽掠居民，城中大駭。從讜求救於振武節度使契苾璋。璋引突厥、吐谷渾救之，破沙陀兩寨。克用追戰至晉陽城南，璋引兵入城，沙陀掠陽曲、榆次❽而歸[2]。

黃巢之克長安也，忠武節度使周岌降之。岌嘗夜宴，急召監軍楊復光❾，左右曰：「周公臣賊，將不利於內侍❿，不可往。」復光曰：「事已如此，義不圖全。」即詣之。酒酣，岌言及本朝，復光泣下，良久，曰：「丈夫所感者恩義耳！公自匹夫為公侯，柰何捨十八葉⓫天子而臣賊乎！」岌亦流涕曰：「吾不能獨拒賊，故貌奉而心圖之，今日召公，正為此耳。」因瀝酒為盟。是夕，復光遣其養子守亮殺賊使者於驛。

時秦宗權據蔡州，不從岌命。復光將忠武兵三千詣蔡州，說宗權同舉兵討巢。宗權遣其將王淑將兵三千從復光擊鄧州，逗留不進，復光斬之，併其軍，分忠武八千人為八都，遣牙將鹿晏弘、晉暉、王建⓬、韓建、張造、李師泰、龐從等八人將之。王建，舞陽人。韓建，長社⓭人。晏弘、暉、造、師泰，皆許州人也。復光帥八都與朱溫戰，敗之，遂克鄧州，逐北至藍橋⓮而還。

昭義節度使高潯會王重榮攻華州，克之。

六月戊戌⓯，以鄭畋為司空兼門下侍郎、同平章事，都統如故。

李克用遇大雨，己亥⓰[3]，引兵北還，陷忻、代二州，因留居代州。鄭從讜遣教練使論安等軍百井以備之。

邠寧節度副使朱玫屯興平⓱，黃巢將王播圍興平，玫退屯奉天及龍尾陂。

西川黃頭軍使李鋋將萬人，鞏咸將五千人，屯興平，為二寨，與黃巢戰，屢捷，陳敬瑄遣神機營使高仁厚⑱將二千人益之。

秋，七月丁巳⑲，改元，赦天下。○庚申⑳，以翰林學士承旨、兵部侍郎韋昭度㉑同平章事。

論安自百井擅還，鄭從讜不解鞾衫㉒斬之，滅其族，更遣都頭溫漢臣將兵屯百井。契苾璋引兵還振武。

【章旨】以上為第六段，寫討賊藩鎮，強力者野心勃發，高駢據揚州按兵不出，圖謀割據；沙陀李克用奉詔勤王，趁火打劫，搶掠太原近郊而退還。

【注釋】❶雉　野雞。❷己未　五月十二日。❸東塘　地名，在今江蘇揚州東。❹頓遞　沿途準備食宿和郵驛。❺癸亥　五月十六日。❻賞給　賞錢和糧餉。❼甲子　五月十七日。❽陽曲榆次　皆縣名。陽曲，縣治在今山西太原北陽曲鎮。榆次，縣治在今山西榆次。❾召監軍楊復光　楊復光為忠武監軍，原屯鄧州，後朱溫攻陷鄧州，復光遂至許州依周岌。❿內侍　唐代內侍省以內侍監為首長，內侍為之副。此指楊復光。⓫十八葉　自唐高祖至僖宗十八世。葉，世；代。⓬王建　（西元八四七—九一八年）字光圖，許州舞陽（今河南舞陽）人，累官壁州刺史，後攻佔劍南二川，被封蜀王。後梁代唐，建亦在成都稱帝，國號蜀。傳見《舊五代史》卷一百三十六、《新五代史》卷六十三。⓭長社　縣名，縣治在今河南許昌。⓮藍橋　地名，在今陝西藍田東南。⓯戊戌　六月二十二日。⓰己亥　六月二十三日。⓱興平　縣名，縣治在今陝西興平。⓲高仁厚　原為西川節度使陳敬瑄部將，累官眉州刺史、劍南東川節度使。後被陳敬瑄斬首。傳見《新唐書》卷一百八十九。⓳丁巳　七月十一日。⓴庚申　七月十四日。㉑韋昭度　字正紀，京兆（今陝西西安）人，乾符中歷任中書舍人、兵部侍郎，唐僖宗、唐昭宗兩朝兩度入相。奸相崔昭緯勾結藩鎮上書譖貶昭度，不久被靜難軍節度使王行瑜殺害。傳見《舊唐書》卷一百七十九、《新唐書》卷一百八十五。㉒鞾衫　乘馬時的穿著。指身著武裝。鞾，同「靴」。

【校記】①己未　原作「乙未」。據章鈺校，十二行本、乙十一行本、孔天胤本皆作「己未」，張敦仁《通鑑刊本識誤》同，今據改。按，五月戊申朔，無乙未。②歸　據章鈺校，十二行本作「去」，張敦仁《通鑑刊本識誤》同。③己亥　原無此二字。據章鈺校，十二行本、乙十一行本、孔天胤本皆有此二字，張敦仁《通鑑刊本識誤》同，今據補。

【語譯】賊眾給黃巢上尊號稱承天應運啓聖睿文宣武皇帝。

有一對野雞落在廣陵府的房子上，占卜的人認為野鳥飛來落在這裡，是城邑將要變成空地的凶兆。高駢討厭這件事，於是發檄文到各地，說是將要入長安討伐黃巢，將管轄之內的八萬軍隊全部調來，有船二千艘，旌旗武器等非常之多。五月十二日己未，出兵屯駐在東塘。將領們多次問高駢出發的時間，高駢藉口有風浪險阻，或者說時日不利，最終沒有出發。

李克用移牒河東，說是奉詔帶領五萬軍隊討伐黃巢，叫河東節度使為他們準備食宿和郵驛，鄭從讜關閉了城門防備他們。李克用屯駐在汾水東岸，鄭從讜犒勞了他們，供給了物資糧食，他們駐了幾天也不走。李克用親自到城下大聲呼喚，要求和鄭從讜會見，鄭從讜登上城頭表示謝意。五月十六日癸亥，李克用又要求發給軍隊賞錢和糧餉，鄭從讜給了他們一千串錢、一千斛米。十七日甲子，李克用放縱沙陀兵搶劫居民，城中大為驚駭。鄭從讜向振武節度使契苾璋求救。契苾璋帶領突厥、吐谷渾部前來營救，攻破沙陀兵的兩個營寨。李克用追戰到晉陽城南面，契苾璋帶軍隊進入城內，沙陀兵搶掠了陽曲、榆次以後才回去。

黃巢攻下長安時，忠武節度使周岌投降了黃巢。周岌曾經舉行夜宴，急切召喚監軍楊復光，楊復光身邊的人說：「周岌臣服叛賊，將給內侍你造成危險，不能前往赴宴。」楊復光說：「事情已經這樣了，堅守大義，不能考慮自身的安全。」隨即前往赴會。酒喝到酣暢時，周岌講到本朝的事，楊復光流著淚，過了好久，說：「大丈夫所要感激的只是恩義而已！公從匹夫到位列公侯，為什麼要拋開唐朝十八代天子而去做叛賊的臣子呢！」周岌也流著眼淚說：「我不能單獨抵抗賊軍，所以表面上奉侍賊軍而內心中卻在圖謀他們，今天叫你來，正是為了這件事。」於是滴酒結下盟約。當天晚上，楊復光派遣養子楊守亮在驛館中殺了叛賊的使者。

當時秦宗權據守蔡州，不服從周岌的命令。楊復光帶領忠武軍的三千人前往蔡州，勸說秦宗權共同發兵討伐黃巢。秦宗權派遣他的將領王淑帶領士兵三千人跟隨楊復光進攻鄧州，王淑逗留不進，楊復光殺了王淑，合併了他的部隊，分忠武軍的八千人為八都，派牙將鹿晏弘、晉暉、王建、韓建、張造、李師泰、龐從等八人率領他們。王建，是舞陽人。韓建，是長社人。鹿晏弘、晉暉、張造、李師泰，都是許州人。楊復光帶領八都士兵和朱溫交戰，打敗了朱溫，於是攻下了鄧州，追趕敗軍到達藍橋才返回。

昭義節度使高潯會合王重榮進攻華州，攻了下來。

六月二十二日戊戌，任命鄭畋為司空兼門下侍郎、同平章事，仍擔任都統。

李克用遇上大雨，六月二十三日己亥，帶領軍隊返回北方，攻佔了忻、代二州，因而留居代州。鄭從讜派遣教練使論安等駐紮在百井以防備李克用。

邠寧節度副使朱玫屯駐興平，黃巢的將領王璠包圍興平，朱玫撤退到奉天縣和龍尾陂駐紮。

西川黃頭軍使李鋋帶領一萬人，鞏咸帶領五千人屯駐興平，建立了兩個營寨，與黃巢軍交戰，多次打了勝仗，陳敬瑄派遣神機營使高仁厚帶領二千人去增援他們。

秋，七月十一日丁巳，改年號為中和，大赦天下。○十四日庚申，任命翰林學士承旨、兵部侍郎韋昭度同平章事。

論安從百井擅自返回，鄭從讜連靴子和外衣也來不及脫去，就殺了論安，滅了他的全家，另外派都頭溫漢臣帶兵屯駐百井。契苾璋率軍返回振武。

初，車駕至成都，蜀軍賞錢人三緡。田令孜為行在都指揮處置使，每四方貢金帛，輒頒賜從駕諸軍無虛月[1]，不復及蜀軍，蜀軍頗有怨言。丙寅❶，令孜宴土客都頭❷，以金杯行酒，因賜之，諸都頭皆拜而受。西川黃頭軍使郭琪獨不受，起言曰：「諸將月受俸料❸，豐贍有餘，常思難報，豈敢無厭！顧蜀軍與諸軍同宿衛，而賞賚懸殊，頗有觖望❹，恐萬一致變。願軍容減諸將之賜以均蜀軍，使土客如一，則上下幸甚！」令孜默然有間，曰：「汝嘗有何功？」對曰：「琪生長山東，征戍邊鄙，嘗與党項十七戰，契丹十餘戰，金創❺滿身。又嘗征吐谷渾，傷脇腸出，線縫復戰。」令孜乃自酌酒於別樽以賜琪。琪知其毒，不得已，再拜飲之。歸，殺一婢，吮其血以解毒，吐黑汁數升，遂帥所部作亂。丁卯❻，焚掠坊市。令孜奉天子保東城，閉門登樓，命諸軍擊之。琪引兵還營，陳敬瑄命都押牙安金山將兵攻之，琪夜突圍出，奔廣都❼，從兵皆潰，獨廳吏一人從，息於江岸。琪謂廳吏曰：「陳公❽知吾無罪，然軍府驚擾，不可以莫之安也❾。汝事吾能始終，今有以報汝。汝齎吾印劍詣陳公，曰：『郭琪走度江，我以劍擊之，墜水，尸隨湍流下矣，得其印劍以獻。』陳公必據汝所言，牓懸印劍於市以安眾。汝當獲厚賞，吾家亦保無恙❿。吾自此適廣陵，歸高公⓫，後數日，汝可密以語吾家也。」遂解印劍授之而逸⓬。廳吏以獻敬瑄，果免琪家。

上日夕專與宦者同處，議天下事，待外臣⓭殊疏薄。庚午⓮，左拾遺孟昭圖上疏，以為：「治安之代，遐邇猶應同心，多難之時，中外⑮尤當一體。去冬車駕西幸，不告南司，遂使宰相、僕射以下悉為賊所屠⑯，獨北司平善⑰。況今朝臣至者，皆冒死崎嶇，遠奉君親，所宜自茲同休等戚⑱。伏見前夕黃頭軍作亂，陛下獨與令孜、敬瑄及諸內臣閉城登樓，並不召王鐸已下及收朝臣入城，翌日⑲，又不對宰相，又不宣慰朝臣。臣備位諫官，至今未知聖躬安否，況疏冗⑳乎！儻羣臣不顧君上，罪固當誅；若陛下不恤羣臣，於義安在！夫天下者，高祖、太宗之天下，非北司之天下；天子者，四海九州之天子，非北司之天子。北司未必盡可信，南司未必盡無用。豈天子與宰相了無關涉㉑，朝臣皆若路人！如此，恐收復之期，尚勞聖慮[2]，尸祿㉒之士，得以宴安。臣躬被寵榮，職在裨益㉓，雖遂事不諫㉔，而來者可追。」疏入，令孜屏不奏。辛未㉕，矯詔貶昭圖嘉州司戶，遣人沈於蟇頤津㉖，聞者氣塞㉗而莫敢言。

【章旨】以上為第七段，寫宦官田令孜禍害西川。

【注釋】❶丙寅　七月二十日。❷土客都頭　蜀軍和從駕入蜀諸軍的各部頭領。❸俸料　俸金、祿米。❹觖望　抱怨。❺金創　中醫名詞，指硬金屬如刀、箭對人體所致之創傷。❻丁卯　七月二十一日。❼廣都　縣名，縣治在今四川雙流東南。❽陳公　謂陳敬瑄。❾不可以莫之安也　不可以不使軍府安定。❿無恙　無憂。引申為平安、完整。⓫高公　指淮南節度使高駢，時駐節廣陵。⓬逸　逃亡。⓭外臣　外廷之臣，即朝官。⓮庚午　七月二十四日。⓯中外　宮中與外廷。⓰為賊所屠　指宰相豆盧瑑、崔沆，僕射于琮等被殺。⑰平善　平安完好。⑱同休等戚　即休戚與共。休戚，喜樂悲傷。⑲翌日　明日。⑳疏穴　指居於散位之官。㉑了無關涉　全無關係。㉒尸祿　居位食祿而不做事。㉓職在裨益　職責在於裨補缺漏。㉔遂事不諫　已完成之事不再勸諫。遂事，已經完成之事。語出《論語・八佾》。㉕辛未　七月二十五日。㉖蟇頤津　津渡名，在今四川眉山市東。蟇，「蟆」的異體字。㉗氣塞　悶氣。

【校　記】①月　原作「日」。據章鈺校，十二行本、乙十一行本、孔天胤本皆作「月」，熊羅宿《胡刻資治通鑑校字記》同，今據改。②慮　據章鈺校，十二行本、乙十一行本、孔天胤本皆作「虞」。

【語　譯】當初，僖宗到成都，賞賜給蜀軍每人三串錢。田令孜擔任行在都指揮處置使，每次四方貢獻來的金帛，每天頒賜從駕的各路軍隊，沒有空過一月，不再給蜀軍，蜀軍很有怨言。七月二十日丙寅，田令孜宴請土軍和客軍的都頭，用金杯巡行酌酒勸飲，飲後就把杯子賞賜給眾人，各都頭都拜謝後接受了。只有西川黃頭軍使郭琪不接受，站起來說：「將領們每月都有俸金和祿米，給養家口豐足有餘，常常想到難以報答恩惠，怎麼敢再不滿足！看到蜀軍和其他軍隊共同保衛天子，而賞賜懸殊，蜀軍頗有抱怨，我擔心萬一導致變亂。希望觀軍容使減少對諸將的賞賜，用這些財物均勻給蜀軍，使土軍和客軍的待遇一個樣子，那麼上上下下的人都非常有幸了！」田令孜沉默了一會兒，說：「你曾經有什麼功勞？」郭琪回答說：「郭琪生長在山東，在邊疆征戰戍守，曾經和党項十七戰，和契丹十餘戰，滿身刀箭的傷痕。又曾經征討吐谷渾，脅部負傷腸子流了出來，用線縫合傷口後又去作戰。」田令孜於是親自用另外一個酒杯斟滿酒賞賜郭琪。郭琪知道是毒酒，不得已，拜了兩拜後把毒酒喝下去了。回到家，殺一女婢，吸吮她的血用來解毒，吐出黑汁數升，於是帶領所轄部下作亂，二十一日丁卯，焚燒搶劫街坊市場。田令孜護著天子據守東城，閉了城門登上城樓，命令各路軍攻打郭琪。郭琪帶兵返回軍營，陳敬瑄命令都押牙安金山帶兵攻打郭琪，郭琪在夜裡突圍出去，奔往廣都，跟隨的兵士都潰散了，只有廳吏一人相隨，在江邊休息。郭琪對廳吏說：「陳公知道我沒有犯罪，然而軍府受到驚擾，不可能不使它安定下來。你侍奉我能夠有始有終，現在有辦法報答你。你帶著我的印信和寶劍前往陳公那裡，說：『郭琪逃跑渡江時，我用劍擊殺他，落入水中，屍體隨急流漂走了，獲得他的印信和寶劍獻給你。』陳公一定會根據你說的話，在坊市貼出告示、懸掛出印劍以安定軍士們。你必當得到優厚的賞賜，我家裡也能保證平安無憂。我從此前往廣陵，投歸高駢，過幾天以後，你可以祕密地告訴我家裡人知道。」於是就把印信和寶劍解下來交給廳吏，然後逃走了。廳吏把印劍獻給了陳敬瑄，果然免除了郭琪家裡人的罪責。

僖宗一天到晚專和宦官在一起，商議國家大事，對待外廷諸臣特別疏遠淡薄。七月二十四日庚午，左拾遺孟昭圖呈上奏疏，認為：「太平的時代，遠近還應當同心協力，多災多難的時期，朝廷內外尤其應當團結一致。去年冬天皇上幸臨蜀地，沒有告訴南司，於是使得宰相、僕射以下的官員全部被叛賊屠殺了，只有北司官員平安完好。何況現在朝臣到這裡來的，都是冒著死亡的危險，經過崎嶇道路，從很遠來侍奉君親，應當從此以後休戚與共。看到前晚黃頭軍作亂，陛下只和田令孜、陳敬瑄以及那些內侍諸臣關閉城門登上城樓，並不招呼王鐸以下及其他朝臣入城，第二天，又未召對宰相，又不宣諭撫慰朝臣。臣列位諫官，至今也不知道聖上是否安泰，何況那些疏遠冗散的官吏呢！如果群臣不顧念君上，他們的罪過確實應當被殺；如果陛下不體恤群臣，那麼道義又在哪裡呢？現在的天下，是高祖、太宗的天下，不是北司的天下；天子，是四海九州的天子，不是北司的天子。北司未必全部可信，南司未必全部無用。難道天子和宰相毫無關係，朝臣都陌如路人！這樣下去，恐怕收復京師的時日，還要煩勞聖思，那些尸位素餐之人，能夠長享安樂。臣親身受到寵信和榮譽，職責在於裨補缺漏，雖然已完成的事不再勸諫，而對於未來的事還是可以借鑑的。」奏疏送上去以後，田令孜把它放在一邊，不上報僖宗。二十五日辛未，田令孜假傳詔令貶孟昭圖為嘉州司戶，又派人在蟇頤津將孟昭圖沉入江中，聽到這個消息的人感到悶氣，但沒有人敢說話。

鄜延節度使李孝昌、權夏州節度使拓跋思恭屯東渭橋，黃巢遣朱溫拒之。

以義武節度使王處存為東南面行營招討使，以邠寧節度副使朱玫為節度使。

八月己丑❶夜，星交流如織，或大如杯椀❷，至丁酉❸乃止。

武寧節度使❹支詳遣牙將時溥❺、陳璠將兵五千入關討黃巢，二人皆詳所獎拔❻也。溥至東都，矯稱詳命，召師還與璠合兵，屠河陰，掠鄭州而東。及彭城，詳迎勞，犒賞甚厚。溥遣所親說詳曰：「眾心見迫，請公解印以相授。」詳不能制，出居大彭館，溥自知留務。璠謂溥曰：「支僕射有惠於徐人，不殺，必成後悔。」溥不許，送詳歸朝。璠伏甲於七里亭❼，并其家屬殺之。詔以溥為武寧留後。溥表璠為宿州刺史。璠到官貪虐，溥以都將張友代還，殺之。

楊復光奏升蔡州為奉國軍，以秦宗權為防禦使。壽州屠者王緒與妹夫劉行全聚眾五百，盜據本州。月餘，復陷光州，自稱將軍，有眾萬餘人，秦宗權表為光州刺史。固始縣❽佐❾王潮❿及弟審邽、審知⓫皆以材氣知名，緒以潮為軍正⓬，使典資糧，閱⓭士卒，信用之。

高潯與黃巢將李詳戰于石橋⓮，潯敗，奔河中，詳乘勝復取華州。巢以詳為華州刺史。

以權知夏綏節度使拓跋思恭為節度使。

宗正少卿嗣曹王龜年自南詔還⓯，驃信上表款附⓰，請悉遵詔旨。

九月[1]，李孝昌、拓跋思恭與尚讓、朱溫戰于東渭橋，不利，引去。

初，高駢與鎮海節度使周寶俱出神策軍，駢以兄事寶。及駢先貴有功，浸輕之⑰。既而封壤相鄰⑱，數爭細故，遂有隙。駢檄寶入援京師，寶治舟師⑲以俟之，怪其久不行，訪諸幕客，或曰：「高公幸朝廷多故，有并吞江東之志。聲云入援，其實未必非圖我也，宜為備。」寶未之信，使人覘駢，殊無北上意。會駢使人約寶面會瓜洲議軍事，寶遂以言者為然，辭疾不往，且謂使者曰：「吾非李康，高公復欲作家門功勳⑳以欺朝廷邪！」駢怒，復遣使責寶：「何敢輕侮大臣！」寶詬之曰：「彼此夾江為節度使，汝為大臣，我豈坊門卒㉑邪！」由是遂為深仇。駢留東塘百餘日，詔屢趣之。駢上表，託以寶及浙東觀察使劉漢宏將為後患。辛亥㉒，復罷兵還府，其實無赴難心，但欲禳雉集之異㉓耳。

高駢召石鏡鎮將董昌至廣陵，欲與之俱擊黃巢。昌將錢鏐說昌曰：「觀高公無討賊心，不若以扞禦鄉里為辭而去之。」昌從之，駢聽昌還。會杭州刺史路審中將之官，行至嘉興㉔，昌自石鏡引兵入據[2]杭州，審中懼而還。昌自稱杭州都押牙，知州事，遣將吏請於周寶。寶不能制，表為杭州刺史。

臨海㉕賊杜雄陷台州。

辛酉㉖，立皇子震為建王。

昭義十將成麟殺高潯㉗，引兵還據潞州。天井關戍將孟方立起兵攻麟，殺之。方立，邢州[3]人也。○忠武監軍楊復光屯武功。

永嘉㉘賊朱褒陷溫州。

鳳翔行軍司馬李昌言將本軍屯興平㉙。時鳳翔倉庫虛竭㉚，犒賞稍薄，糧饋不繼。昌言知府中兵少，因激怒其眾。冬，十月，引軍還襲府城。鄭畋登城與士卒言，其眾皆下馬羅拜曰：「相公誠無負我曹。」畋曰：「行軍苟能戢兵㉛愛人，為國滅賊，亦可以順守㉜矣。」乃以留務委之，即日西赴行在。

天平節度使、南面招討使曹全晸與賊戰死，軍中立其兄子存實為留後。

十一月乙巳㉝，孟楷、朱溫襲鄜、夏二軍㉞於富平，二軍敗，奔歸本道。

鄭畋至鳳州㉟，累表辭位，詔以畋為太子少傅、分司。以李昌言為鳳翔節度行營招討使。○以門下侍郎、同平章事裴澈為鄂岳觀察使。○加鎮海節度使周寶同平章事。

遂昌㊱賊盧約陷處州。

十二月，江西將閔勗㊲戍湖南，還，過潭州，逐觀察使李裕，自為留後。○

以感化留後時溥為節度使。○賜夏州㊳號定難軍。

初，高駢鎮荊南㊴，補武陵蠻雷滿為牙將，領蠻軍，從駢至淮南，逃歸，聚眾千人，襲朗州，殺刺史崔翥，詔以滿為朗州留後。歲中㊵，率三四引兵寇荊南，入其郛㊶，焚掠而去，大為荊人之患。

陬溪人周岳嘗與滿獵，爭肉而鬬，欲殺滿，不果。聞滿據朗州，亦聚眾襲衡州，逐刺史徐顥，詔以岳為衡州刺史。石門㊷洞[4]蠻向瓌亦集夷獠數千攻陷澧州，殺刺史呂自牧，自稱刺史。

王鐸以高駢為諸道都統無心討賊，自以身為首相，發憤請行，懇款㊸流涕，至於再三，上許之。

【章旨】以上為第八段，寫官軍諸鎮討賊，不盡心國是，卻野心日增，養成驕兵悍將，禍國殘民。

【注釋】❶己丑　八月十三日。❷椀　「碗」的異體字。❸丁酉　八月二十一日。❹武寧節度使　按《新唐書・方鎮表二》，咸通十一年（西元八七〇年）「置徐泗觀察使，尋賜號感化軍節度使」，自此迄於唐亡，未曾復武寧舊稱，故武寧當作「感化」，《通鑑》誤。說詳胡三省注。❺時溥　（?—西元八九三年）徐州彭城（今江蘇徐州）人，初為武寧軍牙將，後軍亂，遂為節度使。鎮壓黃巢軍有功，拜蔡州行營兵馬都統。在與朱全忠爭戰中失敗，自焚而死。傳見《舊唐書》卷一百八十二、《新唐書》卷一百八十八。❻奬拔　奬勵提拔。❼七里亭　地名，在今江蘇徐州西北，離城七里，故名。❽固始縣　縣名，縣治在今河南固始。❾佐　佐吏；屬吏。❿王潮　字信臣，光州固始人，初為縣吏，參加王緒軍任軍正，不久被推為將軍，據有福建五州之地，昭宗任為觀察使。召還流民，定賦勸農，人賴以安。傳見《新唐書》卷一百九十。⓫審邽審知　同為王潮之弟。

審邽任泉州刺史，審知在王潮病時權知節度。二人事附〈王潮傳〉。⑫軍正　官名，軍中執法之官。⑬閱　檢視；巡視。⑭石橋　地名，在今陝西華縣西。⑮自南詔還　嗣曹王李龜年，廣明元年（西元八八〇年）出使南詔。事見本書卷二百五十三僖宗廣明元年六月。⑯款附　誠心歸附。⑰浸輕之　逐漸看不起周寶。⑱封壤相鄰　淮南節度使與鎮海軍疆土相鄰，以長江為界。封壤，封疆；疆界。⑲舟師　水軍。⑳作家門功勳　指高崇文斬東川節度使李康。事見本書卷二百三十七憲宗元和元年。家門，家族。高崇文乃高駢之祖。㉑坊門卒　長安城居住區共一百零六坊，坊皆有牆有門，門皆有守卒。㉒辛亥　九月初六日。㉓禳雉集之異　發兵出城，屯於東塘，應雉集城空之異兆，以消除此災。㉔嘉興　縣名，縣治在今浙江嘉興西南。㉕臨海　縣名，縣治在今浙江臨海。㉖辛酉　九月十六日。㉗成麟殺高澞　因高澞石橋戰敗而殺之。此為藉口，實欲自任節度使。㉘永嘉　縣名，縣治在今浙江溫州。㉙興平　縣名，縣治在今陝西興平。㉚虛竭　空虛，一無所有。㉛戢兵　本義息兵。此為收斂約束士兵。㉜順守　以武力奪天下為逆取，以文教治天下為順守。此引申為以武力逐帥為逆取，討賊立功而任節度使為順守。㉝乙巳　十一月一日。㉞鄜夏二軍　即李孝昌鄜延之兵與拓跋思恭夏綏之兵。㉟鳳州　州名，治所梁泉，在今陝西鳳縣東北。㊱遂昌　縣名，縣治在今浙江遂昌。㊲閔勗　《新唐書・僖宗紀》及散見之處皆作「閔頊」。㊳夏州　即夏綏節度使，駐節夏州，故又稱夏州節度使。㊴高駢鎮荊南　事在僖宗乾符五年（西元八七八年）。㊵歲中　一年之中。㊶郛　古代指城外面圍著的大城。㊷石門　縣名，縣治在今湖南石門。㊸懇款　誠懇；懇切。

【校　記】①九月　原無此二字。據章鈺校，十二行本、乙十一行本、孔天胤本皆有此二字，張瑛《通鑑校勘記》同，今據補。②據　原無此字。據章鈺校，十二行本、乙十一行本、孔天胤本皆有此字，張敦仁《通鑑刊本識誤》同，今據補。③邢州　原作「汧州」。據章鈺校，十二行本、乙十一行本、孔天胤本皆作「邢州」，張敦仁《通鑑刊本識誤》同，今據改。按，《新唐書》卷一百八十七〈孟方立傳〉載方立為邢州人。④洞　原無此字。據章鈺校，十二行本、乙十一行本、孔天胤本皆有此字，張敦仁《通鑑刊本識誤》同，今據補。

【語　譯】鄜延節度使李孝昌、代理夏州節度使拓跋思恭駐紮在東渭橋，黃巢派朱溫抵禦他們。

任命義武節度使王處存為東南面行營招討使，任命邠寧節度副使朱玫為節度使。

八月十三日己丑夜晚，群星交流如織，有的大如杯子和碗，到二十一日丁酉才停止。

武寧節度使支詳派遣牙將時溥、陳璠帶領軍隊五千人入關討伐黃巢，他們二人都是支詳提拔起來的。時溥到達東都，假稱支詳的命令，叫軍隊返回去並與陳璠合併在一起，屠滅河陰縣，搶劫鄭州後向東而去。到達彭城時，支詳迎接慰勞，賞賜優厚。時溥派遣親信勸支詳說：「迫於眾人的心意，請您把大印解下來交給時溥。」支詳不能控制，出外住在大彭館，時溥自己擔任留後。陳璠對時溥說：「支僕射對徐州有恩惠，不殺掉他，一定會後悔的。」時溥不答應，送支詳回到朝廷中。陳璠在七里亭埋伏甲兵，將支詳連同他的家屬一起殺掉了。朝廷詔令時溥為武寧留後。時溥奏請陳璠為宿州刺史。陳璠上任後貪贓暴虐，時溥派都將張友去把陳璠換回來，殺了陳璠。

楊復光奏請升蔡州為奉國軍，任命秦宗權為防禦使。壽州屠夫王緒和妹夫劉行全聚集了五百人，佔領了本州。一個多月後，又攻陷光州，自稱將軍，擁有徒眾一萬多人，秦宗權表請王緒為光州刺史。固始縣佐吏王潮和他的弟弟王審邽、王審知都由於有才氣而聞名，王緒任用王潮為軍正，叫王潮主管錢糧，巡視士卒，信任重用他。

高潯和黃巢的將領李詳在石橋交戰，高潯失敗，逃往河中，李詳乘勝又奪取了華州。黃巢任命李詳為華州刺史。

朝廷任命代理夏綏節度使的拓跋思恭為節度使。

宗正少卿嗣曹王李龜年從南詔回來，驃信上表誠心歸附朝廷，請求一切都遵行詔旨。

九月，李孝昌、拓跋思恭和尚讓、朱溫在東渭橋交戰，官軍不利，退走。

當初，高駢和鎮海節度使周寶都出自神策軍，高駢把周寶當做兄長侍奉。等到高駢由於有功而先於周寶升任高官，逐漸看不起周寶。後來兩人轄境相鄰，多次為了一些小事爭吵，於是有了矛盾。高駢發檄文給周寶叫他發兵援救京師，周寶準備船隻和軍隊等待出發，對高駢久不出發感到奇怪，於是向幕客探求原因，有人說：「高公希望朝廷多發生一些變故，想藉機併吞江東。聲稱說要去援救京師，其實未必不是打我們的主意，應當要防備他。」周寶不相信，派人察看高駢的情況，完全沒有北上入援的意思。恰好高駢又派人約周寶在瓜洲會面，商量軍事問題，周寶才覺得幕客說的話是對的，藉口有病不往瓜洲，並且對使者說：「我不是李康，高公還想在家族內建立功勳來欺騙朝廷嗎！」高駢大怒，又派遣使者責備周寶：「你怎麼敢輕視侮辱大臣！」周寶詬罵高駢說：「我們彼此隔著長江擔任節度使，你是大臣，我難道是坊門的小卒嗎！」從此兩人結下了深仇。

高駢留在東塘一百多天，朝廷多次下詔催促他出兵。高駢上奏表，藉口說周寶和浙東觀察使劉漢宏將為後患。九月初六日辛亥，又罷兵返回揚州軍府，其實高駢沒有奔赴國難的心思，只是想消除雉雞飛集府舍的災異而已。

高駢叫石鏡鎮的將領董昌到廣陵，想和他一起攻打黃巢。董昌的將領錢鏐勸說董昌說：「看來高公沒有討賊的心意，不如用捍衛鄉里為託辭而離開他。」董昌聽從了錢鏐的意見，高駢就讓董昌回到石鏡鎮。適逢杭州刺史路審中將要去杭州上任，走到嘉興時，董昌從石鏡帶兵入據杭州，路審中害怕，退回去了。董昌自稱杭州都押牙，掌管州中政事，派遣將吏向周寶請示。周寶不能控制，就上表推薦他為杭州刺史。

臨海賊杜雄攻下了台州。

九月十六日辛酉，冊立皇子李震為建王。

昭義鎮十將成麟殺高潯，帶兵回去據有潞州。天井關戍將孟方立起兵攻打成麟，殺了成麟。孟方立，是邢州人。○忠武軍監軍楊復光屯駐武功。

永嘉叛賊朱褒攻陷溫州。

鳳翔行軍司馬李昌言帶領本軍屯駐在興平縣。當時鳳翔府倉庫空虛，犒賞逐漸減少，糧饋供應不上。李昌言知道節度使府兵員很少，因而故意激怒部下兵眾。冬，十月，帶兵返回襲擊鳳翔府城。鄭畋登城和士卒說話，李昌言的士眾都下馬圍著向鄭畋下拜說：「相公實在是沒有做對不起我們的事。」鄭畋說：「行軍司馬假若能管束軍隊，愛護民眾，為國滅賊，也是可以擔任節度使的。」於是把留後的職務交給李昌言，當天就西行去僖宗那裡。

天平節度使、南面招討使曹全晸在和叛賊交戰中死去，軍中立他哥哥的兒子曹存實為留後。

十一月初一日乙巳，孟楷、朱溫在富平襲擊鄜、夏二軍，二軍戰敗，各自跑回本道。

鄭畋到達鳳州，連續上表辭職，僖宗下詔任命他為太子少傅、分司東都。朝廷任命李昌言為鳳翔節度行營招討使。○任命門下侍郎、同平章事裴澈為鄂岳觀察使。○加授鎮海節度使周寶同平章事。

遂昌縣叛賊盧約攻陷處州。

十二月，江西將領閔勗戍守湖南，返回本道時，經過潭州，趕走了湖南觀察使李裕，自己擔任留後。○任命感化軍留後時溥為節度使。○賜夏州稱為定難軍。

當初，高駢鎮守荊南，補授武陵蠻人雷滿為牙將，帶領蠻軍，跟隨高駢來到淮南道，雷滿逃了回去，聚集了兵眾一千人，襲擊朗州，殺了刺史崔翥，朝廷下詔任命雷滿為朗州留後。在一年中，大概有三四次帶兵侵擾荊南，進入荊南外城，焚燒搶掠後離去，成為荊州地區的大患。

陬溪人周岳曾經和雷滿打獵，因爭肉而發生打鬥，周岳想殺雷滿，沒有成功。聽說雷滿據有朗州，也聚集士眾襲擊衡州，驅逐了刺史徐顥，朝廷下詔任命周岳為衡州刺史。石門洞蠻向瓌也聚集夷獠數千人攻陷澧州，殺死了刺史呂自牧，自稱刺史。

王鐸認為高駢擔任諸道都統無心討賊，自己覺得身為首相，發憤請求親自前去討賊，誠懇地流下了眼淚，至於再三提出要求，僖宗答應了。

二年（壬寅　西元八八二年）

春，正月辛亥❶，以王鐸兼中書令，充諸道行營都都統，權知義成節度使，俟罷兵復還政府❷。高駢但領鹽鐵轉運使❸，罷其都統及諸使。聽王鐸自辟將佐，以太子少師崔安潛為副都統。辛未❹，以周岌、王重榮為都都統左右司馬，諸葛爽及宣武節度使康實為左右先鋒使，時溥為催遣綱運租賦防遏使❺。以右神策觀軍容使西門思恭為諸道行營都都監。又以王處存、李孝昌、拓跋思恭為京城東北西面都統，以楊復光為南面行營都監使。又以中書舍人鄭昌圖為義成節度行軍司馬，給事中鄭畯為判官，直弘文館王摶❻為推官，司勳員外郎裴贄❼為掌書記。昌圖，從讜之從祖兄弟。畯，畋之弟。摶，璵❽之曾孫。贄，坦之子也。又以陝虢觀察使王重盈為東面都供軍使。重盈，重榮之兄也。

黃巢以朱溫為同州刺史，令溫自取之。二月，同州刺史米誠奔河中，溫遂據之。

己卯❾，以太子少傅、分司鄭畋為司空兼門下侍郎、同平章事，召詣行在，軍務一以咨之。以王鐸判戶部事。

朱溫寇河中，王重榮擊敗之。

以李昌言為京城西面都統，朱玫為河南❿都統。〇涇原節度使胡公素薨，軍中請命於都統王鐸，承制以大將張鈞為留後。

李克用寇蔚州。三月，振武節度使契苾璋奏與天德、大同共討克用。詔鄭從讜與相知⓫應接。

陳敬瑄多遣人歷縣鎮詗事，謂之尋事人，所至多所求取。有二人過資陽鎮⑫，獨無所求。鎮將⑬謝弘讓邀之，不至。自疑有罪，夜亡入羣盜中。明旦，二人去，弘讓實無罪也。捕盜使楊遷誘弘讓出首⑭，而執以送使⑮，云討擊擒獲，以求功。敬瑄不之問，杖弘讓脊二十，釘於西城二七日⑯，煎油潑之，又以膠麻⑰掣其瘡，備極慘酷，見者寃之。又有邛州牙官阡能，因公事違期，避杖，亡命為盜，楊遷復誘之。能方出首，聞弘讓之寃，大罵楊遷，發憤為盜，驅掠良民，不從者舉家殺之，踰月，眾至萬人，立部伍，署職級⑱，橫行邛、雅二州間，攻陷城邑，所過塗地。先是，蜀中少盜賊，自是紛紛競起，州縣不能制。敬瑄遣牙將楊行遷將三千人，胡洪略、莫匡時各將二千人以討之。

【章旨】以上為第九段，寫西川節度使陳敬瑄驅良為盜。

【注釋】❶辛亥　正月初八日。❷政府　唐時稱宰相治理政務之處為政府，即政事堂。❸但領鹽鐵轉運使　淮南為南北交通要衝，故仍保留高駢鹽鐵轉運使之職。❹辛未　正月二十八日。❺時溥為催遣綱運租賦防遏使　江南綱運，自江淮而來，皆由徐州境內通過，故以時溥任此職。❻王摶　字昭義，歷任蘇州刺史、戶部侍郎判度支。昭宗乾寧初拜相。後貶溪州刺史，又貶崖州司戶，賜死。傳見《新唐書》卷一百十六。❼裴贄　字敬臣，歷任右補闕、御史中丞、刑部尚書。昭宗拜為宰相。朱全忠謀篡位，貶贄青州司戶，被殺。傳見《新唐書》卷一百八十二。❽璵　王璵，歷仕唐玄宗、肅宗二朝，任祠祭使、太常卿。以言鬼神之事有寵於唐肅宗，位至宰相。傳見《舊唐書》卷一百三十、《新唐書》卷一百九。❾己卯　二月初六日。❿河南　指今陝西大荔朝邑鎮與山西永濟蒲州鎮之間黃河西岸。因黃河在此局部流向東南，古稱南岸。⓫相知　互相聯絡。時鄭從讜為河東節度使，故有此詔。⓬資陽鎮　鎮名，在今四川資陽東。⓭鎮將　官名，掌一鎮治安。⓮出首　自首。⓯送使　送往節度使府。⓰二七日　十四天。⓱膠麻　塗膠的麻布。⓲職級　謂牙前將吏自押牙、孔目官以下，分職各有等級。

【語譯】二年（壬寅　西元八八二年）

春，正月初八日辛亥，任命王鐸兼中書令，充任諸道行營都都統，暫時代理義成節度使，等到罷兵以後再返回政事堂任宰相。高駢只兼領鹽鐵轉運使，免去都統和其他諸使職務。聽任王鐸自己聘用將佐，任命太子少師崔安潛為副都統。二十八日辛未，任命周岌和王重榮為都都統左右司馬，諸葛爽和宣武節度使康實為左右先鋒使，時溥為催遣綱運租賦防遏使。任命右神策觀軍容使西門思恭為諸道行營都都監。又任命王處存、李孝昌、拓跋思恭為京城東北西面都統，任命楊復光為南面行營都監使。又任命中書舍人鄭昌圖為義成節度行軍司馬，給事中鄭畯為判官，直弘文館王摶為推官，司勳員外郎裴贄為掌書記。鄭昌圖，是鄭從讜的從祖兄弟。鄭畯，是鄭畋的弟弟。王摶，是王璵的曾孫。裴贄，是裴坦的兒子。又任命陝虢觀察使王重盈為東面都供軍使。王重盈，是王重榮的哥哥。

黃巢任命朱溫為同州刺史，命令朱溫自己奪取同州。二月，同州刺史米誠逃往河中，朱溫於是佔領了同州。

二月初六日己卯，任命太子少傅、分司東都鄭畋為司空兼門下侍郎、同平章事，召他前往僖宗住處，軍事方面的事務都要徵詢他的意見。任命王鐸判戶部事。

朱溫侵擾河中府，王重榮打敗了他。

任命李昌言為京城西面都統，朱玫為河南都統。○涇原節度使胡公素去世，軍中向都統王鐸請示，稟承皇上旨意任命大將張鈞為留後。

李克用侵擾蔚州。三月，振武節度使契苾璋奏請與天德、大同共同討伐李克用。朝廷詔令鄭從讜和他們互相聯絡接應。

陳敬瑄派遣很多人到各縣、鎮去探聽陰事，稱這些人為尋事人，他們所到之處，多所求取。有二人經過資陽鎮，獨獨沒有索要東西。鎮將謝弘讓邀請他們，也不到。鎮將自己疑心有罪，晚上逃到群盜中去了。第二天早晨，二人離去，謝弘讓的確沒有什麼罪。捕盜使楊遷誘騙謝弘讓出來自首時，把謝弘讓抓起來送交節度使府，說是在討伐中抓到的，想以此求取功勞。陳敬瑄不加審問，用刑杖打了謝弘讓二十下，釘在西城十四天，把油燒熱澆潑他，又用膠麻抽扯他的瘡口，刑法極其慘酷，看到的人都認為謝弘讓冤枉。又有邛州牙官阡能，因為辦公事超過了預定日期，為了躲避杖刑，逃亡做了強盜，楊遷又去誘騙他。阡能正要出來自首，聽到了謝弘讓的冤枉事，大罵楊遷，發憤去當強盜，驅掠良民，不服從的人就把他全家殺掉，過一個多月，兵眾達到一萬人，建立了軍事組織，設置各級官吏，橫行於邛、雅二州之間，攻佔城鎮和鄉邑，他們經過的地方死傷遍地。此前，蜀中少有盜賊，從這以後紛紛競相為盜，州縣不能制止。陳敬瑄派遣牙將楊行遷帶領三千人，胡洪略、莫匡時各帶領二千人前去討伐阡能。

以右神策將軍齊克儉為左右神策內外八鎮兼博野、奉天節度使。○賜鄜坊軍號保大。

夏，四月甲午❶，加陳敬瑄兼侍中。○赫連鐸、李可舉與李克用戰，不利。

初，高駢好神仙，有方士呂用之坐妖黨亡命歸駢，駢厚待之，補以軍職。用之，鄱陽❷茶商之子也，久客廣陵，熟其人情，爐鼎❸之暇，頗言公私利病，故[1]駢愈[2]奇之，稍加信任。駢舊將梁纘、陳珙、馮綬、董瑾、俞公楚、姚歸禮素為駢所厚，用之欲專權，浸以計去之。駢遂奪纘兵，族珙家，綬、瑾、公楚、歸禮咸見疏。

用之又引其黨張守一、諸葛殷共蠱惑駢。守一本滄、景村民，以術干駢，無所遇，窮困甚。用之謂曰：「但與吾同心，勿憂不富貴。」遂薦於駢，駢寵待埒於用之。殷始自鄱陽來，用之先言於駢曰：「玉皇④以公職事繁重，輟左右尊神一人佐公為理，公善遇之。欲其久留，亦可縻⑤以人間重職。」明日，殷謁見，詭辯風生，駢以為神，補鹽鐵劇職⑥。駢嚴潔，甥姪輩未嘗得接坐⑦。殷病風疽⑧，搔捫不替手⑨，膿血滿爪，駢獨與之同席促膝，傳杯器而食。左右以為言，駢曰：「神仙以此試人耳。」駢有畜犬，聞其腥穢，多來近之。駢怪之，殷笑曰：「殷嘗於玉皇前見之，別來數百年，猶相識。」駢與鄭畋有隙，用之謂駢曰：「宰相有遺劍客來刺公者，今夕至矣。」駢大懼，問計安出。用之曰：「張先生嘗學斯術，可以禦之。」駢請於守一，守一許諾。乃使駢衣婦人之服，潛於他室。而守一代居駢寢榻中，夜擲銅器於階，令鏗然有聲。又密以囊盛彘⑩血，灑於庭宇⑪，如格鬭之狀。及旦，笑謂駢曰：「幾落奴手！」駢泣謝曰：「先生於駢，乃更生⑫之惠也！」厚酬以金寶。有蕭勝者，賂用之，求鹽城監⑬，駢有難色。用之曰：「用之非為勝也，近得上仙書云，有寶[3]劍在鹽城井中，須一靈官⑭往取之。以勝上仙左右之人，欲使取劍耳。」駢乃許之。勝至監數月，函一銅匕首⑮以獻，用之見，稽首曰：「此北帝⑯所佩，得之，則百里之內五兵⑰不能犯。」駢乃飾以珠玉，常置坐隅。用之自謂磻溪⑱真君，謂守一乃赤松子⑲，殷乃葛將軍，勝乃秦穆公之壻⑳也。

用之又刻青石為奇字㉑云：「玉皇授白雲先生高駢。」密令左右置道院香案。駢得之，驚喜。用之曰：「玉皇以公焚修功著㉒，將補真官㉓，計鸞鶴不日當降此際。用之等謫限㉔亦滿，必得陪幢節㉕，同歸上清㉖耳。」是後，駢於道院庭中刻木鶴，時著羽服㉗跨之，日夕齋醮㉘，鍊金燒丹，費以巨萬計。

用之微時㉙，依止㉚江陽㉛后土廟㉜，舉動祈禱㉝。及得志，白駢崇大㉞其廟，極江南工材㉟之選，每軍旅大事，以少牢㊱禱之。用之又言神仙好樓居，說駢作迎仙樓，費十五萬緡。又作延和閣，高八丈。

用之每對駢呵叱㊲風雨，仰揖空際，云有神仙過雲表㊳，駢輒隨而拜之。然常厚賂駢左右，使伺駢動靜，共為欺罔，駢不之寤。左右小有異議者，輒為用之陷死不旋踵㊴，但潛撫膺嗚指㊵，口不敢言。駢倚用之如左右手，公私大小之事皆決於用之。退賢進不肖，淫刑濫賞，駢之政事於是大壞矣。

用之知上下怨憤，恐有竊發(41)，請置巡察使。駢即以用之領之，募險獪(42)者百餘人，縱橫閭巷間，謂之「察子」，民間呵妻詈子，靡不知之。用之欲奪人貨[4]財，掠人婦女，輒誣以叛逆，搒掠(43)取服(44)，殺其人而取之，所破滅者數百家，道路以目，將吏士民雖家居，皆重足(45)屏氣。

用之又欲以兵威脅制(46)諸將，請選募諸軍驍勇之士二萬人，號左、右莫邪都(47)。駢即以張守一及用之為左、右莫邪軍使，署置將吏如帥府，器械精利，衣裝華潔，每出入，導從(48)近千人。

用之侍妾百餘人，自奉(49)奢靡，用度不足，輒留三司綱(50)輸其家。

用之猶慮人泄其姦謀，乃言於駢曰：「神仙不難致，但恨學道[5]者不能絕俗累(51)，故不肯降臨耳。」駢乃悉去姬妾[6]，謝絕人事，賓客、將吏皆不得見。有不得已見之者，皆先令沐浴齋祓(52)，然後見，拜起纔畢，已復引出。由是用之得專行威福，無所忌憚，境內不復知有駢矣。

王鐸將兩川、興元之軍屯靈感寺，涇原屯京西，易定、河中屯渭北，邠寧、鳳翔屯興平，保大、定難屯渭橋，忠武屯武功，官軍四集。黃巢勢已[7]蹙，號令所行不出同、華(53)。民避亂皆入深山築柵自保，農事俱廢，長安城中斗米直三十緡。賊買⑧人於官軍以為糧，官軍或執山寨⑨之民鬻之，人直數百緡，以肥瘠論價。

【章　旨】以上為第十段，寫高駢好神仙，受奸邪巫師控制。

【注　釋】❶甲午　四月二十二日。❷鄱陽　縣名，縣治在今江西鄱陽。❸爐鼎　指方士煉丹。❹玉皇　道家謂天帝為玉皇大帝。❺縻　羈縻；籠絡。❻劇職　重要的職務。❼接坐　同席而坐。❽風疽　癘瘡；惡瘡。❾搔捫不替手　抓癢搔摩不停手。❿彘　豬。⓫庭宇　庭院。⓬更生　再生；重新獲得生命。⓭鹽城監　官名，鹽城縣南有鹽亭，為海岸煮鹽之所，置監以管鹽亭一百二十三座。鹽城縣治在今江蘇鹽城。⓮靈官　仙官。⓯函一銅匕首　將一把銅匕首裝入匣中。⓰北帝　即北方黑帝，五天帝之一。⓱五兵　五種兵器。說法不一，《漢書》云「矛、戟、弓、劍、戈」。⓲磻溪　水名，在今陝西寶雞東南。傳說呂尚（姜太公）釣魚之處。用之姓呂，故附會以為仙。⓳赤松子　神農時雨師，傳說中的仙人。⓴秦穆公之壻　即蕭史，善吹簫，秦穆公以女弄玉嫁之。後夫妻二人乘龍鳳升天。蕭勝亦以姓附會。㉑奇字　王莽時六書之一，據戰國文字改變而成。㉒焚修功著　焚香修行功德顯著。㉓真官　仙官，即有官職的仙人。㉔謫限　仙人謫降人間的期限。㉕幢節　旌旗符節，為節度使的儀仗。此指高駢。㉖上清　道教以為在人界、天界之外，還有三清仙境，為太清、玉清、上清三界，均仙人居住之處。㉗羽服　用鳥的羽毛織成的衣服。此謂高駢幻想穿上羽服即可像鳥一樣飛上天堂。㉘齋醮　齋戒祭神，是道教設壇祈禱的一種儀式。醮，祭祀。㉙微時　未顯貴之時。㉚依止　依傍棲息；居處。㉛江陽　縣名，縣治在今江蘇揚州。㉜后土廟　土神廟。在揚州城東南。㉝舉動祈禱　一舉一動先要祈禱。㉞崇大　修高加大。㉟工材　工料。㊱少牢　用豬、羊祭祀稱少牢。㊲呵叱　猶呼喚。㊳雲表　雲外。㊴不旋踵　來不及轉動腳跟，形容迅速。㊵但潛撫膺鳴指　憎恨呂用之的人，只能暗地裡捶胸彈指，敢怒不敢言。潛，暗中；偷偷的。撫膺，捶胸。氣憤之狀。鳴指，彈指。㊶竊發　暗中告發。㊷險獪　險惡奸猾。㊸搒掠　拷打。㊹取服　使人服罪。㊺重足　迭足而立，不敢移動，形容恐懼。㊻脅制　強迫；控制。㊼莫邪都　以寶劍莫邪之名命其軍，取其銳利之意。㊽導從　前呼後擁的侍衛人員。㊾自奉　自己的生活供養。㊿留三司綱　扣留戶部、度支、鹽鐵三司從淮南發往朝廷的財物。(51)絕俗累　斷絕世俗的拖累。俗累，指生活瑣事。(52)齋祓　齋戒祈福。(53)號令所行

不出同華　時黃巢大將朱溫佔據同州，李詳佔據華州，其餘地方非巢所有，故號令只行此二州。

【校　記】①故　據章鈺校，十二行本、乙十一行本皆無此字，張敦仁《通鑑刊本識誤》同。②愈　據章鈺校，十二行本、乙十一行本皆作「益」，張敦仁《通鑑刊本識誤》同。③賓　原作「官」。據章鈺校，十二行本、乙十一行本、孔天胤本皆作「賓」，熊羅宿《胡刻資治通鑑校字記》同，今據改。④貨　據章鈺校，十二行本、乙十一行本皆作「貲」。⑤道　原無此字。據章鈺校，十二行本、乙十一行本、孔天胤本皆有此字，今據補。⑥姬妾　原作「賓客」。據章鈺校，十二行本、乙十一行本、孔天胤本皆作「姬妾」，今據改。⑦已　據章鈺校，十二行本作「日」。⑧買　原誤作「賣」。據章鈺校，十二行本、乙十一行本、孔天胤本皆作「買」，張敦仁《通鑑刊本識誤》同，今據改。⑨寨　據章鈺校，十二行本、乙十一行本、孔天胤本皆作「柵」。

【語　譯】任命右神策將軍齊克儉為左右神策內外八鎮兼博野、奉天節度使。○賜鄜坊軍號稱保大軍。

夏，四月二十二日甲午，加授陳敬瑄兼侍中官銜。○赫連鐸、李可舉與李克用交戰，沒有獲勝。

當初，高駢喜好神仙之術，有方士呂用之因為妖黨事的牽連，逃命到高駢這裡，高駢對待他禮遇優厚，補授軍隊官職。呂用之是鄱陽茶商家的兒子，長期客居廣陵，熟悉廣陵地方的人情世故，在煉丹製藥的暇隙中，談了很多關於官場和私家的利弊得失，所以高駢更加感到他是一個奇才，逐漸信任他。高駢的舊將梁纘、陳珙、馮綬、董瑾、俞公楚、姚歸禮向來得到高駢的厚待，呂用之想獨攬大權，逐漸用計謀把他們除掉。於是高駢奪了梁纘的兵權，族滅了陳珙一家人，馮綬、董瑾、俞公楚和姚歸禮都被高駢疏遠了。

呂用之又帶領同黨張守一和諸葛殷一起蠱惑高駢。張守一本來是滄州和景州之間的村民，曾用方術向高駢尋求進取，沒有被接待，窮困到了極點。呂用之對張守一說：「只要與我同心，不用擔心不會富貴。」於是向高駢推薦張守一，高駢寵愛張守一如同對待呂用之一樣。諸葛殷最初從鄱陽縣來的時候，呂用之預先對高駢說：「玉皇大帝認為你的職務太繁重了，派左右尊神一人輔助你治理政事，你要好好地對待他。如果想要他長久留下來，可以用人間的重要職務來繫住他。」第二天，諸葛殷進見高駢，詭辯迅捷，談笑風生，高駢認為他是神仙，補授鹽鐵要職。高駢特別愛清潔，外甥姪兒這班人未曾和他同席坐過。諸葛殷得了惡瘡，手抓摸不停，手指沾滿了膿和血，高駢獨獨和他同席挨在一起，互相傳遞杯盤飲宴。身邊的侍從向高駢報告這個情況，高駢說：「這是神仙用這種樣子來考驗我們罷了。」高駢養了一條狗，聞到諸葛殷身上的腥穢，常常來靠近諸葛殷。高駢見了感到奇怪，諸葛殷笑著說：「我曾經在玉皇大帝座前見過這隻狗，分別以來有了幾百年，還互相認識。」高駢和鄭畋有仇隙，呂用之對高駢說：「宰相派有劍客前來刺殺你，今夜就要到了。」高駢大為恐懼，問呂用之有什麼計策，呂用之說：「張先生曾經學過這種本領，可以抵禦刺客。」高駢就去請張守一，張守一答應了。於是叫高駢穿上婦人的衣服，暗藏在另外一間房子裡。而張守一替換他處在高駢的床榻中，夜裡把銅器拋擲在臺階上，使它發出鏗鏗的聲音。又暗地裡用袋子盛著豬血，灑在庭院中，作出進行過格鬥的樣子。到第二天早晨，笑著對高駢說：「幾乎敗落在奴才手裡！」高駢流著淚感謝說：「先生對於我來說，是再生的大恩人了！」用金銀財寶厚賞張守一。有個叫蕭勝的人，賄賂呂用之，請求擔任鹽城監，高駢表示出為難的樣子。呂用之說：「我呂用之不是為了蕭勝，近來得到上仙的書信說，有一柄寶劍在鹽城井中，需要一位仙官前往取出來。因為蕭勝是上仙身邊的人，想叫他去取劍罷了。」高駢於是答應了。蕭勝到鹽城監幾個月後，用盒子裝著一把銅匕首獻給高駢，呂用之看到了，磕著頭說：「這是北帝佩帶的，得到了它，那麼在一百里以內各種兵器都不能侵犯。」高駢於是用珠玉來裝飾它，常常擺在座位旁邊。呂用之自稱為磻溪真君，稱張守一為赤松子，諸葛殷為葛將軍，蕭勝是秦穆公的女婿。

呂用之又在青石上刻著奇字說：「玉皇授白雲先生高駢。」祕密叫左右的人把它放在道院香案上。高駢得到了青石，又驚又喜。呂用之說：「玉皇大帝認為你焚香修行功德顯著，將要補授仙官，估計鸞鶴不久應該下降到這裡。我呂用之等人謫降人間的期限也快到了，一定能夠陪同你，一同回到上清仙境去。」此後，高駢在道院庭中雕刻木鶴，時常穿著羽毛裝飾的衣服騎坐在木鶴上，早晚齋戒祭神，燒煉金丹，花費以億萬計。

呂用之微賤時，居住在江陽縣的后土廟，一舉一動先要祈禱。等到得志以後，告訴高駢把這個廟修高加大，把江南最好的工匠和最好的材料用來修廟，每有軍旅大事，就用豬、羊祭禱。呂用之又說神仙喜歡居住在樓上，勸說高駢修建迎仙樓，花費了十五萬串錢。又建造延和閣，高八丈。

呂用之常常在高駢面前呼風喚雨，抬頭向空中作揖，說是有神仙經過雲中，高駢立即跟著揖拜天空。呂用之常常重賂高駢身邊的人，叫他們伺察高駢的動靜，一起進行欺詐，高駢沒有醒悟。身邊的人稍有不同的意見，立即被呂用之陷害而死，其他的人氣得只能暗地捶胸彈指，不敢說出來，高駢依靠呂用之如左右手一樣，公私大小事情都由呂用之裁決。屏退賢能的人，進用不肖之徒，過分使用刑罰，隨意進行獎賞，高駢的政務從此極大地敗壞了。

呂用之知道上上下下的人都怨恨他，擔心有人暗中告發，便請求設置巡察使。高駢就讓呂用之兼任這項職務，招募了一百多個陰險狡獪的人，在閭巷之間橫行，稱他們為「察子」，民間呵妻罵子，沒有不知道的。呂用之想奪取別人的貨財，搶掠婦女，就誣陷他們反叛，嚴刑拷打，使人服罪，然後殺死當事人而奪取所要的東西，被呂用之破滅的有數百家，道路上行人相見只是用眼睛示意，不敢說話，將吏士民雖待在家裡，都迭足而立，不敢出氣。

呂用之又想用兵力來脅制諸將，請求在各處軍隊中選募驍勇的士兵二萬人，名為左、右莫邪都。高駢就派張守一和呂用之為左、右莫邪軍使，設置任命的將吏如同節度使府，武器軍械精良鋒利，衣服裝備華麗整潔，每次出入時，前呼後擁的護衛人員接近一千名。

呂用之的侍從姬妾有一百多人，自己的生活供養奢侈華靡，用費不夠時，就扣留三司運往京師的錢物，運送到自己家裡。

呂用之還憂慮別人洩露他的奸謀，於是對高駢說：「要神仙到來並不難，只遺憾學道的人不能斷絕世俗的拖累，所以神仙就不肯降臨。」於是高駢就讓姬妾全部離開，謝絕人事，賓客和將吏都不能見到他。有不得已要接見的，都先叫他們洗澡，齋戒祈福，然後接見，拜揖剛完，便被帶出。因此呂用之得以專作威福，肆無忌憚，轄境之內不再知道有高駢的存在了。

王鐸率領兩川和興元的軍隊屯駐在靈感寺，涇原軍屯駐在京西，易定軍和河中軍屯駐在渭北，邠寧軍和鳳翔軍屯駐在興平，保大軍和定難軍屯駐在渭橋，忠武軍屯駐在武功，官軍從四面八方集中。黃巢的勢力已大大縮小，號令所行超不出同州和華州。民眾避亂，都逃入深山，築起柵寨自衛，農事全都荒廢了，在長安城中一斗米價值要三十串錢。叛賊向官軍買人口當做糧食，官軍中有的人抓來山寨中的民眾賣給他們，一個人值數百串錢，根據肥瘦論價。

【研 析】本卷研析僖宗入蜀前前後後的政治事件，著重討論三題：黃巢入長安，鄭畋阻擊黃巢，田令孜為害西川。

黃巢入長安。僖宗廣明元年（西元八八〇年）十二月，黃巢入長安。十二月五日，田令孜率神策軍五百人擁僖宗奔成都，軍士搶劫府庫。同日，黃巢先鋒將柴存入長安，唐金吾大將軍張直方率文武數十人迎黃巢於霸上。黃巢乘金裝肩輿入城，長安居民夾道聚觀。尚讓告諭市民說：「黃王起兵，本為百姓，不像李氏不愛百姓，眾百姓安居不要害怕。」黃巢軍士，看見貧苦市民，往往施捨，而抓到當官的，捉一個殺一個，捉兩個殺一雙。皇帝李氏子孫，留在長安的全部被殺滅。十二月十三日，黃巢稱帝，國號大齊，改元金統，以妻曹氏為皇后。以尚讓、趙璋、崔璆、楊希古為宰相，孟楷、蓋洪為左右軍中尉，朱溫、張言、李逵等為諸衛大將軍、四面遊弈使，皮日休為翰林學士，王璠為京兆尹。唐朝官吏四品以上停職，四品以下留任。黃巢從西元八七八年三月渡江南下，到西元八八〇年十二月入長安建立大齊農民政權，轉戰數萬里，歷時僅兩年又十個月，這是起義軍發展最極盛的時期。

鄭畋阻擊黃巢。唐僖宗西逃入蜀，敕令鳳翔節度使鄭畋阻擊黃巢，可便宜從事。鳳翔監軍袁敬柔接受黃巢的招降，設宴款待黃巢的使者，鳳翔的將官都悲傷哭泣。鄭畋當時得了中風病，沒有參加宴會。鄭畋聽到將佐哭泣的消息，感慨地說：「人心尚未厭棄唐朝，賊人要不了多久就會被消滅。」鄭畋刺破手指寫血表上奏朝廷，召集將佐曉諭忠義，又刺血立誓，激勵將士，然後修守備、訓士卒，軍勢大振。朝廷任用鄭畋為京城四面諸軍行營都統，授予鄭畋用墨敕任用將官的特殊職權。駐守關中各地的神策軍都接受鄭畋的指揮。黃巢派尚讓、王璠領兵五萬來攻鳳翔，尚讓認為鄭畋是書生不懂軍事，驕傲輕敵，被鄭畋打得大敗。鄭畋阻止了黃巢向西發展，並傳檄諸道，各鎮響應，合兵圍困長安。黃巢流動作戰，有效打擊唐官兵，這是好事。但不建立根據地，一味流動作戰，犯了致命的錯誤。正如王夫之所說：「黃巢之易使坐斃也，非祿山、朱泚之比也。」安祿山根植於幽、燕，收地二千餘里，有後勤補給。朱泚為逆，有朱滔在盧龍為外援，李納、王武俊與之為脣齒，尚且相繼敗亡。而黃巢攻陷廣州隨後丟棄，踐踏湖、湘隨後丟棄，渡江、淮隨後丟棄，甚至攻破東都也不留兵防守，數十萬大軍全部進入長安，實際上全部鑽入了唐官軍的口袋。鄭畋振臂一呼，官軍四集。鄭畋據盩厔，涇原鎮兵據渭北，河中鎮兵據沙苑，易定鎮兵據渭橋，鄜延、忠武二鎮兵據武功，邠寧鎮兵據興平。黃巢稱帝，很快腐化，醉生夢死，幾十萬起義士兵本是樸素的農民，為了推翻腐敗的唐朝，他們義無反顧追隨黃巢，希望擺脫苦難，結果被黃巢帶入了不是餓死，就是戰死的絕境。黃巢不是一個真命天子，他沒有長遠眼光，沒有治國方略，不能吸用人才，只是報仇血戰，濫殺唐官，成了一味強盜，只是一個草頭王。因此黃巢入長安，是他事業的頂點，也是他失敗的起點。鄭畋阻擊黃巢取得成功，就是這一勝敗的轉折點。

田令孜為害西川。黃巢入長安，田令孜挾帝西逃西川，效唐玄宗入蜀。僖宗怕田令孜在路途把自己甩掉，沿路給他加官進爵，先封他為十軍十二衛觀軍容制置左右神策護駕使，又封他為左金吾衛上將軍，兼判四衛事，爵晉國公。田令孜權力越來越大，僖宗在蜀不得召見宰相，不能與群臣相謀，群臣求見不許，一切聽令田令孜。僖宗在蜀如同囚徒，心情十分鬱悶，於是田令孜導引僖宗日夜吃酒行樂，嬪妃圍繞，萬歲之聲不絕於耳，同時謊報軍情，安慰僖宗。

田令孜歧視蜀軍，賞賜不均，激起了黃頭軍事變。「黃頭軍」原是成都為防蠻召募的一支軍隊，因戴黃帽而稱黃頭軍。田令孜犒賞從駕諸軍無虛日，盡賜田宅，而不及黃頭軍，黃頭軍怨聲四起。田令孜又宴請諸將，用黃金杯行酒，喝完即賞賜。黃頭軍將領郭琪不肯飲酒，起身說：「希望軍容使一碗水端平，也給蜀軍一些賞賜。」田令孜聽了很不高興說：「你有什麼功勞嗎？」郭琪回答說：「戰党項，逼契丹，數十戰，這就是我郭琪的功勞。」田令孜冷笑著說：「知道了。」然後密令以酖毒注酒中，端杯慶賀郭琪。郭琪明知有毒，勉強飲畢，馳馬回營，殺一奴婢，喝了鮮血，方得解毒不死。於是郭琪發動兵變，徙營房，四處搶掠，成都大亂。田令孜急忙挾僖宗躲到東城自守。陳敬瑄打敗了黃頭軍，成都才平靜下來。左拾遺孟昭圖激於義憤，上奏彈劾田令孜，說：「且天下者，高祖、太宗之天下，非北司之天下；陛下固九州天子，非北司天子。北司豈悉忠於南司？如是，君臣何以同安危？」疏入，田令孜扣下不上奏，還假傳詔令貶孟昭圖為嘉州司戶參軍。孟昭圖赴任，田令孜派人在半道把孟昭圖投入水中活活淹死。田令孜兄，西川節度使陳敬瑄仗勢橫行，逼迫蜀中良民紛紛為盜。京師的腐敗積習，伴隨流亡朝廷帶到了蜀地，宦官專皇權的政治，也被田令孜帶進了西川流亡的小朝廷中來。

◎新譯人物志

吳家駒／注譯　黃志民／校閱

《人物志》是中國古代唯一保存下來的一部人才學專著。作者劉邵博覽群籍，析理透徹，以其系統縝密的思想寫下中國人才學的經典之作。此書歷來甚受稱譽，清代名將曾國藩曾將其置之案頭，朝夕研讀，視為識人用人之本。書中許多思想對現代社會仍然具有借鑑意義，對於了解中國古代人才思想，以及現代人力管理的研究，均有啟益。本書以「四部叢刊」影印明正德刊本為底本，詳為校勘，注譯詳明，研析透徹，能幫助讀者深入理解這部難得的著作。

◎新譯昭明文選

崔富章、張金泉等／注譯　劉正浩、黃志民等／校閱

《昭明文選》選錄先秦至南朝梁的各體文學作品七百多篇，是現存最早的詩文總集，也是六朝文學主張的縮影。除了重要的文獻價值外，《文選》對於後代文人的創作，也有重大的影響，書中所收各體文學作品，成為後人取法的範例，因此它長期被視為學習文學的教科書，而有「文選爛，秀才半」之諺。本書力邀兩岸十數位學者，全面加以校訂、解題、注解、翻譯，是有心一窺古典文學風範的最佳讀本。

◎新譯古文辭類纂

黃鈞、葉幼明等／注譯

清代桐城派大師姚鼐所編選之《古文辭類纂》，可謂集古文之大成。全書洋洋七十五卷，從先秦至清，精選七十名作家的作品約七百篇，分為十三種文類。書中所選多為千百年來傳頌不絕的名篇，集中反映中國古代散文傳統的精華。自行世以來，即被譽為「文章正宗」，廣受各文學大家所重視。本書是《古文辭類纂》第一本全注全譯本，除詳贍的注釋和語譯外，篇篇皆有完整的題解和精采的研析，帶領您深入研讀，領略古典散文之美。